U0147101

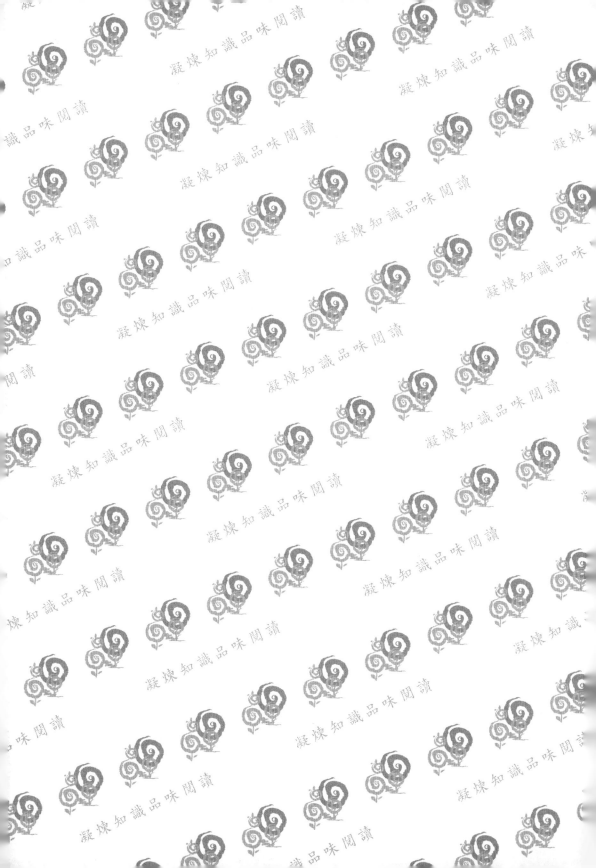

第二版

西洋文化史

劉增泉 編著

五南圖書出版公司 印行

再版序

西方文化可以追溯到歐洲和地中海。它與古希臘、羅馬帝國以及中世紀興起的西方基督教世界相連繫，經歷了文藝復興、宗教改革、啓蒙運動、工業革命、科學革命和自由民主的發展等變革性的階段。古希臘和古羅馬的文明被認為是西方歷史上具有開創性的時期；前基督教歐洲的異教徒，如克爾特人和德國人，也有一些文化貢獻，以及源自猶太教和希臘化猶太教的一些重大宗教貢獻，源於第二猶太教聖殿、加利利和早期猶太人散居地；和其他一些中東影響。西方基督教在西方文明的形成中發揮了突出的作用，在它的大部分歷史中，幾乎等同於基督教文化。西方文明的傳播產生了現代美洲和大洋洲的主要文化，近幾個世紀在許多方面產生了巨大的全球影響。

歷史沒有自然的劃分。十五世紀生活在佛羅倫斯的一個婦女並不認為自己是文藝復興時期的一個婦女。歷史學家將歷史分為大大小小的單位，以便使自己和學生清楚地認識到歷史的特點和變化。重要的是要記住，任何歷史時期都是一種建構和簡化。以下是一些入門的重要基礎知識。

「史前」一詞指的是書寫歷史之前的時間。在西方，文字是在 3000 年前的古代美索不達米亞發明的，因此這一時期包括在此日期之前製造的視覺文化（繪畫、雕塑和建築）。我們可以識別為藝術的最古老的裝飾形式來自非洲，可以追溯到 B.C. 十萬年前，相比之下，已知的最古老的洞穴壁畫大約有四萬八百年的歷史，儘管我們過去認為只有我們人類智人才造出藝術品，但人類學家現在推測，尼安德特人可能至少製作了其中一些非常早期的圖像。

新石器時代革命是人類歷史上最深刻的發展之一，發生在史前時代。這是我們的祖先學會耕種和馴養動物，讓他們放棄游牧方式，並定居下來建設城市和文明的時候。

這一時期包括古代近東文明（巴比倫）、古埃及文明、古希臘文明、伊

特魯里亞文明和羅馬文明，這些文明都發生在文字發明之後和羅馬帝國滅亡之前。請記住，羅馬帝國的瓦解歷經了幾個世紀，但要簡化，大約四百年就可以了。

正是在這一時期，古希臘人首次將人類理性應用於對自然世界的觀察，並創造了人類最早的自然主義形象。這一時期通常被認為是西方哲學、數學、戲劇、科學和民主的誕生時期。羅馬人反過來建立了一個帝國，這個帝國橫跨歐洲大部分地區，以及地中海周圍的所有土地。他們是專業的管理者和工程師，他們把自己看作是偉大文明的繼承者，特別是他們征服的希臘和埃及。

儘管歷史常常被呈現為一系列離散的故事，但在現實中，敘述往往重疊，使歷史既更複雜，也更有趣。例如，也正是在羅馬帝國時期，我們現在稱之為耶穌的人物還活著。耶穌和他的使徒是猶太人，生活在今天的以色列，但那是羅馬帝國的一部分。

在這一千年的上半葉，西歐發生了可怕的政治和經濟動盪，移民入侵的浪潮破壞了羅馬帝國的穩定。B.C.330 年，羅馬皇帝君士坦丁在東部建立了君士坦丁堡（現在是土耳其的伊斯坦堡）作為新首都，此後不久，西羅馬帝國解體。在地中海東部，拜占庭帝國（以君士坦丁堡為首都）繁榮昌盛。

基督教甚至在移民入侵者（汪達爾人、西哥德人等）中傳播到了羅馬帝國。以教皇為首的基督教會成為西歐最強大的機構，東正教在東歐占主導地位。

伊斯蘭教，三大一神教之一，就是在這一時期誕生的。B.C.632 年先知穆罕默德去世後不到一個多世紀，伊斯蘭教就成了一個帝國，從西班牙延伸到北非、中東和近東，再到印度。中世紀的伊斯蘭教是科學和科技的領導者，建立了一些世界上偉大的學習中心（例如科爾多瓦）。在失去了古代世界創造的許多知識的時候，伊斯蘭文化在保存和翻譯古希臘文字方面發揮了重要作用。

佩脫拉克（生活在十三世紀的作家）把中世紀早期描述為「黑暗時

代」，因為對他來說，這似乎是一個人類成就下降的時期，尤其是當他將其與古希臘人和羅馬人進行比較時。之所以稱其為「中世紀」，是因為文藝復興時期的學者認為這是一個漫長的野蠻時期，使他們與他們都慶祝並效仿的古希臘和羅馬大文明分開。

中世紀社會被組織成明確的階層。最高的是國王。以下是小貴族。這些領主依次統治著農民和農奴（佔人口的絕大多數）。農奴是永久地被束縛在他們的主人擁有的土地上工作的勞動者。這種制度的基本組織，即封建主義，是領主／臣民關係。附庸國將向領主提供勞力（在田野或戰場上），以換取土地和保護。階級之間的流動非常罕見。

當然，中世紀的千年見證了許多偉大的藝術和文學作品的創作，但它們不同於佩脫拉克所看重的。中世紀的藝術作品主要集中在教會的教義上。

在中世紀，除了神職人員（僧侶、牧師等）之外，很少有人能讀寫。儘管預期世界將在 1000 年結束，西歐變得越來越穩定，這一時期有時被稱為中世紀晚期。這一時期出現了大規模建築的更新和大型城鎮的重建。像克呂尼（Cluny）這樣的修道院變得富有，成為重要的學習中心。

在中世紀，藝術史上有許多分支，包括早期的基督教、拜占庭、加洛林、奧圖（Ottonian）（是神聖羅馬帝國歷史上的第一個王朝）、羅馬式和哥德式。當我們仔細觀察中世紀一千年的大部分藝術和政治時，我們發現與古羅馬帝國的文化和遺產有著複雜而持續的關係，這是文藝復興的基礎。

在某種程度上，文藝復興是對古希臘羅馬文化的再生。這也是歐洲特別是義大利和北歐經濟繁榮的時期。在藝術史上，我們研究義大利文藝復興和北方文藝復興。我們談論一種看待世界的方式，叫做人文主義，它最基本的是把更新的價值放在人類知識和這個世界的經驗上（而不是主要集中在天國），以古希臘和羅馬的文學和藝術為範本。

歷史上只有少數時刻可以指出，這改變了一切。印刷機的發明和採用無疑是其中之一。由於書籍的普及，歐洲的識字率急劇上升。讀者被賦予了權利，在許多方面，我們可以追溯到十五世紀德國和古登伯格的第一台印刷機

的資訊革命的起源。

1517 年，德國神學家和教士馬丁路德挑戰教皇的權威，引發了新教改革。他的想法很快傳播開來，部分原因是印刷機。通過挑戰教會的力量，維護個人良知的權威（人們越來越有可能用他們所說的語言閱讀聖經），宗教改革為現代文化賦予個人的價值奠定了基礎。

也正是在這一時期，科學革命開始了，觀察取代了宗教教義，成為我們理解宇宙及其地位的源泉。哥白尼結束了古希臘的天體模型，認為太陽在太陽系的中心，行星圍繞太陽系繞著太陽系轉。然而，要使這一理論與觀察結果相匹配仍然存在問題。在十七世紀初，開普勒（Kepler）理論，行星以橢圓軌道（不是圓形軌道）運動，軌道的速度根據行星與太陽的距離而變化。

把「現代時代」的開始追溯到這麼久以前似乎有些奇怪，但在許多方面，正是十七世紀和十八世紀的科學、政治和經濟革命最深刻地塑造了我們的社會。

藝術史學家研究十七世紀的巴洛克風格。這是一個天主教徒和新教徒之間長期且經常發生暴力衝突的時代，由於歐洲偉大君主政體的力量不斷增強，這一切變得更加複雜。這是一個國家在規模、財富和自治方面不斷增長的時代，也是一個國家邊界不斷加強的時代，預示著我們今天所認識的國家（例如法國、西班牙和英國）。這也是一個殖民時期，歐洲列強為了自己的利益而分裂和剝削世界自然資源和人民（尤其是非洲奴隸貿易，或者是美洲土著人民的被壓迫和改宗）。

十八世紀常被稱為啓蒙運動。在許多方面，它促進了人們對義大利文藝復興時期和新教改革時期的個人興趣。盧梭、伏爾泰和狄德羅等思想家斷言：我們有能力為自己辯解，而不是依賴教會等既定機構的教義。在藝術史上，我們研究洛可可風格和新古典風格。

美國和法國的革命可以追溯到這個時期。新興的中產階級（以及後來的工人階級）開始了長達數百年的爭取政治權力的運動，挑戰了對貴族和君主政體的控制。連續的改革運動（在這個時期和十九世紀）和革命逐漸擴大了

選舉權。以前，選舉權僅限於擁有土地或繳納一定稅款的男性。直到十九世紀下半葉和二十世紀，普選才成為歐洲和北美的常態。

　　資本主義在這一時期成為主導經濟體系（儘管它起源於文藝復興時期）。個人冒著資本的風險，在一個以貨幣為基礎的市場上生產商品，該市場依賴廉價，有償的勞動力。勞工最終組織成工會（後來的工會），並以此方式施加了相當大的影響力。生活水準的全面提高和公共教育的首次試驗，增強了更廣泛共享的政治權力。

　　蒸汽機和工廠裏的非熟練工人開始取代熟練的工匠。倫敦、巴黎和紐約在這一時期引領了城市前所未有的人口增長，因為人們從農村遷移或移民到國外尋找更高的生活水準。

　　二十世紀是歷史上最暴力的一個世紀。它包括兩次世界大戰，冷戰，殖民主義的瓦解和極權國家的發明。獨裁者（墨索里尼、希特勒、史達林、阿敏（Idi Amin）、波布（Pol Pot）、朝鮮歷任領導人等）強加了極端的政治制度，造成大規模饑荒、大規模混亂和種族滅絕。同時，二十世紀是人權鬥爭和全球資本主義興起的世紀。

　　在這一時期，藝術家曾在與教會或國家或富有贊助人的指導下工作，藝術成為市場經濟的一部分，藝術本身也被視為個人的自我表達。對個體的高度重視，在古希臘、古羅馬以及文藝復興時期再次出現，成為西方文化的首要價值。在藝術風格（例如巴洛克風格）曾經覆蓋了許多藝術家在廣闊的地區和時期工作的地方，在十九世紀末和二十世紀末，接連不斷的藝術風格隨著速度的變化而變化，並破裂成各種藝術實踐的萬花筒。

　　我們沉浸在自己的時間裏，很難客觀地看待我們周圍的世界。事實上，對藝術家的現代定義之一，就是對自己的文化時刻特別有洞察力的人。得益於全球資本主義、社交媒體和互聯網，我們比歷史上任何時候都更加相互關聯和相互依存。有人認為這是一個烏托邦的時刻。有了網際網路接入，我們都可以為所謂的資訊革命作出貢獻並從中受益。對其他人來說，科技在我們生活中的普及威脅著我們的個性和隱私，並將我們縮小到一個可以被臉書

（Facebook）、谷歌（Google）等公司盈利的數據點。有一件事是定的，在上面勾勒的整個時間段裡，藝術意味著不同的東西，而且在未來很可能會有不同的定義。

　　人類的歷史記錄在我們的視覺文化中。就像以前文明的命運一樣，時間最終會摧毀我們今天所熟悉的大部分視覺文化。未來的藝術史學家將試圖重建我們現在生活的世界，以便更好地理解我們如此熟悉的微妙含義。

　　總的來說，西方文化在北歐、北美、澳大利亞和紐西蘭變得越來越世俗。儘管如此，在二十一世紀初，羅馬教皇約翰·保羅二世的葬禮還是將聯合國以外國家元首歷史上最大的一次聚會聚集在一起，這可能是歷史上最大的一次基督教聚會，據估計，有超過四百萬的哀悼者聚集在羅馬。緊隨其後的是另一比特非義大利籍的本篤十六世，他在 2013 年幾乎史無前例地辭去教宗職務，從而迎來了阿根廷教宗方濟各的選舉——第一位來自美洲的教宗，這是天主教新的人口中心。

　　在這一時期，個人電腦作為一種新的社會變革現象從西方興起。二十世紀六十年代，人們開始在連接電腦的網絡上進行實驗，從這些實驗中發展出了全球資訊網。網際網絡在二十世紀九十年代末到二十一世紀初徹底改變了全球通信，並使新的社交媒體的興起產生了深遠的影響，前所未有地連接了世界。

劉增泉

書於淡江大學文學院研究室

自序

在很久很久以前，歷史就已經存在了。最初的歷史，即如一層雲霧般，讓人摸不透，但漸漸的隨著時間演進，歷史的面貌才逐漸清晰且易於了解它的故事。

歷史對於人類而言，無疑是一面鏡子。這面鏡子說明了我們行為的一切，換言之，人類所有的「過去式」皆在這面鏡子裡可以尋找到答案。例如，假使我們要問何以日本會偷襲美國的珍珠港，或者說中國的秦始皇何以統一天下，或者何以英國有女王，這些疑問，在歷史裡均可以找到解答。其實歷史就是萬物的故事，它包括有生命物種和無生命的物種，只要它存在、甚至不存在都可以成為歷史。狹義的說，歷史即是人類的故事，廣義的說它是宇宙的故事。對人類而言，歷史無情的指出了人類失敗的一面，但也給予成功者大加獎勵。因而人類的典章制度、律法戰爭、宗教、藝術、文學等等，皆由歷史的敘述而傳承下來。歷史也注意到人們的願望和恐懼，對於人類的文明發展，歷史更是永久俯視著，直到一樣又一樣新的發明和新的發現，歷史就像一條長河一般看盡了人類的一切，也敘述了人類生活的整個故事。

歷史還有一種奇妙性，即是將過去的榮耀和智慧投射到現代的我們生活中。透過歷史，我們認識了很多很多的古人，古人的智慧結晶更是我們知識的泉源，透過對古人的了解、讓我們更有認識自己的能力。歷史是有聯結性的，如果將歷史切割成若干片段，這樣的歷史是不可信的，歷史本來就有它的關聯性，每一項歷史事件都有它的前因後果。例如，美國的參議院是古羅馬元老院的翻版。我們研究字母、一週七日、音樂、科學等等，這些都讓我們回顧過去人類的足跡，由此也讓我們對過去的人、事、物有了更深一層了解。

心理學家認為兒童時代的遭遇，可以解釋成人後來的行為，因此，人類

初期的歷史也能投射今日人類的表現。也就是說，我們是人類一代又一代的傳承人，今天人類的文明是過去人類經驗的累積流傳下來的。

　　這本書是繼《西洋上古史》、《西洋中古史》、《西洋近代史》、《西洋現代史》之後的最新作品，主要的資料還是以法文為主，中文書目部分僅作參考。本書的編校工作承蒙五南圖書出版公司的編輯王兆仙、黃麗玟小姐的協助才能順利付梓。當然由於個人才疏學淺，文中錯誤疏失在所難免，也盼先進多為指正。

劉增泉

書於淡江大學文學院研究室

CONTENTS
目錄

第一章
上古史

第一節　漁獵時代

　　人類在還沒有出現文字前，曾有過一段極為漫長的「石頭萬能」時期，它除了能當成日常生活所需的工具外，還被當成武器。因此，我們如果想對那段長久而混沌的過去稍加認識，就必須研究石頭——因為在當時並沒有所謂文字的記錄。當然除了石頭之外，人類也曾使用過其他的東西，像是棍、棒、木矛與皮衣之類的東西，但那些東西都不如石頭之能久存，因此我們將這時期稱為「石器時代」。

一、石頭的故事

　　在太古時代，人們有段長時間的生活完全依賴漁獵維生，所以我們稱這個漫長的時期為漁獵時期。這時候，人類主要的食品有果類、漿果、硬殼果、球根植物，因為這些植物類的東西經採集便可獲得，至於鳥類、魚類或獸類，也都必須以獵取的方式獲得。當時的人並不知道其實可以經由飼養家畜的方式，來提供他們肉類之所需，或是開墾荒地來種植食物。因而到處去獵取那些野生動物、鳥雀或魚類與植物來供他們食用。

　　那個時代的武器與工具多半是石頭製作成的，而且我們也有賴於這些石頭來跟我們訴說那個遙遠的過去，因此我們稱這個時期為石器時代。換言之，漁獵時期就包含整個石器時代，其大部分的時間被稱為古石器時代或舊石器時代，至於較後的時期則稱為新石器時代。

　　人類最初所使用的石頭形狀都是自地面上直接撿起來的樣子，並沒有加以改造，漸漸地人們才知道要按照自己所需要的形狀，在石頭上加以施工。他們打製那些石頭，目的在使自己使用方便，並適於他們所需的用途。例如，當他們需要挖掘或切割的工具時，他們會將某類石頭敲開來，經過打製，使它有鋒利的邊緣以便於用來割物和挖掘。另外有些石頭本身就會有尖銳的一端和圓滑的一端，尖銳的一端可以把它磨得更加鋒利，當

成劈木或宰殺時使用的工具；至於圓滑的一端，則便於執握。

　　對於我們這些研究歷史的人而言，這是何等的幸運，因為這些「成形石」都含有深意。所以當我們在路上偶然用腳踢起來的那些粗的原石，或許在太古時候，人們曾經用來獵取野獸，只是我們無法從這些頑石上獲得任何消息。但假若我們在某時、某地發現一塊石頭上有人類加工的痕跡，我們就能開始閱讀歷史了。不過這是一項極困難的工作，因為那顆經打製過的石頭，並不能成為一位很好的老師，告知我們一切。

　　在石器時代人們也曾使用過其他材料製成的工具，這些工具我們也曾發現過，只是數量不多，不過我們卻找到了千萬件用石頭做成的工具與武器。在那年代遙遠的時期，這些石頭大都烏暗黝黑，不過其中不乏有製作極佳的，這些必然是出自具有匠心獨具的古人。在發現這些成形石的地方，我們也曾同時發現人類的骸骨，有的時候也會發現一些絕跡已久的獸類骨骼，這些骸骨我們稱之為化石。除了石頭和骸骨之外，我們也在原人居住過的洞穴中找到一些繪畫、雕刻與油繪，這些都使我們能對過去的時代作進一步的觀察。

　　成形石、人類的骨骼，以及那些粗拙的繪畫，都可以使我們在研究那混沌的過去時發現一線曙光。從這些東西之中，我們可以知道原人所使用的工具與武器是什麼，所狩的獵物種類有哪些，以及什麼東西是他們所害怕的，什麼東西是他們所恐懼的。但假使我們想要知道這些古人當時的思想與語言，或是他們是如何被統治的則不可能，因為這些消息我們無法從石頭歷史中得到任何的暗示。

　　關於語言、文字、思想、政治等等的資料，我們需要文字的記錄才能獲知，不過研究人類過去其他的一切，石頭的故事與文字的記錄是有同樣的作用。歷史是人類整個的故事，截至現在為止，我們所知道的也只是整個人類故事的一小部分，因此直到現今我們仍不斷地在尋覓，也獲得不少的資料，人類的故事因為這些每年所得的新發現而日益明瞭。

　　有些歷史學家僅僅承認那些有文字記錄的部分，認為那才叫作歷史，對於無記錄的歷史（unrecorded history）便不認為是歷史，而不加以重視，如此一來，有歷史的年代不過五十到六十個世紀而已，因此我們在此並不願意採用這樣的分野方式，而是要將歷史的敘述分成兩類：凡是根據

於文字記錄的，我們稱之爲記錄的歷史；其他較遠古的一類，源自於石頭、骨骼及其他遺物中獲得的，我們稱之爲無記錄的歷史。

漁獵時代的那些石頭的故事，就是所謂的無記錄的歷史，它讓我們知道的史實之多，實在令我們感到驚訝。石頭與骨骼、工具與武器、廟宇與墳墓、居處與繪畫等，皆能增加我們的知識，有助於我們對這段歷史的了解。石頭的故事，實在是一個長之又長的故事，前面說過，有記錄的歷史大概只有五十到六十個世紀而已，但無記錄的歷史，即石頭的故事，卻能使我們追溯到幾百個世紀之前。

如果想要從日期的推測來獲知漁獵時代究竟起於什麼時候的話，我們並沒有把握，但我們可以用一個完整的數目來進行推測，不過我認爲要緊且必須爲我們牢記在心的，就是這個無記錄的歷史，它經歷一段極其漫長的時間。

研究歷史的人對這個無記錄時期的研究都極有興趣，他們都盡量使用各種方式去推測這段無記錄的歷史。舉例來說，我們曾在尼羅河流域（Nile Valley）的河邊往下挖六十呎的深度時，發現人類使用過的石器，不過這是何時的遺物呢？我們可以根據近三千年來，尼羅河定期氾濫的情況來看。由於每當尼羅河氾濫時，它會在它流經的土地上累積相當的土量，因此我們可以用大約每個世紀約有四英吋來推算，便可以推論出，大約要用一百八十個世紀，才能堆積出六十呎的淤泥。換言之，我們找到的這些石器，約爲一萬八千年前的遺物。

雖然這項「每世紀堆積泥土四英吋」之說，現在已被大多數人所接受，但仍有很多學者認爲這個說法並不正確。因爲有些史學家認爲，倘使尼羅河在某一個時期，夾帶較厚的泥沙流入河中，堆積在兩岸，那麼我們所推測的一萬八千年豈不是要打一個大折扣？因此有些史學家認爲，這個推測的數目應該減爲六千或七千年，但另有些學者則認爲不應該減少這麼多。

當然，在無記錄的歷史中，這並不是用以計算日期的唯一方法，它不過給我們一個概念，告訴我們這個漫長的時期，是必須設法推算的，而且多方的推測也是不可少的。

二、曙石器與舊石器

在歐洲很多地方我們都曾發現一些好像打製過的燧石（燧石〔flint〕是一種結晶的礦石。出土時質地甚脆，久則堅韌，種類亦相當的多，如燧岩〔chert〕、角石〔hornstone〕均其較粗者。擊碎時形如貝殼，其邊緣自然鋒利，世界各處俱有），因為這些燧石看起來好像曾經為人類製作過，或使用過的工具，只是這些石器的式樣大都非常的粗糙，使我們懷疑這些石器真的曾被人類製作過嗎？但同時因著種種的理由，不由得讓我們相信這些石頭在人類初期的生活中，曾經是被使用過的工具，這一類東西我們稱之為 Eolith，其意思就是曙石器。

隨著時間的推進，人們製作燧石的技術也進步多了，在這個時期裡，人們製作的燧石工具一看就知道，用不著感到懷疑的。這一類的工具是舊石器時代的標記，我們稱之為舊石器（Paleolith），這個時期所經過的時間到底多長？是否有一千個世紀這麼長？或更長些、或較短一些，我們永遠都不可能清楚地知道，不過我們較清楚且有把握的說法是，在這整個歷史之中，此段歷史是最漫長的一個時期。假使將哥倫布發現美洲新大陸到今日的這段時間，與人們使用打製的燧石當作工具與武器的千萬年相比，前者實在不算什麼。

石器時代人們的生活相當的困苦，因為被當成食物的獸類不一定都是較弱小的或易殺的，像是有一種皮膚堅韌的犀牛，其角約長三尺，此外還有棕色大熊、具有毒齒的劍齒虎、具有大牙且長得像人的牙齒的巨象，以及長毛象（這是一種全身長滿蓬鬆長毛的怪物，體積跟近代的象很接近，牙齒堅硬、彎曲，有時還長到一丈左右）。像這樣的巨獸，如果是現代人拿著來福槍站在一個安全的距離來射殺牠們，當然不算是一件難事，但是對於手拿著斧頭的人，情況就不是這樣了。

所謂的拳斧（fist-hatchet）是一塊大約四、五吋的燧石。它的一端尖銳便於掘地、剖骨、砍樹或與人獸相鬥，另一端則呈現出圓潤的樣子，便於執握。現在我們想想，假如我們不幸遇到一隻劍齒虎時，手中卻只是握著這樣的一把拳斧，那我們該怎麼辦呢？當時的人們獵取巨獸的方法，常是一群男子與兒童一起合力對付，他們有的人用石頭猛丟，有的操著具有

石尖或角尖的長矛，或者將巨獸趕入早已挖好的地坑或陷阱之中。像這樣的工作是極為艱難的，每每一隻虎或一隻象被殺死的同時都會有一、二個躺在地上的死人，或受傷極重的人。

現在在洞穴之中，在沿著河流居所的垃圾堆中，我們找到了無數的骸骨（似乎是獸骨），特別是巨獸的骨骸。在這些骨骸中我們發現有些較大的骨頭都被撬開了，這也許可以告訴我們，其中的骨髓已經被取出當成食物，這一切都可以使我們明白石器時代的人們是巨獸的獵者。

在漁獵時代，歐洲有段時期的氣候慢慢地冷了起來，人們發現那些老虎、巨象，有彩色羽毛的禽鳥都紛紛飛往南方。冰河像一個龐大的冰塊，從北方緩緩地流下來，它摧毀了森林、沖倒了岩石。隨著冰河而來的是一批習於寒冷氣候的動物，如馴鹿，西伯利亞的長毛象與麝香牛等。

這時斯堪地那維亞半島（Scandinavia）及歐洲北部的部分地方都埋在極厚的冰層之下，美洲也出現同樣的情況，整個世界進入一個長達數百年的冬季，這個寒冷多冰的時代，我們稱之為冰河時代（Glacial Period，地質學家宣稱冰河之襲前後共有四次。第一次在五十五萬年之前，第二次在四十萬年之前，第三次在十五萬年之前，第四次及最末一次在五萬年之前。各冰河期之間有所謂的間冰期〔Interglacial Period〕，即氣候復轉和暖的時候）。

現在我們發現的石器大都是沿著河流一帶，由此推測可知，人們在漁獵時代多居於濱河的地方，但自從冰河的寒流南侵歐洲之後，人們開始需要隱蔽又可以禦寒的地方。幸運的是，人們發現有很多天然洞穴，於是很多人利用這些洞穴為居處，這讓不少人免除被凍死的命運。

另有一樁幸運的事在石器時代的某時期中發生，那就是火的發現。火的功用不僅使人類舒適，在冰河時期，火還拯救過他們的性命，給予他們更多的工具與武器，增加他們食物，同時還將鐵帶到人們的手中。

在華盛頓某大建築物的前面，有以下這幾行字，這些話或許可以說明火的重要性：

火：一切發明中之最偉大的，
它使人們能生存在各種不同的氣候之中，

獲得更多的食物，

更迫使大自然的力量為他們工作。

　　「火」用各種方式將光明帶到人們居住的黑暗洞穴之中，從遺留至今的那些灰燼來斷定，我們知道漁獵時代人們的居穴裡，必定會有火的存在。也許他們在濱河的居所中同樣有火的存在，但這段史實被無情的風雨銷蝕了，歷劫獨存的唯有拳斧。

三、洞窟中的祖先

　　我們曾在某一個洞穴裡找到一副埋在垃圾堆中的人類骨骼，這副骨骼是作睡覺的姿勢，頭枕在右臂上。在他的身旁，也許是他的親族或朋友，曾在他的手中放了一個拳斧。在他的頭下面有一堆很乾淨的燧石片，對此我想，這或許表示他的親族們認為，他在未來世界的生命裡是需要這些燧石當作武器。這位年輕人或孩童，便是我們所發現的第一個人類——尼安德塔人（Neanderthalensis），他好像在那裡準備提供一些信息讓我們知道。假若他能言語，那他會告訴我們一個怎樣的故事呢？是關於狩獵方面的，還是在洞穴中火光之下的宴會呢？或者是一段羅曼史？

　　在其他地方，如比利時、法國與西班牙，也曾找到幾具與這副骸骨同時代的骨骼，他們都屬於體積笨重的一型，科學家稱他們為「尼安德塔人」，之所以會取這個名字的原因是，這一型的第一具骨骼發現於德國境內的尼安德塔村。至於在德國巴登省的海德堡（Heidelberg of Baden）附近沙溝中離地面約八十呎的地方，我們曾發現顎骨一枚，學者認為是二十至三十五萬年以前，及第二間冰期之人類骨骼，因此稱他們為「海德堡人」（Homo Heidenberg man）。

　　如果我們假定當時洞居的習慣是代代相傳的，那麼我們應當感到奇怪，因為我們無法再繼續發現這類型的骸骨。雖然我們常在一個洞中發現成千件的石器，而且常有千萬的獸類骸骨堆集著，這必定需要一個極長的時期才能辦到。工具、燧石片、骨頭，以及其他各種廢物遺留在當日堆積的地方，經過年復一年泥土的堆積與掩蓋，與洞頂上的石屑經常掉落下來，慢慢地一層堆蓋一層上去，讓這裡變成是這些石具、骨頭、廢物、泥

土、碎石，依次累積的地方。

雖然這些一層一層的廢物，為我們釐清了不少的祕密，但終是歷史上的一個大啞謎。現在我們發現尼安德塔人的土層之上找到另一個泥層，在這個泥層之中我們發現另一型的骸骨，這顯然是屬於較接近近代人類的骸骨。從這副骸骨我們發現，這一型的人相當的高，其高度約自五呎十吋到六呎四吋。他們的前額較尼安德塔人還高、眉骨則較低、下顎則較肥，而腦髓也較大（甚至比近代一般人還大），因為最初發現他們的地方為法國的克羅馬郎這地方，因此我們稱它們為克羅馬郎人（Cro-Magnons man）。這些長人以克羅馬郎人的稱呼稱著於史學界，不過在法國的其他地方，以及法國以外的其他國家也陸續發現過這同型的骨骼。

但這究竟是否能說，因為這群長種的獵者侵略這些地方，戰勝並殺害原本居住在洞內的尼安德塔人，且占據他們的洞穴呢？還是他們到那裡時，這些洞窟早已無人居住呢？這一切我們都無法得知，但如果真如我們最早所預測的那樣，我們可以幻想出一個極為殘酷的戰爭來。他們彼此用木棍、戈、矛、拳斧相互廝殺，而尼安德塔人勇敢地捍衛他們的家庭、他們的居處與獵地，但終於卻之而失敗。不過那些尼安德塔人的孩子是否被戰勝者所收養，婦女是不是變成他們的妻室呢？假如我們能知道究竟，或許這裡發生的是動人而不是殘酷的故事。

四、獵人的技術

火在最初是一個突然的發現，但後來敲石取火或鑽木引火，變成一種技術（鑽木引火的方法極普遍，這方法以細長的木桿銳其一端，直立於枯木上，如倒置的丁字，以手急搓之即生火）。獵人們更進一步利用火來煮食物，利用火來使矛銳利，或利用火去挖空一根大樹做成獨木舟。自然，除此之外，那打製燧石做拳斧或其他工具，都是一種技術，特別是在石器時代的後期。假若有人懷疑這話，我們無妨讓他做一具拳斧或箭簇給我們看看。

當尼安德塔人居住於洞穴的時代，他們製作的燧石工具與武器，無論就功用與式樣來說，都較之以前的人還進步。例如，以前的人使用整塊的燧石，而尼安德塔人知道用燧石片，而且細心打製燧石的邊緣與尖端，使

之鋒利，這一類燧石工具，在地中海沿岸各國都可以找到。也許他們就像現代的愛斯基摩人一樣，以皮爲衣，因爲所找到的燧石工具中，有一部分好像是剝削皮革所使用的刀。

克羅馬郎人進入西歐的時間，大約在舊石器時代的後期，約在一萬五千年以前，而所謂的舊石器時代後期則止於距今約七千、八千年。這個時期主要的特徵爲燧石工具製成的改良工具、骨與角應用的增加、繪畫的出現、縫紉針的應用，以及弓箭的發明等。

克羅馬郎人及其同時的他種人對於製作燧石箭頭、刀、刮刀等等，都顯示出特別的技巧。他們發明了一種新法可以使燧石邊緣容易鋒利。一般取得燧石片的方法都用一塊石頭去敲另一塊石頭，而現在使用壓擠法，在一塊燧石的邊緣加以重壓力使它裂開來，如此所獲得的燧石片可以較小較平直於其他多種的工具與武器。克羅馬郎人卻改用骨頭、角類或象牙製作，他們用骨類或角類做成許多工具，像是標槍（與現在田徑賽中所擲之標槍同）、鎚、鑿還有骨針、骨鑽、口哨乃至於顏料管。

由於他們經常使用骨與角，尤其是馴鹿的角用途更廣，因此我們可以稱這個時代爲馴鹿時代（Reindeer Age）。科學家則稱之爲上期舊石器時代（Upper Palaeolithic Period），因爲這個時期的歷史是發現於舊石器廢物之「上」層者。換言之，這就是舊石器時代的後期。

當我們在洞穴廢物中挖掘時，也要不定時地往上看。某天一位考古家在西班牙一個名叫阿爾塔米拉（Altamira）的洞中，進行骨角與石器的考古挖掘時，他們的小女兒偶然抬頭往洞頂一看，發覺一些繪在那裡已有若干世紀但色彩仍相當鮮豔的繪畫。直到今日，我們還是一樣可以看見那些多毛的紅野牛、馬、野鹿，以及那頭被追擊的野豬，這些動物極生動地被繪在那兒。當然在其他的洞中也有各式各樣的繪畫，此外，我們也在有很多骨頭、象牙與角的洞窟中，以及洞穴的四壁發現有極細緻的雕刻品或被腐蝕的雕刻品（etchings）。其中有人們狩獵過的、驅使過的或懼怕的各種獸類。這位小女孩無意中的發現，竟指引歷史學者古藝術的一個豐富寶藏。

第一位尼安德塔人或克羅馬郎人把一根木棍的一端劈開，將一把拳斧堅固地綁在中間作成大鎚，如此便可以給那些熊、虎致命的一擊，因此拳

斧功勞之巨，絕不亞於那個第一位發明矛槍，讓他的伴侶能夠抵禦野獸的人，然而那位第一個更進一步發明弓與箭的人，實在可說是人類的恩人，因爲唯有弓箭與火，才使人類確實戰勝野獸與大自然。弓與箭，自開始就是一個偉大的發明，不僅是舊石器時代後期的人會使用它，就連近代火器發明以前，它一直都是人們在戰爭中所使用的主要武器。而且我們已經在好多洞穴中發現，數千萬年以前的繪畫上，就有手執弓箭的人，其由來之古，是可以想像的。

舊石器時代雖然經歷一個相當長的時期，但由於缺乏文字的記錄，所以我們知道得極少。從「石頭的故事」以及洞穴中的壁繪和雕刻之中，我們是可以獲得一些有趣的事實，而這些是帝王的朝代所沒有的。在這個漫長的歲月中，人類已經開始他們控制大自然的第一步工作。他們製造工具、發明武器，還發明了火，此外他們也發明了骨針縫合皮革與毛皮做衣服。在繪畫、雕刻與油繪各方面，他們也都曾施展過技巧。

倘若我們一直記著這是一個延續若干千年之久的一段時期，那麼上面所說的這些，並不能算是怎樣了不起的成就，不過我們必須體會到，這就像嬰兒學走路一樣，是人類進化中最初的步伐，所以是相當不容易的。何況我們近代進步的基礎，難道不是從古代流傳下來的基礎？依事實來看，沒有一件近代的發明，不是根據從前的發明而來的，因此對於舊石器時代的那些原始獵人而言，我們實在是負債人。

即使是語言——人類最偉大的發明，也不能不溯源到舊石器時代，現在的我們並無法知道當時的語言究竟是怎麼回事，這是因爲文字發明得比較晚的關係。工作與語言是必先於文字的，不過在洞穴的壁畫中，我們早已看見了趨向於文字的初步。

第二節　農業時代

八千年前西歐人民正處於舊石器時代。他們就是前章後段所描寫的那些喜愛畫圖的漁獵者。但距離他們所住的東方很遠之處，一個新的世紀到來了。在這裡有新的發現與發明帶來的新技術，這裡的人們生活得較爲舒適，文明正露出曙光，那個新時代，我們通常稱之爲「新石器時代」

（Neolithic），不過「農業時代」是個更普遍的名稱，因為這個時期的重要特徵為農業之開始。

一、最初的農人

農業時代開始在近東（Near East），約在七千年以前或許更古老一點，這個時代是永無止境的，且至今仍存在。在此，我們所要談的僅僅是這個時代的開始，以及初期的一些進步。

近東這個名詞，我們以後隨時都會提到，因為它是第一個偉大文明的發祥地。它曾經是、現在也還是歐、亞、非三大洲的會合點，是一個濱地中海半圓形的區域，包括埃及（Egypt）、愛琴海諸島（Aegean Islands）、克里特島（Crete），以及希臘半島（Greek Peninsula）。

而埃及與美索不達米亞都是河流淤積的沖積層，那些黑而肥沃的泥土，曾為初期的幾個農業國家生產極豐富的農作物，為他們提供豐富的食物。至於小亞細亞與塞浦勒斯島（Cyprus），以及近東其他地方，則有一個極豐富的銅礦脈，它正在等待第一個冶金者的到來。此外，各處的河流使人們易於用獨木舟或小船來運輸，而地中海東部更供給水手與貿易者一條商業與冒險的通道。

前面已經說過，農業時代正在近東開始它的黎明，當時的西歐漁獵者還逗留在舊石器時代。在美洲，近代印地安人（Indians）的祖先們，也許與西歐漁獵者同樣，都處於同一個階段裡，而北非洲的人們也同樣是舊石器時代的漁獵者，至於其他地方，這個時期的訊息我們知道的極少。

在極早的時候，人們所吃的植物都是些野生的漿果、果實，與一些球根植物與種子。後來在一個偶然的機會，讓幾粒種子掉在居洞或居蓬的門前，並且恰巧的被泥土所掩蓋，等到發芽成長後，便觸動人們的思想，覺得如果在居地的附近種植這些植物的話，摘取時必定會容易些。後來終於在埃及與亞洲西部，開始有人們成功的栽種這些植物，漸漸地連歐洲人都知道大麥、小麥、玉蜀黍、扁豆等類的植物是可以栽種的。

慢慢地，他們在這些植物之外，還種植其他的植物，像是大豆與蘋果，繼而又加上其他穀類、水果與蔬菜的種植，真正的農業便開始了。這時候的人們也知道把穀子曬乾後收藏起來，更知道做無酵的麵包。自此以

後，麵包成爲人們生活的所需，而務農便成爲一個較豐富的文明基礎。

當植物漸漸地在一個固定地方種植的時候，獵人也漸漸成爲牧人。舊石器時代經歷若干萬年之久，這時的人類生活非漁即獵，他們的生活全仰賴漁獵所獲。因此當禽獸稀少時，或溪流涸竭時，他們就只能挨餓，有時候甚至餓死。直到他們學會種植、收成與馴養家畜之後，他們的食物才有了正常而確定的供給。

第一種被馴養的野獸或許就是狗，因爲這些野狗一開始時就會在人們居處四周遊走，拾取餐後所遺留下來的肉或骨。漸漸地野狗的膽子大了起來，開始跟隨在人們的左右，日子久了這些野狗的野性漸漸被馴化了，終於變成人們平時的伴侶，行獵時的助手，乃至於忠心的朋友。

也許就是因爲這種馴狗的經驗，使他們聯想到可以馴養其他的獸類。此外，也有可能因爲當時的禽獸變得較少，使得有些人想到可以捉些野獸類來餵養，以供肉食所需，漸漸地人們便開始餵牛、豬、山羊與綿羊。由於這些獸類的飼養，使得原本供給不特定的肉食因而確定，而且因爲牛與羊的飼養，讓牛奶與羊奶的供給也不虞匱乏。且自古以來，就有一些牧人主要的食物爲奶與乳酪，肉食反而次之，根據我們的資料，最初以牛羊爲家畜的地點在於西亞與中亞，漸漸地如同種稻一樣被廣而傳布。

二、新的發明

前面我們提到某些發明，特別是弓和箭，在舊石器時代（漁獵時代）給予人類極大助力。同樣地，新石器時代的發現與發明有助於農人的地方更是不少，對此我們僅僅談一個簡單的發明大家便明瞭，因此我們就以磨刀石或磨石來說吧，就是這樣一件東西使「舊石器」變成「新石器」。

這個新的時代常被稱爲新石器時代，其原因就在於所有的石器磨得極爲平整、銳利，這與以前靠敲擊而製成東西的方式迥然不同。研磨與磨光的方法，最初也許起於馴鹿時代，因爲當時製作骨與角的武器與工具，都是拿來磨的。製作石器而加以研磨，顯然是在較晚的時代，磨石是我們都知道的方法，其爲物之簡單，幾乎難使我們相信它在人類的進步中，曾擔任過這樣重要的任務。

隨著磨石又帶來了斧頭。斧頭也是我們所熟知的一件簡單的東西，但

有一個時期它是新穎的、陌生的，而且它也曾改變過世界。在前面我們提到的那個以拳斧綁於粗棍一端的人，他是一個重要的發明者。到後來拳斧與柄做得大一點，同時磨得尖利一點，便成了一把斧子。就是這樣一把斧子，將那些穴居的人類帶出了潮濕幽暗的洞穴，使他們喬遷到房屋中、村落裡、城鎮中，也使他們揚帆於大海之中。

　　若是弓箭在人們的鬥爭生活中曾使他宰制過獸類，那麼斧子在人類走向文明的過程中，也曾使他控制過森林。當時的地球到處都是森林，這個森林對當時的人民有相當大的益處，當然也有害處，它的益處就在於，它可以被用來建築房屋與船隻，至於害處則在於，在種植稻麥時森林確實是一個障礙。

　　最初的石斧雖然研磨得相當銳利，可是也相當容易碎裂，因此在使用的時效上相當的有限，不過較之前由打製而製成的那些舊式的拳斧來看，這已經是一個大的改良。至於真正可以當成依靠的斧頭，則要等到金屬的斧頭出現，因為金屬的斧頭不僅在平時是一個工具，在戰時也是一個武器。如果要以價值來作判斷，斧頭真的是一件偉大的發明，但給予它鋒利與效力的，卻是那個卑賤的磨石。

　　發明輪子並且製成第一部車的人，他的功勞是將重的負擔從人和畜的肩背上移下來。人類在其馴養的牲畜中，早將一部分的牲畜，例如是狗、驢子、公牛當成用來馱載東西的牲畜。自從車子出現後，有更多的牲畜成為專門為這個工作而養的動物。拖一個重的車子，雖不比以肩背負載容易些，但它卻能使畜類的力量加倍，除非道路太糟糕，或是山坡太陡了，不然牛與狗所拖的東西，一定比牠們能背負的還要多更多。

　　車子同時也能使人們的旅途更加舒適。因為四輪車使農夫能更迅速地收成，商賈們也可以依賴它將大量的貨物帶到遠方。王公貴族與偉人們乘著戰車在巡行時更加威武。戰車在戰爭中是一種具有威力的武器，但如果說要以牛馬來拖戰車的話，則在我們說的這個時代之後。當車子的記錄進入歷史時，它的功用已經相當多，且非常的普遍。

三、工藝技術

　　在亞細亞的西部長著一種開著藍色小花的植物，它的莖幹相當的長，

表面則是一種很結實的纖維，要是我們把這些莖幹放在水中浸透後，取出來搗碎或槌碎後，它的纖維就可以很輕易地分開，並且可以織成細線。這種植物叫作亞麻，以亞麻織成的布叫作亞麻布。麻布好像是最古老的布類。遠在若干千年以前，有些農人們或他們的妻子，就已經發現了用麻的方法，而且還發明了積麻與織造麻布的技術。麻也可用來作為繩子或纜索，做漁網來供給帆船或漁船使用。

積麻的方法，最初是極簡單的。這個方法是，麻纖維的一端栓著一個很小的重錘，讓它往下垂，將這根纖維拉直。然後撥動那個小錘子使纖維轉動，麻線便可以積成。最初的織機也是相當簡單的，是幾根繩子與幾根棍子很簡單的綁在一起。今日的新墨西哥以及美洲其他各地印地安人所使用的，與當日近東一帶所使用的大致相同。但這樣的織機也如同其他初期的發明一樣，在人類的進步史中占過極重要的位置。

做陶器的藝術可供歷史敘述的題材，真的是太貧乏了，不過它有許多令人感興趣的特徵。例如，從古人所居住那些地方的廢物堆中所找出的一些陶器碎片，我們幾乎可以斷定那些居住於這些屋子的人們，已經由漁獵階段進到農業階段。陶器的起源，似乎與農業同時，也許因為陶器做成的罈子，對於收藏乾的穀類，或煮食物是極有用的，而且泥土製成的陶器，十分容易破碎，不便遷移，由此可知當時的人已經開始所謂的定居生活。

再則因為陶器上的花紋與裝飾往往表現出當時當地的土風，所以我們從被發現的各種式樣古陶器上，常常可以得到一些史實的暗示，如人類之遷移與商業之發達等等。

最重要的一點就是，可以將人類對藝術的愛好寫入歷史之中，在這一點上，陶器實為主要的媒介。直到今日，我們還可以從那些烘培過的泥土片中觀察出古陶器製造者心中所想的某些事情。罈罐之類的陶器，最初的目的不過是在實用罷了，並沒有考慮到美觀的問題，繼而興起一種習慣，將某種物質如石墨之類揉在罈罐的外面，使它發出一種黑色的光澤。此外，在其他一些地方，也許是埃及或小亞細亞，另外發現了製造有色陶器的新方法。他們用某種含有氟化鐵的泥土摻進去，燒出來的時候，便變成一種極富麗的磚紅色。自此之後，近東一帶遍布著這類紅色的陶器。

至於裝飾方面的技術，大抵在未燒之前便先刻畫，或壓一些簡單的花

紋在那軟的土胚上就行了。以後，他們又開始在那些精細的瓶子或罈子上面畫上一些真正的畫，如人物、船隻、野獸、戰爭等等，這些東西後來竟變成了美術中的佳製。

　　我們已經知道自斧頭發明之後，人們便能開始建造房屋、船隻、車輛與四輪車。房屋的建築是為了安全的緣故，在古代，房屋通常是建築在樹林之中，因此有些房子都會圍上高的籬笆。除了樹林之外，有的人會考慮飲水、用水的問題，為方便起見，他們就會將房子建在河邊、湖邊，有些甚至是建築在水上。

　　在近東，一般人所住的房子僅僅是柳條與曬乾的泥蓋成的茅舍，屋子的四壁是用柳條編織起來，上面敷上一層泥，因此很快就被太陽曬乾。至於有些國家的宮殿與廟宇是用木頭做成的，不過後來用石頭與磚頭蓋成的房子漸漸普遍了，於是製磚與鑿石都成了重要的技術。磚的製法，有時僅用太陽曬乾，有時則用火烘燒。

　　造船的方法很多種，有些是用木頭釘成架子，然後用獸皮緊緊地黏上去，這個方法至今仍被使用。另外，有一種好像大籃子的船，這種船是用柳條或草小心謹慎地編起來，並在上面塗些像是柏油的東西。自從人們知道用火的方法後，他們才知道設法把一根大樹燒成相當的長度，再用火慢慢地把它的中間燒空，做成獨木舟。等到有了鋒利的石斧或金屬的刀時，人們就不僅能做木筏與小船，他們同時也能建造相當大的船，不過這些船的推動是需要靠槳與帆才行。就文明的傳布而言，四輪車在陸地固然重要，而船在海中行駛的價值則更為偉大。

四、商業與聚落的出現

　　銅是在新石器時代（農業時代）的某個時候被發現的，也許是在某一個晚上，一些牧人或獵人碰巧在那些含有銅礦脈的石頭上燒他們的營火（Camp fire，用以嚇走野獸的），這時他們忽然看見一些紅色的珠粒滾到灰裡，就這樣，「銅」就被人們所發現。

　　約在六千年以前，銅的應用已經普及於埃及以及小亞細亞一帶。剛開始一段很長的時期，人們僅將銅當成首飾與美術品，其他的工具與武器還是得依賴石頭。其後在紅海（Red Sea）與小亞細亞交接的地方，西奈山

（Sinai Mountain）附近，與其他一些地方陸續發現了銅礦，當銅的來源增多後，用途也因之而漸廣，不久近東的銅匠們便知道用銅製造刀、斧，以及其他工具。

銅礦與青銅之使用有一個極重要的結果就是開礦、探險、貿易等事業的發展。最初開掘的地方為西奈山與小亞細亞一帶，後來便有探險家四處搜尋，漸漸地在塞浦勒斯島、克里特島、西班牙、義大利、不列顛及其他各處，皆發現銅礦的礦源，並開始著手開採。

不過這種礦石並不是每個地方都有的，必須由外地進行長距離的轉運，於是銅與青銅所製造的東西從西班牙帶到西歐，從義大利帶到中歐，從塞浦勒斯帶到敘利亞，所以大約在 B.C.6500 年左右，西亞地區已經開始出現遠距離的貿易，而其交易範圍之廣頗令人吃驚。

在獵人們甚至牧人們為了要追索野獸的行跡或逐水草之地，而四處遷移的時期，是幾乎沒有我們所謂的家觀念。直到大麥、小麥可以種植時，才出現一個建造可供定居的房子，真正的家庭生活才開始。或許剛開始房子的建築並不密集，十分的凌亂，但當幾個家庭將他們的房屋建築在一起時，村落便形成，而地點適宜、防禦較堅固，商業活動較盛的處所，便成了市鎮與城市的中心。

在這些生活的中心，人們為了配合商業的需要，所以製造工具、武器、陶器與布匹等商業活動，非常地活躍。為了生命的安全與財產的保障，政府也組織起來了。接著製造日用必須物件的實用技術一天天地發展，純藝術的活動也漸漸發展起來，這種純藝術是為了滿足某些愛好美麗事物者的慾望而興起的。有些擁有多餘財富的人們，便建造華麗的房屋與廟宇。他們及其他有閒者，也知道欣賞藝術家與工匠所做的美術品。

當文明與文化由此日漸成長之際，人口也因而日漸增多，只靠漁獵或採集是無法維生的，雖然當時人口並不多，但人們為了生活，必須知道種植穀物或馴養家畜的方法。到了農業時期後，幾千百萬的農人、工匠、商人反而能聚居在僅足以養活幾千個獵者的區域。

那些建立家庭的人，同時也建立了文明。因為定居的家庭可以變成管理、工作與宗教的中心。同樣地，聚落、市鎮與城郭因為擁有多數的家庭──常是相關聯的宗族與親族──也變成了政府、工作、技術、宗教與商

業的中心。商業雖然是物物交換的行為，其結果也可以使思想、技術、制度等等互相交換，但是這樣的活動絕不是任何一個高等文明，在無法有充分的食糧供應，或其他形式的財富之下所能夠形成。

我們可以認清這個新石器時代（農業時代），為文明的一個階段。它開始於七千多年以前，止於銅器的應用，約為六千年以前。近東是這個階段的主角，而亞洲的東部與南部則步它的後塵。至於美洲則孤立於舊世界之外，但在它的熱帶區域，也有一個極豐富的農業活動正在發展著，關於這一部分，我們可以留到以後再說。但農業及其他的發明在它的南部與中部逐漸發展，由此又推廣到北歐。

第三節　古代埃及

尼羅河的定期氾濫帶來豐富淤泥，為兩岸綠洲提供了源源不絕的水源和肥沃的耕地。古埃及人大約在 B.C.4000 年從乾旱的撒哈拉地區遷移至此，在這裡建立了「埃及」這個國家。他們很早就意識到需要一個強大的政治組織，然而地理因素使這種中央集權制度極不穩固：首先是上埃及和下埃及間的問題，上埃及和下埃及是因為戰亂的關係，而自然地畫分開來；另一個問題則來自首都位置上，若首都位於北部的孟斐斯（Memphis），可與兩個自然區域相連接，但卻有被侵犯的危險；若位在南部的底比斯（Thebes），則可因位置偏僻，因而避免移民和被征服的困難，但卻使它遠離了商業活動。

一、古王國時期與中王國時期

埃及在統一之前是一個南、北分立的地方，並不是一個完整的統一國家，大約從 B.C.3200 年開始，埃及經過一場革命後，才建立了統一的國家。出現了由斯哥皮翁（蠍子王）（Scorpion）和那爾邁（Numer）王進行統治的第一、第二王朝，這時期的首都在提尼斯，便是所謂的提尼斯（Thinites）王朝。他們曾進行一些軍事遠征的活動，攻打西奈半島的貝都因人，侵入紅海地區的商業城市。

B.C.2700 年到 B.C.2400 年正是埃及第三、第四和第五王朝統治時

期，這時期便是埃及的古王國時期（the Old Kingdom），首都在孟斐斯（Memphis）。第三王朝時兼統上、下埃及，此時最重要的國王是左塞爾（Djeser）和他的大臣印何闐（Imhotep）。第四王朝則是由金字塔的建造者——基奧普斯（Cheops，他又稱為古夫，即是著名的古夫王金字塔擁有者）、卡夫拉（Chiphren），和孟卡拉（Mykerinos）所建立的。他們曾進行遠征，戰績非常輝煌，此時期也是金字塔的全盛時期。第五王朝是埃里奧波里斯（Heliopolis）的祭司們所建立的王朝，他們是太陽神——賴神（Soleil-Re）的狂熱信徒。

在第四、第五王朝時期，由於大臣烏尼（Ouni）進行對努比亞的戰爭，使埃及走向衰落。佩比二世（Pepi Ⅱ）昏庸統治埃及長達九十四年（從六歲至一百歲），在他統治期間，埃及受到貝都因人的攻擊，讓越來越多地方的總督、貴族擁有獨立自主權（總督為地區的領袖），再加上這時盜匪橫行，終於造成埃及陷於四分五裂之中。

B.C. 二十一世紀大約在 B.C.2065 年，埃及人將貝都因人的勢力完全逐出埃及。第十一王朝的門圖荷太普（Mentouhotep）將權力延伸到上埃及，恢復法老的權威，建立了所謂中王國時期（the Middle Kingdom，B.C.2065～1786 年），此時的首都設在底比斯（Thebes，上埃及）。

第十二王朝的阿蒙涅姆森特（Amenemhet）和辛努塞爾特（Senousret）在位時期是埃及極盛時期，不過到了 B.C.1800 年之後，中王國時期漸漸步入衰弱，而且在第十五與十六世紀時，被來自巴勒斯坦與小亞細亞的西克索人（Hyksos）統治。

這一時期進行了一些革新，底比斯成為宗教和行政中心。在辛努塞爾特三世（Senousret Ⅲ）統治時期，總督的職責被取消，失去其權力和世襲性，行政權力重新歸於中央，埃及法老不再建築無實質意義的金字塔，而是注意一些社會設施，像是整修大型的排水灌溉措施。這時的人民享有某方面的自由，像是在宗教上一樣可獲得靈魂的得救，能夠接受教育，讓他們有機會從事文書的職業，這職業也成為令人羨慕和嚮往的工作。

此外，埃及人在腓尼基建立商業據點，將埃及的商業擴展到敘利亞和克里特島。底比斯當地的神為阿蒙神，祂在第十二王朝時期成為全埃及的神，其地位等同於賴神，是埃及的最高神。

二、新王國時期（底比斯帝國）

　　阿莫西斯（Ahmose）是第十八王朝（B.C.1530～1370年）的建立者，他在B.C.1580年攻進西克索人的首都阿瓦利斯，擊敗西克索人，從此之後埃及進入新王國時期（即帝國時期，B.C.1560～1087年，包含第十八、十九、二十王朝）。

　　新王國時期的埃及充滿了帝國主義的精神，有軍事上的狂熱，尤其是初期的法老十分注意國內建設和對外的關係，因此像是在圖特摩斯一世（Thoutmosis Ⅰ）和圖特摩斯二世（Thoutmosis Ⅱ）時（B.C.1530～1504年），國家擁有一支強大的軍隊，這時軍隊有個載弓箭手的戰車，這些弓箭手在戰爭時往往具備關鍵性的作用。由於埃及擁有一支強有力的軍隊，使得國力蒸蒸日上，成為一個強大的國家，與鄰近國家保持了活躍的外交關係。

　　第十八王朝時期是由阿蒙霍特普家族（Amenophis）和圖特摩斯家族（Thoutmosis）交替繼承埃及的王位，圖特摩斯家族直到B.C.1450年都一直掌握王位繼承權。如果沒有出身於合法婚姻（元配）的男性繼承人時，王位則傳給女兒，女兒則嫁給她們同父異母的兄弟。

　　圖特摩斯三世（Thoutmosis Ⅲ）是第十八王朝最為興盛的時期（B.C.1504～1450年），不過在他的父親圖特摩斯二世（Thoutmosis Ⅱ）去世時，他還很年輕，便由他的後母哈特雪普蘇（Hatshepsout，B.C.1490～1468年）攝政。當時在祭司的同謀下，哈特雪普蘇非法攝政二十二年，她曾經為自己取過法老們的各種男性名字，但始終沒有指揮軍隊的能力，在她死後圖特摩斯三世極力地破壞她的名譽，重新奪回政權。

　　不過圖特摩斯三世（Thoutmosis Ⅲ）在即位之前便已經掌握軍權，他從B.C.1484年到B.C.1450年共發動了十七次戰爭，將埃及的領土向南拓展到尼羅河的第四瀑布區，向東北則征服了巴勒斯坦和敘利亞，由於他的征服和溫和的政策，使他成為了埃及最偉大的君主。

　　圖特摩斯三世在位時的埃及主要對手是米達尼人（Mitanniens），他們統治著一個位於小亞細亞東方商業道路的十字路口（由於這個地區沒有自然邊界和缺乏強有力的政府組織，讓他們與鄰近西北部的西臺人，和東

南部的亞述人衝突不斷），這是一個讓圖特摩斯三世極感興趣的地方，因此法老王在此地進行一連串軍事行動。

　　圖特摩斯三世雖對此地積極的採取軍事行動，但並沒有制服他們，這使得他之後的法老便和米達尼人採取和親政策，在阿梅諾菲斯三世（Amenophis Ⅲ，B.C.1405～1370年）及阿蒙霍特普四世（Amenophis Ⅳ，B.C.1370～1352年）時期，這種關係尤其顯著。不過，阿蒙霍特普四世時期全心放在宗教改革上，忽視對外政策，使得處於蘇比魯里（Soubiloulioums，B.C.1388～1347年）統治下的西臺人，有機會擴展其勢力，使其勢力擴展到敘利亞和腓尼基，這時可說是西臺人國力達到最強盛的時期。

　　在第十九王朝（B.C.1320～1200年），埃及的王權落入拉美西斯家族手中，當時埃及企圖將其勢力再度伸進巴勒斯坦，所以塞提一世（Sethi Ⅰ，B.C.1303～1289年）時的埃及便進行一個新的軍事行動，他占領巴勒斯坦和腓尼基，出兵攻打不聽從他的附庸國，不過當時的小亞細亞落入西臺人的手中，因此到了拉美西斯二世（Ramses Ⅱ，B.C.1318～1232年）統治時期，埃及經常與西臺人發生衝突，而且此時的戰爭也變得更加的嚴酷。

　　拉美西斯二世可以說是新王國時期的國王中最重要的一位，他長期致力於神廟與宮殿的修建，不過他昏庸地統治了埃及一段很長的時間，這時輝煌的外表掩蓋了國家衰微的真相。

　　他的繼任者麥倫普塔（Menephtah，B.C.1235～1224年）統治埃及時，埃及已經遭到來自海洋民族的威脅，而且鄰近的希伯來人（Hebrews）漸漸興盛起來。這時在埃及的希伯來人，由摩西（Moses）帶領他的同胞們離開埃及這個「被奴役之地」，回到迦南（Canaan）定居。

　　從麥倫普塔之後，混亂和外族的入侵毀壞了埃及這個國家，一直要到第二十三王朝時期才出現了埃及歷史上最後一位著名君主──拉美西斯三世（Ramses Ⅲ，B.C.1198～1166年），他以拉美西斯二世為榜樣進行大量的建築工程，並再次擊退來自海洋民族的侵襲，此也顯示了他的軍事成果。

　　在B.C.945年到B.C.712年，埃及再度被外來的民族所征服，先後被

來自利比亞與衣索比亞的人所統治，不過這些外來的民族後來都被埃及給同化了，他們並沒有改變過這個國家。雖然衣索比亞人統治之後，埃及人再度獲得政權，但這只是一種迴光返照，埃及無法再像從前一樣強盛，只是苟延殘喘罷了。

三、君權制度

君權是從提尼斯王朝時確定下來的，國王被稱為「法老」（Pharaoh，原意是「大房子的主人」），他是荷魯斯神（Horus，外形是鷹）的兒子，也是賴神的兒子，更是王國的所有者和專制的主人。為了保證王室血統不被污染，法老必須娶他的姐妹為妻。

提尼斯王朝創立一套行政管理制度，此制度於第二王朝和第四王朝時期加速發展，到第十二王朝的阿蒙涅姆森特和辛努塞爾特時期臻於完善。由於這個國家地形過於狹長，缺乏便捷的交通工具與道路，使得各省總督過於自主地行使權力，一旦國王的勢力衰弱時，他們紛紛走向獨立自主。

第四到第十二王朝時期，強盛的王權建立在宗教的基礎上，國王必須保證社會秩序、維修溝渠和堤壩、避免敲詐勒索和不義之事發生，命令地方官員成為糾紛的仲裁者。農民生產大麥、小麥、蔬菜、水果、葡萄，再加上家畜業、工業、捕獵等活動，構成國家巨大的財富。國家總管所有的生產活動，並直接供養僕役、士兵、行政官員和祭司。由於需求不多，商業發展仍相當緩慢，城市生活受到局限，缺少貨幣，形成封閉的自給自足型經濟。

所有東西都歸於法老。勞動者既不是奴隸，也不是真正的農奴，他們是農民，依附於法老，占埃及人口的大部分，他們貧窮、樸實而順從。手工業者，聚集在市鎮和首都，遭受的剝削也較少，生活也自由。士兵大部分是外國僱傭軍，不受尊重，但卻擁有土地，他們服從於法老。祭司與書記是享有特權的社會階層。

新王國是從西克索（Hyksos）時期的危機中度過，使得君主的權力得到了加強，國王是財產分配者、萬能的保護者和施恩者，此外國王（法老）也是先知，他是人民的領袖，並擁有無限的權力。由於此時施行中央集權制度，這讓王國出現了兩位「大臣」，他們一個在底比斯，一個在孟

斐斯，負責全國的治安，並管理公用事業，像是糧倉、國庫、公共建設等。

四、宗教與精神生活

宗教的起源由來已久，埃及的宗教曾經從多神信仰到一神信仰（在帝國時期，時間十分短暫），又回到多神信仰。埃及出現了很多神祇，每個城市都有自己的守護神，祂們會以動物的形狀或人的形狀出現，這使其與原始圖騰崇拜說具有一些相似性，在漫長的歷史進程中，這種宗教一直保持著其平民化和地方性特點。

這宗教以冥世的憂慮與身後觀控制著一般人的精神生活，這也解釋為什麼歐西瑞斯（Osris）的傳說能歷久不衰。歐西瑞斯是尼羅河三角洲的國王，他是兄弟賽特（Seth）野心下的犧牲品，他的身體被切割成碎塊，後來由他的妹妹——妻子伊西斯（Isis）把這些身體的碎塊用亞麻布聚合起來，細心的照料，才使他恢復生命。在這塊土地上，歐西瑞斯的繼承者是他兒子荷魯斯（Horus），法老們則是荷魯斯的後代，歐西瑞斯成為陰界的國王和靈魂的審判官。其實歐西瑞斯的崇拜是一種自然崇拜，祂主管植物的生長，祂的死亡與復活代表萬物皆生生不息，人的生命是不朽的。

不過在古王國時期，所有的地方神都被太陽神——瑞（Re）所統一，法老是太陽神在人世間的代表，神是透過法老來統治這個世界。中王國時太陽神被稱為阿蒙—瑞（Amon-Re），這時太陽神與歐西瑞斯崇拜結合，祂們的地位是一致的，太陽神阿蒙—瑞代表生命之神，歐西瑞斯則為死後審判者。

新王國時期，埃及的宗教充滿迷信，祭司成為有權勢的人，因此到阿蒙霍特普四世（Amenophis IV，B.C.1370～1352 年）時，便致力於宗教事務的改革。他將原本的多神信仰改為一神論，不信中王國時期的阿蒙—瑞和其他的神，只認為太陽神阿頓（Aton）才是世上唯一的真神。

阿蒙霍特普四世認為太陽的圓盤象徵著太陽神張開的雙手，向世界傳播著快樂和繁榮。他自稱為阿肯納頓（Akhenaton，意即阿頓神滿意的人），並建一個新城阿庫答東（Akhoutaton）（現在埃及的阿取下納地區），將首都從底比斯遷到這個新城市。他的妻子娜芙蒂蒂（Nefertiti）

後來成爲這個新宗教的虔誠信仰者。

　　不過阿蒙霍特普四世的宗教改革對一般百姓而言缺乏吸引力，因爲它缺少了古代宗教中對死後世界的承諾，因此在他死後，埃及的宗教又恢復到之前的多神教信仰。

五、藝術、科學與文學

　　埃及藝術的表現主要在建築上，這是由國王提供資金並加以引導的，因此藝術創作重要時期，也就是君主統治的鼎盛時期，不管是在第四王朝時期（金字塔王朝時期），還是在第十二王朝時期都屬於這種情況，像是古王國時期的金字塔建築與中王國時的神廟都是最佳代表。

　　金字塔是每個到埃及的人必定去的地方，它的建造必須耗費相當多的人力與物力才能開採、搬運，並堆砌成一座高大、雄偉的金字塔，就以古夫王金字塔爲例，它的高度就有四百八十英尺，十分的巨大。

　　新王國建築物很多，尤其在底比斯與尼羅河西岸的帝王谷裡都有許多神廟建築，其中以卡奈克（Karnak）和盧克索（Luxor）等神殿最爲有名。像卡奈克神廟至今尚殘存一部分，它是由一百二十四根巨大的石柱排列而成的，有些石柱高達七十呎，柱頭的直徑長二十呎，上面可以同時站滿一百人，至於它的中間大殿竟然大到可容下一座歐洲的大教堂。像這樣的列柱神廟建築，後來傳到歐洲，成爲西洋建築特色之一。

　　新王國的藝術主要是從古王國的藝術中汲取靈感，例如：古埃及人喜歡在懸崖石壁上鑿造法老王的雕像，不過這些法老王的雕像幾乎都是兩臂抱在胸前，或在身體的兩側，眼睛直視前方。但在細部上（浮雕、小雕像、鑲飾）也顯示了華麗、優雅的品味，人們將此歸於東方的影響。

　　至於埃及人的科學算是實用性科學，由於埃及人從古王國時期便會建造金字塔，因此他們在數學方面十分有成就，這時他們已經知道如何計算三角形的面積與圓柱體的方法。

　　根據天文學家的看法，每年的 7 月 19 日是尼羅河漲潮的日子，每當這天到來，太陽升起時，天狼星便會與其成一直線，因此他們把這一天當作是一年的開始。其實天文的觀測可以上溯到 B.C.2785 至 B.C.2782 年之間，或在更早前的 B.C.4245 至 B.C.4242 年之間，儘管曆法是憑經驗制定

的，但可能很早就被制定了。

　　在醫學方面，由於埃及人的宗教重視「死後問題」，相信死後不朽，讓他們盡力保護死者的身體不被毀壞，因而想到製作木乃伊與建造金字塔。爲了要製作木乃伊，必須要有解剖學與生理學的知識，使得當時的醫學相當的發達，不過當時的藥方之奇特可能不是你我想像的到的。到了新王國時埃及已經有了東方的香料，製作木乃伊的技術亦獲得了很大的進步，因此屍體也能夠永久地保存。

　　埃及很早就有文字，這種文字我們稱之爲象形文字。在這種象形文字中，每個符號都有音節，共有二十四個字母符號，它可說是西方人各種文字的始祖，因爲它的文字大約在 B.C.1400 年左右，被腓尼基人（Phoenicians）引用，而腓尼基文字後來成爲希臘人、羅馬人的文字藍本。至於古埃及的文學作品大都是宗教性的，新王國時期在文學上的成就相當輝煌，官方的文獻有圖特摩斯三世及拉美西斯二世的年鑑宮廷詩，如 B.C.1291 年卡疊升勝利的宮廷詩、墓葬文學像是《山谷、白天和黑夜之書》、《陰界之書》、《重返天日之書》，以及世俗文學等。

第四節　兩河流域地區的文明

　　美索不達米亞（Mesopotamia）希臘語即是「兩河之間的土地」之意，指的就是底格里斯河（the Tigris River）與幼發拉底河（the Euphrates River）之間的沖積平原。此處土地肥沃，氣候炎熱潮濕，有利於糧食和棕櫚樹、椰棗等植物的生長。而且沿著幼發拉底河直到北部敘利亞的這段地區，人們稱作「肥沃月灣」（Fertile Crescent）的地方是古代兩河流域文明的發源地，它往南可通向印度洋，往西部和西北部地區可通向地中海。美索不達米亞文明有三處文明：奧貝伊德（Obeid）文明、烏胡克（Ourouk）文明、那什文明，這三處文明在黏土、骨頭、銅、陶瓷製品和寶石等方面，都留有很多的文明遺蹟。

一、蘇美人城邦

　　肥沃月灣的南部古時稱爲蘇美（Sumer）地區，B.C.3200 年蘇美

並沒有出現過統一的政府，而是出現許多獨立的城邦，像是埃瑞杜（Eridou）、烏爾（Ur）、烏胡克（Ourouk）、拉卡什（Lagash）和烏瑪（Oumma）等。這些城邦都為神權社會，皆以神廟為中心興建，但各城邦經過不斷的爭鬥後，拉卡什城占據重要地位，國王烏胡卡瑞那（Ourou Karina）被稱作「拉卡什和蘇美的國王」，他是蘇美人第一條法規的作者。

　　B.C.2350 年蘇美人被來自北邊閃語族的阿卡德人（Akkadians）統治，統治者薩爾貢一世（Sargon I）在此建立史上著名的巴比倫城（Babylon），他所統治的地方相當廣，大約從現在的波斯灣到地中海地區。當他們征服這地方時，同時也被蘇美文化所同化，形成蘇美—阿卡德文明。

　　B.C.2150 到 B.C.2050 年間，蘇美人在烏爾的領導下再度興起，此時為烏爾第三王朝時期，其創立者是烏爾納姆（un-Nammu），由於其經濟活動的熱絡使得城邦政治走向君主政體，兩河流域的基本組織形式在此時漸漸成形（將神廟當成城市的宗教與政治中心）。此外由於商業的需求創造了度量衡、曆法、六十進位制，並創設了完善的管理制度，匯編了烏爾納姆法典，它是《漢摩拉比法典》（*the Code of Hammurabi*）的模型，不過比《漢摩拉比法典》更富人情味。

　　蘇美人創造了一切，從城邦到王國的政治形式、行政和司法部門、生產、技藝、文學，以及楔形文字，宗教思想等都是蘇美文明之下的產物。由於蘇美人創造的楔形文字非常複雜，因此要培養文書人才是非常艱難的，這讓文書人才成為國家出類拔萃的人物。祭司和文人們都對圖書感興趣，他們留下了各種經過仔細分類的書板。

　　楔形文字（cuneiform）是蘇美人用蘆葦做成的筆，在濕泥板上刻寫的文字符號，目前我們所發現的楔形文字內容大都是商業與行政方面的記載，因為在當時這種文字是這地方唯一的文字系統，因此整個西亞地區都在使用它。

　　在蘇美的各城邦與每一個行省都有一位總督，他負責管理各省財政、公共工程等事務。人民用實物支付稅款，但國家用銀錠或銅錠放貸，並組織公共驛站。烏爾城是一座寬闊的城市，城中建有廟塔，可從樓梯直接爬上塔頂，樓梯是盤繞塔的四周而上，而其尺度在根基時是最寬的，越往上

爬越短，以至於頂，這種建築模式後來成爲希臘、羅馬房屋的原型。

　　由於宗教是生活的中心，便出現了代表宗教的祭壇（Ziggurat，它是一種階梯狀的塔樓），祭壇相當高，一般來說它可以俯瞰整個城市。蘇美人的宗教觀是自然崇拜與多神信仰，諸神來源於宇宙：阿努（Anu）是天神；恩利爾（Enlil）是地神；埃阿（Ea）是海神。薩瑪什（Shamash）是太陽神，辛（Sin）是月神，伊什達爾（Ishtar）是金星神，杜姆茲（Tammuz）是陰界和每年復活的農神。不過蘇美人的宗教觀並不如埃及人的樂觀，而是相當悲觀的，這是受到兩河毫無預警的大洪水所影響。

二、古巴比倫王國（B.C.2000～1600年）

　　一般認爲在 B.C.2000 年有一群被稱爲阿摩利特人（Amorites）來到美索不達米亞平原北部的阿卡德（Akkadia）定居，他們以巴比倫城爲中心，建立起王國，因此被稱爲巴比倫人（the Babylonians）或古巴比倫人，而他們所建立的王國則被稱爲古巴比倫王國（通常我們會稱這個王國爲古巴比倫王國，以有別於 B.C.612 年的新巴比倫王國）。

　　漢摩拉比王（Hammurabi）是巴比倫帝國的創立者，他因這部著名的《漢摩拉比法典》而爲人們所熟悉。《漢摩拉比法典》是一部石刻的文書，它是用「楔形文字」刻在一座華美的閃巖石柱，屬於自然法和習慣法，其主要部分的二百八十二條律文與序言、結論，包含了各種司法、文獻。

　　這部法典將人分爲三個不平等的階層：自由人、次等人、下等人及奴隸。當受害者都是自由人時，刑罰是建立在報復的基礎上；受害者都是下等人時，刑罰則建立在用金錢賠償的基礎上。婚姻建立在雙方的忠誠上，對通姦施以殘酷的懲罰，以及丈夫必須先提出離婚才得以離婚的基礎上。由此可知，法典並不是建立在法律之前人人平等，而是在「以眼還眼」的觀念上。

　　漢摩拉比的帝國包括了美索不達米亞地區，人們稱他爲「國王們的神」及人民的「太陽」。他讓巴比倫的守護神瑪爾杜克（Mardouk）成爲眾神中的首位，並爲其修建壯麗廟宇、厚賜祭司。至於王宮的文書，則規定使用官方語言——阿卡德語來書寫，國王一方面削弱周圍附庸的權力但

也尊重城邦自治權，另一方面他也向各城邦派遣總督。

　　不過他的帝國十分短暫，因為他的繼承者沒有能力繼承他的事業，因此在他死後帝國受到來自北方與東方的民族侵略，讓這個帝國失去了相當多的土地，成為一個位於兩河流域中流的國家，直到 B.C.1600 年左右來自北方的西臺人摧毀了巴比倫城，才讓巴比倫王國走向滅亡之途。

　　巴比倫王國以農業經濟為基礎，主要的財富是小麥、大麥、椰棗、家畜、家禽、棉布和毛布、金銀飾品、象牙首飾、寶石，以及用作雕刻印章的圓柱石。商業則從事金屬、珍貴物品及木材的進口。在地方貿易中，人們用以物易物來代替貨幣交易。

　　巴比倫人在宗教思想上出現了個人宗教，個人必須為自己的功過向這些神祇祈福，這讓巴比倫人敬重神祇，並請求神祇賜與他們幸福的生活，因此他們經常感到恐懼。這個時期每個城邦皆擁有自己的主神及神廟，巴比倫的太陽神瑪爾杜克其地位高於其他神祇之上，神祇的權力隨著祂所保護的國家命運而改變。神廟是神祇的住所，人民從不闖入神廟，與神祇的聯繫只能通過祭司進行。巫術與占卜術是巴比倫宗教中持續最久也是最普遍的文化。

三、亞述王國

　　這個民族定居在底格里斯河中游的亞述城（city of Assyria），不過這是一個沒有自然邊界的地區，直接暴露在危險之下。在漫長的歷史過程中，這個民族發展出軍國主義的文化，大約在 B.C.1250 年他們已經是美索不達米亞北部地區的主人。

　　B.C. 九世紀的薩爾瑪那塞爾三世（Slmanazar Ⅲ）到亞述巴尼巴勒（Assurbanipal，B.C.668～626 年）統治時期，亞述人為了控制自然資源與商業路線，便開始向外擴展，這時戰爭成為他們最主要的活動，他們幾乎占領了整個西亞地區。

　　亞述人是好戰的，這可從他們的雕刻中顯現出來，在尼尼微的各類浮雕中經常出現的場面是戰爭的場面。此外我們也可以發現許多狩獵獅子的畫面，亞述人喜歡將獵人鎮定的表情與獅子臨死前的掙扎真實的表現出來，以此誇耀自己。

　　早在他們攻陷巴比倫城時，他們便收集大量的書板，這些書板至少保存了二千多年以來在美索不達米亞地區所有重要記載的資料：例如重要文件、史詩、武功歌、法典和法令規章等等，這讓亞述的文化則完全承襲於蘇美與古巴比倫，而不是一個原創性文化。

　　此外，亞述的巴尼巴勒國王是一位非常熱愛各種知識的人，他接受文學方面的教育，能夠解決一些數學問題，懂得古老的神祕語言，如蘇美語和阿卡德語，而且醉心於歷史。他是尼尼微圖書館的創建者，在位期間更努力去收集蘇美與古巴比倫時的書板，使得這個圖書館裡有將近五十萬個用燒過的黏土製成的書板。

　　戰爭是他們的主要活動，軍隊分為步兵與騎兵。步兵是由農民所組成的，他們受到很好的訓練，配有弓、矛、投彈器等武器，穿著直到膝蓋上的大衣，用圓形的盾來保護自己，把劍掛在（斜掛）皮帶上。騎兵是高貴的兵種，拿著圓形的小盾牌，戴著圓錐形的面具，作戰時使用弓和矛。戰車是主要的武器，上面乘坐三個人：一名駕車者，一名弓箭手，還有一位在他們後面用一面大盾來保護他們的保護者。

　　至於他們的統治方式是極為殘酷，有刑求和各種傷害體膚的酷刑，有使戰犯的首領遭受像是焚刑的野蠻侮辱，有完全搬走戰利品甚至是敵方的神靈，也有將一些國家城市焚毀變為荒地，這些殘酷的統治手法解釋了為什麼在發動戰爭之前，就有一些被嚇住的敵人順從地「親吻國王的腳」。不過當巴尼巴勒國王去世後，國家內部就因王位的爭奪，而經常發生內戰，讓亞述王國迅速衰落。

四、新巴比倫王國（B.C.612～539年）與西臺王國

　　亞述人占領這地方時並沒有將古巴比倫滅掉，而是讓它成為亞述人的附庸，因此當亞述迅速衰落時，在巴比倫的加爾底亞人便聯合東方山區的米提人，將亞述帝國滅掉，建立新巴比倫王國（the New Babylonians），由於這個國家是加爾底亞人所建的國家，所以又稱為加爾底亞王國（Chaldeans）。

　　尼布甲尼撒二世（Nebuchadnezzar II，B.C.604～560年）是新巴比倫王國的一位重要君主，他十分疼愛他的妻子，便在城內利用四個山坡

地，建了一座「空中花園」，它是加爾底亞人在每一個山坡地種滿奇花異木的結果，這讓人遠遠看去好像一片花草栽在空中，現在成為七大古代奇蹟之一。

在軍事上，他向猶太王國進軍，B.C.597 年順利征服了耶路撒冷，B.C.586 年強迫大批的猶太人遷往巴比倫，造成著名的「巴比倫之囚」（Babylonian Captivity）。

由於新巴比倫王國仍以巴比倫城為首都，因此它仍是一座寬闊的正方形城市，方圓有十六公里，三面被雙層土牆所保護，這個城牆本身便極有特色，城牆是以藍色為底，上面繪有獅子、公牛等圖像，城內有相當多的神廟。重要的神廟為瑪爾杜克神殿，在神殿的北部有一座古巴比倫的「星象臺的廟塔」，塔的名字為「巴別塔」（Babel），塔的底座是九十一公尺的正方形，塔高也是九十一公尺，塔上有九個重疊的平臺，最後一個平臺上有座祭臺。

加爾底亞人的技藝和科學一直都具實用性的，他們在天文學方面（日蝕、月蝕、黃道十二宮、曆法）最具成就，而且還將這方面的知識進一步的的與宗教相配合，便發展出占星術。雖然巴比倫文明不具有蘇美文明的獨創性，但它持續的時間更長，傳播的範圍更廣。

新巴比倫王國很快就受到來自東方山區的波斯人侵略。當時巴比倫王為了對付米提人便想聯合波斯人，只是他沒想到波斯王居魯士（Cyrus）十分有野心，早已將新巴比倫王國視為他的目標。因此他在擊敗呂底亞人（Lydia）後利用謠言將巴比倫王說成暴君，將自己說成聖君，於是當他揮軍新巴比倫王國時，便輕而易舉的進入巴比倫城，將新巴比倫王國滅掉。

B.C.2000 年左右的西亞地區是一個相當熱鬧的地方，因為這裡除了有巴比倫建國外，在小亞細亞地區出現了屬於印歐民族的西臺人（Hittites），到了 B.C.1700 年時，巴比倫王國已經走向衰落，但西臺人正走向強盛之際，並經常向南擴展他們的勢力，因此大約在 B.C.1600 年他們給巴比倫王國致命的一擊，使它走向滅亡的道路。不過西臺王國滅了古巴比倫王國時並沒有留下來統治這個地區，而是迅速退回北方，讓此地進入一段長達三百多年的混亂期。

大約在 B.C.1450～1300 年的這段期間是西臺王國國力達到最強盛的時期，這時他們將勢力擴展到兩河流域附近，使其與埃及相鄰，因此他們必須經常面對埃及與兩河流域民族的戰爭，而國力大大受損。所以在 B.C.1280 年起，西臺國王哈圖西里三世（Hattousil Ⅲ），感受到亞述人薩爾瑪那塞爾爾一世（Salmanazar Ⅰ）的威脅，在 B.C.1278 年雙方議和，議和的情況被雕刻在埃及神廟的牆壁上，亦被記錄在西臺的書板上。這是現存的第一個國際條約，這個和平的時代持續了五十多年。

其實西臺王國是一個軍事性的王國，在它的身邊存在著一些屬國，當王權強大時，西臺王國與這些屬國便緊密地團結在一起；當王權衰弱時，屬國則傾向於獨立。此外他們的法律制度相當嚴格，每個人服從道德和法典，遵守協約，爲減輕刑罰，他們十分強調經濟賠償和個人的責任，並使用精確地分割和秤過的金屬「錠」作爲貨幣，由於印歐語族傳播了鐵的使用，因而西臺人也被看作是「冶金」的民族。

不過到了 B.C. 十一世紀時，當他們面對海洋民族的侵襲時，便不幸地被滅亡。

五、腓尼基人與呂底亞人

腓尼基人（Phoenicians）屬於閃語民族，B.C.3000 年他們在今日的黎巴嫩即敘利亞北部靠地中海沿岸定居下來。由於自然條件的阻礙（在黎巴嫩附近沒有腹地），軍事薄弱，直到 B.C. 十一世紀才發展起來。不過也由於此地理環境使他們不得不轉向海洋發展，再加上他們擁有動物骨螺（murex），讓他們壟斷了紅色染料的行業，使他們成爲一群成功的商人，稱霸於地中海域。

腓尼基的商業種類繁多，除了進行出口深紅羊毛織品的貿易外，他們還通過紅海，從東方甚至是埃及運來糧食，以供應地中海世界的需求，而且也會從廣闊的北方攜來必需品，如錫、礦等。

腓尼基人不像蘇美人、希臘人或一般的印歐語民族一樣是創造者，而是像大部分的閃族人一樣是傳播者。他們的藝術以及陶瓷製品不怎麼獨特，他們所製造的不是一些豪華物品，而是一些日用品。

至於，腓尼基人的宗教信仰相當奇特，因爲他們長年在海上活動，

因此一般認為他們的信仰應該以海神為主，但實際上卻不是那樣，因為我們發現，他們所信仰的神都是農神，並不是海神，這應該可當成他們發源於陸地的證據。此外，每個城邦又大多有自己的保護神，這些保護神名為「巴耳」（Baal），而且都有特殊的敬禮神祇儀式。

腓尼基人是字母表的創造者和傳播者，他們的字母表後來成為西方國家所使用字母的淵源。B.C. 十五世紀起，腓尼基人已經有了按字母順序排列文字的概念，這種文字只記載輔音字母，而且只有二十個到三十個符號。

腓尼基王國消失之後，呂底亞人（Lydia）向西部轉移，占領了小亞細亞西半部，同時也摧毀了一些希臘城市，最後統治了整個愛奧尼亞（Ionian），除了過於強大的米利都（Miletus），以及受到其島嶼位置保護的薩摩斯（Samos）之外，其餘的希臘城邦也都在它的控制之下。

呂底亞人被認為是優秀的商人，早在 B.C. 七世紀，他們便發明了用金鍛造貨幣的方法。在 B.C.546 年，由於呂底亞人對自己的力量過於自信，低估了波斯王居魯士（Cyrus）的力量，呂底亞國王克羅伊斯（Croesus）將他們的國家丟掉了，至於希臘城邦則受到了新興的波斯人「保護」。

六、以色列王國

根據《聖經》記載，以色列人的始祖亞伯拉罕（Abraham）家族在B.C.3000 年，沿著肥沃月灣南部的蘇美地區，經過一段時間的遷移，終於來到迦南（Canaan）地區，並在這裡結束他們的遠遊。不過這個《聖經》中所讚美的部落在 B.C. 十九世紀左右進入埃及，當時的埃及正處於新王國時期，因此他們在埃及度過了好幾個世紀的奴隸生活，大約在B.C.1250 年左右由他們的首領摩西（Moses）領導下，帶他們逃離埃及，擺脫奴隸生活，在西奈半島上流浪了四十年後，最後由摩西的繼承人約書亞（Joshua）帶他們來到希望之鄉的邊緣──迦南地區，這個地方便是《聖經》中所說的「流著牛奶和蜜的土地」。

迦南地區在當時已經有其他的閃語民族（腓尼基人）居住了，因此他們是與居住在那的迦南人發生長期的戰爭後才定居下來的，從此之後便從

游牧生活改成定居的農業生活。

　　當時的希伯來人是由十二個自治部落組成，這十二個部落分別由各族推選出來的士師（judge）統治，在 B.C. 一千年的初期，掃羅（Saul）從這些士師中脫穎而出，被選為國王，不過在經過掃羅與他的女婿大衛（David，B.C.1000～961 年）的努力，才建立以色列王國，並將首都設在耶路撒冷。

　　猶太人的王權制度在 B.C.1000 年至 B.C.932 年之間最為鼎盛，大衛王是位粗暴好戰的國王及受神啟示的詩人，他為王國的榮譽而四處爭戰，在北部與大馬士革的國王交戰，在東部與阿摩利特人（Ammorites）和摩阿比特人（Moabites）交戰，在南部與埃多米特人（Edomites）交戰，在西部與頑強的菲力斯丁人（Philistines）交戰，並占據西翁（Sion）的城堡，建立耶路撒冷城，企圖將此城變成宗教中心。

　　大衛死後由他的兒子所羅門（Solomon）繼承了王位，他可說是一位相當有能力的國王，由於他的登基是經過一連串的陰謀才得逞的，因此他為了鞏固自己的帝位，一即位便與強大的鄰國修好，並懂得進行國際貿易，使以色列的財富急速增加，因此他在位時是以色列王國中國力最為強盛的君主。

　　此外，他為了繼承他父親的心願使耶路撒冷成為政治和宗教中心，便在那裡建造了一座華麗聖殿，來放置裝有「摩西十誡」的小匣子，即「約櫃」（Ark of the Covenant）。為此他強迫人民服役，更巧立名目橫征暴斂，結果造成人民離心。因此在他死之後王國迅速分裂，在北部仍稱為以色列王國，以薩瑪利亞（Samaria）為首都；南部的則以猶太為名，並則以耶路撒冷（Jerusalem）為中心。以色列則於 B.C.722 年被亞述人占領，成為亞述的一省；至於猶太王國雖然此時逃過一劫，但他們在日後經常受到加爾底亞人（新巴比倫人）的威脅，直到 B.C.586 年被新巴比倫人占領為止，當時貴族們都被新巴比倫王尼布甲尼撒二世強迫遷到巴比倫，被稱為「巴比倫之囚」（Babylonian Captivity）。

　　在古代希伯來宗教是非常特別的，因為它與近東其他民族的宗教十分不同，它屬於一神論者，崇拜耶和華，認為除了耶和華之外並沒有其他的神祇存在。而且他們的神是沒有形象的，這一點也是其他的宗教所沒有

的。

　　至於《聖經》可能是在 B.C. 六世紀（巴比倫之囚時期）至 B.C. 二世紀之間編寫的，由很多資料傳說組成，反映了猶太人的宗教發展狀況，記載了希伯來人在不同經歷過程中的思想和精神的路線，像是猶太游牧民族在亞伯拉罕及長老們統治時期的田園牧歌式的經歷、在迦南定居的農民經歷，以及追求純潔和貧窮的先知思想與國王的政治權力鬥爭的經歷等等，這些都使得後來的猶太民族產生相對性的影響。

　　《聖經》還包括各種各樣的作品，尤其是具有教育性的《啓示錄》，此作品是從東方文化思想基礎上發展出來的，也是通過所羅門王的話而表達出來的諺語和忠告匯編，此外還有《讚美詩篇》等。

七、古波斯帝國

　　所謂的印歐語系是指印度古梵語（Sanskrit）、伊朗語（Iranian）與歐洲的各語系。印歐語系的民族可能以下伏爾加（Besse-Volga）和聶伯河（Dniepr）之間的平原爲起點，他們採取以下的方式進行擴展：第一階段：經過色雷斯（Thrace）、伊里利亞（Illyrie）和多瑙河流域並向南和向西再發展。第二階段：同樣地從色雷斯出發，經過博斯普魯斯海峽與高加索山的庫邦（Kouban）平原。第三階段：越過博斯普魯斯海峽和摧毀了希沙立克（Hisarlik）（特洛伊 Troie）之後，西臺人在小亞細亞過定居的生活。因此 B.C.2000 年左右，便有一群印歐民族在近東活動，印歐社會的特點是過著游牧生活，懂得一些簡單的農業知識，已知使用銅，崇拜自然神。

　　屬於印歐語系民族的波斯人長久以來一直都是亞述人與米提人的附庸，B.C. 六世紀波斯王國出現，不過在居魯士之前（Cyrus，B.C.555～529 年），波斯王國仍沒沒無聞，在居魯士的領導之下，波斯人崛起了，成爲新巴比倫王國欲滅米提人時的夥伴。

　　居魯士這位傳奇式英雄原本只是一個部落的首領，在 B.C.555 年他便將各個部落統一起來，建立整個波斯王國，成爲全波斯人的統治者。B.C.550 年他開始透過戰爭建立波斯帝國，米提是他滅的第一個國家，B.C.546 年滅了呂底亞，接著於 B.C.539 年又滅了新巴比倫帝國。到了

B.C.529 年他過世之前，一個由他統治的東起印度河、西至地中海、南到印度洋、北至高加索山的波斯帝國似乎出現。由於他的舉措適度，對戰敗者的寬容，再加上他的政府組織也頗具規模，雖然其結構還很脆弱，但大體上還算完整。

居魯士（Cyrus）死後由他的兒子岡比西斯（Cambyse）統治，當時在波斯曾發生一些反抗事件，後來由居魯士的小兒子大流士一世（Darius Ⅰ，B.C.521～485 年）掌權，不過這些反抗和陰謀事件更加擴大。

大流士一世嚴厲地鎮壓了反抗運動，為了解決被征服的民族多樣性的問題，他建立了二十多個行省（Satrapies），每個行省都設一個總督，由他來管理各省事務，為了保證軍隊應徵兵額的招募，總督被賦予極大權力，各省的總督雖然權力很大，但他受財政官及一位軍事將領的監督，他們被稱作國王「眼睛和耳朵」，負責監視各省政治動態。

這個帝國如此的廣大，統一的因素主要是語言的統一性，波斯人的語言分為：東方世界的官方語言與地方語言。另外，他們還有優勢的軍隊（由當地招收的兵員組成）、極為便利的道路網，像是修築御道與建立驛站制度，以及貨幣的使用，這一切皆表現出波斯是一個古代文明先進的國家。不過整體上，帝國在管理水平上仍然很低，這是由於帝國疆域過於廣闊所造成的，也是由於波斯人的數目太少所致。B.C.420 年之後，波斯國內因王位繼承問題，陷入內鬥之中，使得各省都紛紛起來反叛。因此等到亞歷山大揮兵進攻波斯時，波斯早已是相當的脆弱了。

被奉為波斯國教的瑣羅亞斯德教（Zoroastrianism）又稱為祆教，它是由瑣羅亞斯德創建的，瑣羅亞斯德（Zoroaster）將原本古波斯人的多神自然崇拜，去除其迷信的部分，提出了關於社會正義和精神改革的理想，賦予它宗教的意義。瑣羅亞斯德教強調的是「二元的觀念」，認為宇宙中有善神阿諾—瑪茲達（Ahura-Mazda），代表光明和善；惡神阿利曼（Ahriman），代表黑暗和邪惡。祂們在宇宙中不斷地進行戰鬥，不過最後善神阿諾—瑪茲達一定會勝利。

祆教在瑣羅亞斯德死後，開始加入一些古老的宗教儀式與信仰，像是對火的崇拜，與對惡神阿利曼的崇拜。後來祆教受到波斯國王的支持而大

爲興盛，由於波斯人對聖火特別崇拜，便使阿諾—瑪茲達成爲其他神靈的君主，波斯國王是阿諾—瑪茲達在人間的代言人。

第五節 愛琴海文明與希臘文明

愛琴海（Aegean Sea）位於希臘半島與小亞細亞之間，這裡夏季雖熱但不會令人難受，冬季雖是雨季，但並不會很冷，氣候宜人十分適合人居住。不過這裡的平原太少，多山多港灣，土地過於貧瘠，並不太適合種植穀物，因此自古就種植相當多的橄欖樹等經濟作物。由於這裡的地理環境讓人們無法在陸地發展，便紛紛往海上發展，因此大約在 B.C.2000 年，希臘人來到現在的希臘半島、愛琴海群島、小亞細亞地區，並開始沿著地中海或黑海地區建立殖民地，他們在這吸收埃及與西亞的文明，並將這些文明傳到西方，使得這個地方成爲西方文明的發源地。

一、邁諾安文明

大約在 B.C.3000 年左右，在愛琴海的克里特島（Crete）上的人便經常與腓尼基人、埃及人進行貿易，這是因爲這個島位於歐亞非三洲的十字路口，到哪都很方便，地理環境可說相當的好，因此它吸收了許多近東與埃及的文明，便開始進入青銅器時代。因此到了 B.C.2000 年左右在克里特島上，出現了一個邁諾安文明（Minoan civilization，大約是 B.C.2000～1700 年）。

在這個文明在克諾索斯（Knossos）這個地方出現了一座相當龐大的宮殿，因而稱爲「最早的王宮」時期。這是一個相當富裕、繁榮的國家，且十分愛好和平，雖然國家有強大的海軍，但是海軍不是用來拓展領土，而是用來維護商船對外的貿易活動。

B.C.1700 年到 B.C.1450 年間是這個文明的鼎盛時期，此時出現了君主極權。這時期出現了豪華的住宅，彎曲的街道，一個真正的手工業城市。這時人們所使用的文字不像以前那樣用象形文字來記載君主的行爲，而是用線形文字 A（B.C.1450 年），或是使用更簡單的文字——線形文字 B（Linear B）——來記載日常生活事物。我們在這種文字的符號標記中

發現了馬、戰車、劍，這些東西是一種新的文明所帶來的產物，此即亞述文明。

在這種強有力的中央集權之下，克里特島發展到它的黃金時期，這大約在 B.C.1500 年和 B.C.1450 時期，也就是克里特島的「制海權」時期。他們從埃及和西亞那裡吸取他們文化的精華，來豐富自己的文明，使得這一時期的愛琴海文明發展到最高峰。

B.C.1450 年左右一場新的災難襲擊了克里特島，克里特島的宮殿及華麗的住所隨即遭到毀壞和掠劫，而克諾索斯的宮殿是在 B.C.1430 年後遭到摧毀。自此以後，克里特失去了昔日的光輝，克諾索斯雖後來得以重建，但由於已經遭到相當嚴重的破壞，因此一直無法再次的振興與富強起來。

這個文明最重要的指標便是克諾索斯宮殿，在宮殿中我們發現歌劇院、走廊、起居室、會議室等建築物，並且有相當完善的排水、供水系統。此外在宮殿附近，我們發現了一些茅屋的遺蹟，在城市裡還發現了一些有平臺的房屋，而且墳墓變化多樣，有很多間墳室。

邁諾安人除了會建造宮殿外，他們還是一群繪畫家，我們在宮殿中可發現他們的彩畫十分的精美與生動寫實，表現出他們熱愛和平的心態。至於小型技藝，如金銀器業、寶石雕刻、陶瓷等都有非常精緻的技術，尤其是陶瓷製品更加精緻，「蛋殼式」鮮艷奪目的顏色和具有裝飾價值，證實了陶瓷的廣泛傳播。

至於當時女性的服裝複雜而具有現代的外形：袒胸的女仕短上衣、縐邊裙使她們的身材顯得更加纖細。她們也十分愛打扮，身上掛滿了裝飾，通常都會在胸前掛上一些祝願的小雕像，具有一定的宗教意義。

宗教方面他們仍受近東文明的影響，屬於自然崇拜，主要的神是兩手各執一隻蛇的女神，這個神可能主宰生殖，因此經常舉行一些農業宗教儀式，用於祭祀的牲品很少用牲畜，大部分是用田裡的農作物。此外，我們常在壁畫上和凸雕石刻上發現公牛的行跡，而且有很多是用於祝聖的牛角，因此有人認為他們崇拜牛。

由於英國考古學家伊文斯（Evans）的努力，為我們復原了克里特島的建築，包括彩色的壁畫、修復的浮雕、金屬、石頭（滑石）或象牙雕刻

製成的小雕像、上釉彩的陶製徽章、繪有裝飾圖案的金屬瓶，以及陶瓷製品等。除了一些人物壁畫高度較高外，一般作品的尺寸很小，特別是一些小型作品，如雕刻的石頭，更加吸引人。

　　動作的逼真是克里特島藝術家們成功之處，他們打破了莊嚴的遊行隊伍，以及單調的迎神隊伍，而引入一些個人風格，及隨意的形式，他們的作品沒有對稱和均衡，通過曲線而尋求扭曲的姿態，以一切東西的彎曲，像是植物、章魚的觸角、頭髮的鬈曲、人體的線條等，來試圖表現曲旋、旋轉的運動，這也別有一番風味。

二、邁錫尼文明

　　希臘半島並不像克里特島發展得那麼快，直到將近 B.C.1900 年，北部地區的色雷斯和馬其頓仍處於石器時代，近海的南部地區也才處於青銅器時代。大約到 B.C.1600 年左右，在希臘半島出現了邁錫尼文明（Mycenae civilization），此文明受惠於肥沃的平原以及它與克里特島和愛琴海島嶼的便利往來。邁錫尼（Mycenae）、提雲斯（Tiryns）、皮洛斯（Pylos）是這一地區的主要中心，從 B.C.1600 年到 B.C.1200 年一直都是人口眾多的地區。

　　足以代表邁錫尼文明是建築，以邁錫尼及提雲斯的建築物最為宏偉氣魄引人入勝：這些城堡是用巨大的石塊圍成厚度達十公尺的圍牆，這些巨石有時是被雕琢好的，或是用青銅鋸子鋸成方形後，重重疊疊堆在一起，形成巨石建成的龐大建築物。嚴格上來說，宮殿是位於一些丘陵地的頂部，宮殿保存得並不完整，也沒有克里特島宮殿那樣的布局，不過從這些城牆遺址，我們可以知道，城邦與城邦之間常有戰爭發生。

　　墳墓是邁錫尼第二種有特色的建築形式。有圓形排列的、古老的坑式墳墓，還有房間式的、房間前有一條走廊或通道的墳墓。此外，還有圓屋頂式的墳墓，其中最引人注目的是「阿特埃（Atree）的寶庫」，它是由一條走廊及一間裝飾有青銅圖案，凸拱頂式的大廳組成的青銅雕刻墓室，現在只剩下一些鑲嵌的空墓室，死者被放在棺材裡，戴著金面具配戴大量華貴的物品及很多武器，由此可知此文明的經濟實力與國王的力量是不容忽視。

在邁錫尼所用的線形文字 B 中可以發現，它們的宗教信仰中已經出現了希臘神話中的人物，像是宙斯、赫拉等。此外在希臘的「荷馬史詩」（Homeric epics）中我們所熟悉的「特洛伊」（Troy）戰爭便以此時爲背景。邁錫尼文化比克里特島文化更富戰爭性和簡單性，但它是最早的希臘文化，它的功勞在於傳播了克里特島文化的傳統。

亞該亞人（Ahhiyawa）這個曾經在西臺文獻中出現的海洋民族其實是希臘城邦中的某一小邦，他們在 B.C.1700 年成功地襲擊克諾索斯後，便漸漸地富裕起來，文明也開化了。從 B.C.1500 年起，這些處於繁榮發展中的亞該亞人開始侵略克里特島人，B.C.1450 年他們占領了克諾索斯，B.C.1430 年摧毀了克諾索斯。

三、荷馬時期

B.C.1190 年邁錫尼以及希臘的亞該亞人的城市遭受摧毀，可能是多利安人（Doriens）到來所造成的結果，多利安人並沒有文字，他們的入侵就像其他蠻族一樣，將當地的文明盡情的破壞，伯羅奔尼撒半島遭到多利安人入侵時，不堪多利安人騷擾的統治者紛紛逃到阿提加半島（Attica）的雅典（Athens），因此他們的入侵時期常被人稱爲「黑暗時代」（Dark Age），他們的入侵造成當時很多民族的大遷移，也造成了小亞細亞南部的西臺人的衰亡。

一般將這段「黑暗時代」稱爲「荷馬時期」（the Homeric Age），此時的希臘人大都處於一個原始的階段，我們對這時期的生活情況與事跡都可從「荷馬史詩」中了解。「荷馬史詩」指的是這時候出現一些流浪詩人從這個村落到下一個村子時吟唱的民謠與短篇敘事詩，後來這些敘事詩由一個或多個詩人匯集編寫而成。在荷馬史詩中，最重要的兩篇即是《伊里亞德》（*Iliad*）與《奧德賽》（*Odyssey*），它爲我們提供了許多這時期的風俗與制度。

此時屬於政治制度是相當原始的，統治者是部落酋長，他的職務僅限於軍事與宗教方面的事務，他必須與其他的人民一樣去耕種來維生，對於民眾犯罪也以習俗代替法律來判。

四、城邦政治

　　大約在 B.C.800 年，希臘地區因為地理環境的特殊性（多山、平原零散），因此產生了許多大小不一的城邦，最負盛名的城邦有雅典、斯巴達與科林斯等。一般來說這些城邦都是一個政治實體，他們為了防備侵略者，都會自做防衛，因此到處都有「衛城」（Acropolis）的存在。「衛城」即是王的居住地，是地方權力的中心，也是居民聚集之處與宗教的中心，它便是城邦的起源。

　　這時的大部分城邦行的是如同荷馬時期的君主制，不過到了 B.C. 七世紀，各城邦普遍廢除君主制，改實行寡頭制（Oligarchy）。此次的變革主要是因為地產集中在大地主手中的關係，讓他們企圖藉由此機會利用議會來剝奪國王的權力。當時政權掌握在資歷較深的長老會議員手中，由財產富裕的人組成公民大會，他們以歡呼形式來通過一些法令，並選舉行政官員。長老會議是由年長退休的行政官員組成，他們制定所有重要決定，由行政官員來執行這些法令。但最常見的行政官還是每年由選舉產生，但氏族為了能夠占有主要的職位也因而進行了事先的安排。

　　這時人口增加，有限的土地又被富有階級獨占，使得耕地出現明顯的不足，土地制度的弊病加劇了社會成員的困乏，這讓 B.C.775 年到 B.C.675 年出現了第一次殖民風潮，此次的主要原因在農業不是商業。當時人們都在尋找寬闊的土地，因此當希臘人獲知海外有許多地方的氣候和土壤都和家鄉相似時，他們便積極的向海外，如義大利南部、西西里島、利比亞、黑海沿岸等地拓展。

　　這些殖民地獨立於希臘母國之外，它們是一個獨立自主的城邦，不過都採納了母國的制度和宗教信仰、風俗習慣，並發展與母國相似的經濟生活，這些殖民地存在的原因是為了緩和希臘本土的人口壓力，這與商業上的發展毫無關係。不過希臘人的向外擴張同時也促進工商業的發展，因此 B.C.675 年到 B.C.500 年產生了「第二次殖民化浪潮」後，便出現唯利是圖的結果，在很短的時間裡，很多大都市都變成了商業中心。

　　希臘人在 B.C. 七世紀、六世紀於各地殖民最明顯的結果，就如同西塞羅所說的那樣：「在整個地中海周圍，給野蠻人的海岸縫上了一道希臘

的邊」，因此在 B.C. 六世紀末期，這種殖民化的運動因各地出現越來越充滿敵意的反抗，因而使希臘的擴張終於被迫停止了。

　　僭主（tyrant）是那些用不合法的暴力手段取得權力的人，他們是掌握權力的行政官員。由於殖民運動的關係出現了許多大的商業都市，這時商人的勢力漸漸興起，他們便聯合那些被壓迫的農民，共同打擊大地主的寡頭制，沒收貴族的土地，將貴族驅逐，並徹底地摧毀了氏族貴族的權力。

　　僭主沒有頭銜，他們用武力奪取權力，監督公民大會、法庭和長老會議，並有審訊和調查權。民主政治顧名思義便是人民全體直接管理政治，當僭主在完成他們的階段性歷史角色的同時，平民的經濟力量與政治意識也提高，開始讓一些貴族階層聯合他們一起來對抗僭主，進而驅逐他們，導致民主政治的興起。

五、斯巴達

　　位於伯羅奔尼撒半島的平原上，原來是一些遭驅逐的多利安人（Dorians），他們居住在被高山環繞著的俄奧達斯城邦，後來迫使其他的居民成為其附庸，此為斯巴達民族的來源。他們在東部和北部擴張起來後，便征服了的皮瑞克人（Perieques），接著向西占領了美西尼亞平原（Messenia），但到了 B.C. 七世紀，由於美西尼亞人（Messenia）在阿哥斯（Argos）的支持下起來叛變，遭到嚴酷鎮壓，使得美西尼亞人便成為斯巴達的農奴，他們就是所謂的「希洛人」（helots），從此斯巴達步上軍國主義的道路。

　　斯巴達城邦在本地就得到了相當多的資源，因此他們沒有對外進行殖民運動。斯巴達並不缺乏與外國的聯繫，因為從各地都會有詩人和雕塑家們來到這裡，他們歌誦斯巴達的生活，並用神廟和祭獻物（青銅的小雕像，用黏土製成的奇異面具）美化這座城市，似乎也注定了它會有輝煌的命運。此時它慢慢地擺脫了原始的部落觀念，並強調對軍人素質的培養，主張創造性和紀律性的愛國主義精神。

　　B.C. 六世紀由於美西尼亞人的反抗，使得斯巴達開始閉關自守，且停止所有的領土擴張和商業活動，這也使得斯巴達的國勢開始走下坡。在

政治上，作爲國家農奴的希洛人和沒有政治權利的皮瑞克人受到爲數不多的斯巴達人統治。軍事上，斯巴達人不關心任何物質上的事務，從七歲到六十歲的男性都必須接受軍事訓練並住在軍中，三十歲才可以爲愛國而結婚，婚後也不常在家，要宿營直到四十歲，斯巴達人通過這種軍事強制的管理訓練而成爲當時世界上最好的步兵。

在社會組織方面，斯巴達共分成三個主要階層：血統純正的斯巴達人（Spartiates），他們是這種制度的受益者，根據法律規定合法出生的斯巴達人才能成爲眞正的斯巴達公民（此法條的出現是因戰爭的因素，出現了很多的私生子，這些人不能成爲眞正的公民），不過這些斯巴達公民必須通過一連串嚴格軍人教育，才可成爲斯巴達公民，他們只占總人口的二十分之一。

皮瑞克人或稱爲邊民（dwellers around），他們可能是一群曾一度與斯巴達結盟的人或自願接受他們統治的人民組成的，他們居住在一百多個鎮裡，受到嚴格管理監督，不過仍有相當的自由，主要都是一些手工業者和商人，平民被禁止從事這兩種職業。

希洛人是國家的農奴，被束縛在土地上，毫無自由可言，他們的物質狀況極差，不過還可以過得去，因爲佃租交付給領主後，他們還有一些剩餘物品。

政治方面，斯巴達並沒有像其他的希臘城邦一樣向寡頭政治、民主政治發展，而是一直停留在君主制。它有兩個國王，不過國王並沒有很大的權力，在和平時期，他們只具有一定代表性的功能；在戰爭時期，則有充分的權力來指揮軍隊。由於監察官的一些惡習讓後來的國王對他們產生不信任，因此在 B.C.418 年之後，增加一個顧問委員會。

元老貴族議會（gerusia）是一個由三十個成員（兩位國王是當然成員，其他的全爲貴族）所組成的，它是最高的司法機構，根據一種「鼓掌的儀式」實行選舉，並且爲終身制。五人監察官是負責國家安全的「監察人」，眞正的統治者。他們具有治安職權，主持元老會議和公民大會，能決定一定的事務，尤其在對外政策方面，表現了他們的至高無上權力。

至於公民大會（apella）（議事大會）由全體成年的男性公民組成的，代表著貴族階級法定理論上的權力，透過歡呼通過的方式來行使權力，有

時是透過表決方式來決定是否宣戰、媾和，此外公民大會也會用投票方式來通過法令。總的來看，斯巴達的政體只存在一些萌芽的民主狀態，此地的長期穩定是由於有穩固的君主政治統治，而它的社會生活秩序則歸功於人民的軍事教育。

六、雅典

雅典位於阿提加平原的中部，受到雅典衛城的屏障，靠近比雷埃夫斯港口。貴族階級從 B.C. 九世紀起就取代了早期的君主制度，他們將政權集中在手裡，並控制多數的執政官。至於它的經濟發展也十分穩定，因此雅典的發展似乎也沒有想像中的迅速，更沒有興起殖民化活動。

B.C. 七世紀雅典商業和工業的興起，形成了一個由船東、商人和水手組成的階層。這時人口增加，糧食與耕地都不足，使得雅典的農業出現了一連串的危機，讓農民在貨幣經濟出現之際未獲其利先受其害。儘管雅典的土地制度規定是不得轉讓，但負債的人為了避免淪為奴隸，也只好將他們收成的六分之一讓給債主。

雖然在 B.C.621 年德拉古（Draco）修訂成文法律，使公民們意識到平等的權利和個人的義務，但他並沒有解決社會及政治問題，使得民怨沸騰。直到 B.C.594 年一位叫梭倫（Solon）的貴族，被賦予權力進行全面的改革，企圖平息民眾的不滿。

在經濟方面，他通過取消所有抵押權來「釋放」土地，並將土地的財產歸還給其所有者，禁止今後有因債務而被賣為奴的情況發生，削弱氏族勢力，鼓勵商業貿易。

在政治方面，他設立了公民陪審法庭，還有四百人議會（Council of Four Hundred），這是一種有四百人成員的會議，每個部落選出一百名成員，但成員是根據享有特權的選舉名單抽籤決定的。此外，還根據土地收入的多寡，將公民們分成不同的納稅階層。

梭倫的改革雖具有相當重大的意義，但他的改革並無法緩和人民不滿的情緒，因此導致 B.C.561 年至 B.C.510 年出現僭主時期。當時一些住在山區的農民為了自身的利益，激烈地反對居住在平原和海岸居民。山區農民依附於一些政治野心家，其中以皮西特拉圖（Peisistratus）對政治最為

熱中，他開啓了僭主時期。

皮西特拉圖的權力完全建立在個人的財富基礎上，另外斯基泰（Scythians）的僱傭兵、以及山區農民的支持也是其權力屹立不搖的主要原因之一。不過他施行了一些重大的變革，像是禁止人民在貧瘠的土地上種植穀物，而要他們改種橄欖樹與葡萄樹等經濟作物，並開產當地的銀礦鑄幣。

但皮西特拉圖也是一位極其奢侈的人，他醉心於城市規劃（噴泉、蓄水池、引水設施、圍牆），提倡世俗娛樂，並在城邦裡建造了大量的神廟，也爲手工業和當地的採石工人提供工作，並引入愛奧尼亞的藝術家，這些藝術家爲 B.C. 六世紀下半葉的藝術奠定了基礎。

皮西特拉圖死後由他的第二個兒子西皮亞斯（Hippias）繼承他的位子，但他是一個凶惡的人，因此在 B.C.510 年時便有一群流亡在外的貴族受到斯巴達人的幫助，將西皮亞斯驅逐。不過這時的雅典處於混亂之中，直到 B.C.508 年，克里斯提尼（Cleisthenes）在人民的支持下，消滅他的對手，進行一連串的改革，使雅典進入民主政治時期。

克里斯提尼是希臘民主政治的眞正創建者，被稱爲雅典民主政治之父。他實行了人口的混合制，將雅典人組成十個部落（tribes），每個部落分成三區（trittyes）——分別由城市、海岸、山脈三部分組成，這種畫分法使地方（家族）的影響失去了作用。部落負責行政官（九位執政官和一位祕書），和公民大會的五百名成員，以及徵兵等事務（十個由重武裝步兵組成的部隊，十個騎兵連）。

而這「五百人議會」（Council of Five Hundred）是用抽籤的方式從每個部落選出人員（年滿三十歲的男性公民都有資格）組成公民大會，成爲主要的政治組織，它具有行政權，要迅速地處理日常及外交事務，並裁決行政官所決定的事（像是決定和平、戰爭、財政等政治的決策），每年行使職權三十五天。但政治行使權力並沒有被改變，執政官還是每年在選舉人階層中被任命。

此外，克里斯提尼還有三種措施：首先是「陶片放逐法」（ostracism），根據此法，任何對國家可能造成危害的公民，都將被放逐十年，（這是對僭主統治的恐懼而設立的，目的是要消滅有野心的人，不

過往往最後傷害的卻是有才能者）。

其次是十將軍制度（the Board of Ten Generals）的創建，十將軍制度由選舉產生而不是靠抽籤產生，他們被賦予更大的實權。另外，B.C.487年，在選舉名單上（五百個名字）推選出兩名執政官。

民主政治在 B.C.508 年由克里斯提尼所建立，這時期的雅典民主政治可說已經發展到頂點，B.C.487 年他通過執政官任期的部分改革，最後經過厄菲阿爾特（Ephialtes）及伯里克利斯（Pericles）的修正，使得民主政治發展終於被確立下來。

伯里克利斯時期（B.C.461～429 年）是雅典民主政治最完備的時期，他受到畢達哥拉斯（Pythagoras）及阿那克撒高爾（Anaxagore）的思想影響，阿那克撒高爾認為「精神」可以創造和管理世界，伯里克利斯將他高貴的出身和他深厚古典文化的涵養，微妙的用於其政治觀點中。然而，不論從氣質及對事物的喜好上，他都是個貴族，他之所以會成為民主人士，則是因為某些因素才造成的，他計畫利用精神力量來統治、管理國家，並培養行政官員來幫他管理國家，其目的是將他的國家變為希臘的學校。

令人驚訝的是，他成功的連任雅典領袖十五年，這足以使他英名載入這一世紀的史冊中。他是平凡的策略家，卻也是長久保留在名單上的不朽人物。他沒有頭銜，不過卻是一位合乎邏輯、有分寸，不煽動的演說家。他是普通的公民，但卻是勇敢的戰爭領導者，他是靈活的外交家，也是廉潔的財經專家。在他的周圍圍繞著哲學家，而且在他任內，雅典的巴特農神廟（Parthenon）得以興建，並成為世界的楷模。

七、波希戰爭

當希臘進行了兩次成功的殖民政策後，他們接觸到許多的蠻族，這些沒有政治組織的蠻族容許希臘人的存在。但是在 B.C. 六世紀末期，西方和東方世界突然遭到蠻族的威脅。在東方，波斯人自從 B.C.512 年在大流士的領導下，先後征服小亞細亞西岸的希臘城邦，當時他認為自己已經被小亞細亞的城邦所接受，波斯總督也祕密地控制著這些城邦，因而想直接控制這些說希臘語的城邦，並向歐洲發展。

從 B.C.499 年到 B.C.494 年，愛奧尼亞（Ionian）的希臘人對大流士一世的統治進行反抗，當時他們還向歐陸的希臘城邦求救，不過只有雅典西部的埃雷特里亞（Érétrie）派兵支援，因此反抗很快就於 B.C.494 年被鎮壓。此外，希臘人對薩迪斯的掠奪讓大流士一世備感威脅，所以決定對付他們，他這樣做與其說是為了將他的帝國擴展到這些地區，還不如說是為了懲罰這些大陸本土的希臘人，因而便發生波希戰爭（Persian War，B.C.490～479 年）。

在 B.C.490 年秋天，大流士一世派兵征討雅典，他們占領了納克索斯（Naxos）和基克拉澤斯群島（Les Cyclades），摧毀了埃雷特里亞並在馬拉松（Marathon）平原登陸。在那裡，希臘的米太亞德（Miltiade）將軍率領了一千個重武器步兵對波斯人採取猛烈的突擊，迫使波斯人重新回到船上，而且波斯人對比埃（Le Piree）的攻擊也失敗了，因此他們只能回到波斯，此戰被稱為「馬拉松之戰」。這次戰爭是由雅典人領導的希臘軍隊獲勝，讓雅典人贏得了相當好的榮譽，並積極建造一支足以對抗波斯人的海軍。

當雅典人正專心於他們的內部政治鬥爭時，波斯的大流士一世去世，由薛西斯（Xerxes）繼承他的位子，薛西斯幾乎是用盡全力在為下一次的遠征希臘作準備。B.C.480 年，終於爆發了第二次波希戰爭。

在陸戰方面，波斯軍隊於 B.C.480 年越過了達達尼爾海峽（Hellespont），重新踏上馬其頓地區，他們繞過溫泉關（Thermoples），並屠殺李奧尼達（Leonidas）的三百名士兵。隨即雅典被占領了，雅典的衛城建築物（雅典娜神廟）也被燒毀。

至於希臘方面，早在 B.C.483 年前，雅典在馬拉松的戰士德米斯多克利（Themistocle）主導下加強海軍的設備，他利用洛利翁（Laurion）礦山的財政收入，建造了一支有三百條三層槳戰船（triremes）的艦隊。

因此海戰方面，希臘海軍於 B.C.480 年 9 月在薩拉密（Salamis）發動了對薛西斯的戰爭，薛西斯的艦隊被三層槳的戰船擊得粉碎，這是雅典希臘聯軍的首次勝利。不久之後，希臘艦隊乘勝追擊，在米卡勒（Mycale）海峽打敗了波斯人的艦隊，並收復了亞洲的城邦和一些島嶼，自由的希臘公民們戰勝了波斯，這一戰也贏得了不朽的榮譽，進而消除了

東方世界對希臘造成的障礙與影響，使得小亞細亞的說希臘語諸城，都紛紛加入希臘城邦。

八、海上同盟與伯羅奔尼撒戰爭

B.C.478年至 B.C.404 年，出現了所謂提洛同盟（the Delian League）或阿提加─提洛同盟。它的官方名字是「雅典人和他們的同盟」，它建立的目的在防止波斯的再入侵，準備與波斯展開長期的對抗。由於在波希戰爭中，雅典的地位已被確定，因此雅典便順理成章的成為此同盟的領導者。此同盟是由希臘各聯盟城邦組成的，又以愛奧尼亞（Ionian）城市為代表，他們派遣一些代表參加設在提洛島（Delos）的委員會。

為了在城邦平等的基礎上建立它的自主性，每一個城邦在委員會裡只有一票，至於聯盟的事務則是由雅典與同盟成員共同決定，而且只涉及對外政策而不干涉參與城邦的政治。同盟中有一個財政官負責管理共同的財庫，財庫的經費來源則是由那些沒有提供戰船的城邦所支付的，它是經過仔細計算的捐稅來供給的。這對於這些城邦來說，微薄的付出便能獲得有限保護的保證，愛奧尼亞人就是獲得這樣的保證。

由於提洛同盟的艦隊、裝備、戰士等絕大部分都是雅典提供的，這使得雅典可以利用同盟國所提供的經費，來鞏固它的統治基礎，致力於發展它的海上帝國，並盡情干涉其他同盟國的內政，強迫它們納貢。當雅典幾乎稱霸整個愛琴海地區時，它又企圖將其勢力伸到屬於伯羅奔尼撒同盟的科林斯，最後終於引起斯巴達城邦的不安，而於 B.C.431 年向雅典宣戰，發生了著名的伯羅奔尼撒戰爭（Peloponnesian War，B.C.431～404 年）。

伯羅奔尼撒戰爭是由雅典與科林斯引起的，而且幾乎蔓延到整個希臘世界，不過在 B.C.415 到 B.C.413 年時，雅典遠征敘拉古的軍隊可說全軍覆沒，這對雅典而言是一大打擊，不過雅典仍保持其海上優勢。但當斯巴達於 B.C.413 年進攻雅典時得到波斯的幫助，建立自己的海軍後，導致雅典原本海上的優勢喪失了，結果竟造成雅典在 B.C.404 年的失敗，雅典帝國遭解散。

第六節　希臘文化的成就

在波希戰爭後，雅典成為當時希臘世界最強的城邦，因此大部分的希臘作家，像是阿里斯托芬（Aristophanes）、埃斯庫羅斯（Aeschylus）、索福克勒斯（Sophocles）、尤里比底斯（Euripides）等都曾在雅典發表他的作品，使得雅典在當時不僅是政治的領導者，更是文化上的領導者。

一、古典宗教

古希臘的宗教經過很次發展，產生了顯著的變化，基本上屬於多神信仰，他們認為這些神祇都住在奧林匹亞山上（Mount Olympus），這些神跟人一樣是有感情的，可說是一些神格化的人，祂們有時還會與人間的凡人生兒育女，而且沒有任何一個神的地位比其他神的地位還高。

由於古典宗教是世俗的、泛希臘主義的，每一座城邦都在一位保護神之下（雅典娜、宙斯、阿提米絲、阿波羅），這使得神祇除了自身具有神的性格外，還具有一些其他特殊的稱號。

實際上，希臘的宗教是建立在對人神同形的自然力量的崇拜基礎上，以及建立在植物的生長、播種、收穫的永恆週期的基礎上，也建立在它所要的保護的、使之免受侵害影響的家園基礎上。由此可知，宗教是在人的低微和常見的需求上建立的，也就是在世間的物質滿足以及對來生希望的基礎上。

此外，古希臘人對死後的世界漠不關心，他們認為：每個人死後都會到一個地方去，那就是冥界，那個世界也和在生前世界是一樣，並不會有人會因為他生前做了什麼事變得較好，或因為什麼罪惡變糟，在那受罰。

至於祭祀的目的並不是在贖罪，而是在供神享用，與神和解，取悅神明，因此並不需要有精神的禮拜儀式，或祭司階級，因為每個人都可以為自己舉行簡單的禮拜儀式。在希臘社會中，巫師被認為可以直接與神溝通的，他們並不是祭司階級，也不是任何精神或社會的領袖，只是一群經常被諮詢者，像德爾菲（Delphi）的阿波羅神殿上的神諭，在國家有重要大事時，國王都會去請求方向。

由此可知，荷馬時期的希臘宗教就已經表現出兩種共同存在的不同風

格，而且在政治上，希臘的宗教也充分的被政客們所利用，他們將近鄰同盟與各城邦聚集在令人敬畏的神廟周圍，像色薩利人（Thessaliens）等，為了自身利益而對希臘的宗教加以利用。此外，神諭、泛希臘主義的娛樂節日亦被稱作競技比賽，這種比賽也發揮了宗教崇拜作用，尤其田徑賽和音樂比賽使來自各處的希臘人產生了種族的友愛感情，之後更演變成每四年一次的古奧林匹亞運動會。

二、文學與史詩

　　古典時代的希臘文學有相當豐富的內涵和題材，荷馬史詩代表希臘史詩的主要體裁，內容大都有關英雄事蹟的敘述詩，像《奧德賽》（Odyssey）和《伊里亞德》（Iliad）便是以特洛伊戰爭（Troy War）為背景寫成的。到了 B.C. 七世紀，又出現了一些更加個人化的史詩體裁，而這些文學作品也豐富人們的精神生活。

　　「悲劇」原意為「山羊歌」，是希臘人最高的文學成就，它源自於宗教，是一種奉祀酒神狄奧尼索斯（Dionysus）的慶典。由於「山羊」代表的便是酒神狄奧尼索斯，因此在慶典中會有一個穿著山羊裝的男子圍著祭壇唱歌、跳舞，表演神的事蹟或合唱抒情詩。當時的悲劇是在露天的劇場中演出，表演者會帶著面具，穿著長靴，此外，還會有合唱團對表演者的動作做說明。

　　亞里斯多德認為：「悲劇」能透過憐憫達到淨化觀眾情感與心靈的目的。這樣的定義可以從悲劇的主要作家埃斯庫羅斯、索幅克勒斯、尤里比底斯的作品中看出。

　　除了悲劇外還有喜劇，也是源自於酒神的慶典，著名的人物為阿里斯托芬。阿里斯托芬是在戰爭期間創作他的劇本，而且在雅典恢復勢力前（B.C.388 年）完成了他的作品。我們現在必須單獨研究他的喜劇作品中屬於世俗慣例的東西，如異想天開、奇特之事、淫穢、暴虐的言語，有時是「離奇的」嘲諷。此外他的作品也反映了他所處時代的不幸和災難：激烈地反對新思想，但也宣揚和平，是一位和平主義者；他推崇阿提加農民的純樸思想，卻屬於傳統主義的理想，戰爭將他驅逐出家園，他的理性主義使他拒絕了那些知識份子的理想，這就使他產生了對尤里比底斯

（Euripide）和蘇格拉底（Socrates）的不公正攻擊。

　　古希臘散文的出現比詩歌晚，不過在 B.C. 五世紀時，散文的著作風氣大盛，這時許多歷史、文學等作品紛紛以散文方式表現，因此我們不得不提希羅多得與修昔底德的作品。

　　希羅多得（Herodotus，約 B.C.484～420 年）因《歷史》一書被稱為「歷史之父」，此書是以波希戰爭為背景，描寫當時的波斯、埃及、希臘等的歷史文化與風土民情，雖然其內容並不客觀，有些部分還帶有故事成分，不過他當時為了寫這作品時還曾周遊列國，廣集資料。所以它仍是一本研究 B.C. 六至五世紀的希臘、西亞、波斯與埃及的重要作品。

　　至於修昔底德（Thucydides，B.C.460～400 年）在《伯羅奔尼撒戰爭》（History of the Peloponnesian War）中對於他所用的資料，則有較嚴謹的考證，盡可能地排除傳說，公正客觀地將史實描寫出來。

三、科學與哲學

　　在科學方面，米利都（Milet）的泰利斯（Thales，B.C.636～546 年）憑藉天文學知識，能預言日蝕和預測農作物的收成。當他在關心宇宙萬物的本質時，便提出了「萬物本源」就是水的看法，由於沒有實際實驗，這種理論仍然是屬於哲學性質，而不是科學的嘗試。

　　泰利斯的哲學本質上較屬於唯物論，因而他所創的學派被稱為唯物主義者。不過到了薩摩斯（Samos）的畢達哥拉斯（Pythagoras，B.C.580～500 年）時，希臘哲學的發展已經轉向形而上學方面，主張物質和精神、善與惡間的不同，為最早的二元論者。此外，他還是一位數學家，「畢氏定理」便是他所發明的。

　　B.C. 五世紀開始有一批人被稱為「雄辯家」（Sophists），他們對政治、倫理等辯論十分有興趣，便放棄原本對自然宇宙思考的哲學方式，轉而思考與個人息息相關的課題，這群被稱為「雄辯家」的人開始以講學為他們的終生職業，對象都是一般的百姓，可說是西方最早的老師。不過後來的哲學家認為：這些雄辯家常常為了尋求言辭上的勝利，會不惜以歪曲事實來獲得勝利，因此受到蘇格拉底、柏拉圖、亞里斯多德的強烈批評。

四、蘇格拉底、柏拉圖和亞里斯多德

蘇格拉底（Socrates）出生於 B.C.470 年，死於 B.C. 四世紀初期，由於他什麼著述也沒有留下，讓色諾芬（Xenophon）有機會貶低他。他的學生柏拉圖（Plato）則在蘇格拉底的言語中加入了自己的觀點（可從《宴會》、《辯解書》中表現出來），因此從色諾芬和柏拉圖的著述介紹，我們很難確定蘇格拉底的思想特徵。儘管如此，蘇格拉底靠他自己的方法與他的思想哲學而著稱於世，他常到市場與人討論神諭的對錯。

蘇格拉底是一位愛國者和英勇的戰士，極富責任心。儘管他自己的國家法律在他看來有可爭議之處，但他忠於這些法律。他具有宗教思想但卻沒有固定的信仰，他並不很民主但他絕不是一位革命者，他用畢生的精力來喚醒他極端個人主義的同胞們精神上的覺醒，以及喚醒他們最豐富的批評精神。他的頑強性格，也充分的反映出詭辯學者們對他的影響，通過他的樸素、貧窮，以及對於「善」和「正義」的熱情尋求，超越了詭辯派學者。

與他同代的人認為他是一位懷疑主義者，是一位約定俗成思想的破壞者，是一位紈褲子弟的老師（沒有報酬的），但是他的學生們對他懷著一種充滿尊敬的熱愛，並使他們的生活深受蘇格拉底教育的影響。希臘所有的哲學家都接受過他的教育，而且後來每個人也走上了不同的方向和道路，這使得蘇格拉底成為我們所知的世界上最偉大的思想啟蒙者。

蘇格拉底的去世，使哲學家們意識到最好建立一些學校，而不是在公共廣場上冒著生命的危險進行辯論。因而有柏拉圖、亞里斯多德（柏拉圖學園，Academy）、呂克昂（Lykeion）（逍遙學派的學校），以及以犬儒學派為中心而建立之古代三個學院的誕生。

由於柏拉圖的辯證法和其推理邏輯的不可捉摸性，與對「善」及「正義」的尋求，以及他與其對話者直接接觸的興趣等，使他成為蘇格拉底最好的弟子，而且他的天賦和才能使他比蘇格拉底的研究更為深入得多。

柏拉圖是一位博學的學者，研究數學、推理學、幾何學、天文學、音樂，且是一位出色的作家，他的豐富想像力創造了充滿詩意，和含有哲學意味的「神話」。這些神話闡明了希臘人經過長時間的發展所演變的哲學

思想，儘管人們保留了很多柏拉圖的作品，但仍然很難從細節上掌握這種哲學思維。因爲在柏拉圖看來，人的一切都建立在對靈魂不朽的信仰基礎上，學者必須要拋開看得到的世界的表面現象，而了然於世界內發現事物的精神和本質。

柏拉圖的出身和財富本該使他在貴族政治體制中得到重要的地位，但他卻是一位失敗的政治家，他在年輕時就對雅典的體制感到灰心，又對他自己與西西里島（敘拉古）的僭主們的聯繫交往而感到灰心。他致力於尋求一種理想的城邦，這種理想的城邦是建立在與靈魂的三種職能基礎上，他在《共和國》（*The Republic*）一書中，便將他的政治觀點表露無遺。

由於柏拉圖的悲觀思想也使他傾向於奉行保守的教育，對於極權國家的專制權力他也不反對。各城邦爲了使人民接受國家的統治，便使用武力以及對神祇的尊敬方式來統治，他的態度也傾向於贊成而不是反對，而且傾向於實行神權政治（共和國及法令）。後代學者也從他的哲學理論中提煉出形而上學的唯心主義及宗教思想的力量，儘管他理論的最後支持者（新柏拉圖學派的信奉者）反對新的宗教——基督教，但後來人們仍努力調解柏拉圖主義和基督教之間的關係。

柏拉圖最重要的弟子是亞里斯多德（Aristotle，B.C.384～322 年），他可說是將希臘哲學思想集大成者，他的著作包含的範圍相當的廣，有形上學、倫理學、物理學、政治學與自然科學，尤其是對邏輯學以及哲學定義和分類皆投注很大的心思，並在特殊的哲學思想中尋找一般性的定義（科學屬於一般性的哲學），對於歸納法也有深入的研究，因此他也可稱得上是一位科學家。

五、古代希臘的藝術

神廟的建造在外形上通常都是長方形的建築形式，初期是用木材，像是奧林匹亞的赫拉神廟，接著用石灰岩，最後才以大理石爲材料。希臘建築中「圓柱」是不可或缺的要素，是希臘風格中最富表現力的東西，柱型分爲多立克柱式（Doric）、愛奧尼柱式（Ionic），以及科林斯式（Corinthian，屬於希臘化時期的建築風格）。最著名的巴特農神廟（Parthenon）即是多利安式的建築形式。

B.C. 五世紀的上半葉，希臘文化繼承了古典藝術和在當時非常繁盛的腓尼基藝術，因而在藝術上獲得一些輝煌成就，如奧林匹亞的宙斯神廟建築以及銅製器物作品，而銅匠中最著名的則是亞哥斯的波里克萊特（Polyolete）。

由於雅典的建築雄偉、典雅和優美（雅典衛城），藝術家們也就自然地在這個中心地區聚集起來，因此雅典在 B.C. 五世紀下半期在藝術上也占著舉足輕重的地位，尤其在古典希臘時期的雅典城邦政治、經濟和知識領域，當時已達到了鼎盛時期，雅典奇蹟也使得它的藝術同時達到了巔峰時期。

不過當雅典奇蹟出現時，在伯羅奔尼撒半島上的建築風格多了一些多利安式。但在 B.C. 四世紀，一些來自各地的手工業者皆紛紛來到希臘，因此可在這個地區發現一些愛奧尼亞風格（Ionic）的神廟，如邁錫尼（Messene，在這個城邦解危之後），以及巴撒（Bassae）（位於美西尼亞東北部）的第一個科林斯式（Corinthian）的柱頭。

梅格洛玻利斯（Megalepolis）於 B.C.371 年之後，出現了第一座劇院和一個容納得下一萬人的劇場。但其主要的建築物是在巴特農神廟（B.C.486～456 年）之前所建造的奧林匹亞的宙斯神廟，神廟裡有古典風格的排檔間隔，華麗的三角楣上描繪了在珀羅普斯（Pelops）和俄諾瑪俄斯（Oenomaus）之間進行的戰車爭奪賽，宙斯位於雕像的中間部位。

在費加里亞（Phigalie）附近的巴撒（Bassae）所建造的阿波羅（Apollo Epikonlios）神廟，是由巴特農神廟的建築師菲迪亞斯（Phidias）所建造，他的建築極為宏偉壯觀，而這處地點現在的孤立狀態使人們更感到驚奇。

在德爾菲（Delphi）的古典建築物中有阿提加人所建造的圓形神廟，但在 B.C.373 年的一次地震中遭到損毀；此外還有在 B.C.369 年和 B.C.329 年被重建的阿波羅神殿，以及一座劇院。

第七節　亞歷山大帝國與希臘化世界

馬其頓（Macedon）是一個位於愛琴海頂端的地方，當雅典與斯巴達等城邦在希臘世界綻放光芒時，馬其頓還是一個蠻荒落後的地方。B.C. 四

世紀，馬其頓在政治上仍無舉足輕重的地位，直到 B.C.359 年菲力二世（Philip II，B.C.359～336 年）為王之際，馬其頓才有所轉變。當菲力二世準備發展他的事業時，希臘城邦正因戰亂不斷導致力量逐漸消弱，因此菲力二世在希臘城邦中呼風喚雨，干涉希臘城邦的事務，而且在 B.C.338 年打敗希臘城邦的聯軍，獲得大勝後，從而掌握整個希臘。

一、亞歷山大

B.C.336 年菲力二世在一次家庭聚會時被暗殺，王位便由亞歷山大（Alexander）繼承。亞歷山大登基時二十歲，他希望再創阿基里斯（Achille）以及他的家族中兩位神話般的祖先海克力斯（Herakles）和狄奧尼索斯（Dionyso）的功勛，因而繼承他父親的擴張事業。

他如一位年輕的神般英俊（在這個方面，他的肖像畫被理想化了），他的才能使他自然而然追求崇高偉大的理想，他也被某種不滿於現狀的心理所控制，不過他的坦率得自於父親菲力二世（Philip II）。由於亞歷山大個人的特點、能力與功績改變了其他的文明，更改變了與其他民族之間的關係，此深刻地影響到隨後古典文明與西方文明的發展。

亞歷山大遠征的動機是與其父親的計畫，以及科林斯同盟的希臘人願望有關。在格拉尼庫斯河（Granicue，B.C.334 年）戰役獲勝後，亞歷山大送希臘將士三百副盔甲，上面刻著「菲力二世兒子亞歷山大及除斯巴達之外的希臘人一起反對亞洲的蠻族」。他率兵進入敘利亞後，接著繼續征服了小亞細亞大部分地區、東部地中海沿岸、埃及與美索不達亞，並在那裡重建一些名為「亞歷山大」的沿海城市。

在高加米拉戰役（Gaugamela，B.C.331 年）後，波斯王國的大流士三世（Darius III）向東逃去，於是他繼承了波斯王國的王位，致力於民族的融合，他所到之處都會遷入希臘移民，命令他們在新建的城市中定居下來。此外，他還徵募波斯人進入自己的軍隊中，也鼓勵異族通婚，他自己也娶了東方的巴克特里亞（Bactrian）的公主——羅格珊娜（Roxane），並平等地對待波斯人、馬其頓人與希臘人。

亞歷山大及其軍隊，穿越了荒原和山嶺，度過了遠征的歲月，經歷了酷寒的氣候，以及波斯人的抵抗，並因著亞歷山大的游擊戰和變幻不定

的隊伍，以及閃電般襲擊戰術，或以謀殺的策略，使得他的遠征亦獲得順利。不過亞歷山大並不因此而滿足，他還深入到中亞細亞的大夏、粟特與康居等地區發展，並向東深入到阿姆河（Oxus）和錫爾河（Jaxartes）。到了 B.C.328 年他也在沿岸建立一些具商業價值的城市。

　　B.C.327 年他的軍隊越過了波斯帝國的疆界，穿過了興都庫什山（Hindou-Kouch）一直推進到印度河（Indus）上游，他希望將他的帝國推到已知世界的邊緣，然而連年的征戰也讓士兵們思鄉情怯裹足不前，導致遠征最後也不得不轉為地理上的探勘，離印度而歸。B.C.324 年的遠征結束，第二年，亞歷山大因病去世，終年三十三歲。

　　亞歷山大去世後留下的是一個橫跨歐亞非三洲的大帝國，不過他並沒有預先指定好他的繼承人，當時與他有血緣關係的人是與他最親的同父異母哥哥（但他是一位頭腦簡單的人），以及他和巴克特里亞公主羅格珊娜（Roxane）所生的遺腹子。由於缺乏適當的繼承人，以及在他去世後，部將間的爭權，使得這個國家發生了二十多年所謂的「繼承者戰爭」，最終不可避免地導致國土的分裂。而且從帝國的地理條件，以及過去所留下來的遺產來看，這種解散似乎也趨於不可避免。

二、馬其頓王國與塞流卡斯王國

　　希臘化王國的產生，所謂的「希臘化」世界並不是一個大一統的世界，而是指亞歷山大締造出來的龐大帝國。在 B.C.276 年到 B.C.168 年的一個多世紀裡，被他的高級將領們瓜分成若干個小國家，不過主要的強國有三個，即塞流卡斯王國、馬其頓王國與托勒密王國。

　　由於亞歷山大的東進，留下許多部隊駐紮的據點，這些據點日後變成了一些新興城市，不僅成為希臘文化的傳遞站，更是造成希臘化世界經濟發展的主因，因為一個個新的城市的出現，便可以讓希臘商人到達更遠的地方發展商業活動，增加各王國的收入，因此這些王國的國王皆鼓勵人們從事各項商貿活動。

　　馬其頓王國被安提哥那（Antigone Gonatas，B.C.276～239 年）所擁有，占有帝國歐洲部分的馬其頓與希臘等地。此帝國在粗暴專橫的菲力五世（Philip V）時，遇到羅馬這個強大的對手，B.C.197 年敗於羅馬後，

被迫放棄馬其頓之外他所兼併而來的土地。最後一次與羅馬發生戰爭則是在腓力五世的兒子百爾修（Persee）時，他是彼得那戰役（Pydns war，B.C.179～168 年）的戰敗者。

儘管我們對這國家的君主們內部事務不甚了解，但不可否認的，他們實行專制政權，馬其頓的君主國是軍事化以及最具民族特色的王國（官方稱呼：馬其頓人的國王），他們不怎麼注重內部的信仰崇拜，也不注重宮廷的禮儀。

塞流卡斯（Seleucus）據有帝國的亞洲部分，像是敘利亞、兩河流域、伊朗高原等地，建立所謂的塞流卡斯王國，即敘利亞王國。這王國在此時也面臨著艱苦的時期，如在 B.C.262 年，塞流卡斯失去小亞細亞這塊地方。但雖如此他們能在此地持續存在這麼長的時間，並將廣闊的亞洲一部分地區希臘化，這是一個奇蹟。

塞流卡斯王國也是民族、城邦和宗教的融合區，在此有印歐語系民族以及閃族，它的語文有波斯語、亞拉米語和希臘語；宗教則有瑣羅亞斯德教（拜火教）（Zoroastre）、猶太人的宗教、敘利亞的宗教，以及小亞細亞的「地母」神等。君主統治是實現國家統一的唯一因素，從起源上而言，由於受到東方的影響，君主統治是專制的，並因人們對王室的崇拜，使其權力因而得到加強。

實際上，國王的權力主要是依靠他個人的才能和他的行為，而他的行為和活動準則是不受任何的拘束。不幸的是，塞流卡斯王朝除了安條克三世（Antiochus Ⅲ，B.C.223～187 年）之外，就再沒有出現過卓越出色的君主。

最後一位重要的國王是安條克四世（Antiochus Ⅳ，B.C.175～168 年），是安條克三世的第三個兒子，曾在羅馬做了十二年的人質，被人當作瘋子，他的奢靡與自相矛盾的行為讓人們感到吃驚。他穿著羅馬的「托加」並具有一些民主人士的風範，他的奢華和殘酷的專制政權則是東方式的，並且信奉伊比鳩魯學說，也是古文化的熱愛者，在這方面他又具有深刻的古希臘文化特徵。

三、柏加曼王國與托勒密王國

B.C. 三世紀初，利西馬科斯（Lysimaque）任命柏加曼（Pergamum）看守其城堡和財富，但沒想到柏加曼卻叛變了他，並在 B.C.281 年獨立，由此可知柏加曼王國（Kingdom of Pergamum）是過度信任的產物。

他的第二位繼承人為阿塔羅斯一世（Attale I），打敗了高盧人（Galates）後便挽救了小亞細亞的古希臘文化，他於 B.C.240 年稱帝。由於個人的利益以及對馬其頓人的仇恨，他最後傾向於和羅馬聯盟，但聯盟之初他並沒有從中得到好處。

不過他的後繼者歐邁尼斯二世（Eumene II，B.C.197～159 年），最後獲得了與羅馬聯盟所帶來的利益，因為後來他發動了對安條克三世的戰爭，並在馬格尼西亞州（Magnesie）一舉得勝，因此 B.C.188 年的阿帕米亞協約（Apamee）中，他便獲取了塞流卡斯王國的大部分土地，使柏加曼王國在當時成為小亞細亞最強盛的國家。

柏加曼王國的領土從弗里吉亞（la Phrygie）到潘菲利亞（Pamphylie），包括梅西亞（Mysie）、呂底亞（Lydia）、卡瑞亞（Carie）、皮西迪亞（Pisidie）等地。在歐洲則抵達色雷斯（Thrace）的克森尼索（Chersonese），在呂基亞（Lycie）則到達地中海，並到達了費特希耶（Telmessos）。

其地位的提升主要是因為與羅馬聯盟的結果，但也激起了羅得島（Rhodes）、比提尼亞（Bithynie）、高盧人（Galates）和馬其頓人的妒忌和仇恨。俄邁納（Eumene）本人也苦於他所處的環境，因為他也擔心羅馬人對他並不信任，還好他的機智使他的立場未遭受損害，並能忍受元老院的不公正仇視。不過在 B.C.133 年，阿塔羅斯三世在其遺囑中竟然將除了希臘城市之外的領土都交給了羅馬。

托勒密占領的是帝國非洲的部分——埃及等地，建立了所謂的托勒密王國，即埃及王國。托勒密王國的國王一樣自稱為法老，並在埃及各地建立神廟，籠絡埃及社會中的知識份子與上層階級，使他們甘心為這個王國服務。這個王朝最大的貢獻便是在亞歷山卓城建立一個大圖書館，這圖書館內的藏書影響到幾百年後的歐洲文明。

　　托勒密一世（救世主）（Ptolemee I Soter）是埃及托勒密王朝創建者，他使埃及憑藉其財富、組織系統，以及在地中海世界優異的位置，一直到 B.C. 三世紀均占據希臘世界最重要地位。不過托勒密二世的費拉德爾甫斯（Ptolemee II Philadelphe，B.C.284～246 年）和他的妻子（即是他的姊姊），發動了一連串反對塞流卡斯的「敘利亞戰爭」（The Syria Wars），並且投入愛琴海事務之中。

　　此時埃及也獲得了一些「外面的領地」，並重新占領了塞普勒斯（Chypre）、藩菲利亞（Pamphylie）、呂基亞（Lycie）等地方。另外也占領了一些島嶼如薩摩斯島（Samos）等，而且還獲得了以弗所（Ephese）以及薩莫色雷斯島（Samothrace），他的繼承者托勒密三世（施惠者）（B.C.246～221 年），透過與王后貝勒尼斯（帶來嫁妝者）（Berenice）的婚姻而重新占領了昔蘭尼（Cyrene）。在經歷了輝煌的時期，以及在 B.C.240 年與塞流卡斯人達成協議之後，他開始過著荒淫無度的生活。

　　在托勒密四世（愛父者）（Ptolemee IV Philopatos）與托勒密五世的（神顯著）（Ptolemee V Epiphane）統治下，從 B.C.221 年至 B.C.181 年標誌著埃及政治體制的轉變。在 B.C.217 年擬通過動員當地的軍隊命令，與獲得反抗安條克三世（Antiochus III）的拉菲亞（Raphia）戰役勝利之後，各地區民族主義的動亂以及宮廷叛亂增多了。安條克也進行了一連串的報復，他在 B.C.198 年收復了柯里─敘利亞（南敘利亞地區）（Coele-Syrie）並剝奪了埃及的領地，除塞普勒斯（Chypre）和昔蘭尼（Cyrenaique）之外，埃及的外領地都被其所占領。

　　B.C. 二世紀和 B.C. 一世紀是漫長的衰落時期，不過因為有托勒密八世（費斯康「施惠者二世」）（Ptolemee VIII）的振興，也使國家（B.C.150～116 年）衰落的速度趨於緩慢，但托勒密十三世的（西奧菲奧珀）錯誤政策卻加快衰亡步伐。托勒密十三世是羅馬侵略之下的犧牲品，他好幾次被廢黜王位，最後在 B.C.55 年被龐培的部將重新扶立起來。不過他卻於 B.C.30 年，屋大維在阿克興海戰勝利後不久，旋即被屋大維（Octavian）毫不費力的占領埃及。

　　從馬其頓王國到塞流卡斯王國、托勒密王國、柏加曼王國，其統治者大都是馬其頓人或希臘人，並且都以亞歷山大的繼承者自居。那些統治者

尚能承襲亞歷山大融合東西文化的政策，鼓勵東西間的商業交通，獎勵各民族間的通婚等。因此在亞歷山大之後的三百年，由其所建的許多希臘化的城市中，希臘的語言與文字等尚能在當地繼續被使用，而希臘文學、哲學、科學等也都受到亞、非兩大洲人民的崇敬。

四、希臘化文化

希臘化時代的文化無論是在語言、文學體裁，以及藝術風格上都直接承自古典希臘文化，但是它與古典希臘文化又很不相同，因此值得擁有一個特殊的「專有名詞」。實際上，希臘化的文明是從亞歷山大一直到羅馬人征服的這段期間，其表現的形式非常具有特色。

古希臘時代的文化因亞歷山大不斷向外征服而傳播開來，在亞洲地區，亞歷山大使他所征服之地接受了古希臘文化，它的文化直接影響到伊朗，間接地通過希臘—巴克特里亞國王影響到印度。非洲部分，則是經由埃及托勒密王朝的傳播而受其影響，甚至連迦太基也透過腓尼基、埃及和西西里島而受到希臘文化影響。南部義大利甚至是羅馬地區，除了馬薩里亞（馬賽）（Massalia）之外，這些地方對於希臘文化也並不陌生。

當這些地方的政治、社會、經濟、宗教、藝術等文化受到希臘文化影響時，它們同時也將當地的文化融入希臘文化之中，變成了所謂的希臘化文化。在宗教方面，當城邦瓦解出現王國時，原本的城邦神便跟著轉型，如宙斯（Zeus）變成是政治力量之神，是塵世君主們的自然保護者。

此外，希臘人從未在東方世界強加任何過於理智化或政治化的神祇，相反的，隨著希臘人深入東方世界後，他們便與東方宗教，像是埃及、波斯等宗教有所接觸，而受到其影響，並將它們原本的神明與這些東方宗教的觀念結合，創造出一種新的神，像是宙斯也經常被同化為一些東方的神祇，如敘利亞神即是如此，因此當地宙斯的神廟以及宏偉的祭臺一直都很多。

希臘人擺脫了那些陷入絕望之中的宗教信仰，傾向於信仰感性化的個人宗教，開始轉向能夠使其靈魂得救的信仰崇拜，因此強調藉由禁欲方式贖罪，並宣傳來世得救的奧菲斯崇拜（尊奉冥后珀爾塞福涅）（Orphic）與厄琉息斯崇拜（崇拜得墨忒耳）（Eleusinian），吸引許多的信徒。此

外，所謂的密特拉教（靈感來自波斯對密特拉崇拜）（Mithraism）也獲
得越來越多的信徒。

五、哲學思想

　　正如我們看到的那樣，希臘的哲學是以愛奧尼亞的科學開始，並通
過希臘宗教的衰微而最後變為形而上學。在古典時期蘇格拉底的個人主義
比柏拉圖的個人主義更為強烈，起初是對希臘化時代的哲學，智慧、道德
和生活風格的尋求。當未開化的群眾轉向拯救人的東方宗教尋求救贖知道
時，有智慧的知識份子想擺脫古代的宗教思想儀式，便轉而從哲學中去尋
找答案。

　　B.C. 三、四世紀間，在塞普勒斯島上產生了一位著名的哲學家芝諾
（Zeno，B.C.335～263 年）創立了斯多噶學派（Stoicism）。斯多噶學
派承認神靈、星相學以及事物的永久不滅，這都取決於一個非物質的原則
（神的傾向），以及非常嚴格的哲學精神，即「智者」必須服從於「自
然」，因為自然是神聖的，而智者也必須服從於「需求」，並通過培養鎮
定與自我控制生活於「道德」之中。

　　這種理論很高深，因為人類博愛的情感使人的爭鬥得到了緩和，這個
理論也非常符合個人主義的發展。此外，芝諾力斥豪侈，主張克制情慾，
寬恕待人。他「嚴格的道德標準」使此學派被限於一個優秀的階層中，而
且他們在社會上都居於很高的社會地位。

　　伊比鳩魯學派（Epicureanism，B.C.342～270 年）的出現是希臘化
時代的主要哲學時期。薩摩斯島的伊比鳩魯於 B.C.307 年定居在雅典，他
認為神祇們並不令人生畏，因為他們不管人類，世界是由物質的原子所形
成，包括靈魂本身，靈魂與身體同滅。這樣人們解脫了九泉之下的恐懼。
他同時又認為人生最高的目的在追求快樂，而一個人欲達到快樂的境界，
必須具備相當獨立的精神。總而言之，他們逃離了一切無用的、不理智的
願望，但對他的反對者而言，這個理論很貧乏。

六、科學和文學

　　由於眼界的開闊，對未知部分的探勘，出現了宗教背景以外的更新思

想。此外，當時這些學者在各城邦的國王們保護、贊助與幫忙之下，或許能夠說明希臘化時代科學發展的原因。與哲學相反的是，希臘化時代的科學在雅典並沒有任何發展，反而是在各城邦國王們的保護下，科學在希臘各處都得到了發展。

在天文學上，巴比倫人凱德納斯（Kydenas）發現了太陽年的持續時間、二分點的變動，使得人們對於太陽中心說的理論有所了解。在薩摩斯島（Samos）上出現了一位叫阿里斯塔克斯（Aristarchus，B.C.310～230年）的人，他提出了太陽爲宇宙的中心學說，認爲地球繞著太陽而轉動，並利用日、月蝕曆時的長短來測量地球和太陽的大小，因此他被稱爲「希臘化時期的哥白尼」（Hellenistic Copernicus）。但在希帕卡斯（Hipparque，三角學的發明者）的影響下，人們並不接受太陽中心說的理論。

在亞歷山大城工作的歐幾里德（Euclide，B.C.323～285年），以嚴正的科學方法，將幾何學上的各種問題加以綜合研究，編成《幾何學原理》（*Elements of Geometry*），這本書可說是研究幾何學的基礎。阿基米德（Archimedes，B.C.287～212年），他計算出圓周率的數值，並創立橢圓形、拋物線、球面積等計算方法；在物理學方面，他也發現了浮體定律，並確定了槓桿、滑輪的原理，最著名的是「阿基米德原理」（Archimedes principle）。

此外，賽維納（亞斯文）（Syene）的厄拉托西尼（Eratosthene）在天文學和大地測量學上做出了極大的貢獻，他設計出經緯度系統，並測量地球圓周的精確性令人驚訝（他利用亞歷山大城與遠在尼羅河上游的太陽投影的差異，來測量地球的圓周）。

凱阿島（Keos）的埃拉西斯特拉圖（Erasistrate）以及迦克墩（Chalcedon）的希羅菲盧斯（Herophilos）在醫學上也做出了貢獻。希羅菲盧斯在亞歷山大城做研究，當時的亞歷山大城科學家獲得托勒密王朝的允許，可以對人體進行解剖，做生理實驗，因此他發現了血液的循環、強調大腦是人類的神經中樞，並發現脈搏的重要性。不過，這些發現有很多在後來都因羅馬時代的科學衰落而逐漸喪失。

與科學相比，文學更受到君主們的保護，他們的王宮裡有眾多的詩人

和作家，君主們把這些人安置於一些機構裡，其中最著名的是柏加曼王國的安條克（Antioche）與亞歷山大（Alexandria）的圖書館，尤其還有著名的亞歷山大博物館，裡面聚集了大量學者和文人墨客。

此外，亞歷山大的圖書館裡收藏的手抄本計達五十萬卷之多，那時管理圖書館的人大多是飽讀之士，他們為了研究的方便曾經編纂字典、研究文法，從事文學批評等。B.C. 二、三世紀間小亞細亞的亞利斯他克（Aristarchus），曾經校訂過許多古代的文學著作，現在分為二十四章的荷馬史詩，最初便是他校訂的。

在希臘時代中最著名的文學作品首推門南德（Menander，B.C.343～291 年）的喜劇，與阿里斯塔克斯（Theocritus）的田園詩等，他們的作品多以平民生活與自然界的景象作為描寫對象，極具人情味。

希臘化時期人們對文學的工作如此熱情，使得文學的空間因為不同的看法，創造出更為開闊的思想，最後並結合在一起，此讓歷史的作品獲得引人注目的發展。不過希臘化時期純文學的地位則稍遜一籌，雄辯術脫離了以前的基礎和中心，而趨向於虛構的言辭和約定的讚詞上。在修辭上雄辯術有所改變，但卻擁有其獨特的方法和創造布局的技巧，這些也得到了羅馬人的讚賞，並促進了普遍文化水準的提高，培養大家對優美語言的愛好，最後在 B.C. 一世紀初，也形成了拉丁文學。

當羅馬人第一次接觸到希臘文化時，令他們覺得十分眼花撩亂，因為古典作品不是那麼容易理解。不過後來羅馬人了解這些古典作品後便十分讚賞，他們吸收了從亞歷山大時期的人文主義一直到希臘重要時期的人文主義之主要作品，並深受影響。

七、希臘化時代的藝術

現代人對希臘化時代的藝術普遍存在著令人驚異，但卻有不同觀點的。上一個世紀或更久以前得到普遍讚賞的傑作現在卻可能遭到了輕視，例如「勞孔」（Laocoon）這個雕塑作品，在十八世紀曾為德國考古與藝術史家溫克爾曼（Winckelmann）和哥德藝術（Goethe）帶來莫大的樂趣。不過在十九世紀時，人們發現了更為優雅的菲迪亞斯（Phidias）之古典藝術後，便對古風發生了興趣，因此也很難做出對古典藝術公正的判斷。

我們認爲希臘化時代藝術是多樣性的，而且具有獨特性，在進行了幾個世紀的大量創作後，希臘化時代藝術並沒有枯萎或凋謝，這是因爲希臘各城邦對這些藝術品的需求仍很大，君主們和有錢人也供養很多藝術家，這些藝術家像 B.C. 四世紀的藝術家一樣到處旅行。

不過，藝術獲得廣泛傳播後並沒使它變得庸俗，而且僅有陶瓷藝術失去它的「吸引力」外，其他的像是繪畫、雕塑等藝術品，得到更加興盛的發展，而且城市規劃也爲這類藝術發展帶來新的可能性。

我們雖對王室宮殿的情況不甚了解，但其他的像是神廟、祭臺具實用性的建築，與富有魅力的建築在各處都逐漸增多，甚至連在希臘本土，人們都需要大量的雕塑和圖畫。因此在希臘本土，國王們慷慨地扶植一大批藝術家，尤其在雅典和提洛島這兩個知識、宗教和經濟中心。

在雅典有歐邁尼斯（Eumene）和阿塔羅斯（Attale）的柱廊，以及神殿、市場都有藝術的遺蹟。除了小亞細亞以外，東方世界的影響已經不如過去時期的影響那麼大，在小亞細亞米利都（Milet）附近的迪迪姆斯（Didymes）神廟因某種差錯而造成希臘化時期藝術風格的反常。在埃及，拉瑞德人（Larides）參加了當地神廟的重建工作，並按照埃及習俗進行描繪，他們建造了埃德夫（Edfu）神廟，以及作爲伊西斯主要聖殿的菲萊（Philae）神廟，但這一切都具有政治意義，希臘藝術家並沒有加入其中。

總的來說，希臘化時代的藝術比古典時期的藝術更難掌握，它比古典時期的藝術種類更多，也沒有像古典時期的藝術那樣地嚴肅。由於那時的作品多能超脫宗教的束縛，而注意人類感情的描寫，因此它在技巧上十分精細，並從習俗慣例中解脫出來，有時也洋溢著過於熱情的亢奮，它反映出一個可能比其他時期都更加充滿活力的時期。當時羅馬人通過南部義大利以及西西里島和東方世界的往來，來吸收希臘藝術文化，他們也似乎品嚐了柏加曼和亞歷山大的藝術，並將其納爲己用。

第八節　義大利的起源與對外戰爭

義大利位於地中海，易於與外界聯繫，因此它很早就接觸到克里特人

與亞該亞人。此外，亞得里亞海（Adriatic sea）又將義大利與巴爾幹半島分開，而北部的波河平原（the Po River）地形開放，使其受到北方民族的影響。此外，義大利長久以來就因為地形的關係（地形極其狹長，亞平寧山脈〔Apennino〕縱貫其中），被分為眾多區域，使其發展極不平衡，處於這種落後的地位。

一、希臘人、伊特拉斯坎人和義大利人

　　B.C. 八世紀對義大利來說是一個新的時期，首先是希臘人開始在義大利南部建立他們的殖民地。在之前的希臘殖民發展史裡，已經看到了這些殖民地的輝煌歷史，他們主要在義大利南部與西南部沿海地區、西西里島沿岸定居，在敘拉古（Syracuse）、那不勒斯（Naples）等地建立獨立城邦，這些希臘城邦便是日後影響羅馬文化的希臘文明所在地。

　　此外，在臺伯河（the Tiber）、亞諾河（the Arno）和第勒尼安海（Tyrrhenian Sea）之間出現了一群被稱為伊特拉斯坎人（Etruscans）。對於伊特拉斯坎人的起源，至今仍是大家爭論的問題之一，不過歷史學家普遍認為薩賓人（Sobins）和伊特拉斯坎人之間的地點有所關聯，這也就是說，他們來自於同一個地區。而且，古代學者認為這二種人都來自於小亞細亞，更準確地說是來自於呂底亞地區。在 B.C. 八世紀初，他們從海路來到義大利北部地區，並在托斯卡納（Tuscany）海岸定居下來。

　　不管伊特拉斯坎人來自何方，但有一點我們是可以確定的，他們早在B.C. 七世紀，便是此地文化水準最高的民族。他們使用的語言與同一時期定居在愛琴海的一些民族相似，應該是借希臘人的文字系統，來拼寫自己的語言，而這種語言後來又傳給羅馬人，便成為我們所熟悉的拉丁文。

　　至於古義大利人的起源並不是主要的問題，實際上他們的人數也不多，而且也符合所謂的海上遷移這個推測。那些移居於義大利半島的印歐民族，最初分為許多部族，如薩莫奈人（Samnutes）、翁布里亞人（Ombriens）、拉丁人（Latins）、薩賓人（Sobins）、臥爾斯克人（Vosolues）等，這些人後來全都被稱為義大利人。

二、王政時期（B.C.753～509年）

　　有關古典羅馬歷史的起源，根據維吉爾（Virgil）的說法，是羅慕洛斯（Romulus）和勒莫斯（Remus）這兩位由母狼所哺乳的兄弟所建。不過依據考古調查，我們在拉丁姆（Latium）平原的房子基底與廣場上古代墳墓裡的發現證實：羅馬城是建立在 B.C.754 年到 B.C.750 年之間。此外在廣場的墳墓裡，我們發現有火葬和土葬的形式，這證明了這裡至少存在著兩種不同的民族。

　　實際上，約在義大利人定居義大利半島中部後不久，尚有許多外來的民族在半島的南北及其附近的島嶼定居。然而，在歷史上扮演重要的角色的是拉丁人。拉丁人定居於拉丁姆的丘陵地帶，並在那裡建立幾個部落，不過在 B.C. 八世紀初建立的阿爾布（Able）部落是最為重要的。

　　現代科學的觀點不僅完全否認羅慕洛斯的存在，甚至否認最初的三位國王——努瑪（Numa Pompilius）、圖盧斯（Tullus Hostilius）、安古斯（Ancus Marius）。在王政時期，最後的三位國王：分別是老塔克文（Taquin）、塞爾維（Servius）和傲慢者塔克文。這幾個國王將薩賓人和拉丁人的部落統一起來，並在部落的外圍建立了圍牆，帶來一種新的政治和社會組織，後來將它稱為羅馬，即是以羅慕洛斯（Romulus）來命名。

　　羅馬在伊特拉斯坎人統治期間，社會出現了貴族與平民兩大階級。他們統治拉丁姆平原期間實行的是王政，政權除了由國王執掌外，還有由貴族組成的元老院（Senate），它被當成國王的諮詢機構，官吏多由貴族擔任。此外，還有一個公民大會（assembly），雖然它是由全體兵役男性公民組成，但它只不過是一個認可機構，沒有提出法案和提議改變政策的權利，因此平民經常受到貴族的壓迫。

三、共和初期

　　因著伊特拉斯坎人的衰落，由羅馬貴族所領導的改革（B.C.509～508年）獲得了勝利，王政被推翻，由共和政體取而代之。在共和的初期，出現了兩位民選的執政官（Consuls），他們取代國王的地位，執掌城邦的事務，這兩位執政官是每年由公民大會推選出兩位貴族來擔任的，任期一年。

　　原先由貴族組成的元老院仍保留，成為重要的立法機構，城邦大事均由元老院開會討論之後才能施行。而且當執政官發生爭執時，就必須召開元老院做判斷，所以貴族們此時掌握了國家的行政權與立法權，他們成為國家最有權力的一群。

　　至於平民的生活並沒什麼改變，他們仍是受壓迫的一群，平時被迫要繳重稅，戰時還被強迫要服兵役，而且他們也發現，自己往往是那不公平的司法判決中的犧牲者，因此大約在 B.C. 五世紀初，平民們便對自己的不滿紛紛起來爭取政權。不過在羅馬共和初期，有幾方面的改變為平民提供了有利條件。

　　首先，在王政時期塞爾維所設計百人團（Century）的組織在 B.C. 五世紀中獲得確定。百人團是一個軍事單位，讓平民組成一個重武裝步兵的部隊，這與古代時期希臘重裝步兵相類似（但比後者晚了二個世紀），這個百人隊在最初的征戰中具有決定性，後來在城邦的政治上，也占有舉足輕重的地位。

　　其次，在 B.C.494 年平民就曾因為要反抗貴族們，決定離開羅馬，到所謂的「聖山」建立一座新城，這就是「聖山撤離運動」。這個運動最後迫使貴族們取消了平民中最貧窮者的債務，並賦予平民的保護人，即所謂的「護民官」（tribunes）。當行政官決定的事務中有對人民不利者，他們皆有權利去否決，如此使得平民獲得更深一層的保護。

　　而且在 B.C.470 年出現了一個部族會議（Tribal Assembly），這些部落取代了最初的三大種族部落，它是以羅馬公民為對象，出席的公民並沒有貴賤、貧富的區分，因此這種新的平民大會最初遭到了貴族的抵制，但由於環境和實際情況以及法律的價值，使這個平民大會的決策慢慢地具有立法的形式和價值。此外，部族會議是可以選出護民官與擁有通過法律的權利。

　　由於護民官的出現使得人民的權利受到了法律的保護，但當時的法律為習慣法，解釋的人又都是貴族，因此為了使貴族不曲解法律，影響到人民的權利，在 B.C.451 年至 B.C.450 年間出現了「十二銅表法」（Law of the Twelve Tables）。這個法典的發布，使法律通俗平民化，進而廢除了貴族專制，而五名護民官的存在則顯示了改革的意義。

B.C.445 年平民又獲得羅馬的公民權，不過這時期的平民仍然無法獲得執政官的職務，因此平民用「有執政官權力的軍事將領」一職代替了執政官的職權，此團體平民階層成員也都能夠加入，不過貴族的固執使平民力量的發展受到了阻撓。經過一個世紀（B.C.367 年）貴族又重新建立執政官的職位，這時才對平民開放執政官的職務，因此這一年出現了第一位平民執政官。依傳統，執政官的任期結束後，便是進入元老院，如此一來，原本貴族壟斷元老院席位的局面便被打破。

至此，羅馬的公民無論是貴族或平民在政治與法律上，都一律處於平等的地位。而且無論是什麼人，只要他擁有「羅馬公民的身分」，他就有權在羅馬的土地上獲得一份產業，也可以娶羅馬女子為妻，以及在平民會議上投票，和被選為行政官員等。如果他被判處死刑時，也有權向人民申訴，這也是平民這一階級在這次的鬥爭中取得的最大勝利。

四、羅馬的擴張

羅馬的勝利與其說是由於有利的局勢帶來了有利條件，還不如說是因為羅馬持久的努力，才能在挫折中不斷壯大。此外，羅馬擁有強壯農民所組成的軍隊，以及具有軍事才能的將領和嚴屬軍團的組織，而且元老院的政策權威性又占上風，這多少也促使羅馬團結起來，一致的向外發展。

羅馬在驅逐伊特拉斯坎人後，便與拉丁姆平原上的各城邦在 B.C.493 年左右，組成拉丁同盟，共同對付伊特拉斯坎人。這時，常有其他部族會進攻拉丁姆平原，使得羅馬人為了保衛自己的領土，經常發生戰爭。B.C.396 年羅馬又因為參與戰爭的勝利，獲得更多的土地，使它的實力凌駕於拉丁同盟之上。

B.C.340 年和 B.C.338 年間，拉丁同盟的成員害怕羅馬的勢力太過於擴張，便趁著羅馬疲於奔命於薩莫奈人的戰爭中，聯合起來反對羅馬，發動所謂的拉丁戰爭（the Latin War，B.C.340～338 年）。而戰爭一起，羅馬頓時處於眾叛親離的局面，不過羅馬很快就將所有背叛者降服，同盟被解散了，在 B.C.338 年，羅馬組成一個代替拉丁同盟的團體，不過羅馬與薩莫奈人的戰爭並未結束。

羅馬人沒收了一大片領土，並創建了很多殖民地，因此在 B.C.330 年

時，羅馬已經擁有六千平方公里的土地，通過它的同盟國和殖民地又控制了同樣多的土地，使整個羅馬此時有將近八十萬個居民。不過羅馬人並不強迫所有被征服的民族絕對的服從，而是尊重他們，讓他們擁有原本的風俗習慣，享有相當的自治。

　　為了戰勝薩莫奈人和他們的同盟國，羅馬又經歷了五十年的戰爭，由於羅馬百人隊的策略應用恰到好處，且其建立受到保護的殖民地和實行的政策已被人民承認和接受。因此在 B.C.295 年，當薩莫奈人、伊特拉斯坎人以及高盧人建立強大的同盟時，已經太晚了。B.C.283 年伊特拉斯坎人與高盧人最後一次的聯合還是遭羅馬打敗，從此義大利的命運被決定了。當時擁有八萬平方公里的土地和三百多萬人口的羅馬，繼 B.C.280 年的迦太基、敘利亞和埃及王國之後，形成了地中海世界的第四個國家。

　　在南部，最後一座在義大利的希臘城邦塔倫特（Tarente），對羅馬的擴張感到不安，於是它便與迦太基結盟，並試圖將它的船隻和商人推進到奧特朗托（Otrante）海峽，並邀請伊庇魯斯國王（Epire）皮洛斯（Pyrrhus）一起反抗羅馬。皮洛斯是一位靈活、敏捷、驍勇善戰的僱傭兵隊長，後來成為敘拉古及馬斯頓國王（他在西西里趕走了迦太基人）。B.C.275 年他在貝內文托（Benevent）被打敗，只好退回希臘。B.C.270 年塔倫特城旋即也投降了，此時整個義大利半島全都在羅馬的統治之下。

五、迦太基世界與布匿戰爭

　　在西地中海區域，既不是希臘人也不屬於伊特拉斯坎人的地區，則是屬於腓尼基人的勢力範圍，更確切地說是屬於迦太基人（Carthage）的地區。迦太基城從 B.C. 九世紀末以來被建造後，便在這些地區，逐漸擴展它的勢力，並在西班牙海岸、科西嘉海岸及薩丁尼亞海岸等地建立不少的商行。

　　B.C. 五世紀至 B.C. 三世紀之間是迦太基的鼎盛時期，此時的迦太基儘管農業技術十分優越，但它真正的實力來自海上和商業上。迦太基將它所生產的物品，和從東方世界進口的貨品賣給非洲人和西班牙人，又在西西里島、義大利、埃及、腓尼基重新分發來自東方的原材料以及來自非洲的珍貴產品，並試圖將其海上商業朝向布列塔尼（今日的英國），以及大

西洋的摩洛哥地區發展。

在政治方面，迦太基是一個由商人所組成的元老院貴族政府，這個商人元老院受控於幾個大家族，他們實行專制、君主制的統治。當羅馬收復最後一座希臘城邦，將其勢力擴展到義大利沿海時，便與迦太基發生衝突，尤其是迦太基擁有讓羅馬羨慕的西西里，因此當羅馬不願見到迦太基在西西里的發展時，便在B.C.264年至B.C.241年出現了第一次布匿戰爭。

當羅馬在南部義大利強加它的統治時，便感覺到墨西拿海峽（Messine）在商業上和軍事上的戰略位置，並發現自己將遭到被包圍的危險——此時迦太基已經占領了一些島嶼，並與敘拉古（Syracuse）的希隆國王（Hieron），以及墨西拿的瑪末丁人（Mamertins）策劃一連串的陰謀，在塔倫特附近發動試探性的進攻。這讓羅馬於B.C.264年決定向迦太基宣戰，這就是第一次布匿戰爭。

迦太基擁有人盡皆知的財富，優越的僱傭軍以及對海上的控制權；而羅馬擁有歷經考驗的軍事組織、共和的政治體制、愛國主義精神。兩方的領袖並無特別突出的才能，但迦太基在哈米卡爾（Hamilcar）時期，便在西西里島與非洲北部經歷幾次重要的戰役，這些戰役都造成迦太基士兵的大量死亡，因此在耗費一場浩大的戰鬥後，沒有航海經驗的羅馬人反常地擁有制海權。

此次戰爭共歷經二十三年，雙方互有勝負，不過關鍵一戰是在B.C.241年，羅馬海軍將領呂塔西尤斯（Lutatius）在埃加迪島（Aegates）獲勝，這次的勝利使對手無力反擊，迦太基只好被迫退出西西里島，並付出三千二百塔蘭特的賠款，這筆賠款使迦太基注定要衰落很久。此外在B.C.237年迦太基發生嚴重內亂時，羅馬人強迫迦太基接受一個新的協約：迦太基必須支付賠款一千二百塔蘭特，並失去撒丁尼亞島、科西嘉島。

不過迦太基從第一次布匿戰爭後便向西班牙發展，這讓羅馬人備感威脅，因此B.C.218年雙方又開戰，此為第二次布匿戰爭（B.C.218～201年）。這次開戰剛開始迦太基大獲全勝，迦太基的將軍漢尼拔（Hannibal）所到之處接連獲得勝利，使羅馬幾近瀕臨滅亡的狀態。

尤其在B.C.216年漢尼拔在坎尼（Hannibal Cannes）的勝利，為羅

馬軍史上一次大災難（有四萬名羅馬人被殺和被俘，而對手只有六千人左右，且大部分是高盧人），雖然漢尼拔成功地使北部的高盧人以及南部的古義大利人擺脫了羅馬，但他還是不敢直接進攻羅馬城。

很可惜漢尼拔一直處於孤軍奮鬥的局面，他一直被限制在義大利南部，在南部他雖然有許多新的勝利，但他一直無法對羅馬構成真正的威脅。而且西班牙有羅馬將領——年輕的西皮翁（Scipion）不斷打擊漢尼拔的實力，使漢尼拔的軍隊有十四年的時間一直被限制在西班牙地區。

B.C.211 年羅馬的運氣開始轉變，他們重新占領敘古拉（Syracuse），此外爲了反對從未在義大利登陸的馬其頓菲力五世（Philip V），便與希臘埃托利亞同盟結盟，這讓羅馬的力量也變得壯大。

B.C.210 年起，羅馬開始獲得一些勝利，但同時也遭受一些挫折和失利。在西班牙，羅馬人不顧先例，派遣年輕的西皮翁（Scipion）當西班牙的地方總督，B.C.209 年，西皮翁便占領了新迦太基（Carthago Nova），並與努米底亞國王西法克斯（Syphax）進行結盟，準備對迦太基進行遠征。

B.C.207 年漢尼拔曾經命令其弟哈斯德魯巴（Hasdrubal）率軍來支援他，但大軍卻於義大利的梅陶羅河戰役（Metaure）大敗，使得漢尼拔無法與他的弟弟會合。B.C.205 年西皮翁與希臘的菲力五世（Philip V）簽訂了腓尼基（Phoice）和議，這是一次休戰的和議，不過讓羅馬人鬆了一口氣。

在第二次布匿戰爭的末期，漢尼拔守在布魯西姆（卡拉布里亞）（Bruttium），但遭受保守份子像是費邊（Fabius Maximus）的拖延戰術反抗，而羅馬的西皮翁（Scipion）卻成功地當選爲執政官。B.C.205 年，西皮翁率領四萬名羅馬人在非洲北部登陸，並借由努米底亞的協助，對迦太基構成威脅。這使得漢尼拔不得不動用一切的人力、物力進行抵抗。

漢尼拔於 B.C.202 年在札瑪（Zama）被打敗，這一戰重挫漢尼拔，使漢尼拔無力與羅馬對抗，只好接受與羅馬的和議，結束第二次布匿戰爭。和議的內容非常的苛刻：迦太基不但失去了西班牙以及作戰的大象，還喪失了艦隊（十艘船隻），和外交上的獨立自主權，並賠償一萬塔蘭特。B.C.195 年漢尼拔成爲迦太基的執政官，他試圖通過實行民主來重新

組織國家，再次準備報復，但卻遭到貴族的反對而向羅馬告密，最後他不得不流亡在外。

羅馬與迦太基的爭鬥最後以羅馬戰勝做結束了，此後東方世界以及西班牙都向羅馬敞開大門。B.C.204 年羅馬人從柏加曼（Pergamum）獲得代表東方希柏利（地母神）（Cybele）神靈的黑石頭。一般的平民也接受了對勝利的將領——西皮翁（Scipion）的崇拜和信仰，然而南部的義大利地區卻遭到了長久的毀壞。

迦太基經過兩次的布匿戰爭後創傷甚巨，政治勢力雖不如前，但由於迦太基人善於經商，因此它的經濟便迅速恢復，而且還一如從前般的繁榮，結果引起羅馬人的妒忌，引發了第三次布匿戰爭（B.C.149～146年）。B.C.149 年羅馬以迦太基破壞合約爲由，派兵進入迦太基城。迦太基城原有的居民有五十萬人，經過三年的征戰只剩下約五萬人，但在城陷之日羅馬人還將剩下的五萬人出賣爲奴，從此迦太基被滅了。

此外，這次戰爭也導致北非的突尼斯陷落，不久羅馬的擴張與努米底亞（Numidia）王國的朱古達（Jugurtha）王子發生了衝突，B.C.105 年他被羅馬執政官馬略（Marius）擊敗，此王國成爲羅馬的努米底亞行省。

六、羅馬人在東方的征服

羅馬接二連三地戰勝了馬其頓和塞流卡斯人，並將安條克三世（Antiochus Ⅲ）趕出小亞細亞，羅馬因此在東方世界擁有至高無上的權力，它迫使柏加曼王國接受反對歐邁尼斯二世（Eumene II）帶來的侮辱性裁決。在羅德島，通過創建提洛島（Delos）的免稅區，而強迫安條克三世與埃及法老接受一些不平等的仲裁。

不過羅馬在東方世界不但沒有任何的建樹，還使東方世界處在恐懼混亂中，這是因爲老佳圖（Cato the Elder）在長時間裡實行狂妄自大策略的因素，尤其他們對東方世界的放任自由和持不信任的態度，使東方世界遭受崩潰的命運。當時保守的元老院議員們似乎希望阻礙古希臘文化的發展，不過這是徒勞無功的，而老佳圖又希望能阻止騎士，與更具危險性的將領們的野心。

局勢表明不可能阻止歷史的進程。深受希臘化文化影響的羅馬新世

代產生了，他們渴望獲取力量，也關注騎士所造成的壓力。B.C.149年爆發第四次馬其頓戰爭，當時在馬其頓和希臘爆發了一些反抗，後來羅馬在B.C.146年將迦太基毀滅，並將馬其頓收編爲「行省」；至於科林斯則被穆米烏斯（Mummius）消滅了，此時的希臘各城邦不是被奴役，就是與羅馬結爲聯盟，像是雅典、斯巴達、德爾菲聯盟。

　　B.C.133年柏加曼的國王阿塔羅斯三世（Attale Ⅲ）將他的王國送給了羅馬，B.C.129年這個王國成爲羅馬在亞洲的行省，B.C.123年蓋約·格拉克（Caius Gracchus）促使這個王國負責徵收用實物交付的什一稅。

　　後來東方王國也逐漸地被瓦解，塞流卡斯人也遭受帕提亞（安息）人（Parthes）的攻擊，不過他們從敘利亞手中搶走了波斯和美索不達米亞地區。至於他們失去的部分土地也變爲了獨立的地區：從B.C.101年以來，西里西亞便成爲用不正當手段致富者的地盤和羅馬的行省；而巴勒斯坦還是被猶太人所掌管，同時也從敘利亞獨立出來。此外，還有一些實際上不服羅馬的希臘城邦，而後埃及也失去了昔蘭尼（Ciyrenaique），B.C.96年托勒密·阿皮翁（Ptolemy Apion）將埃及贈給羅馬，B.C.74年埃及也成爲一個非洲行省。

　　B.C. 一世紀本都（Pontus）王國左右著東方的政策，本都理論上是羅馬附庸的王國之一，當時的國王米什拉達特六世（Mithridates Ⅵ）是一位被希臘化、強壯且具有才能的貴族，他懂得利用東方世界對羅馬騎士敲詐勒索行爲的不滿，以及行政官員的貪婪傲慢行爲所激起的仇恨。

　　B.C.88年他入侵小亞細亞，完全占據了防禦薄弱的亞洲行省，且於一天的時間裡，在小亞細亞殺死了八萬名義大利人，這些人大都是商人和稅吏。他的反抗活動並不因此而停止，隨即擴展到提洛島（傷亡約二萬人），並蔓延到希臘，像是雅典、伯羅奔尼撒半島，一時間希臘南部的城邦都在他的統治之下。由此可知他極具野心，並夢想可以統治整個東方世界。

　　B.C.85年羅馬的蘇拉（Sulla）被任命爲執政官，受命統軍並成功地重新占領希臘，並在希臘進行掠奪，希望強迫希臘接受其被統治地位，不過他並沒有時間完成這個願望，因爲在羅馬還有其他的任務等著他完成。

　　B.C.74年比提尼亞（Bythnia）與羅馬合併，它是由它的國王尼科

美德四世（Nicomede）贈送給羅馬。此時羅馬的盧庫魯斯（Lucullus，B.C.72～68 年）想將米什拉達特六世及其女婿亞美尼亞國王提格蘭二世（Tigrane）擊退，但他終究沒有完成他的事業。

　　B.C.66 年被賦予更大指揮權力的龐培（Pompee），成功地戰勝了米什拉達特六世和提格蘭二世，接著打敗了塞流卡斯王國的最後一位國王。此外，也打敗了耶路撒冷的猶太人，不過他沒有等待元老院發布的命令，就以君主的名義重新組織了整個東方世界。並在以前被擴展的二個行省——亞細亞和西里西亞（Cilicie）之外，又創建三個新的行省——比提尼亞、敘利亞、克里特與昔蘭尼（Crete-Cyrenaique），在這些行省的周圍地區：如在小亞細亞，幼發拉底河地區以及沿著敘利亞的行省，出現了像被保護國家的城牆一樣豎立在帕爾特（安息）人（Parthes）面前。

　　此時埃及是由國王托勒密（Ptolemee Aulete）統治，不過它的內部四分五裂，力量已經十分衰弱。後來埃及利用克列奧帕特拉女王（Cleopatra）對凱撒（Caesar）以及對安東尼（Antony）的影響，造成羅馬政策的混亂，使自己獲得獨立。不過屋大維於 B.C.31 年從阿克興姆（Actium）進入埃及，讓克列奧帕特拉女王自殺，因此 B.C.30 年埃及就變成羅馬的一個行省。

　　為了吞併東方世界，羅馬總共花費了一百七十年的時間。在這段時間裡羅馬也發生了許多事件，人們越深深地感受到古希臘以及東方產生的影響，而古希臘和東方的影響也一直沒有徹底停止改變羅馬。

七、西班牙

　　在第二次布匿戰爭中，部分被占領的伊比利半島，曾經是保留給長期處於失望情緒之中的羅馬的士兵或殖民者。B.C.197 年伊比利半島被組建為兩個行省：以埃布羅河（Ebre）為中心的內半島，以及以瓜達幾維河（Guadalquivir）為中心的外半島。但這樣的組織並沒有鎮壓住它的驕傲民族情緒，這主要是克爾特伊比利亞人（Celtiberes）和盧西塔尼亞人（Lusitanirns）多樣的民族性所導致。很多地方總督受礦工財富的吸引，他們對當地居民敲詐勒索並徵稅，對居民們的普遍貧窮現象則漠不關心。此外，這些地方總督們的笨拙、殘暴和貪婪，是造成當地居民出現反抗的

原因。

　　民族游擊戰的第一位英雄是盧西塔尼亞的牧羊人維里阿修斯（Viriathe），他在 B.C.154 至 B.C.153 年，鼓動他的同胞們起來反抗，接著又鼓動起克爾特伊比利亞人，以他們的首都努芒斯（Numance）爲中心，讓羅馬的執政官莫西努斯（Mancinus）於 B.C.137 年蒙受奇恥大辱，對他們投降。

　　爲了對付這個擁有八千到一萬名兵力的防衛者，羅馬動用了六萬人，其中有在迦太基的常勝將軍西皮翁（Scipion Emilian），一直到 B.C.134 年此地因受到饑餓的影響，才使羅馬獲勝。儘管羅馬已經取得一些進展，像拉丁殖民地瓦朗斯（Valence）的建立，不過這個地區仍處於混亂和掠奪的狀態，這種狀況一直持續到 B.C.112 年。

　　塞多留（Sertorius）是 B.C.80 年到 B.C.71 年之間西班牙的民族英雄。他是一位羅馬出身的將領，是馬略（Marius）的支持者，B.C.83 年到 B.C.81 年，他統治管理了內西班牙。不過 B.C.81 年，他不得不讓位給勝利者蘇拉（Sulla）的一位朋友。但在 B.C.80 年他返回了西班牙，並在 B.C.74 年獲得一些勝利，更成功地將被派遣來對付他的羅馬總督擊退到庇里牛斯山地區，在這些總督中，還包括有梅代呂斯（Metellus）和龐培（Pompee）。他擁有自己的威望，與眾多西班牙人的支持，是一位眞正具有軍事才能的人。

　　不過，人們對他的意圖存有一些爭議。當地人把他看作成一位解放者，但他從未提到要使這個地區獨立，相反地，他試圖將這一地區羅馬化。他熱愛羅馬，希望能夠返回羅馬，也嘗試著與他的對手們商談他回國之事，但在 B.C.75 年，他卻與羅馬最兇惡的敵人米什拉達特（Mithridate）結盟，並與一些採取不正當手段致富者們結盟，而這種關係嚴重地危害義大利的糧食供應。最後西班牙被羅馬消滅，而高盧的南部，像納博納地區（la Narbonnaise）最後則被摧毀。

　　總的看來，塞多留因在政治上的仇恨而失去其理智和判斷力：他本來想像蘇拉一樣，憑自己的軍隊重新占領城市，或者像凱撒一樣冒重大危險而越過庇里牛斯山脈。他雖對羅馬做出很多損害但並不危險，B.C.72 年他被他的部將佩爾佩納（Perpenna）暗殺了，龐培在 B.C.71 年征服了整個西班牙。

八、高盧

B.C.59 年末期凱撒擔任內、外高盧的總督，當時他已經獲得伊里利亞行省（Illyria）、山南高盧（Cisalpine）和納博納行省，且對東部及西部所進行的戰爭問題舉棋不定。然而當赫爾維蒂人（Helvetii）被禁止進入納博納地區，與高盧埃杜依人（Aedui）向羅馬求助以反對日耳曼首領阿里奧維斯圖（Arioviste）時，高盧的命運已經被決定了。

凱撒需要獲得榮譽和金錢。在山南高盧他發現優秀的軍團士兵，在高盧地區，他也在日耳曼人中發現一些輔助的部隊和騎兵，凱撒最後還擁有十二個兵團，總人數達到十五萬人。不過他所擁有的地區非常廣闊還被森林隔斷，幾年後凱撒放棄了萊茵河另一邊（它由此而成為克爾特人和日耳曼人之間的界線），並將赫爾維蒂人趕回他們自己的地區，並穿越了歐洲中部，迅速地入侵不列顛以及萊茵河地區。

B.C.54 年凱撒認為征服高盧已經結束，儘管高盧存在內部的猜疑、交通上的困難，及一些背叛行為，不過高盧（奧弗涅人）（Arvernes）阿爾維那的首領韋辛格托里克斯（Vercingetolix）卻成功地聯合高盧人反對羅馬。還好羅馬得到德洛伊教信徒（les Druides）的支持，為了戰勝羅馬人，韋辛格托里克斯決定採用一種新的戰略——他拒絕正面交戰，卻使用騷擾敵人的方式與壁野兼清的方式，燒掉敵人所到的城鎮。此戰略果然使羅馬人損失慘重，使得他們只好往納博納行省邊戰邊退。

但當羅馬人重新奔赴納博納地區時，韋辛格托里克斯的騎兵也接近羅馬人的大軍，而高盧人此時卻錯誤地只固守在阿萊西亞城（Alesia），B.C.52 年凱撒終於獲得了最後勝利。不過一直到 B.C.50 年，地方上仍不斷有反抗事件的發生，但都遭到殘酷的鎮壓。

凱撒從高盧戰爭中獲得了極大榮譽，他編寫具有真理和宣傳意義的公報——《高盧戰記》（*Commentaries on the Gallic Wars*），他的軍團與隨著勝利所帶來的巨大財富為他保持了所獲得的榮譽。儘管高盧人此時喪失了二百萬人（被殺或作為奴隸而被賣掉），而且喪失了自衛與獨立性，不過高盧是一個強大且具有繁衍能力的民族，他們渴望吸收一種更高級的文化，因此高盧很快就被羅馬化了。

第九節　羅馬共和體制末期的情況

從 B.C.133 年提比略‧格拉古（Tiberius Sepronius Gracchus）當選爲護民官開始，到 B.C.60 年前三雄政治，元老院在羅馬共和歷史裡第一次面臨了新的政治力量，即平民的力量，平民的力量逐漸破壞了元老院的權力架構，並試圖實現維護平民的政策。

一、羅馬共和末期的政治社會情況

貴族階層是建立在財富、文化和教育的基礎之上。B.C. 二世紀的下半期，征服戰爭創造了這一階層的輝煌歷史，金錢占著舉足輕重的地位，即使後來這一階層變爲僵化，且無力實現最小程度的改革，但它的影響力還是繼續存在。

貴族階級反對農業法，並以神聖的傳統爲名義，反對義大利人獲得城邦的權力，又以自由爲名義，反對掌握實權的將領。但他們卻一點都沒認清他們所面臨的危險，一直在攻擊蘇拉，蘇拉卻將其權力的大部分都給予貴族階層；此外，他們也不了解龐培的正直和無害，或許他們可以看到西塞羅在歸順的外表下隱約也露出其不穩定性。

至於騎士階級，從第二次布匿戰爭時期開始，有一條法令明文規定，禁止貴族們同時爲元老院議員和商人。當時有一群貴族們比起擔任行政官的職位來說，他們更喜歡從商，也就是那些擁有財產的貴族但無法進入元老院中的人，人們稱之爲「騎士」。

在公民納稅的分級中，騎士的百人團占著極重要的地位。騎士雖然與元老院議員都來自相同的階層，但他們從不參加元老院會議，他們透過租賃土地所徵收的稅款，以及征服來的土地開發來增加財富。他們是國家組成的部分，且經由蓋約‧格拉古的改革而獲得階級意識。不過他們在政治上，從未達到成熟的程度，因此基於物質上的利益以及對人民、黨派的恐懼，他們只好與元老院議員聯合。此外，他們追求眼前的利益，以及他們處於下屬地位，因而妒忌貴族階層，這讓他們把賭注押在改革這張牌上。在喀提林密謀造反時，改革者將他們推向資產者，而西塞羅也清楚地看到了這一點。

　　義大利平民是自治城邦的有產者，也是正直的、忠誠的人，他們承受戰爭的重擔，爲野心家們提供了所謂的被保護人。蓋約‧格拉古（B.C.124 年）和 B.C.91 年的德魯蘇斯（Livius Drusus）是最早覺察到他們問題所在的人，後來他們也提出了賦予義大利城邦平民權利的問題。

　　農村平民大都是一群居住在中部和南部義大利的拉丁姆（Latium）、伊特魯里亞（Etrurie）的公民，在經濟上他們逐漸處於衰落之中──由於公共土地過度被占領，使得他們的土地減少了；戰爭耗費了大量人力，使得他們的人口數也減少了；更由於要上繳大量的小麥作爲貢品，並改變耕種的作物等，在在都損害他們的利益致使他們負債。而且自從馬略實行改革以來，爲了安定老兵，將領們傾向於徵用農民的財產。這些中等階層的衰落，使得羅馬失去一個不可取代的穩定因素。

　　至於城市平民則在羅馬獲得征服所帶來的好處和利益，由於奴隸帶來勞動人口的競爭，在部分程度上他們不再從事勞作，奴隸交易後來也由於政治的因素而被腐蝕。此外，離開故鄉的農民，以及大量獲得解放的奴隸到來，也使得城市平民的權益受到了影響。

　　從 B.C. 二世紀中期開始，羅馬的人口來源就十分的複雜，眞正的羅馬人和義大利人只占極少數。城市平民居住的是租來的房子，這些房子通常高度約三、四層樓，都是用劣質的建材建成的，因此即使沒遭到祝融的侵襲，也有坍塌的危機。爲了生存，許多的窮人習慣於靠國家或富人的恩惠生活。從 B.C.120 年開始，政府便以低價向民眾購入麥子，然後再免費的發放所有的麥子。

二、格拉古兄弟（B.C.133～121年）

　　提比略‧格拉古（Tiberius Sepronius Gracchus）和蓋約‧格拉古（Gaius Sepronius Gracchus）兩兄弟皆屬於羅馬最優秀的貴族，他們受到其母親高爾那里婭（Cornelia）以及希臘哲學家的影響，因此對羅馬進行徹底的改革。作爲政治家來說，提比略‧格拉古在政治上毫無經驗但具有不妥協的性格。

　　B.C.133 年，提比略‧格拉古當選爲護民官後，便提出一項農業法案，這個法案限定了公共田地所占領的土地範圍，超過的由政府沒收，並

分配給無地的平民。此法案一提出，他便成為保守元老院反對的目標，因為他要奪走元老院中貴族的土地，因此元老院要另一位護民官否決他的提案，元老院的這行動讓提比略‧格拉古解除另一位護民官的職務，並在任期結束後要求連任，與遵守這項法案。不過他這種不顧傳統的作為，讓他在一次騷動中被殺死。

十年後，他的弟弟蓋約‧格拉古（Gaius Sepronius Gracchus）又出任護民官，他從他哥哥的例子中汲取教訓，進而重新提出農業法案。在B.C.123年與B.C.122年這兩年他被選為護民官，在這兩年他實行伯利克里斯式的元首制。蓋約‧格拉古這時心中還是惦記著社會問題，因此他放下心力在解決土地問題上，他將一些沒土地的農民送到義大利以及迦太基的一些殖民地，讓他們在那裡進行耕種。騎士獲得了亞洲的什一稅，平民也獲得了低價分配的小麥（即麥子法的通過）。B.C.121年，他的政敵組成聯盟迫使他離開了護民官的職務，他們控告他促使迦太基重新出現並且犯了褻瀆羅馬的行為，最後，他被一名奴隸所殺。

三、馬略的統治（B.C.107～86年）

格拉古兄弟的改革代表羅馬的共和政體已經無法適應新的形勢，元老院衰落之後雖然又重新恢復了它的影響力，但羅馬政局並不安定，必須經常對外作戰，羅馬此時遭受屈辱的失敗，因此對外戰爭獲勝的馬略（Marius）便為自己獲得執政的地位。

馬略是第一位將共和國帶向獨裁政治的道路者，他來自騎士階層，是一位出色的軍人、「好戰鬥的人」。B.C.107年，他被選為執政官，在不顧貴族的反對之下，將人民的力量聚集一起，由於此政策的成功，使他連續六年成為羅馬的執政官。此外他利用憲法不健全的機會進行軍事改革，改變傳統上有財產的人才能當兵的資格，讓一般平民在沒財產的情況之下也能當兵，並出現職業軍人，以此保證軍隊的兵源不虞匱乏，也大大改變軍人的性質。因此軍隊的私人化從此開始，這為之後的羅馬政治開一個相當不好的先例，同時也為凱撒的政體獲勝做出了準備。

由於此時的政府領導者是一個軍事領袖的關係，使得新士兵因而更加依附於他們的將領，也更關注於他們是否可以從中獲得利益。B.C.106年

到 B.C.100 年，馬略採取了一種有利於平民、敵視元老院的強制性政策，但這個政策因薩圖尼努斯（Saturninus）和格勞西亞（Glaucia）被謀殺而悲劇性地結束，他們遭到馬略的拋棄（馬略在元老院頒佈了他們的通緝令），後來馬略也因不斷發生的混亂而感到厭煩。

　　B.C.100 年到 B.C.86 年間，有三個最重要的問題：首先是由於同盟國的人們也希望獲得羅馬公民權而提出的問題。此外，自從 B.C.88 年所發生的屠殺事件以來，人們反對米什拉達特（Mithridate）戰爭的表現也特別的激烈。再者，B.C.100 年在鬥爭中獲勝的元老院議員和馬略派之間也在爭奪羅馬的政治權力，但由於羅馬必須經常對外作戰，以及同盟國戰爭所加劇的經濟和社會危機，這都為馬略派創造了有利條件。

　　同盟國的戰爭發生於 B.C.91 年，此次戰爭比漢尼拔的戰爭更加危險，不過它並不如漢尼拔戰爭有名且不具戲劇性。為了反對以科爾菲尼奧（Corfinium）為中心的義大利叛亂者，馬略必須大量的動員軍隊和敵人作戰，並使忠實擁護者（伊特拉斯坎人、山南高盧人〔Cisalpins〕、翁布里亞人〔Ombriens〕）反對難以制服的對手（馬斯人〔Marses〕、薩莫奈特人〔Samnites〕、盧卡尼亞人〔Lucaniens〕），儘管如此，羅馬最後漸讓步，B.C.88 年戰爭結束，義大利人差不多都獲得公民權，這一點也表明了衝突已經完全被避免了。

四、蘇拉（B.C.82～78年）

　　蘇拉（Sulla，B.C.138～78 年）是支持元老院和貴族中保守勢力的將領，因而成為馬略的頑強對手。B.C.88 年蘇拉當選執政官，當時羅馬發生了政變，蘇拉因而成為領導這群人反對米什拉達特（Mithridate）戰爭的將領。B.C.86 年人民爆發流血的動亂，使羅馬的局勢變得更為混亂，羅馬於那年年底被暴動者控制了，元老院的貴族們受到了報復。直到 B.C.84 年，蘇拉戰勝回國，在義大利的布林德斯（Brindes）登陸，再次引起大規模的內戰，很快的戰爭席捲整個義大利，他奔赴羅馬並征服了義大利，清除了馬略派。馬略死於 B.C.86 年，而蘇拉的獨裁一直到 B.C.82 年才建立起來。

　　蘇拉是羅馬第一位「獨裁者」（B.C.82 年被任命），他被賦予專制

極權的權力，依靠軍隊並對他的政敵進行嚴厲的打擊。他統治羅馬三年，蘇拉的改革是有利於元老院，他擴大了元老院的權力，要部族會議的立法權再度受限於元老院，使護民官的職責只限於保護公民，並禁止騎士坐到法院的宣判臺。重新組織行政官的職位，進而宣布自己爲終身獨裁官，對所有的人掌有最後的審判權。

此外，他將元老院議員的人數增加到六百人，通過一種「令人窒息的紀律」──要成爲執政官年齡需達到四十二歲──此法案成爲羅馬少數人資歷的優勢，並調整了執政官的職務，確實建立起其統治權力。不過蘇拉的改革是失敗的，貴族們並沒有追隨他，終於在 B.C.79 年他放棄了權力，隔年就去世。

五、西塞羅和龐培

他們兩位都來自騎士階層，西塞羅（Cicero）直接來自騎士階層，而龐培（Pompee）則是透過他的父親斯塔蓬（Strabo）的關係（他的家族中第一位執政官）。來自騎士階層者通常都受過良好的教育，也不具有一般政客的狡詐，因此西塞羅靠的是口才和人道主義精神的優越性獲得最後的成功。

龐培是一位出色的將領，他沒有令人眩目的光芒，但卻渴望獲得榮譽，他對內、對外皆訴諸於武力，但卻無法改變他的命運，從根本上來說，他是一個膽小怕事的人，也並沒有甚麼政治企圖。

B.C.77 年龐培授命前往西班牙，平定馬略在當地的餘黨。接著在 B.C.73 年，在義大利他又平定了一場由角鬥士斯巴達克斯（Spartacus）引起的奴隸起義事件。此外，在地中海地區他驅逐了讓海上貿易癱瘓並讓羅馬城忍飢挨餓的海盜；在亞洲他打敗米什拉達特王國及敘利亞王國，並占領他們的國家。最後龐培還是遠離了羅馬，並且爲他的對手們──克拉蘇和凱撒，以及喀提林（Catiline）、西塞羅等──所策劃的陰謀感到不安。

B.C.63 年時，羅馬爆發喀提林（Catiline）的密謀造反，喀提林有意要暗殺西塞羅，並在義大利引發一場叛變。很不幸地，他的密謀被洩露，這讓當時正是執政官的西塞羅宣布「祖國處在危險之中」，並在元老院中

揭穿了喀提林的陰謀，使得元老院求助於龐培，並派他前去鎮壓，此事讓龐培不斷地吹噓。

此外，龐培實行貴族和騎士階層的聯合政體，讓他能再度聚集善良和正直的人，聚集所有願意保衛共和反對有野心的人，並反對那些對人心進行蠱惑的政客及將領。雖然他的主張是樂觀、正直及善意的，但卻沒有站在平民的立場來制定計畫。而且元老院也逐漸疏遠他，只是龐培卻一點都沒意識到自己已經處於危機之中。

B.C.60 年龐培回到元老院時，凱撒、克拉蘇與他已經祕密結盟，形成了羅馬的前三頭政治（The First Triumvirate），這實際上標誌著共和國體制正常運行的結束。

六、前三雄政治

凱撒（Caesar，B.C.100～44 年）出生於貴族家庭，早年事業並不順利，在蘇拉去世後，他成為反蘇拉立法，贊成龐培，不過在喀提林的密謀事件讓他的政治生命蒙受陰影。B.C.60 年他為了抵制元老院，便與龐培（Pompee）、克拉蘇（Crassus）祕密結成聯盟，逼元老院就範，出現了羅馬政治的前三雄時期。

當凱撒在 B.C.58 年進行征服高盧的行動時，元老院議員決定給予龐培五年的元老院議員任期，並於 B.C.55 年命令他與克拉蘇擔任執政官。第二年他們也獲得西班牙和敘利亞的行省總督一職，而凱撒在高盧的地方總督期限也被延長到五年。他在高盧讓自己的表現像位成功的軍人，使羅馬的疆土擴展到萊茵河。

龐培在執政官的任期結束後，並未到他西班牙的行省任職，而是留在羅馬與元老院合作，導致一些較極端的元老院議員們趁機進行凱撒與龐培的分化行動。B.C.53 年，克拉蘇與帕提亞（安息）人（les Parthes）作戰，結果在卡萊爾（Carrhae）身亡，讓「三巨頭政治」被打破了，龐培和凱撒便處於對峙的狀態。

B.C.51 年凱撒取得征服高盧的勝利時，被元老院的貴族們視為危險的敵人。因為當時有一群控訴他的人熱中於毀壞他的名聲，他們籠絡龐培，將他在西班牙總督任期延長，並設法提前結束凱撒的任期，以便在他

下次出任執政官前將他治罪。

因此在 B.C.50 年羅馬爆發了一場爭鬥，兩位對手以及元老院議員們在這場爭鬥中對抗著。反對行省總督的元老院拒絕對他進行任何的讓步，凱撒在 B.C.49 年 1 月決定要其軍隊越過行省的界線魯比肯河（Rubicon River），進入義大利，並像蘇拉一樣向羅馬進軍，羅馬內戰也由此開始了。

凱撒進軍羅馬致使驚慌的龐培放棄了羅馬的統治權，執政官以及大部分元老院議員都跟隨著他，逃往東方地區，逃脫凱撒的控制。凱撒進入羅馬後，就重新建立元老院，他依靠人民的力量，連續在 B.C.49 年成為獨裁者，B.C.48 年他成為執政官，隔年成為一年的獨裁者，接著又成為五年的執政官，接著續任十年的執政官、十年的獨裁者、三年的行政長官。人民消極地接受他的統治，這也反映出一種仍然沒有被確認之新體制的產生，同時激怒了傳統的支持者。此外元老院議員與所有後來被稱作「共和人」的平民，他們都聚集在龐培的周圍。

龐培對羅馬和義大利的放棄顯然是一個政策上錯誤，但在戰略上卻是一個成功的舉動，因為這使得龐培得以動用羅馬世界的所有力量，從遠處包圍他的對手。從 B.C.48 年到 B.C.45 年，凱撒不得不一邊作戰一邊穿越帝國的大部分行省。在征服西班牙奪取龐培的行省和駐軍後，他便出兵希臘，在馬其頓與龐培的大軍進行決一死戰。此戰龐培大敗，逃往埃及，不幸在埃及被托勒密王的臣子所殺。

當凱撒大軍到埃及時，就干涉埃及王位的繼承，與托勒密十三世發生衝突，在將他除掉之後便與埃及艷后克列奧帕特拉（Cleopoatra）生下一子，使得埃及與羅馬緊密結合。接著他便從埃及率領軍隊到達亞洲，擊敗了米什拉達特（Mithridate）的兒子法納西斯（Pharnaces），重新組織東方行省（B.C.47 年）。B.C.46 年他又重新出征北非，在塔普蘇斯之役（Thapsus）消滅龐培派，並創建了北非的阿菲力加行省（Lafrica Nova）。B.C.45 年他在西班牙進行了一場芒達之役（The Battle of Munda）後，便成為羅馬世界獨一無二的統治者，也使他的對手們凝聚了力量。

凱撒和蘇拉一樣想成為皇帝，但他比蘇拉更坦率，更具行動力。他擁

有皇帝的權力，但他希望進一步能夠獲得皇帝的特權和稱號。在塔普蘇斯（Thapsus）戰役之後，他獲得了政治上的實權，而芒達之役（The Battle of Munda）後，他更獲得一個金皇冠，及獻給「凱撒的勝利」的競技會，與「祖國之父」的稱謂，更獲得神的稱號。

憑他被神格化的程度以及一些前所未聞的榮譽，讓他踏上通往君權之路。他實踐了山南高盧人的神諭，發動反對「帕爾特戰爭」。B.C.44 年 2 月他獲得了「終身獨裁官」的稱號，他的擁護者全力地支持他，希望他能夠戴上古希臘時代君主的皇冠，但這也激起一些人的反抗。B.C.44 年 3 月 15 日元老院將賦予他皇帝的稱號，但在此時布魯圖斯（Brutus）和卡修斯（Cassius）等共同策劃擁護「共和政體」，並陰謀刺殺了凱撒，凱撒死時才五十六歲。

「共和派」在 3 月 15 日殺死了凱撒，但卻沒有消滅君主制，這時的元老院已經無力進行統治，忠於凱撒的人民及擁有軍事權力的老兵們決定擁護馬克・安東尼（Mark Antony），使他獲得了羅馬的統治權。當時年僅十九歲的屋大維（Octavian，B.C.63～14 年）一聽到凱撒的死訊，便急忙來到羅馬，這使得羅馬局勢變得更加複雜起來。

屋大維看起來很害羞，而且儀表看起來也不怎麼出色，但他堅決認為自己是凱撒合法的繼承人，因為凱撒在他的遺書中曾指定屋大維是他的繼承人，因此他要求獲得作為他伯父及義父的凱撒的繼承權。他最先宣稱反對安東尼，並得到元老院的准許，徵收一支個人的軍隊，而後他在摩代那（內戰）（Modène）打敗了安東尼，利用戰爭中執政官的陣亡，向元老院要求獲得執政官的職務。但是他卻因西塞羅的反對而受到阻撓。因此他便與安東尼以及凱撒騎兵隊的前指揮官雷比德（Lepide）達成協議，在 B.C.43 年 10 月組成第二次的三頭政治。

七、後三頭政治

這次聯盟不像 B.C.60 年的聯盟那樣祕密、不公開，羅馬法律為他們創造了一種新的行政長官職務，這是一種三頭獨裁形式，他們負責在五年內復興羅馬共和。西塞羅是第一個犧牲者，他被安東尼所殺。此外他們還積極的進行剷平反對勢力，B.C.42 年 10 月在馬其頓的腓力（Philippes）

一役，共和派的布魯圖斯（Brutus）和卡修斯（Cassius）陸續地被打敗，此後元老院不再居主導的地位。

最初三位執政官分享西方世界，但在腓力之役後，他們重新畫分羅馬領土的勢力範圍，整個羅馬世界、西方世界都歸屋大維（Octavian）管轄，東方世界歸安東尼（Mark Antony），非洲屬於雷比德（Lepide），至於義大利則三人共管，它是羅馬軍團共同的兵源處。塞克圖斯·龐培（Saxtus Pompee）則獲得科西嘉島、撒丁尼亞島與西西里島。

B.C.40 年到 B.C.32 年，三位執政官共同統治著羅馬世界，不過雷比德在腓力一役後地位已不重要，因此羅馬世界的真正統治者為屋大維與安東尼。而且雷比德在 B.C.36 年想要與屋大維爭西西里，結果卻喪失了他北非的行省，讓屋大維的勢力更為龐大，並擁有地中海西部地區。

至於屋大維在西方世界也遭遇相當多的問題，諸如義大利的動亂、元老院的敵視、羅馬的糧食供應問題、老兵們的要求，以及塞克居斯·龐培（Saxtus Pompee）對海洋航權的控制等問題。然而憑著他個人的才能，以及他的顧問梅塞那（Mecene）和阿古利巴（Agrippa）的幫助，他終於戰勝了塞克居斯·龐培。並透過在達爾馬提亞（Dalmatie）進行的遠征，使得義大利周圍地區也獲得保護，在 B.C.36 年，屋大維獲得護民官的權利，他是元首制的創建者之一。

在東方世界的安東尼，這些年雖然獲得人力和物資上的資源，但他既不具備屋大維的才能，也沒有屋大維所擁有的合作者，使他逐漸失去合法權力，最後他更屈服於克列奧帕特拉（Cleopoatra）的美色之下。在發動反對帕爾特人（les Parthes）的戰爭失敗後，他選擇了亞歷山大城作為首都，完全過著東方式的宮廷生活，他猶如一位古希臘時期的君主，這位羅馬「皇帝」似乎慢慢地變為埃及女王的夫婿，克列奧帕特拉希望藉由他來恢復她的祖先馬其頓人的輝煌時期。

八、屋大維的勝利（B.C.31年）

一山不容二主，羅馬擔心會被亞歷山大城取代，屋大維擺出西方世界保護者的姿態，防備來自亞洲的入侵。羅馬人自從安條克（Antiochus）統治以來就輕視亞洲，但卻在米什拉達特（Mithridate）統治後則偏向懼

怕亞洲，整個世界充斥著救世主的預言和女祭司預示的神諭。

由於靈活的宣傳使得羅馬能抵擋得住安東尼的野心，並毀壞埃及女王克列奧帕特拉的名譽，也使她的情人安東尼的聲譽受到影響。安東尼通過所立的遺囑任命凱撒和克列奧帕特拉的兒子凱撒利亞爲他的繼承人，並爲他的私生子保有在東方世界的特權。儘管安東尼保留了對羅馬人的優待以及對西方軍團的控制，然而他和屋大維之間的爭鬥也體現出兩種文化之間的衝突。

B.C.33 年屋大維對安東尼發動強烈的攻擊，讓原本親安東尼的元老們逃往東方，這讓三頭政治在 B.C.32 年正式結束，這時元老院議員、行政長官均要求屋大維保持對羅馬忠誠的誓言。

B.C.32 年屋大維促使元老院取消安東尼至尊的頭銜，並對埃及正式宣戰。當時安東尼的艦隊是典型的埃及艦隊，東方小國的國王向他提供了應徵兵額，因此安東尼與克列奧帕特拉便先進軍至希臘作入侵義大利的準備，並在亞得里亞海南部希臘的阿克興（Actium）爆發海戰。

不過埃及的海軍在阿克興被擊敗了，克列奧帕特拉與安東尼便從海上逃跑，並將他的軍隊全留給屋大維。B.C.31 年 9 月 30 日屋大維占領了雅典和東方省分並包圍埃及，他雖沒有明確指出他的意圖，但卻靈活的運用一些方法促使安東尼以及克列奧帕特拉自殺。因此在 B.C.29 年這個世界只有他這位主人，而這位主人的任務則非常的重大，且令人驚訝的是他竟得以持續地統治。

第十節　羅馬帝國與羅馬文明

屋大維在政治上所表現的靈活和謹愼，我們可以從以下的事件中看出。他宣稱「國家獲得自由」，表面上他主張的元首制是建立在自由的基礎上，接著他又確保羅馬行政長官職務，其政策也與共和國的傳統相聯繫，恢復元老院與部族會議的權利。元老院賦予他一個金盾，上面刻著君主的品德：英勇、寬厚、公平、仁慈，從此他也就建立了帝國思想的體系。

一、奧古斯都

　　屋大維一直沒有獲得終身執政官一職，但元老院用一些榮譽性的稱號來紀念他的功勳，稱他為「羅慕洛斯」（Romulus）並賦予他「奧古斯都」（Augustus）的尊號。他則自稱「第一公民」（Princeps），並擔任永久的總督與護民官的職位，因而宣稱從這時候起，「他在權力上超越了所有的人」，讓他在羅馬人眼中具有一種不合乎尋常的重要性。

　　元老院雖然仍擁有它從前的聲望，並且擁有任命高級官員的權力，但屋大維讓自己的支持者進入元老院，並剝奪了元老院的軍隊權與財政權，使得元老院不再反對他，成為他的政策的支持者。B.C.2 年元老院、騎士階層以及羅馬人民稱他為「祖國之父」，這亦將他等同於羅慕洛斯，使他成為羅馬城的第二位創建者，成為羅馬人的「保護者」、「樂善好施者」，而羅馬人也成為他的「被保護者」。

　　不過羅馬帝國一直都承受缺乏繼承法之苦，這個問題實際上是難以解決的。通過放棄君主政體，以及從選舉所產生的繼承人方式，奧古斯都最後也放棄了無固定繼承人的方法。但是一個人的權力必然會使人們想起希臘化時代的君主統治所經歷的王權繼承。在羅馬君主裡所實行的收養作法為王權的繼承提供了便利條件，屋大維自己也從中獲得了好處。

　　不幸的是奧古斯都只有一個女兒，如果他有一個兒子，他可能就會找到在某種形式下任命他兒子為他繼承人的方法。起初他想到了他的姊姊屋大薇婭（Octavie）所生的孩子馬塞盧斯（Marcellus），但他在 B.C.23 年就去世了。

　　因此他將目光轉向他的將領阿古力巴（Agrippa）──後來成為他的女兒朱莉婭（Julie）的丈夫，並分擔了權力，但這位軍事將領在 B.C.12 年去世了。他和朱莉婭生了好幾個孩子，奧古斯都收養了較年長的蓋烏斯（Caius）和盧修斯（Lucius），並打算讓他們繼承其權位，只是這兩人分別在二十歲左右又去世了。

　　之後，奧古斯都又把繼承權目光轉向蓋烏斯和盧修斯的兒子們，然而最優秀的德魯蘇斯（Drusus）卻在 B.C.9 年去世，這使得奧古斯都無望在他的親屬中尋找一位繼承人，而他也毀了幾個家庭，並傷害他唯一女兒的

健康，最後他將權位讓給他不喜歡的女婿提比略（Tiberius）。但是總的來說，繼承制度從此在他的家族中被建立起來。

二、克勞狄王朝（14～68年）

14年到68年羅馬的皇帝均由奧古斯都的家人來承襲，首先繼奧古斯都爲皇帝的是提比略（Tiberius，14～37年）。他曾是奧古斯都手下一名優秀的將領，原本的他並不怎麼關注個人的虛榮，但注重小細節，十分的精明，對如何當皇帝有獨特的看法，是一位好皇帝，受到元老院的尊敬。

但後來禁軍將領塞揚努斯（Sejan）背叛了他，使他十分失望，陷入陰鬱孤獨之中，並熱中於星相學，此後他隱退到卡布里島（Capli）。從那之後，他眼中所見到的都是叛徒，因而鼓勵告密，這讓整個羅馬上層社會的人們生活於恐怖之中。

卡利古拉（Caligula，35～41年）是日耳曼尼庫斯（Germanicus）的兒子，提比略（Tiberius）的侄孫，他繼承了提比略的權位。最初他是一位好皇帝，並受到元老院和人民狂熱的崇拜，這讓他在權力的擁護下飄飄然，此後他遭受疾病的打擊，接受阿諛奉承者不當的建議，最後他重新實行提比略（Tiberius）的政策。由於他的任性和混亂奇怪的想法，致使他耗盡了御庫的資財，終於導致他被禁軍所殺。

這時禁軍們發現了德魯蘇斯（Drusus）的最後一位兒子，即日耳曼尼庫斯（Germanicus）的兄弟，他就是後來的克勞迪（Claudius，41～68年）皇帝，而且從他開始開啓了禁衛軍擁立皇帝的先例。

克勞迪出生在里昂，當他繼承皇位時已經五十一歲，他的家族一直把他看作是一位堅強無比的人，但實際上他的學識並非淵博，而且在思想上有些混亂，不過他仍是一位好皇帝。他通情達理，對體制的發展有相當正確的認識和見解，他強化了行政管理部門的職務，並爲已經羅馬化的各行省人民進入元老院提供有利條件，如高盧人。

但由於他在他的妻子面前表現出來的軟弱毀壞了他的名聲：布里達尼庫斯（Britanicus）是他與他第三位妻子麥瑟琳娜（Messaline）所生的兒子，他原本是想立這個兒子爲帝，但後來布里達尼庫斯卻被克勞迪的第四個妻子阿格麗品娜（Agrippine）毒死，因爲阿格麗品娜想讓她的兒子尼

祿（Nero）登上寶座。後來尼祿卻認為他的母親礙事，最後迫使他的母親
阿格麗品娜自殺。

　　尼祿在55年殺死了布里達尼庫斯（Britanicus），接著在之後的五年
裡，他在塞納克（Seneque）和布魯斯（Burrus）的庇蔭下，度過一段較
順利的統治時期。但由於他的殘暴和虛榮誇張的本性讓他殺死很多人，並
沒收很多財物，使貨幣貶值，此外他更沉緬於花費鉅大、窮奢極侈的生活
中（金屋）。最後也導致高盧人的反抗，他的禁軍將領背叛了他，使他最
後在悔恨之中被一名奴隸所殺，死時他嘆息地說：「世界將失去一位優秀
的藝術家啊！」

三、弗拉維王朝（68～96年）

　　68年發生了一件重大的事件，當時的羅馬帝國有三位皇帝相繼去世
——伽爾巴（Galba）、奧托（Othon），和維特里烏斯（Vitellius），東
部的羅馬軍隊迫使人們與元老院接受他們的將領韋斯巴薌（Vespasian，
68～77年）為羅馬皇帝，建立了羅馬帝國的第二個王朝——弗拉維王朝
（Flavian Eperors，68～96年），開啟了行省駐軍擁立皇帝的先例。

　　這正如塔西佗（Tacite）所看到的那樣，在羅馬之外的地方也可以產
生皇帝，只是這位皇帝仍脫離不了奧古斯都家族，不過也為各行省人民所
進行的請願活動，以及為野心家打開大門。

　　韋斯巴薌出身於義大利的資產階級（騎士）家庭，是一位「通情達理
的皇帝」，在這個時期他恢復了皇帝的權力，而且對於一位皇帝應有的舉
止和風度更加注意，一點也不對軍隊讓步，並重新建立了財政機構，為此
他甚至背上了吝嗇和貪婪的名聲。

　　此外他也關注局勢的穩定，他具有建立一個王朝的膽識和勇氣，這
種膽識和勇氣即使奧古斯都在他面前也自嘆弗如。他為了解決繼承者的問
題，很早就讓他的兒子替圖斯（Titus）分擔他的權力，可惜的是，替圖
斯（Titus，79～81年）很早就去世了，他是一位非常出色的領導人，後
來由他的弟弟圖密善（Domitien）繼承了他的事業。

　　圖密善也是一位出色的統治者，他十分注重自己的職責，並明顯地加
強君主專制政體，後來他被稱為「圖密尼烏斯」和「神」，他以其軍隊與

來自希臘世界的各行省人民為依靠。但從 92 年起，他便以恐怖統治的方式來反擊元老院對他的仇視，塔西佗和小普林尼都譴責這種恐怖統治制度（但他們都服務於這個制度）。

96 年在一次陰謀中圖密善遭謀殺，人們被禁止對他懷念，結束了此王朝。事實上他對羅馬的貢獻是非常大的，他曾經平定了不列顛，並且實施農產品交付什一稅的制度，對各行省進行過很好的統治管理，此也為日後的各行省不斷繁榮的發展奠定了基礎。

四、安敦尼王朝（96～192年）

元老院對繼承的問題十分不滿，於是選擇了德高望重的涅爾瓦（Nerva，96～98 年）作為羅馬的統治者（因為他沒有兒子），但此次行動並沒有徵詢軍隊的意見，因此這是一次冒險之舉。涅爾瓦統治羅馬一段時間後讓位給圖拉真（Trajan），自此之後皇位繼承便採用「傳賢」的方式進行，通常皇帝在未死之前便會指定皇位繼承者。

圖拉真（Trajan，98～117 年）是一位粗壯的軍人，他是萊茵河地區軍隊的指揮官，性格沉穩、性情溫和並講求精確，尤其懂得如何取悅所有的人，並使元老院的元老們對他產生美好的幻覺，因此這些元老們也就容易順從於他。

他出身於義大利，而他的統治也讓行省的人有漸入佳境的感覺，他優待行省人，尤是西班牙人和亞洲人，但由於他是以奧古斯都為榜樣，因此表現也較保守，如在授予城邦權利方面也比較吝嗇，不過對羅馬（他的會場是所有集會場中最漂亮豪華）以及義大利人卻很寬容。

他為了追求榮譽而發動一些進攻性的戰爭，如對達西亞人（Daces）的戰爭等，他占領廣闊的土地，並獲得巨大的戰利品（從101～107 年）；至於與帕爾特人（安息）（Parthes）的戰爭中，起初他雖取得輝煌的勝利，但最後卻嘗到了失敗的果實，並在回返的途中去世。最後羅馬元老院為奉承他，便授予他「最理想的元首」的稱號。

哈德良（Hadrien，117～138 年）是圖拉真的遠房親戚，而且是他的合作夥伴。哈德良繼承了圖拉真的事業，也是一位極為傑出的人物，在二世紀時期他統治著羅馬。他曾受到圖拉真的刻意培養，但他的行為卻完全

不同於圖拉眞，如他放棄圖拉眞的征服戰爭，進而採取鞏固邊界地區的政策；與義大利相比他更喜歡行省，他在雅典度過很多年，並跑遍整個帝國。

此外，他是一位大膽、專制的改革者，並且傾向於實行「開明專制」的策略，他完備了對騎士階層的管理，並以編纂法典的形式建立羅馬法律（「永久的法令」）。此外，他對皇帝的產業進行系統化的合理開發與經營，但元老院卻一點也不喜歡他的專制政體。在他晚年時，他因疾病而變得乖戾，並且放任自己採取一些不公平的嚴酷行徑。

至於另一位皇帝安敦（Antonius Pius，138～161 年）在拉丁姆（Latium）地區是一位非常有錢的人，他深居簡出嚴屬地履行他的職責和義務，在帝國的聯盟時期處於統治地位。

繼他位的是馬克・奧里略（Marcus Aurelius，161～180 年），他在宮廷裡接受良好的教育，當他登上寶座後便將希臘哲學（斯多噶學派）捧上了天。他身體十分的孱弱，也沒有才能，對於權力也沒有興趣，但他仍滿懷希望勇敢地完成了他的任務和職責。由於當時的帝國並不安定，到處流傳著鼠疫，帕爾特人和多瑙河的蠻族也對邊境進行侵擾，使他的統治遭到強有力的破壞。人們指責他沒有意識到帝國的美好時期將要結束了，他應該隨著局勢的發展，採取一些強有力的補救措施。此外人們也指責他將權力傳給了他的兒子（因爲前四位並沒有將其位傳給自己的兒子，而是傳給有才能的人），但事實上他除此之外又能怎麼做呢？

五、百年混亂

康茂德（Commodus，180～192 年）繼承王位時，正是一位年輕強壯的運動家，他對角鬥士的活動很感興趣，曾經數次進入技場表演。就個人來說，他採取狂熱的行爲讓人感到輕視，但是他卻爲行省和軍隊選擇了（或接受）出色的管理人才。這些地區的領導者也意識到必須細心聽取受壓迫者的怨言，以體察民情（非洲殖民地的移民）。但康茂德對元老院實行了無法形容的恐怖統治，公然地汙辱元老院，並迫害所有的菁英人物（除了基督徒），由於他的恐怖荒謬行徑與不尊重王位，最後遭人謀殺。

基本上，從 B.C.27 年奧古斯都到 180 年的這一段時間便是人們所謂

的「羅馬和平」時期（Pax Romana），此時就如吉朋所說的，羅馬境內大致和平，民生和樂，經濟繁榮。至於安敦尼王朝時期正是羅馬帝國疆域擴大到最極盛，皇權政治發展最完備。不過從奧里略之後一百年的時間裡，羅馬政局出現了前所未有的混亂，這時軍人可以隨意廢立皇帝，尤其是在235年到284年的這短短五十年間，羅馬竟然出現了二十六位皇帝。

由於康茂德（Commodus）並沒有指定繼承者，因此在他死後，隨之而來的是混亂和地位的爭奪。如果禁軍的將領給予佩蒂那克斯（Pertinax）足夠時間的話，他應該可以成為一位新的圖拉真（Trajan，羅馬皇帝）。禁軍們使羅馬的行政體制更為混亂，此也導致行省軍隊的起義。

當時最強大的軍隊是擁有十五個駐紮在多瑙河的兵團，它強行使人們接受他們的將領塞維魯（Septimus Severus）的統治，並在城市的廣場上安營紮寨。為擺脫他的競爭者奈哲爾（Pescennius Niger，東方世界的軍隊）和受西方人支持的阿爾比努斯（Clodius Albinus，於191年在里昂被殺）的糾纏，塞維魯進行了幾年的戰爭後終於稱帝，建立了所謂的塞維魯王朝（193～235年）。

塞維魯是大萊普提斯（Lepcis Magna）的非洲人（利比亞），是一位真正的羅馬行省人。與其說他是一位軍人，不如說他是一位行政管理者，他對於法學專家和騎士都非常的禮遇，當然他也受到周圍親近人的影響。他輕視羅馬的義大利人和元老院議員，並以將他扶上政權的多瑙河軍隊為依靠，他也關心窮人的命運。他的專制改革開創一個新的局面，事實上在康茂德的政局混亂時期即已經預示了這樣現象。他的改革也使君主政體有了軍事的合法性以及和平等等特點，而這種特點也一直持續到君主政體末期。

從235年到284年這段時間，是羅馬在歷史上最悲慘的時期，有兩個事件構成了這一時期的特點：首先，蠻族對萊茵河和多瑙河邊界地區頻頻發動入侵行動，而且在227年，波斯的薩桑王朝（Sassanides）出現了，它積極的向西擴展，嚴重地威脅羅馬帝國。尤其是羅馬帝國遭到帕提亞人或波斯人的威脅時，竟導致兩位皇帝的去世，一位是德西烏斯（Decius），251年在反對哥德人的戰爭中死去；另一位是瓦勒里安（Valerien），他在260年被波斯俘獲，並在被俘期間，奮勇對抗敵人而

死。

持續的軍事動亂和無數篡奪權力的事件，都使傀儡皇帝的數目大為增加。在這個艱難時期的傑出人物中有──高爾迪安三世（Gordien III）、及其軍事長官提米斯特烏斯（Timesitheus，238～244 年）；阿拉伯人菲利普（Philippe，244～249 年）和德西烏斯等，在當時他們皆屬於傑出的人物。

德西烏斯（Decius）他是第一位伊里利亞皇帝，他以圖拉真（Trajan）為榜樣，是一位英勇的士兵，不過為了國家利益他對教會進行了一些迫害（249～251 年）；然而瓦勒里安（Valerien）卻遭受了所有的不幸：如波斯人的入侵，哥德人（Goths）在希臘和小亞細亞發動侵襲，以及鼠疫的災禍和巨大的通貨膨脹。此外他又重新對教會進行了殘酷的迫害。所幸的是，他後來通過分享領土，將西方世界交付給他的兒子加利安（Gallien）管理，進而使之參與管理帝國。

六、戴克里先和君士坦丁的改革

戴克里先（Diocletain，284～305 年）是達爾馬提亞（Dalmatie）的伊里利亞人，他原本是一位普通的士兵，後來變成一位出類拔萃的行政長官，而且他還是一位通過犯罪行為而致富的暴發戶。他希望能夠解決羅馬皇位的繼承問題和改造國家的政策，並使之適應於這一時期的任務。因此他被人們看作是一位思想豐富的理論家，不過以今日的眼光看來，我們認為他具有切合時宜的才能。

他懂得實行會產生深遠影響的政策。為了預防篡位所帶來的危機和確保帝國的防衛，他將國家分成東、西兩大部分，自己居東部，西部則交給馬克西米安（Maximien，285 年的皇帝，286 年的奧古斯都）去治理。他和馬克西米安同時都是「奧古斯都」，接著他們又挑選稱之為「凱撒」的副手──君士坦丁（Constantine）和伽列里烏斯（Galerius，293 年的君主）來與他們共同治理這塊國土。這種「四頭統治」（將國家分為四部分）增加了統治的實效性，但並沒有破壞領土的統一（沒有對行省進行瓜分）。

305 年，兩位奧古斯都在進行二十年的統治之後退位，其職位被兩位

凱撒繼承，並任命兩位新的凱撒，這一時期羅馬在繼承原則上並沒有做出很大的改變。總的來說，羅馬選擇了最優秀的人，並且進行自動而有規律的更換，因此在第一次四頭政治時期其政績成果即已經很輝煌。

由於四頭政治過分地顧忌皇位的篡奪，因而忽略了繼承者的威望，305 年他們將君士坦丁一世（Constantine Ⅰ）和馬克西米安的兒子排除在繼承權之外，四頭統治剎時消失了。君士坦丁（Constantine，306～337年）是君士坦丁一世的兒子，當時他十分受到一些士兵的歡迎，他被士兵們一致歡呼推選為凱撒及奧古斯都。不久之後，馬克西米安的兒子馬克森提烏斯（Maxence）在羅馬獲得了帝位，而其他人則跟隨著老馬克西米安（Maximien）重新執政，因此在 309 年有七個皇帝，他們都宣稱自己為奧古斯都，旋即便發生內戰。

在進行了連續的消滅和淘汰之後，局勢變得明朗起來，君士坦丁憑著他的軍事才能和高盧人的力量脫穎而出，在內戰中最後獲得了勝利。312 年，在羅馬的西方只有他一人位居統治地位——馬克森提烏斯（Maxence）在米爾維安橋戰役失敗。在東方，他不得不忍受著李錫尼安努斯（Licinius）的勢力存在，一直到 324 年李錫尼安努斯的勢力才逐漸的消滅。

接著，為了他自身的利益，他又重新恢復了自 285 年以來所喪失的羅馬帝國的統一政策，廢除了分享權力的作法，將帝位變成一種世襲制度，並將帝國分別傳給他的三個兒子。

從各方面來說，實際上，君士坦丁比戴克里先更稱得上是位革命者，持這種看法者有當代的學者，以及他過去的敵人和異教徒等。後來他轉而對基督教的信仰，並確定了加利安（Grallien）和伽列里烏斯（Galerius）在 311 年所建立的米蘭（Milan）通諭（或稱書信，是一個寬容的敕令）。

不過在他所推行的改革政策中，最明顯的是，他以個人的形式賦予帝王的權利。此外，他還將所有信任的人，即他的「忠實擁護者」們與貴族引入管理機構之中。他通過哲學思維並從中得到啟發，他改變立法，亦順著他周圍親近人士所策劃的陰謀而進行活動。他身邊親近的人中有哲學家、主教和高級行政長官，而元老院貴族階層則變為占有土地的貴族階層，並且根據他們為國家所履行的職責來畫分他們的等級。軍事和民事職

責其職權也被分開，邊境的部隊在數目上和力量上也都呈現衰落的現象，但也因此有利於兵力的運用以及部隊的增強，在這些軍隊裡，蠻族人數也越來越受到讚賞與重用。

有條件的財產繼承法，對於士兵、家族（四世紀，元老院議員或自治市元老院議員所擁有的名稱）和商人來說變得十分重要起來。331年的一條法律正式地將佃農和平民聯繫起來，此時的異教徒沒有遭到迫害，但也沒有受到恩惠，皇帝保護教會並且促進其發展，甚至還參與教會的活動。

在晚年時期，君士坦丁傾向於獨裁專制的統治，337年他發動反對波斯人的戰爭，他的參謀本部是由主教們所組成的，最後他在337年5月去世。根據阿里烏斯教派（Arianisme）的教義，他於313年接受洗禮，並頒布一份著名的「米蘭詔令」（Edict of Milan），使基督教在羅馬帝國有一個合法的地位。人們指摘君士坦丁「背叛了羅馬」，至少他結束了戴克里先時期所受到尊敬的羅馬傳統。但他沒有忘記君士坦丁堡的創建，進而對拜占庭帝國的產生做出了極大的貢獻。

七、從瓦朗蒂尼安一世到狄奧多西時期（364～395年）

朱利安（Julien）的去世也毀壞了他的宗教和其他的改革，繼他之後統治羅馬幾個月時間的若維安（Jovien）很快便恢復基督教信仰。至於瓦朗蒂尼安（Valentinien）和他的弟弟瓦朗斯（Valens），一個在西方一個在東方，他們都是基督徒，一位信仰東正教且個性寬容，另一位則是狂熱的阿里烏斯教派的信徒，並且與教會的教士們有極其密切的關係。

帝國的政體再次向官僚主義的極權政體發展，帝國也越來越具有一些特點，這是因為瓦朗蒂尼安（Valentinien），在很長時期裡又重新的從事三世紀伊里利亞人的事業，他居住在特里爾（德國）（Treves），加強蠻族所組成的軍隊力量，並建築堡壘和防禦工事來鞏固高盧地區的城市。他最優秀的將領狄奧多西（Theodosius）成功地在不列顛和多瑙河地區，以及在非洲地區進行征戰。

瓦朗蒂尼安的政策使人們想起塞維魯的政策──敵視富人、元老院和知識份子，不過他在敵視的態度上比塞維魯更為粗暴，然而他的法律對待

窮人則含有眞正的憐憫之心。

　　至於瓦朗斯（Valens）則是一位平庸、兇暴之人，他在365年殘酷地鎭壓普羅高普（Procope）的篡位事件，他的鎭壓行動也帶有強烈的政治色彩。從371年到377年，在軍事長官莫德斯圖斯（Modestus）的控制支配下，他對異教徒和東正教徒實行了恐怖統治。後來他又面臨了巴爾幹的哥德人大舉侵犯，在走投無路之下，於378年在亞得里亞堡（Adrianople）不愼被害。

　　不過之後仍存在一個緩衝的時期，哥德人是征服者更是掠奪者。在東方，瓦朗斯的繼承人是格拉提安（Gratien）選擇的優秀將領即年輕的狄奧多西（Theodosius）。格西安在375年繼承了瓦朗蒂尼安的事業，狄奧多西運用武力和談判的方式成功地解除哥德人所構成的危險，381年他使哥德人以「聯邦成員」的名義在巴爾幹地區安定下來。

　　此外，狄奧多西也從教會中得到「偉人」這個稱號，這是因爲狄奧多西使基督教獲得了最後的勝利（成爲國教），阿里烏斯教派的信徒也逐漸被驅逐出基督教，其中還包括君士坦丁堡的主教在內。他採取禁止祭祀活動、禁止公開或私人的崇拜偶像，以及通過關閉和摧毀神廟的作法，異教慢慢地被迫消失了。這個嚴厲的政策是從380年開始實行的，不過在388年至391年間，他在強大的異教徒影響下，其政策的執行也有所緩和，但在391年至392年由於限制異教法令的制定也使異教終告結束。

　　狄奧多西的政策往往充滿矛盾，這是因他固執且粗暴所致。但他鎭壓了幾起篡位事件，在383年他消滅了格拉提的馬克西姆（Maxime）所策劃的篡位事件，以及394年的友眞（尤金）（Eugene）的篡位事件，友眞（尤金）是被將領阿博加斯特（Arbogaste）推上王位的（兩人都優待異教徒，並在羅馬得到異教徒的支持），他們殺了瓦朗蒂尼安的最後一個兒子瓦朗蒂尼安二世。狄奧多西爲此付出了巨大的代價，但也獲得最後的勝利，他成功地恢復了帝國的統一，並任命他兩個年齡尙小的兒子阿卡狄烏斯（Arcadius）和霍諾留斯（Honorius）爲奧古斯都。他於395年1月去世後，之後國家即被這兩位年輕人所分割，並聽政於皇室成員的斯蒂里翁（Stilicon），雖然這並不是羅馬帝國的第一次共同攝政，但這一次共同攝政也導致羅馬世界的兩個部分最後趨向分裂。

八、宗教與哲學

　　羅馬初期的宗教是將希臘的神祇轉化成羅馬神，像宙斯變成朱庇特（Jupiter），雅典娜則改名爲密涅瓦（Minerva）等，其功能都是一樣的。不過羅馬的宗教具有政治性，它的神主要是要保護國家，而且羅馬人認爲他們與神之間的關係是一種契約關係，因爲他們覺得通常是因爲對神有所祈求時，才會去對神獻祭，所以在初期的宗教中是沒有任何教義可以提供人們慰藉。

　　到了 B.C. 二世紀，羅馬人在大量吸收希臘化文化後，他們的宗教也出現變化。這時的人民普遍對傳統宗教感到不滿足，上層社會的人士傾向從希臘化的斯多噶哲學或伊比鳩魯哲學中尋求慰藉；至於平民百姓則從東方的神祕崇拜中尋求安慰，因此在 B.C. 一世紀時，波斯的密特拉教崇拜在此已經扎下根。

　　斯多噶學派強調的美德與羅馬人的個性十分契合，因此在羅馬十分受歡迎，像西塞羅、維吉爾、奧里略皇帝等都是此學派的擁護者，不過這些學派太過於抽象，並不符合廣大人民的需求，因此並沒在羅馬大爲流行。

　　到了三、四世紀時，在羅馬流行一種新柏拉圖派哲學（Neoplatonism），創始者爲普羅提諾（Plotinus），他原本提倡的是一種一神論的信仰，談的是柏拉圖唯心思想，但他的後繼者將他的思想與神祕主義結合成學說，由此產生一種新的宗教思想，在當時的羅馬社會十分流行。

九、法律、文學與藝術

　　法律被認爲是羅馬的重要成就，羅馬最早公布的成法是 B.C.450 年的「十二木表法」，這個法雖然還不成熟，但代表了人民的法律權益受到保護。羅馬法到了帝國時期達到高峰，當時的法律主要是由元老院和各種會議的決議、皇帝的詔書、法官的判例、斯多噶學派的影響，與法律專家的看法來構成。

　　由於帝國時期的羅馬疆域橫跨歐亞非三大洲，因此它的法律必須涉及到各地的人，便出現三大部分——民法、萬民法與自然法。所謂的民法，指的是羅馬公民使用的法律，萬民法則是用於帝國內的外來居民。至於自

然法則是受到斯多噶學派的影響，他們相信這個法是受到神的啓示，因此適用於各地，其主要觀念便是，人是自然平等的，都享有一些基本權利，這些權利是政府不能侵略的，就連統治者也不可以背離它。

羅馬的文學十分缺乏創造性，大都仿效希臘的形式，不過從早期的資料多爲宗教祭文、墓銘與年表看來，它具有世俗的特質。B.C. 一世紀是拉丁文學的「黃金時代」，也就是所謂的「奧古斯都」時代，當時的文學多少受到哲學的影響，尤其是受到斯多噶學派的影響極大。著名的詩人與文學家，像是賀拉斯（Horace）、奧維德（Ovid）、李維（Lvy）、西塞羅、維吉爾（Virgil），與塔西佗（Tacitus）等。

由於這些文學家，像是賀拉斯、奧維德、李維等都會描述羅馬貴族與富人的生活，因此從這些文學家的作品我們可以很清楚的知道當時社會的情況。西塞羅由於他是政治家，因此他的作品則可以讓人清楚知道羅馬政治的現實景象。至於塔西佗，他是羅馬的大歷史學家，由於他關心的是道德問題，因此在他的《日耳曼》（Germania）書中可以清楚看出，他將日耳曼人的簡樸生活詳細記錄，以此要羅馬人警覺，希望能使羅馬恢復從前的美德。

藝術則與文學同樣都具有實用性。羅馬的藝術早期受到伊特拉斯坎人與希臘人的影響，不過當羅馬向外擴張之際，羅馬軍人就帶回大量的希臘化藝術品，使得它直接受到希臘化的影響。

在它的藝術方面，建築最能表現出其特色，羅馬建築最大的特色便是「大」，以此表現出帝國的規模。羅馬建築是由拱門、圓頂、圓柱組成，其中以拱門爲其特色，不過他們有時也會採用希臘的「科林斯式」（Corinthian）圓柱。羅馬的建築特色主要表現在它的一些公共建築物上，像是廣場、紀念碑、大浴池與凱旋門等，這可從圓形劇場（Colosseum）、萬神殿（Pantheon）看出端倪。

此外，羅馬人的土木工程的成就也相當驚人，我們從許多文獻的記載可以發現，圖拉眞統治時期已經有相當進步的引水與排水系統，當時的羅馬城有十一條引水渠道從山上將水引到城中，供應城裡居民使用，至於城裡人民使用過的水也有完善的排水系統來處理。

結論

　　影響西方文化發展的最早文明是美索不達米亞文明；底格里斯河——幼發拉底河流域，主要與現代的伊拉克、敘利亞東北部相對應，土耳其東南部和伊朗西南部：它們是文明的搖籃。同樣地，古埃及對西方文化也也產生了深遠的影響。

　　希臘人將自己與東方鄰居（例如伊里亞德的特洛伊）和西方鄰居（他們認爲是野蠻人）進行了對比。西方的概念起源於羅馬帝國和東羅馬帝國的遺產。後來，西方的概念是由拉丁基督教世界和神聖羅馬帝國的概念形成的。今天被認爲是西方思想的主要來源於希臘羅馬和日耳曼人的影響，包括中世紀的理想、文藝復興和啓蒙運動以及基督教文化。

　　雖然「西方」的概念直到羅馬共和國出現才存在，但這一概念的根源可以追溯到古希臘。自從荷馬文學（特洛伊戰爭）以來，通過希羅多德對波斯人戰爭的描述，直到亞歷山大大帝時期，希臘和其他文明之間一直存在著一種對比的範式。希臘人覺得自己是最文明的，認爲自己（在亞里斯多德的表述中）介於近東的先進文明（他們認爲近東文明是軟的、奴性的）和西方歐洲大部分地區的野蠻人之間。

　　亞歷山大的征服導致希臘文化的出現，代表了東地中海地區希臘文化和近東文化的綜合。希臘統治下的古埃及和黎凡特的近東文明成爲希臘化世界的一部分。最重要的希臘文化學習中心是托勒密埃及，吸引了希臘，埃及，猶太，波斯，腓尼基人甚至印度學者。希臘化科學，哲學，建築，文學和藝術後來爲羅馬帝國在其席捲 B.C. 一世紀征服歐洲和地中海世界（包括希臘化世界）時，所接受和建立的基礎。

　　羅馬人征服了希臘文化世界之後，出現了「西方」的概念，因爲希臘東方和拉丁西方之間存在文化鴻溝。講拉丁語的西羅馬帝國包括西歐和西北非洲，而講希臘語的東羅馬帝國（後來稱爲拜占庭帝國）包括巴爾幹，小亞細亞，埃及和黎凡特。與「拉丁」西方相比，「希臘」東方通常比西方更富有和先進。除義大利外，羅馬帝國最富裕的省位於東方，特別是羅馬埃及，它是意大利以外最富裕的羅馬省。

　　大約五百年來，羅馬帝國維持了希臘東部，鞏固了拉丁西部，但東西

部的劃分仍然存在，這反映在兩個地區的許多文化規範中，包括語言。最終，帝國逐漸分裂爲西方和東方兩部分，恢復了先進的東部和崎嶇的西部之間形成鮮明對比的舊觀念。在羅馬世界，人們可以說出三個主要方向：北方（克爾特和帕提亞人），東方，最後是南方（非洲），後者在布匿戰爭後被征服。

　　從亞歷山大大帝時期（希臘化時期）開始，希臘文明與猶太文明接觸。基督教最終將從希臘文化、羅馬文化和第二聖殿猶太教的融合中崛起，並逐漸傳播到整個羅馬帝國，並使其歷史和影響黯然失色。基督教的興起重塑了希臘羅馬的許多傳統和文化；羅馬帝國滅亡後（這是羅馬文化之外的野蠻人不斷增加的壓力所致），基督教文化將成爲西方文明發展的基礎。羅馬文化也與克爾特人、日耳曼人和斯拉夫人的文化混合在一起，慢慢融入西方文化：主要是從他們對基督教的接受開始。

第二章
中古史

第一節 西方蠻族移居和法蘭克王國

從330年君士坦丁在東部建立一座君士坦丁城，將帝國的重心移往東部後，從此羅馬帝國分為東、西兩部分，而西羅馬帝國的經濟從此便一蹶不振，再加上連年的戰爭與天災，土地荒蕪，使得西部的省分失去過去的繁華景象，走向衰落之途。此外當時羅馬的軍人大多是蠻族而非羅馬人，因此當蠻族突破西羅馬帝國的防禦時，帝國中並沒有忠心的軍隊能阻擋蠻族的侵入，使得蠻族勢如破竹地征服西羅馬帝國。

一、移居的起因

從476年開始，羅馬帝國僅存在於東方，首都是君士坦丁堡（Constantinople），至於羅馬整個西部則全部陷入蠻族的手中。由於沒有確切的資料，所以我們無法很明顯地指出蠻族移居的原因。人們當然不能只提因為氣候變壞，而想成把高原牧民驅往更好的地方的理由，也不能只提嚴重的人口膨脹。不過明顯的是，這些游牧者（草原的畜牧者，日耳曼森林火燒耕地的耕作者，以及海盜）的流動促進了冒險的事業。另外，在中世紀這種流動性成了西方混雜種族的民族標誌。

在羅馬人看來，蠻族首先是一名士兵。人們常把入侵的成功歸因於軍事優勢，認為蠻族有一支輕便快速的騎兵，和精通鑄造武器的技術。事實上，這些蠻族進行戰爭時所使用的武器與羅馬人差不多。例如，匈奴（the Huns）騎兵的弓箭、汪達爾（the Vandals）及阿拉曼（the Alemani）騎兵的矛和長劍，以及法蘭克（the Franks）步兵的較短的利劍都與羅馬人所使用的武器一樣。

我們曾在一位法蘭克士兵墓內發現陪葬物，這讓我們對初期入侵時期的武器有充分了解。這些武器當時是具有攻擊性的，例如，從遠處投向敵人的單刃斧（著名的法蘭克戰斧）、雙刃長劍、利劍或法蘭克人使用的單

刃短刀，這些劍和利刃說明法蘭克人在冶金技術方面的高超技藝。

　　此外，武器是士兵的生命和驕傲，因此這些武器也具有一種象徵性的意義，所以我們常發現在這些武器的手柄和套子，會用金銀鑲嵌的圖案和寶石來裝飾。經過很漫長的一段時間之後，頌武歌和騎士禮儀還在歌頌自由人非常珍愛自己的劍，而這些劍和法蘭克人的武器，遠遠勝過羅馬人那些十分低劣的武器。日耳曼工匠在製劍時所用的材料有軟鐵片和鋼條，有時還會在劍上鑲貼和焊接一些經過淬火和滲碳的鋼刀，這種鋼刀極硬，與現在的特種鋼一樣鋒利和堅固。

　　其實，蠻族的顯赫戰功好像不多，幾乎可以數得出來的，像是 378 年 8 月 9 日西哥德人（the Goths）在亞得里亞堡（Adrianople）擊敗羅馬皇帝瓦朗斯（Valens）的部隊，最後羅馬皇帝瓦朗斯也死在那裡。或是 406 年 12 月 31 日汪達爾人突破羅馬帝國萊茵河上的防線，入侵羅馬境內，並於 409 年越過庇里牛斯山征服西班牙，而西哥德人則征服奧弗涅地區。

　　不過大約在四世紀時，蠻族往往利用與羅馬帝國的協議方式，以和平而非征戰的方式進入帝國境內，而且他們是緩慢不易察覺地滲透進入，因此羅馬人與蠻族大部分的時間都和平相處，且混居在一起，所以與其說是蠻族入侵，還不如說是移居。此外，數世紀來羅馬帝國便開始徵募一些蠻族的僱傭兵、騎兵或步兵，來作為帝國的輔助部隊，到了四世紀時，在羅馬人指揮下的軍隊，大都是蠻族軍人，因此有里帕里奧人（Riparioll）守衛著隆河和萊茵河河岸之事，此外羅馬的皇帝甚至把一些軍事指揮權委託給蠻族首領。

　　在邊界，羅馬帝國為保衛鄉村和增加其人口，往往會安置一些好戰的日耳曼移民，或者是以前的俘虜，不過這些蠻族需服從嚴格的軍事紀律，並與羅馬帝國化的居民嚴格隔離開來。當時蠻族希望的是，能迫使羅馬人給予他們各項優惠，因此他們以服兵役和遵守帝國法律作為交換條件，保證他們得到土地。有一些蠻族部落與羅馬帝國間獲得一項協議，明確指出在羅馬的荒廢土地上建立雙方的聯盟關係，這些協議恢復了在鄉村安置帝國軍隊的傳統，把領主的一部分土地（根據情況或三分之一或三分之二）給予每個蠻族家庭，而森林和牧場仍是共有的。這些加入羅馬軍隊的兵士則是羅馬頑強保衛其邊界的忠實盟友。

二、汪達爾人與東哥德人

406 年西哥德人入侵羅馬城時，汪達爾人在該撒利克（Genserice）的帶領之下，通過萊茵河，越過庇里牛斯山進入西班牙，但受到西班牙境內的西哥德人的壓迫，便於 429 年遷入北非建立國家。編年史家庫圖瓦（Courtois）在一篇關於日耳曼移居全史的論文中斷言，汪達爾人對羅馬帝國的破壞性比人們以爲的要少得多。一般來說，在蠻族的入侵前，帝國的經濟早已處於衰退的狀態，而且北非的羅馬政府依然是腐敗的，因此只能說，在汪達爾王國入侵之後，只是更加劇北非地區經濟的衰退。

當這群汪達爾人在北非時，常會要求把戰勝者和羅馬貴族嚴格的分開來，那些羅馬貴族看到自己的土地被沒收時，便紛紛逃至西西里島和羅馬。而且，信奉阿里烏斯教（Arianisme）的汪達爾人常常迫害羅馬居民（基督教正統派），迫使羅馬居民不得不移居西班牙海岸，進一步加重了這兩個民族之間的敵意。

其實，汪達爾國王該撒利克（Genserice）是以迦太基（Carthage）爲基礎，在地中海上建立一支強大的海軍，以此發展其在地中海的勢力，並經常對羅馬人發動猛烈的攻擊，致使帝國的交通受到破壞，這對衰微的羅馬商業更是一個致命的打擊。此外，他們在海上的活動更威脅羅馬首都的小麥供應，讓首都的糧食出現供應困乏，使帝國的經濟出現困境。

接著他們還襲擊了希臘的海岸，甚至在 455 年劫掠羅馬，在羅馬城內徹底的搜刮，將羅馬城的所有財富全都帶走，使羅馬城遭到浩劫。接著又攻占第勒尼安海附近的島嶼，占據大部分的西西里島，建立一個海上強權。汪達爾人的入侵與征服使羅馬失去了重要的穀物市場，這一征服也把義大利與北非以及諸島嶼分離開來，最後這一征服導致西班牙的孤立。但他們在北非洲地區，由於缺乏城市骨幹、行政官員和神職人員，故其根基仍不穩固。因此 534 年當汪達爾人面臨拜占庭軍隊的攻勢時，最後也無力抵抗。

476 年 9 月 4 日年幼的羅馬皇帝羅慕洛斯・奧古斯都（Romulus Augustus）被一位日耳曼酋長鄂多亞克（Odovacar）廢黜，從此西羅馬帝國的世系就此結束。這時鄂多亞克名義上是承認君士坦丁堡的皇帝澤農

（Zeno），使帝國在理論上又處於一個皇帝的主權之下，但實際上，他是義大利的獨裁者，其國家的重心位於拉韋納（Ravenna）和米蘭之間的北部平原。

488 年，東哥德人首領狄奧多里克（Theodoric）在君士坦丁堡的皇帝授權下，率領一支成員很複雜的軍隊越過阿爾卑斯山，入侵義大利半島，攻打鄂多亞克。489 年狄奧多里克在拉韋納附近遭逢鄂多亞克，將他圍困在拉韋納許久，卻遲遲無法攻下，最後便以要與他分享政權的詭計誘騙他，要他出來進行和談，493 年 3 月在一次和談中，派人暗殺他。

當狄奧多里克進入義大利後，便自鄂多亞克明智的政策中得到啟示──他盡可能的保存羅馬文化，並沒有摧毀羅馬文化。狄奧多里克是羅馬貴族，也是日耳曼人的國王，他年輕時是在君士坦丁堡宮中度過的，十分仰慕羅馬帝國的成就。他保持羅馬的法律，把皇帝的名字鑄在硬幣上，讓羅馬時代的行政官員和神職人員們仍留在政府機構中，保留他們之前的職位，這讓整個羅馬時期的行政體系在義大利都存活下來；特別是他善於籠絡元老院的議員們，且尊重他們的特權，同時也善於籠絡羅馬臣民，使他們始終得到供養和娛樂。因此他的臣民不僅有東哥德人，還有羅馬人，此外他也保護拉丁作家，並修護羅馬時期的建築物。在他統治義大利的這三十多年（493～526 年），使義大利享受難得的和平、安定與寬厚的政治。只是這樣的美景在他去世後便消失了，因為他死後，東哥德人與羅馬人的紛爭再起，使西部地區又陷入混亂之中。

狄奧多里克除了拉攏羅馬居民外，同時又與日耳曼的部落保持密切的聯繫，他常向其他的日耳曼部落招募士兵，並派遣總督來加強彼此間的關係。此外他更善於利用聯姻政策，來強化與其他的日耳曼蠻族的關係，像是他自己娶了克洛維的妹妹為妻，並將自己的妹妹嫁給了汪達爾國王特拉薩門（Thrasamund）；接著他又將自己的一個女兒嫁給了西哥德國王阿拉里克二世（Alaric Ⅱ），另一個女兒則嫁給郭艮第的西吉斯蒙德（Sigismond）。

雖然狄奧多里克的政府看起來是如此的成功，但在他晚年還是發生了許多的危機，他雖以東羅馬皇帝的總督身分來統治義大利，實際上他卻是一個獨立的君主；最後東哥德王國也在 555 年被東羅馬（拜占庭）的查士

丁尼（Justinian）大軍所滅。而且他是一位阿里烏斯派的異端，因此他去世後，王位繼承問題爲查士丁尼的拜占庭軍隊提供了干涉的藉口。

三、西哥德人與法蘭克人

西哥德人（the Visigoths）是羅馬帝國的傭兵，在 410 年由西哥德的國王阿拉里克（Alaric）率領一批軍隊掠劫羅馬三天三夜，將羅馬城掠奪一空（這對當時的羅馬人來說是世界末日）。不過他們隨即便越過阿爾卑斯山，進入高盧移至西班牙，後來經由雙方的協議，西哥德人便定居在阿基坦。

西哥德人的第一個王國，即圖盧茲王國，在阿拉里克統治下（466～484 年），經歷了一個鼎盛時期，疆域擴大到西班牙的大部分地區與高盧地區，包括整個普羅旺斯（Provence）。480 年西哥德人奪取了亞耳和馬賽，征服了奧弗涅，但在 507 年法蘭克國王克洛維（Clovis）在武耶城（Vouille）打敗了西哥德人後，便將西哥德人驅逐到西班牙。

西哥德的第二個王國，即西班牙王國。起初，他們屈從於拉韋納（Ravenna）的東哥德人，之後才獨立，他們可能是西方所有蠻族王國中最強大的王國，不過西哥德人仍然必須不斷地與蘇維匯人（Sueves）作戰。這些蠻族的起源和歷史仍十分模糊不清，我們只知道他們定居在西部，像是加利西亞（Galice）、盧西塔尼亞（Lubitanie）、貝提卡（Betique）。此外，西哥德人還需對付巴斯克人（Basque）的進攻；並試圖阻止拜占庭的征服，然後又重新征服拜占庭占據的各省，如貝提卡及塞維利亞，甚至科爾多亞、塔拉戈納、德尼亞（Dénia）與阿爾加維（Alganve）。

在維吉爾德（Le Ovigild）統治時期（568～586 年）西哥德在政治上的統一獲得重大的進展，他在托利多（Toledo）建立一個永久的首府，並併吞了蘇維匯（Sueves）諸省，平定農民叛亂，並在巴斯克人（Basque）對面築一個維多利亞要塞，更從拜占庭人手裡奪回了科爾都和梅迪納（Medina）、西多尼亞（Sidonia）、塞維利亞。國王長子赫米內吉爾德（Hermenegild）的叛變，嚴重危害這樣的統一，當他試圖要正統的基督教主教改信阿里烏斯教派時，終於挑起真正的內戰。哥德人與西班牙、羅

馬人之間的宗教對立，雖然迫害的情況並不多，但不同的信仰和教派一直是民族融合的主要障礙，不過這個問題經由維吉爾德的次子雷卡雷德一世國王（Recared，586～601 年）的改宗行動（信奉正統的基督教）使這個問題獲得解決，從此，西班牙的西哥德諸國王皆能從教會中得到強有力的支持。

在高盧的東北部另有一支日耳曼人，我們稱之爲法蘭克人，大約在五世紀時他們就已經進入萊茵河下游。不過當他們進行遷移時，則分成兩大部分：一部分是里普利安法蘭克人（The Ripuarian Franks），他們居住在萊茵河流域的科隆和馬讓斯（Mayence）地區；另一部分則是撒利克法蘭克人（The Salian Franks），這群人則占領著今日比利時的西南地區。每一支法蘭克人都有好幾個部落，每一個部落都擁有自己的領土。

460 年左右，撒利克法蘭克人中的一個部落在圖爾城（Tours，今日的比利時境內）附近駐紮下來，這個部落的領袖爲希爾德里克。481 年他的兒子克洛維（Clovis）繼承了王位，建立一個墨洛溫王朝（Merovingian Dynasty），此王朝的稱呼來自於克洛維的祖父墨洛溫這個名字。

原本法蘭克人和其他的日耳曼蠻族一樣，在進入帝國之前，都是信奉阿里烏斯教派的，不過克洛維的妻子克洛蒂爾德（Clotilda）則是正統派的基督教徒，因此當克洛維被困在與阿拉曼人（Alamans）的戰爭時，他曾經向克洛蒂爾德（Clotilda）的天主求助，並允諾在取得勝利後，他將率領全軍的士兵改宗信奉正統的基督教，所以當他戰勝後便真的改宗。從此他便與主教們之間關係密切，他不僅獲得基督教徒的支持，還常藉正統的基督教名義打擊阿里烏斯教派。此外，克洛維還接受了羅馬的整個政治遺產，在武耶（Vouille）戰後不久，他在圖爾（Tours）接到拜占庭皇帝阿納斯塔斯（Anastase）頒給的執政官頭銜，並主動地穿戴上象徵皇權的王冠和紅袍，還把首都設在巴黎，城中高盧和羅馬的官員仍爲數眾多，也具有影響力。

依日耳曼的傳統，國王去世，國土通常會被他的兒子們分別繼承。因此當克洛維在 511 年去世時，國土便依日耳曼的傳統由他的四個兒子分別繼承，不過最後國土又由他的兒子中活的最久的克洛泰爾（Clotaire）統一，等這位國王去世後，國土又再次由這位國王的幾個兒子繼承。克洛維

把國王的權力視爲個人財產，並將王國分給他的四個兒子，但他卻沒有考慮種族或語言的特點。

其實整個王朝就是在這樣的繼承方式中持續下去，因此基本上它雖然是一個統一的王國，仍由墨洛溫王朝統治，不過國家一直處於分分合合的狀態。由於日耳曼的繼承方式，使克洛維兒孫們的歷史是一連串的家族內戰史，因此在 561 年之後的墨洛溫王朝便處在內戰、暗殺、陰謀、顛覆之中，這讓法蘭克王國家因而衰弱下去。

553 年法蘭克人的軍隊聯合阿拉曼（Alamans）的軍隊，到達威尼斯，而後到達普利亞（Pouilles）、卡拉布里亞（Calabre），以及坎帕尼亞（Campanie）。他們在圖林根（Thuringia）與薩克森人一起對抗阿拉曼人（Alamans）和巴伐利亞人（Bavarois），這使他們擁有了一個廣大的帝國。

墨洛溫王朝統治高盧長達兩個半世紀（511～751 年），家族最初的幾位統治者表現的非常亮眼與活躍，他們是偉大的統治者，統治的地方包括了勃艮第王國、普羅旺斯（Provence），以及今日的萊茵河對岸德西的一部分土地，但是在國內，他們卻任由高盧處於分裂的狀態之下。不過到了八世紀中葉，墨洛溫王朝由於不斷因爲王位問題發生內亂，以及貴族擁兵自重，使此王朝的威權不斷地衰落，尤其到了 628 年之後再也沒有出現有才智的君王，政權最後落到宮相之手。

四、卡洛林王朝

所謂的「宮相」（Mayor）指的是皇室的管家，在政府機關中居主要的位子。到了七世紀時，蘭登丕平（Pepin of Landen，639 年卒）利用他子女的婚姻關係建立起他的政治勢力，並讓宮相之職在他的家族內成爲世襲制，從此開始法蘭克政權也落到宮相之手。一個世紀後，他的子孫們在政治上取得重大勝利，丕平家族的聲望也變得強大起來。687 年埃利斯達丕平（Pepin of Heristal）擊敗其他的宮相，並領導軍隊擊敗外敵（紐斯特里亞人），使他到 714 年死的那一刻時，成爲法蘭克王國的實際統治者，至此，法蘭克王國完完全全由卡洛林家族控制，國王成爲傀儡。他死後由他的私生子——查理·馬特（Charles Martel，714～741 年，綽號「鐵

鎚」查理）繼承其位。

　　「鐵鎚」查理之所以名聲大振，是因為他在圖爾（Tours）與普瓦提耶之戰（732 年）擊退了來自西班牙的穆斯林的進攻，遏止了回教勢力的發展，從此「鐵鎚」查理似乎成了與穆斯林相對峙的基督教之捍衛者。由於「鐵鎚」查理和穆斯林作戰時發現，穆斯林大都為騎兵，因此如果要與穆斯林相對抗就必須發展出自己的騎兵。而且當時馬蹬的發明大大改變原本的步兵作戰方式，而這樣的改變果真成就他的武功事業。741 年「鐵鎚」查理去世後被埋葬於聖丹尼大教堂（Saint-Denis），王國則分給他的兩個兒子卡洛曼（Carloman）和矮子丕平（Pepin of Short），由他們分別管理。這兩人和天主教會及天主教駐法蘭克地區的主教，與著名的日耳曼傳教士卜尼法斯（Boniface）主教形成聯盟關係。

　　當時矮子丕平家族擁有萊茵河（Rhin）與摩澤爾河（Moselle）之間的地區，以及馬斯河（Meuse）下游沿岸，和布拉般特（Brabant）地區的大片領地，他們知道利用領地中的某些人來保護他們自己的家鄉，並在那裡安置一些忠誠的兵士修建許多修道院。尤其是矮子丕平深知，如果沒有教會的幫忙，那他在統治上將會發生困難。因而他恢復教會的財產與特權，並從倫巴底（Lombardy）的手中將教皇解救出來，這種魚幫水，水幫魚的作法，果然幫矮子丕平完成他的心願。

　　747 年卡洛曼讓位（剃髮出家），這時整個王國的政權又全歸矮子丕平一人所有，751 年矮子丕平在取得貴族與教會的支持之下，就決定廢除那個已被遺忘的墨洛溫王朝的最後一位國王（一個被矮子丕平送入修道院的墨洛溫王朝國王）。當他領受了卜尼法斯的聖化後，便在自己的蓬蒂翁（Ponthion）領地接待了由六名紅衣主教陪同前來的教皇艾蒂安二世（Etienne II）。教皇後來在聖丹尼修道院裡，親自為這位新國王舉行加冕儀式，這時墨洛溫王朝正式被卡洛林王朝（Carolingian Dynasty，751～987 年）所取代，從此卡洛林王朝的政治深受與羅馬教皇聯盟的深刻影響。

　　矮子丕平按照希伯來人的習俗崇拜耶穌，他也是基督徒的保護人，並在 754 年承認教皇據有羅馬和中部義大利的拜占庭諸省，也確認了「君士坦丁的贈與」（The Donation of Constanine）一文是真的。由於君士坦丁

是第一位基督教皇帝，「對此贈禮文件，人們有充分理由認為，它是羅馬教廷的偽造。」當他認為此文具有相當的真實性後，便將所收復的城市歸還給羅馬教會，還立下「丕平的贈與」（The Donation of Pepin）這樣的憑據，而此年被認為是「教皇國」成立之年（756年）。

當時羅馬教廷之所以願意與矮子丕平合作，其主因在於，從751年開始倫巴底人便占領當時的首都拉韋納，讓教廷感受到前所未有的恐懼，這使得羅馬教廷們急於尋找一個強大忠心的聯盟者，以此對抗東羅馬（拜占庭）與倫巴底人。由於此關係，矮子丕平曾於754年、756年兩次干涉義大利，打敗威脅羅馬教廷的倫巴底人。並對高盧的神職制度進行了改革，支持盎格魯·薩克遜的傳教士到日耳曼地區去傳教，這些事表明他與基督徒的密切關係。

五、法蘭克國王查理曼

768年矮子丕平去世，王國由他的兩個兒子查理曼（Magnus，西法蘭克）和卡洛曼一世（Carloman-Ⅰ，東法蘭克）分治。年輕的查理曼控制著前墨洛溫王國的中心，但由於兄弟之間的暗鬥，一度妨害法蘭克王國的統一，還好卡洛曼一世在三年後也去世了，查理曼便在取得貴族的同意之下，攫取卡洛曼一世原有的領地，使得卡洛曼一世的王后帶著她的兒子逃往倫巴底王國，讓查理曼再度將法蘭克王國統一。查理曼大帝當時成功地繼續奉行其父親的政策。他的好友也是當時宮廷的史官艾茵哈德（Einhard），他在《查理曼的一生》（Life of Charlemagne）中誇他個子大、有力氣、性格堅強，渴望到處把上帝的旨意和尊嚴強加於人。這位法蘭克國王是教皇的盟友和基督教會的保護人，他本人也是基督徒，常以宣傳基督教、教化異教徒為己任。

查理曼當時原本準備要討伐薩克遜人，無暇顧及義大利的戰爭，因此對於倫巴底王國，最初企圖以和平方式暫時解決他們與教皇間的問題，但773年倫巴底人（Lombards）及其國王迪迪埃（Didier）曾攻進羅馬，占領聖彼得大教堂，迫使教皇臣服於他，這時查理曼接到了新教皇哈德良一世（Hadrian Ⅰ）的求救後，便先休了他的妻子，即倫巴底國王的女兒；接著就派出兩支軍隊越過阿爾卑斯山，圍攻羅馬九個月，並奪取倫巴底王

國的首都帕維亞（Pavie），最後終於在 774 年將倫巴底王國打敗，並廢黜其國王迪迪埃。就這樣他變成了法蘭克人和倫巴底人的國王，並確認了君士坦丁和丕平的著名贈禮文件。這次遠征，他征服了北義大利，並在該國安置了法蘭克新貴族，建立一個強有力的統治權，從此義大利北部歸其所有。

　　此外查理曼大帝更與基督教教會相結合，並用武力推行基督教，像是在 772 年到 804 年間，他就曾對薩克遜人（Saxoniae）、阿瓦爾人（Avars）進行遠征。他也曾數次領兵進攻當時占領西班牙的回教徒，只是未獲大勝，不過卻為《羅蘭之歌》（*Song of Roland*，描寫的並不是與穆斯林間的戰爭，而是與另一支基督徒巴斯克人（Basqxues）間的戰爭）這部作品留下一個好的內容大綱。在此次的軍事行動，他只取得西班牙北部的一些地區，稱之為「西班牙邊界」（Spanish March，又稱為西班牙特區，即是巴塞隆納），這就是後來「基督教西班牙」的起源。總之，查理曼大帝經過數十年的南征北討後，終於在歐洲本土建立一個前所未有的大帝國，其領土包括了現在的法國、比利時、瑞士、義大利北部、荷蘭、盧森堡、德國、奧地利、西班牙北部地區，甚至連現在的捷克、南斯拉夫等地也成為他的附庸。

　　799 年間，在羅馬發生反對教皇李奧三世（Leo Ⅲ）的叛亂，使李奧三世受到其政敵迫害，逃亡法蘭克王國。800 年間，查理曼親率大軍護送李奧三世回羅馬復位，並逮捕其政敵等。因此到了聖誕節那天，李奧三世在查理曼大帝做完彌撒之後，給查理曼戴上一頂皇冠，參加儀式的人見狀都高喊著：「上帝為查理曼加冕，查理曼我們羅馬偉大和平的皇帝啊！您將長生不老，您將常勝不敗！」皇帝這一稱號自 476 年以來在西方不曾有人享有過，但現在又在查理曼身上重現了。

　　800 年的加冕讓查理曼的帝國成為基督教帝國，在此教會與帝國通力合作，查理曼再次將政教兩者合而為一，他是以教治國，在內政上儘量使用教士，讓他們擔任非教士的職務，至於對外的擴展方面，也以消滅異教勢力、擴展基督信仰為主，以此完成所謂的「天主之城」的理想。在查理曼的宮廷中，解決的不僅是國家大事，還包括宗教的問題，查理曼的權力之大，甚至連主教和院長的任免權都掌握在他的手上。

查理曼除了是一個相當注重武功的人之外，他還相當重視教育。他為了提高國內的知識水準，將所有的學者，像是愛恩哈德、阿爾昆（Alcuin）等，集中到他的朝廷，在此興設「宮廷學校」（palace school），專門教育貴族子弟。接著他還在各地設立許多附屬於修道院的學校，這些學校不只收貴族子弟，也收一般的平民子弟。

至於被查理曼請來的學者雖對保存古代的文明有幫助，但他們並不是因為有所抱負，而是被查理曼的財富與權力所吸引。這些學者中以從諾森伯利亞（Northumbrie）來的阿爾昆最為重要，他將英格蘭與法蘭西的知識作一個重要的連結。當時這些學者致力推動在每個重要的修道院設立一所學校，並讓修士擁有識字能力，因此他們在修道院中發展出一種新的標準字，即以卡洛林小字來書寫各種古代的典籍與聖經，如此保存了許多古代的學說與基督教文化。

六、虔誠者路易與凡爾登條約

806 年查理曼把法蘭克王國分給他的三個兒子，但後來其中兩個死了，才使得虔誠者路易（Louis the Pious，814～840 年）得以統治整個法蘭克王國。不過造成虔誠者路易的政局混亂的最大原因就在家庭因素，那時由於土地分割不均，導致父子間、或兄弟間內戰不斷，使得國家的綱紀完全廢弛。

雖然 817 年路易宣布「分封法令」（Ordinatio），說帝國的統一是不可分離的，並指定他的長子羅泰爾（Lothaire）為他唯一的繼承人；另外兩兄弟——丕平和日耳曼路易（Louis the German）只獲得阿基坦和巴伐利亞的一些封地。在同一時期，羅泰爾對羅馬和教皇國的壓力也加重了，教皇國變成了法蘭克真正的保護國。

孰料，虔誠者路易的皇后去世，使他又娶了斯瓦比亞（Swabia）的公主朱廸思（Judith），並生一子查理，因此 832 年他決定將某些國土分封給這位年幼的查理，但他給查理的土地多於其他的兄弟，因而羅泰爾與他的兩位弟弟紛紛起來反叛，這使得虔誠者路易不得不與覬覦其王位的兒子們相鬥，而他的兒子們最後竟將他廢黜，並把他關在一間修道院中，最後虔誠者路易只好順從他們。此外，虔誠者路易實際上是一位忠於基督信仰

的人，因此他常被身邊的高級神職人員牽著鼻子走。

840 年虔誠者路易去世後，他的三個兒子（羅泰爾、禿頭查理、日耳曼路易）互相爭奪繼承權，當時的查理曼帝國陷入完全混亂中。羅泰爾獲得許多忠於統一思想的學者們支持，他的兩位弟弟則利用地方主義結成聯盟，841 年，禿頭查理、日耳曼路易的軍隊在歐塞爾（Auxerre）附近的封特努瓦─昂皮塞（Fontenoy-en-Puisaye）戰役中獲得勝利，並於次年率軍會師於斯特拉斯堡（Strasbourg）宣誓要互相支援，一起反對羅泰爾（在此宣誓詞中出現了兩種語言，即拉丁語與日耳曼語，這是因爲路易的軍隊來自日耳曼地區，而查理的軍隊則來自阿基坦（Aquitaine））。

843 年 8 月羅泰爾兵敗被驅逐出亞琛（Aix）逃到拉昂（Lyon），因此不得不接受同意瓜分帝國的凡爾登條約（Treaty of Verdun，843 年），該條約將查里曼帝國分爲東、西、中三個部分，在數世紀期間深深影響著西方的政治版圖──禿頭查理（Charles the Bald）得到了法蘭克王國的西部，日耳曼路易（Louis the German）則統治著法蘭克王國的東部，至於羅泰爾（Lothaire）則享有皇帝稱號和兩個首都──亞琛（Aix）和羅馬，並保留著中部地區和義大利。

其實，凡爾登條約奠定了西方民族國家的大輪廓，在歐洲的歷史上占有極重要的地位，因爲此條約，讓中古歐洲從此產生了所謂的東法蘭克（幾乎都使用日耳曼語）和西法蘭克地區（使用拉丁語），這兩個地區漸漸形成之後所謂的德國與法國。雖然在當時這兩個地區已分屬不同的種族，但他們在政治上並不對立，不過實際上這兩個地區從此便各自爲政，且爲了他們當中那份原屬於羅泰爾的領土而爭鬥不已。

然而，凡爾登條約的瓜分並沒有誕生出三個「國家」，而且人們也接受了一些小領地的觀念。因此德國被分成了好幾個民族和好幾個王國，如薩克森人、巴伐利亞人等等，而法國人則被分成勃艮第人、阿基坦人、布列塔尼人、諾曼地人。

其實，卡洛林王朝團結一致的思想在這次的瓜分之後仍然繼續存在著，因爲這三兄弟常會召集一些向其信徒們談到保衛西方不受遊牧民族的侵略，和教會問題的會議，只是他們往往很快便會互相敵對並爭鬥起來。

在 855 年羅泰爾死後，國土由他的三個兒子瓜分，這讓羅泰爾的兒子

路易二世（繼承皇位者）不得不與那些結成聯盟的叔叔們作戰，870年他的叔叔們在梅森（Mersen）進行新的瓜分時，只留下義大利給他，此次瓜分的最大後遺症，是造成日後的德、法間的「亞爾薩斯與洛林的問題」。

875年路易二世去世了，這時禿頭查理一聽到消息，便在羅馬宣布自己為皇帝，除德國外，他牢牢地掌握著整個前法蘭克王國，包括義大利在內。直到881年，皇冠才落到日耳曼路易的兒子——胖子查理（Charles the Fat，888年）的頭上，884年胖子查理又被推選為國王，這讓分裂已久的查理曼帝國此時又告統一，只是到了887年胖子查理又被貴族推翻，後來領土分割的情況愈演愈烈，帝國終告永久瓦解。

第二節　封建制度與封建王國

「封建制度」是中世紀歐洲唯一的政治制度，此制度起於西羅馬帝國的滅亡，終於十字軍東征之後。它並不是有計畫的出現，而是在偶然間發生的，並非有系統的規劃產生的，只能說是一種為應付環境急速變化而產生的一種臨時性的政治型態，且依時間、地點的不同而不同。其主要是由兩個因素組成，一是土地，另一個是人民。「土地」即是所謂的「采邑」（fief），它可說是封建制度的基礎，因為土地的轉移便影響到政治權力的移轉。采邑的獲得是靠附庸為領主提供軍事服務獲得的，領主賜給附庸的土地通常還包括土地上的人民。

一、封建制度

毫無疑問的，封建社會有一些傳統封建制度的共同特徵：也就是個人的依附、保護、被保護。然而它們總表現出根本的不同，往往不是根據軍事生活或土地的經營，而是依據一種權利與義務。從1000年起，封建的風俗在這些地區已形成。維持附庸與領主間的關係是建立在一種儀式上：附庸跪在領主的腳下，把他的手放在領主的手上，宣誓要效忠領主，至死不渝。這是祈禱和效忠的傳統儀式——「臣服禮」（hornage），通過對聖物和聖體的誓言，立誓忠於領主。作為交換的，領主立刻舉行「冊封禮」（investiture），送出一團土或一面旗，象徵將封地（采邑）送給附

庸。

　　由於封建制度是一種維持附庸與領主間的關係，這種關係含有權利與義務。首先領主必須對附庸加以保護，但附庸必須扶助領主，並許諾不能損害領主，必須忠於他。對附庸來說，軍事服務（military service）是最主要的義務，因爲有了軍事服務便有了采邑，它決定了附庸的生活等級。不過軍事服務，可分爲防衛戰與侵略戰兩種，侵略戰是有時間限制的，且附庸可以自行決定是否參加。除了軍事服務外還有宮廷服務與經濟上的援助（aid）等。其實封建制度這種含有權利與義務的關係，與早期日耳曼人的習俗有很大的關係。因爲日耳曼人有一種「騎士誓盟」（Comitatus）的制度，此誓盟是奠基在領袖與部下間的忠誠、勇敢與互相尊重之上。

　　領主與附庸的關係表現上看起來很簡單，但實際上它是由一條條複雜的連線組成一個巨大的金字塔階級。領主和附庸都是貴族階層，領主亦可自我推薦到另一位比他更爲強大的領主之下，成爲他的附庸，後者也可投靠另外一位更強大、地位更高的領主之下。此外，附庸也可以贈送一塊土地給另一個附庸，而成爲另一個領主，或是某個領主成爲其附庸的附庸；更有甚者，這個領主與附庸都可一起成爲另一個更大的領主的附庸，不過最大的領主一定是國王。而且一個附庸常常同時擁有好幾個領主，一旦領主們之間發生戰爭，將出現他應該效忠哪個領主的問題。因此，附庸往往在其領主之中挑出一位作爲「忠君」，他們之間的聯繫也往往比與其他幾個領主更爲緊密。

　　由於封建社會下的家庭，男人的基本義務是打戰，爲了生活，騎士通常必須接受打仗爲他們的終生職業。因此當孩子在七、八歲時，父親便會將他交給他的領主或親戚教育，以免被他的父母給寵壞。到了十四、五歲時便要成爲領主的侍從，學習照顧戰馬、擦亮盔甲與進行餐桌服務；等到他二十歲時就要準備通過騎士訓練，成爲一名騎士。

　　其實在當時的歐洲各地並不是每個地方都實行「封建制度」，這一點在南歐、西班牙、法國盧瓦爾河以南地區，與義大利北部地區可得到證實。而且封建制度會隨著在不同國家、地區，而有不同的表現方式，就連封建制度最典型的法蘭克本身也會因地區的不同，而有不同的表現。此外，在某些國家，「封建」制度是通過征服引進的，如西爾弗斯特二世

（Pope Sylvester II）教皇在教皇國強制實行領地制，諾曼人在英國和義大利南部的武力征服，不過這些「引入的封建制度」仍有其特殊之處。

二、封建制度的發展

西歐封建制度的出現與「鐵鎚」查理對穆斯林的戰役有關，當時「鐵鎚」查理將騎兵當成作戰的主力，但騎兵的所有裝備（鐵盔甲、劍和矛）都很昂貴，這意味著他們有沈重的開支，而且他們需要經過嚴格訓練和經驗的累積，因此經濟窮困的政府便給每位騎士一塊地與在土地上耕作的農民，使他不需為經濟問題所困擾，專心於戰事，如此只要向他宣誓效忠的騎士便可獲得土地，這讓騎士與君主之間形成領主與附庸的關係，因此土地的占有與軍事服役由此息息相關。

九世紀時卡洛林王朝處於內憂外患之際，當時虔誠者路易與他的諸子關係十分惡劣並處於互戰，使得國家權力遭受分化。而且在 814 年維京海盜開始騷擾法蘭克海岸，827 年薩克遜人騷擾西班牙沿海地區、895 年馬札兒人入侵東法蘭克王國，當政府無法保護人民的安全時，人民便去依附在有足夠力量、能保護他們的領主之下，接受他的保護，成為他的農奴或附庸。

而且從八世紀開始穆斯林便控制了地中海地區的貿易，至於北方與西方的商業活動則遭到維京海盜的迫害，使得這時的商業經濟急速萎縮，退卻到以物易物的階段，讓西歐經濟回到純農業狀態。由於這些新的入侵者讓處於衰落的卡洛林王朝加速分裂與分化，讓這個帝國處於無法抵抗的局面，致使地方貴族紛紛起來鞏固自己的勢力，終於在蠻族侵略之後，出現一個個封建王國。

然而，封建制度並沒有滲透到社會的每個角落。「封建社會」這一名詞僅適用於一些國家的社會和政治境況，領主發號施令的權力取決於他們對土地的經營和軍事的力量。各地區的領主即分占羅馬帝國的領土，於是論功行賞，他們將土地畫分為若干部分，除留一部分為己用之外，其他的部分則分給各將領，並賜予公（Dukes）、侯、伯（count）等爵位。不過我們可以從一些詞語（統治者、領主、附庸）區別出來哪些人接受別人的服從和依靠宣誓，哪些人發誓服從和依靠別人。

　　附庸（vassal）一詞，無疑是從克爾特詞變化來的，大約在 1000 年時出現騎士（miles）這一詞，並在爾後廣泛使用。不過這些附庸甚至在國王的附庸中，有些人的社會地位相差很大，他們是什麼人？在很長的一段時間內，人們認為領主們形成一個騎士貴族階層，他們是一群以武力方式經過一連串的篡權活動，取代卡洛林時期的貴族。實際上，貴族是和權力的行使有關，至於騎士則處在外人的地位，他的身分依附於他人，是為別人服務的，因此騎士是為一個大人物服務的軍士，而不是貴族。然而對這一問題深入研究也出現了一些差別，特別使人注意到法蘭西國家和日耳曼國家的明顯差別：

　　首先是，貴族家庭的繼承方式是男性世襲還是女性世襲來繼承。這個問題法國學者弗雷斯特（E. Verriest）認為，貴族身分是通過婦女傳下去的，但這論點立刻遭到強烈的反對。然而人們接受特倫巴赫（G. Tellenbach）和斯密德（K. Schmid）的論點，認為傳統在這裡已發生了變化。在卡洛林時期，貴族家庭是一個廣泛聯姻，是很不確定的群體，由女兒來繼承，因為她帶來了他們的婚姻財產。由此可知，貴族身分是世襲而來、與生俱有的。至於騎士（miles），他們是一群接受過嚴格的軍事訓練的人，並非所有的貴族都是騎士。在德國騎士常常是農奴，與其他家庭僕人沒什麼區別，他生活在領主身邊但並不固定，他們的狀況與應服軍役當步兵的富裕自由農民沒有多大區別。

　　在中古的貴族社會中，騎士是在最底層，它的上面則是擁有堅固城堡的堡主，堡主可分成男爵、子爵、伯爵、公爵，最上層則是國王，他們擁有廣闊的封地，至於國王是封建階級的最高首領。

　　伯爵與公爵都會直接從國王那獲得封地，無庸置疑地他們直接隸屬於國王，是國王的附庸，國王是他們的領主。但實際上，在十一世紀時，伯爵與公爵常常比國王還強大，他們才是法蘭西的主人。像是諾曼地（Normandy）公爵和法蘭德斯（Flandre）伯爵才是他們封地上真正的封建君主。

三、莊園制度

　　所謂的「莊園制度」（manorial）指的是一種經濟制度，這種經濟制

度大約在九世紀時便普遍行於西歐，一直持續到大約十二、十三世紀左右。莊園的土地通常會分成三等份，一份種植小麥、一份種大麥或燕麥，另一份則休耕，莊園是由農奴而不是奴隸進行耕種。農奴雖與土地密不可分，且定期被迫要爲他的主人服務，並負擔各種稅賦，但他們與奴隸最大的不同在於：他們有人身的自由，有自己的一塊耕地養活自己。

　　當時歐洲農村的景象大致爲，田莊的中央高地是領主的城堡，這裡是有防禦設備的，每當有外敵來時，農民可以躲到城堡裡。至於城堡的外圍則有許多簡陋的農舍形成一個村莊，在村裡通常有磨坊、鐵舖、小教堂與神父的住屋，村莊的外圍則有耕地、草地與荒地、森林。

　　1050 年農民地位的變化，僅在很小的界限之內罷了。首先，並非所有的農民都被視作領地的一部分，因爲不久之後，西歐地區也出現了大批自由農。這些擁有土地的農民不隸屬於任何領主，他們不需對任何領主服勞役，他們發揮了農民團體的作用，制訂嚴格的集體制約。在領地範圍內，對於佃農來說，在法律上他們也削弱了奴役的依附性。另外，在1000 年左右，也無法爲農村的農奴地位下一個明確的定義，因爲必須考慮到經濟上的依附性，以及公共法律對農民活動的約束。

　　農村社會變化首先表現在經濟環境的改善、領主或社團制約的解放，這一巨大變化很可能是因領主的財政困難所引起的。世俗領主和宗教領主感覺到開支增加的速度驚人，這是因爲他們對服飾、住房、武器和飲食的豪華追求，及耗資巨大的十字軍運動，而當時正處於貨幣貶值，以物易物的時代，因此所生產的東西，無法產生多餘的剩餘價值。是故，領主們更願意放寬對農奴的人身控制權，即名義上的贖身，不過領主通常都會反對立即付清贖金，因爲這樣他們還可接受固定（預定）的賦稅。對農民來說他們不但可以擺脫奴隸的名分、減輕繁重的勞役，更可以擁有身體上的「自由」。

　　事實上，人們並不想要出賣自己，但在整個大環境不允許之下，爲了生存，才將自己置於一個受到領主保護的經濟之中，因此在那情況下，專斷是可以承受的。但市場經濟發展後，農民可以出售多餘的產品，如此就有多餘的錢來爲自己贖身，這樣領主就要求繳交固定的地租。農民們的解放常常可以用一個書面，或是建一座新城市的證書，更或者是對法國各地

來說，是對以前鄉村團體實行的免稅證書。在帝國各地，習慣法是由判例編成和確定的，這些契據雖較不客觀，但還是顯示農民條件的改善。許多證書不但適用於一些商業市鎮，也可適用於一些鄉下村莊。當時農民們往往可獲得：

1. 個人自由，取消可能被視爲侮辱性的捐稅，像是人頭稅、（領主）永久營業稅、農奴違反規定的婚姻稅。

2. 減輕軍隊義務，另一方面減輕領主在市集、運輸、磨坊等方面的義務及壓力。

3. 減輕與行使低級裁判權有關的罰金。

　　然而這一解放運動隨著地區而有不同的命運，約 1300 年在巴黎盆地中部、諾曼地和洛林等地區，人們便不再發現農奴或者兵士的蹤影；但在阿爾卑斯山脈，甚至在北法國東部邊緣，如弗朗什孔泰省（Flanche-Comte）、香檳和勃艮第的某些區農奴還是很多。在好幾個地方，農奴的數目各不相同，像是在 1279 年，英格蘭沃里克郡（Waewichshire）中，農奴約占 27%～46%。

　　最後，應特別強調指出，免稅證書並不是對所有鄉下居民都有利，而是在大部分情況下，對一些農民較有利，這些證書削弱了市鎮權利和集體約束，減輕市場稅，促進鄉村貿易發展和耕種專業化。總之，這一解放更是反映了農民世界中一種較嚴重的財富等級——弱者失去愈來愈多的權利，例如：放牧權使一些富有的農夫獲得了更多的土地，租種部分領主保留地，修建漂亮住宅，獨攬公共權利和控制村政權。特別是在英國和諾曼地，富有的農民都有自己帶徽章的官印。

四、農業技術的發展

　　一般來說，技術發展是隨著社會結構的轉變，或是長期開墾土地，增加穀物所得到的。主要的革新，大概來自鄉村的鐵匠，這時的農民們自己製造工具，不再依靠領主的作坊。當時，有很多的姓氏指的都是鐵匠，像是費弗爾（Febvre, Lefevere）、史密斯（Smith）、施米特（Schmidet），這代表了農村勞動史上的革命性指標。

　　然而此時改進技術的作用仍是有限的。像鐵製器具方面，這類東西一

直都很貴，通常是爲富人準備的。實際上，在那個時期，耕種是需要一種叫犁耙的耕具，但這種東西非常貴，相當於農民一塊中等開墾地的價值，因此農民們無法自己擁有犁耙，而且拖犁耙是需要四到八頭牛來拉，這也不是一般的農民負擔得起的，因此通常都是集體耕作。

總之這種土地文明仍然是一種木器文明：一些人跟著犁田之後，用木槌打碎土塊；鏟鍬的「鐵」，只是一塊釘牢的簡單金屬薄片；至於大鐵片鐮刀很貴，往往是留給領主騎兵用來收割牧草，而農民使用一種彎曲有齒的短鐵片鐮刀來收割麥子；農民收割麥子時，通常會將麥桿留得很高，因爲麥桿可用來蓋屋頂，或用當作牲畜的墊草；這些跡象都表示出集體約束對某些技術產生的影響。

眞正技術的改進，在那些缺少新耕地的地區是增加產量。有人認爲在九世紀馬軛就發明了，也有人認爲它是由亞洲或其他地方傳入的。但不管如何，農業革命並不像人們以爲的那樣，是一場驚人的、快速的「革命」，實際上它是經過漫長的三項主要革新：

1. 用馬而不是用牛。買馬和養馬都比牛貴得多，且不能在最困難的條件（山區或初步開墾地）下工作，但馬做得快，能增加耕種，將土地疏得更鬆。
2. 用鏵犁而不是用桿步犁（araire）。桿步犁是用於地中海地區，它只能犁開地表，不能將整個地翻過來；至於鏵犁，一般認爲是是北歐工具，可以犁相當厚的土壤。
3. 引進了三年輪作制。三年輪作制（兩年耕種冬麥、春麥，一年休耕），取代了兩年耕作制（兩年中一年耕種冬麥）或其他比較原始的耕作制。此外還種植了一些較不耗地力的作物，像是豆類、燕麥，這些作物更可提供人們蛋白質，來平衡人類的飲食。

這些不同的改進都是在最好的土地上進行的，因爲這些土地耕種已久，人口也非常稠密，那裡的人常希望能多一些多餘產品。如起初是巴黎盆地，後來是英國和洛林平原，這些新技術當時還沒有進入所有西方國家。

總之，進步是十分有限的，且產量也不大。就最好的田地而言，播一粒約收五至六粒，在特殊年景收八至九粒已經算很好了。此外，如果遇到

比較惡劣的氣候，穀物往往就易受損，因此惡劣的天氣幾乎每次都造成災難。不過在這三個世紀中，西歐並沒有受到飢荒的威脅。

有些人把「中世紀」看作貧困、營養不足，且經常受到災難、飢荒和流行病危害的世界，其實這是存心抹黑的說法。在只有簡陋工具的農業社會中，能養育著如此多的人，支撐著整個歐洲文明，這何嘗不是一種成功的表現。且毫無疑問地，這種土地上的成功，在以後數世紀中顯示出來的是歐洲未來財富之源泉。

五、法蘭西王國與盎格魯・薩克遜王國

814 年維京海盜開始出現在法蘭西沿海，進行夏天的例行搶劫，且從834 年起，這群維京海盜便開始沿著大河而上，將目標放在沿岸富有的修道院與城鎮，使得大河上的城鎮像安特衛普（Anvers）、盧昂（Rouen）等皆遭劫。維京海盜之所以肆無忌憚地橫行於此，主要是因為，卡洛林王朝的衰落與長年的內戰造成的，而且他們的目標通常都不在堅強防備的城鎮，而是對準鄉村，尤其是那些富有的修道院。843 年他們開始在此地過冬，從此他們所從事的工作從侵略轉向計畫移民。

987 年選擇于格・卡佩（Hugh Capet）登王位並不能說明這是一個革命性的選擇。其實他的祖先（巴黎伯爵）長期以來，就經常與卡洛林王朝的君王相對抗，聯合統治這一王國，他可說是這個王國政治結構中的關鍵人物。強者羅伯特的兒子（Robert of Strong）巴黎歐德伯爵是對抗維京人攻打諾曼地維京海盜的英雄。當時的法蘭西國王有歐德（Eude，888～898 年）、羅伯特一世（Robert，922～923 年），與勃艮第公爵的拉烏爾（Raoul）——他是羅伯特的女婿（923～936 年），最後羅伯特的大兒子于格卡佩（987 年）以法蘭西王國卡洛林王朝的名義行使權力。

所有歷史學家都指出，卡佩王朝（Capetian dynasty，987 年）的國王也只是封建領主罷了。開始的幾個國王的力量都很弱小，他們由一群擁有小範圍產業的個人所組成，所能直接進行統治的領地，只有巴黎附近叫「法蘭西島」的地方（法蘭西公國），除此之外，國王無法行使任何的權力。因此他們在面對強大封建領主時便無力招架，且在法蘭西國內受到政治分裂和領主們好戰的威脅，同時也出現一些與教皇發生衝突之事。

卡佩王朝的國王壽命都很長，從未出現攝政的問題，他們採用長子繼承王位的辦法，使封地不會再被分裂，避免繼承的衝突，解決了卡洛林王朝長期存在的內戰問題。此外，此地的農業十分繁榮，特別是法蘭西人口非常稠密容易耕作，讓卡佩王朝利用封建君主的權力，取得比其他鄰近的省分更好的收成。

至於盎格魯‧薩克遜王國方面，在980年北蠻又開始侵略英格蘭的沿海地區，這次的侵略行動是由丹麥與瑞典國王率領的軍隊，進行有計畫、有組織的侵略。英王這次希望藉由進貢的方式來換取和平，因此開始徵收「丹麥金」（Danegeld），貢獻給北蠻。不過1016年英王愛德蒙（Edmund）與丹麥王克努特大帝（Canute，1017～1035年）簽訂合約，約定將英格蘭一分為二，如有一方先去世，對方便可統一全國。合約簽訂不久愛德蒙便被殺身亡，丹麥王克努特大帝依約成為英王。

克努特大帝雖是蠻族，但他入主英格蘭，使英格蘭人開始到波羅的海地區從事商業活動，帶給英格蘭極大的進步。此外他在內政上並不因民族的不同而有差異，對丹麥人與盎格魯‧薩克遜人都採取同樣的政策。在克努特大帝去世後，他的龐大帝國由諸子分治，哈羅德（Harold，1035～1040年）得到英格蘭，不過在他的兒子去世後，「賢人會」便迎回證道者愛德華三世（Edward III，1042～1066年）。不過愛德華三世從小在諾曼地長大，對諾曼地人十分有好感，因此他的政府人員大都為諾曼地人，這為日後征服者威廉能順利統治英國鋪好一條道路。

1051年愛德華三世曾允諾要將王位傳給征服者威廉（William the Conqueror），此舉令英國的貴族十分不滿，紛紛起來叛亂，讓貴族的勢力漸漸強大，此後封建制度在英國也迅速的發展。在愛德華三世晚年，威塞克斯伯爵高德溫（Godwin Earl of Wessex）與其子哈羅德（Harold）掌握國家大權，因此愛德華三世在臨終前便將王位傳給威塞克斯伯爵之子哈羅德。當威廉知道後，便認為愛德華三世說要將王位給自己是個謊言，而哈羅德也曾向他宣誓過不要王位，一氣之下，威廉帶軍討伐。當時哈羅德與羅馬廷失和，所以威廉的征討也得到羅馬教會的支持（羅馬教會與哈羅德家族因坎特伯里主教問題發生很大的爭執），1066年10月威廉在哈斯丁斯（Hastings）附近遇到哈羅德的軍隊，在此得到關鍵性的一戰，英軍

大敗，威廉軍隊進軍倫敦，取下英格蘭，成爲英王，爲英格蘭開創一個新時代。

六、日耳曼王國

　　當東法蘭克王國受到來自北方的匈牙利人的侵襲時，王國君主無法抵擋侵略，這時人們便會團結在自己的部落貴族之下，讓部落的貴族們興起，取得部落領導權與統治權，組成部落公國。因此到了十世紀初出現了五個大的部落公國，分別爲薩克遜（Saxony）、巴伐利亞（Bovaria）、法蘭克尼亞（Franconia）、斯伐維亞（Suabia）與洛林。

　　當東法蘭克王國的最後一位國王童子路易（Louis the child）去世時，繼位的是法蘭克尼亞（Franconia）公爵康拉德一世（Conrad），不過他所得到的是國王這個虛名，並沒獲得國王應有的權力，到了919年由薩克遜家族的亨利一世（Henry Ⅰ，919～936年）繼承王位後，便出現一個強大的薩克遜公國。936年繼承亨利一世之位的是亨利一世之子鄂圖一世（Otto Ⅰ，936～973年），鄂圖一世依靠教會、主教和薩克遜軍隊的幫助，擴大了日耳曼王國的疆域，縮小了公爵的領地，並利用內戰期間占領洛林公爵與法蘭克尼亞（在今日的比利時）公爵的領地。此外，在東邊他成功的抵擋馬札兒人的入侵，並使波西米亞（Bohemea）的斯拉夫人承認其保護地位。

　　接著他在952年的奧格斯堡協會中提出，將大批土地和廣泛的行政權授於教會的大主教與主教，使教會成爲他的附庸，控制大主教與主教的任命，使教會成爲他的擁護者，此外他還將自己打扮成查理曼大帝那樣，認爲自己是基督教的領袖和保護者。因此在962年，他在羅馬從教皇約翰十二世（John Ⅻ，955～963年）手中得到皇冠，而他所建立的帝國便是神聖羅馬帝國（The Holy Roman Empire），其領土包括德國與義大利。

　　在當時神聖羅馬帝國遇到的困難是，鄂圖家族的繼承者——鄂圖一世（973年卒）、鄂圖二世（983年卒）、鄂圖三世（996～1002年）均未能有效地控制各地的秩序。此外，他們並無法減少穆斯林和希臘人對義大利南部的入侵，也不能同時鎮壓日耳曼地區的暴動和抵抗斯拉夫人的進攻。人們指責他們犧牲日耳曼地區的和平來討好義大利人。不過薩克遜王

朝在之後的兩個世紀裡，他大多數的繼承者都從未真正地控制住義大利。

　　鄂圖一世總共四次遠征羅馬，自962年起他率軍進入義大利後，便鞏固了丕平和查理曼的贈與。此外他更長期受到法蘭西奧利拉克（Aurillac）修道院的蓋伯特（Gerbert，946～1003年）影響，這位蓋伯特便是日後的教皇思維二世（Sylvester Ⅱ）。不論如何，鄂圖一世的神聖羅馬帝國，主要是靠其親信和對教會的依賴才得以建立，只是後來他隨意宣布教會之上的最高皇權，教會只是一個控制義大利的工具，為此他通過兩次改選教皇。

　　對與他同時代的人來說，鄂圖一世如同查理曼再世一樣。鄂圖一世不僅掌握帝國教會的所有權，他還同時身兼皇帝與祭司，是上帝的代理人，因此很自然地成為帝國教會的領袖。不僅是他，還包括他的其他繼承者——鄂圖二世、鄂圖三世——也一直有統治西歐的野心。

第三節　早期基督教的發展與修道院制度

　　基督教（Christianity）在羅馬帝國時期開始向外傳播，先流傳於窮人與下層社會，最後才擴展到受過教育之人和中產階級中。當時的羅馬在宗教政策上，採取的是寬容的政策，只要外來的宗教不排斥「皇帝崇拜」的羅馬國教，就能在帝國內繼續生存。可是一神論者的基督教徒拒絕皇帝崇拜，再加上教徒們宣傳天國即將到來的消息，讓羅馬政府認為基督徒企圖謀反，對他們進行迫害。不過基督徒對於帝國的迫害不但不畏懼，還愈挫愈勇，它的殉教精神獲得更多人的支持，使信教者與日俱增，終於，在380年狄奧多西皇帝定基督教為國教，禁止其他的宗教。至此基督教大放光芒，成為世界性的宗教。

一、基督教的勝利與教義的爭論

　　64年，羅馬皇帝尼祿（Nero）開始迫害基督徒，不過從此時到200年左右，所有的教難都是由地方人士發起的，並非全國性也不是持續不斷的。但從200年到313年君士坦丁大帝頒布《米蘭詔書》（The Edict of Milan）為止，開始出現全國性教難，這時的教難都是由皇帝親自下令，

遍及全國，不過是否執行則要依地方政府的態度。由於羅馬政府對基督徒
採取迫害的政策，但這些迫害仍斷斷續續，爲時不長，因此並不會構成致
命的傷害，而且也由於這些迫害行動，反而有助於基督教的傳播。

　　不過在四世紀出現了一次大教難，發起人是伽列里烏斯
（Galerius），此次教難在伽列里烏斯統治的東方最爲嚴重，至於西方則
較爲緩和。303年伽列里烏斯宣布禁止教徒集會，沒收教會財產，教徒必
須在改宗與殉道之間做選擇。事實上，當時的基督徒勢力已經相當龐大，
並不是用迫害就能解決，這次迫害並沒有得到任何的效用，因此在311年
伽列里烏斯得到重病後，便下令宣布宗教寬容，不再對基督徒進行迫害。

　　不過基督教在羅馬帝國有合法地位是在君士坦丁大帝（Constantine，
306～337年）時。312年君士坦丁大帝頒布《米蘭詔書》，給予基督教
在法律上享有與羅馬國教同樣的自由，基督教徒也和其他公民一樣被法律
保護著。到了狄奧多西一世（Theodosius Ⅰ，378～395年）時，基督教
更進一步成爲羅馬的國教，不過這時出現教義之爭。

　　基督教的基本信仰是「三位一體」（Trinity），即聖父、聖子、聖
靈。而這「三位一體」的基本信仰在314年引起很大的爭論，當時由阿里
烏斯派（Arians）與亞塔那修派（Athanasians）在此論點上進行爭論。阿
里烏斯教派在希臘哲學的影響下，不認爲耶穌等同於上帝，堅持認爲聖子
由聖父創造出來的。但亞塔那修（St. Athanasiaus）則認爲耶穌基督雖是
聖子，但他同時是聖父、聖子、聖靈。經過長期的爭論，君士坦丁大帝認
爲「信仰分裂的國家不能有政治的統一」，便進行干涉，因此在325年召
開尼西亞大公會議（Council of Nicaea）來討論此議題。

　　君士坦丁大帝以皇帝身分召開此宗教會議，開啓東方教會受政府干涉
的不良風氣，形成一種「政教合一制」。此次爭議後來君士坦丁大帝判定
由亞塔那修派獲勝，從此「三位一體」成爲不可爭論的教條，至於阿里烏
斯派則被稱爲異端。不過阿里烏斯派並沒有因此而消失，因爲邊疆有許多
的蠻族部落仍信奉阿里烏斯派。

二、羅馬教會的發展與東西教會的分裂

　　基督教原本都是使徒在城市中傳教的，並沒有教士與俗人之分，不

過經過耶穌十二個使徒之一的保羅努力後，使基督教的勢力漸漸龐大，這時的基督教便出現長老與俗人的區別，便將全羅馬帝國分成若干個教會組織，並出現負責管理聖事的長老組織，有了主教、神父與助祭三個等級。一般來說，主教都設在市，他將統領這附近的教士進行傳教，不過隨著基督教的發展，讓主教間也出現了差異，像是在較大的城市中，主教被稱爲「都主教」（metropolitans），都主教的上面還有所謂的「總主教」（Patriarch）。當時的帝國中共有五大主教區，即爲羅馬、君士坦丁堡、亞歷山大城、耶路撒冷與安提阿。

不過教階制度發展到巔峰之際便是羅馬主教首要地位的確定，這個城市的主教地位之所以會被視爲高於其他的主教其因在於：它是使徒彼得創立的教區，而且又是保羅與彼得傳教的地方，因此這城市的主教被視爲是繼承彼得的權威與聲望。此外，「彼得磐石」（Perrine Succession）教義更是被羅馬教皇視爲他們統治基督教的權力。此外，當401年西哥德入侵西羅馬之際，是羅馬的大主教力勸西哥德國王阿拉立克，才使羅馬人少受許多災難。而且在452年匈奴王阿提拉（Attila）進入羅馬城時，也是羅馬的大主教李奧一世（Leo I），才使得羅馬城免除一場浩劫。這不僅讓羅馬大主教得到羅馬人民的信賴，也使得他的地位更凌駕於羅馬皇帝之上，成爲西部地區的領導者。

基督教會因羅馬帝國的分裂，在五世紀後也分成東、西兩個教區，西邊稱爲「拉丁教區」，由羅馬教皇領導，使用拉丁文；至於東邊，則由東羅馬帝國的皇帝所領導，政教合一使用希臘文。不過在原本的五個大教區中，羅馬與君士坦丁堡早已互別苗頭，到了七世紀之際，由於阿拉伯人的興起，使得其他三個教區被占領，更讓這兩個地區的衝突白熱化。

基督教原本是禁止各種偶像崇拜的，但這樣讓使徒傳教時遇到無法令教徒獲得實質贊同的困難，因此教士們便會將基督、聖母與使徒等畫像掛在牆上，作爲將基督教教義教育給信徒的工具，但由於後來快速多元的發展，演變成不可理解的「虔誠」態度、特殊的宗教儀式和人們的狂熱。這種對聖像狂熱的態度，與過於熱中的行爲，讓一些嚴謹戒規的人士無法理解，有些地方還引起強烈的反彈，甚至無法忍受，而對他們進行譴責，反對者認爲聖像崇拜具有異教徒的特徵。在他們看來基督是無比神聖，而且

在十誡中也有禁止「雕刻聖像」（graven images）這一規定，便要求取締聖像崇拜。此外，每當穆斯林大軍攻進敘利亞、巴勒斯坦等地時，他們一定會衝進教堂破壞基督、聖母等畫像；或者攻下小亞細亞時便會將「聖像」據為所有，使得東羅馬（拜占庭）的皇帝需花大量的錢去贖回，便引起是否崇拜偶像的論題。

這種衝突在 700 至 720 年間造成帝國的分裂，以社會學角度來看，這也顯示人民、婦女、教士所信奉的某些原始信仰，以及那些能在宗教修行中保持一種較高的靈性和基督教真正的意義之間產生了信仰的對立。這兩者之間的對壘，在全國各地發生——不論是皇帝、貴族和高級教士或平民百姓中，都存在這對壘。事實上，這不光涉及對聖像的崇拜，而且還涉及上帝及其創造物的代表權利。

726 年東羅馬（拜占庭）帝國的皇帝李奧三世（Leo Ⅲ，717～741 年）便下令頒布「偶像崇拜禁令」，將所有的宗教藝術品（雕刻品）全毀了，這讓李奧三世及其繼承人直接抨擊修道院的財產。不過在這場破壞聖像運動發生時，羅馬教會的格列哥里二世（Gregory Ⅱ，715～731 年）並未加以理睬，還痛陳李奧三世的作法是違法的，若有必要，會對他宣布逐出教會，以護其教權。

李奧三世派駐義大利的軍隊對境內的聖像進行破壞，反遭教徒驅逐，並讓當時的新教皇格列哥里三世（Gregory Ⅲ，731～741 年）於 732 年召開宗教會議，對李奧三世提出逐出教會的要求，從此東、西教會分裂，東方教會以東羅馬（拜占庭）帝國的皇帝為領袖，稱為希臘正教；西方教會則以羅馬教皇為領袖，稱為羅馬教會或拉丁教會。雖然東羅馬帝國的皇帝在 842 年曾解除偶像崇拜禁令，但東西教會還是無法復合，不過東西教會真正的永久分離是在 1054 年。

三、修道院制度與發展

大約在三世紀左右，在埃及開始出現最早的隱修生活（monasticism），剛開始進行這種活動的都是一些俗人，他們都以獨居或各種極殘忍的方式對待自己。其中有一個最極端的隱修士叫作聖‧西門修行者（St. Simeon Stylites），他獨自一人在一個高六十英尺的柱子上，待了三十多年，進

行苦修。四世紀，在埃及開始出現以合作為基礎的修道團體，第一位創立集體修道制度的是聖・安東尼（St. Anthony，大約250～350年），剛開始他獨自一人在沙漠中過著禁慾的生活，不久便有追隨者出現，讓他組成隱修團，但他們只是飲食方面集體活動，至於其他方面並不相互往來，他這種隱修團很快就在埃及等地盛行開來。

不過最早的修道院制度是由帕科繆（St. Pachomicus）建立的，這時的修士不再專注於自虐，修士們在院長和會規之下過著團體的生活。至於聖・巴西爾（St. Basil，大約330～379年）則將帕科繆所創立的制度更加發揚光大，他禁止修士長時間的禁食與自虐，要修士們每天長時間的進行宗教冥想，並安於貧困和卑微。當聖・巴西爾的修道院制度西傳後，在西方由於對苦行並不感興趣，因此這樣的修道院發展並不如東方那樣的迅速，直到六世紀時由聖・本篤（St. Benedict，大約480～547年）聚集一群人，在羅馬與那不勒斯間的山區過著一種靜思與祈禱的生活，創立本篤會（Benedictinism）制訂「本篤會規」（the Rule of St. Benedict），如此便改變了西方修道院制度的方向。

本篤修道院與東方修院最大的不同在於，本篤修道院並不強調苦修，修士可以有簡單且足夠的飯食、衣物與睡眠，但在他們的會規中，強調的是安貧、守貞與服從，修士日常生活作息相當有規律，重視勞作，本篤認為「懶惰是心靈的敵人」，「抄書」也是勞作的一部分，尤其到了後來，抄書成為修道院中主要的工作，對文化保存有一定的價值存在。此外，院長具有絕對的權威，可以鞭打違反會規的修士，至此本篤會便成西方修道院的典型。

其實修道院中的修士很早就承擔起傳教的工作，像在五世紀中葉（432年）聖・派翠克（St. Patrick）便從愛爾蘭東部的威克洛（Wickow）登陸，開始他在愛爾蘭的傳教工作，經過三十多年的努力，使基督教在愛爾蘭推展開來。由於愛爾蘭沒有城鎮，因此並沒有設立主教，修道院成為當地的宗教與文化的中心。563年科隆比修士率領傳教士到蘇格蘭，先在蘇格蘭的艾奧那島（Iona）建立修道院，以此為中心在蘇格蘭傳播基督教，終於使蘇格蘭人改宗基督教。

另外在六世紀末，教皇格列哥里一世（Gregory I，540～604年）派

本篤修士聖·奧古斯丁前往英格蘭的肯特（Kent）王國傳教，促使肯特國王埃塞爾伯特（Ethelbert）改宗基督教，並組織英格蘭教會。不過英格蘭的基督教盛衰與此王國的命運有很大的關係。當肯特國王死後，此地的政治與宗教中心便北移至諾森柏利亞（Northumbria），這時兩股基督教力量——從蘇格蘭來的愛爾蘭·塞爾特基督教與從肯特來的本篤基督教會在此地方會合。因而出現英格蘭基督教發展路線的問題，還好到了664年諾森柏利亞王便決定使用本篤基督教會，這讓英格蘭基督教發展與羅馬教會繼續發生關係。

由於基督教在英格蘭持續發展，因此先後在坎特柏里、倫敦、約克等地出現大主教，繼續英格蘭的基督教傳播工作，到了700年左右，英格蘭完全皈依基督教。當英格蘭完全臣服於羅馬教皇時，本篤修院便下令聖·卜尼法斯（St. Boniface）率領修士與教士渡過英吉利海峽到德國中部傳教，使這地方皈依基督教。

四、1000年的啓示錄

宗教的最後審判或世界末日來臨的說法，經常讓人感到恐懼。歷史學家們也經常會對此說法發起一場討論。這種恐懼感在1000年時期的西方基督教徒身上表現得最明顯。聖約翰啓示錄中的預言，後來發現似乎是一個錯誤，是捏造的，人們後來並沒有看到世界末日的來臨。而教會對信徒們的表現顯得更加謹慎，甚至採取敵視的態度。

編年史作者在1000年後才談論彗星、流星的自然跡象，1033年（耶穌受難一千年後）的飢荒也是同樣情況。聖約翰啓示錄的敘述則戲劇性，但此時一有可怕的自然徵兆，都會利用猶太人的預言來加以描繪，這使得猶太人的預言風行一時，甚至連教會神職人員在他們的誓言中也對此加以評論。

在這些評論中，最著名的是西班牙人貝阿圖斯（Beatus）（730～798年）的評論，他的著作多次被翻印，並有醒目的彩飾插畫，使人聯想到羅馬時期羅亞爾河畔聖·伯努瓦（Saint Benoit）的壁畫。在北方地區，許多卡洛林王朝或稍後時期的巴代利亞班堡（Bambeng）的著名手稿。然而這些啓示錄的預言，特別是比阿特斯（啓示錄的作者）（僧侶）

（Beafus）與聖經一樣多。在修道院和大教堂中，每次日課都曾頌讚和解釋啓示錄。這就相當明確地說明了這一時期平民宗教教育的實質和宗教精神了。

五、克呂尼的命運、獨創性與新的宗教信仰

909 年由阿基坦（Aquitaine）公爵所建的克呂尼（Cluny）修道院的命運，象徵這一時期宗教的改革，它的獨創性並不在修行和嚴格遵守修道院戒律的思想，而是一心想要建立一種模式，即它的神職人員需參加當時的社會活動（幫助窮人、病人和孤兒，與對學校、鄉村教堂的維修），並建立一個宗教階級制度，這一制度的建立有利於基督教世界的統一，並標誌西方君主制度的相關改革，應該賦予基督教世界多一種力量。

此外，那些遵循克呂尼改革教規的修道院生活並沒什麼特別之處，他們所做的都是現實中的一部分，這一社會由一個集權政府來統治，而修道院院長權力超出教區和國家的範圍。至於每個分院都是獨立的個體，都只隸屬於母院，只保留一點自制權，特別是選舉他們的修道院院長。克呂尼修道院院長只聽命於教皇，不被地方主教管，這使他們的修道院免於受主教的裁判，而這種自由在格里哥利七世（Gregive Ⅶ）時使克呂尼成為修道院的有效幫手。克呂尼修道院是對西方影響最大的教會，它的院長是基督教世界的第二號人物，僅次於教皇。

然而，近來的研究證明了我們誇大了克呂尼修會的作用，或者至少低估了其他修道院的影響力。1050 年後，在某些地區保留著改革後的本篤會修道院的影響，他們是眾多修道院中的支配者，在這地區克呂尼遇到了障礙，如馬賽的聖維克多（Saint Victor）修道院。此外，在加泰羅尼亞，巴塞羅納的貴族在國外的修道院之間設置一個平衡，只允許莫瓦薩克（Moissac）有三個修道院，而給聖維克多許多重要的修道院，如拉格拉斯（Lagrasse）和里波爾（Ripoll），而這都根據修道院數量而定。

宗教改革運動的歷史起源於有影響修道院院長的行動，這很少為人所知，而它卻有決定性的意義。例如法國奧德的聖龐斯（Saintpons）變成一個修道士組織的中心，它匯集了許多修會，擁有在加泰羅尼亞的亞拉圖的土地。同一階級的另一個修會組織在巴塞羅那附近聖庫加特德爾巴列斯

（Sant Cugat del Vallés）、瓦隆布羅薩修道院創始人，托斯卡納和烏特‧
亞平寧（Outre-Apennin）是波隆那具有影響的教會組織中心。瓦隆布羅
薩、佛羅倫斯是當時西方的一個宗教中心，是因爲宗教的原因才聞名。

　　不過從十二世紀開始信仰本質發生了變化，其中一個就是由崇拜
聖徒轉而強調崇拜基督和聖母馬利亞（Virgin Mary）。當時西多會
（Cistercian）修士十分推崇聖母馬利亞，聖‧柏納（St. Bernard），
不斷地宣傳她的生平和美德，認爲聖母馬利亞會毫無止盡的施恩惠或解
救罪人，只要人們有愛心且在最後能悔過就能得救。而且在巴黎、蘭斯
（Rheims）、亞眠（Amiens）、盧昂（Rouen）、拉昂（Laon）都有「聖
母院」（Notre Dame）的存在。此外，在十二世紀時聖餐禮（Eucharist）
取代聖蹟的崇拜，成爲基督教信仰的核心部分。因爲在當時神學家已經完
全制定出聖餐變體禮（transubstantiation）的教義。根據這個教義，彌撒
時聖壇上的麵包和酒便是基督的肉體和血，當時之所以重視聖餐禮是因
爲：這一神學理論大大的提高教士的尊嚴。

　　不過在十二世紀後期整個西歐出現了異教教會的運動，重要異教者爲
阿爾比派（Albigensianism）和華爾多派（Waldensians）。他們宣稱必須
進行道德方面的革新，因此要延續格里哥利七世的宗教改革運動，並強調
人與天主的直接關係，認爲無須教會當媒介。阿爾比派主要在義大利與法
國南部，依據他們的言論，傳統教會是可以不用存在的，這讓教會制度受
到打擊，因此教會以各種方法來對付異教教會，甚至還設立宗教裁判所，
但一時之間還是無法將其消滅，直到十三世紀後，才漸漸平息。

六、各修會的出現

　　雖然在十世紀有克魯尼的修道院改革，但經過了一百多年，修士們的
生活又開始鬆懈下來，受到財富的牽連，逐漸腐敗，到了十一世紀末期，
興起許多修道院改革運動。當時的修院改革分爲入世與出世，出世修院主
要是西多修院（the Cistercian order），這個修院大都將分院建在荒地上，
他們並不接受奉獻，而是靠自己過著儉樸的生活。至於入世修院主要爲托
鉢修會等。

　　托鉢修會（friars）包含道明會（Dominicans）與方濟（法蘭西斯）

會（Franciscans）等，其成員都致力於守貧、傳教等，不過他們反對隱居的修道生活，而是鼓勵成員要走出人群，到城市中宣傳教義，也就是要跟隨基督的腳步，過使徒生活。其名稱的由來是因爲以前的修道院都有龐大的財產，這往往導致修士生活腐敗，因此這修院強調修士與修會都不可以有財產，修士必須靠乞食維生，因此有「托鉢修士」（Mendicant friars）之稱。

方濟（法蘭西斯）會（Franciscans）是在 1206 年，由義大利人阿西西的方濟（Franxis of Assisi，1182～1226 年）開啓的。方濟（法蘭西斯）原本是一位呢絨富商的兒子，他於 1206 年離家出走，過起隱居生活，並決定要奉獻給天主，勸人爲善。在他周圍有一群窮貧教規（即方濟（法蘭西斯）會的教規）的信徒們，一起過著貧苦的日子。

方濟（法蘭西斯）會是 1210 年英諾森三世（Innocent Ⅲ）教皇批准創立的，自那時起，忠於太平和純潔思想的方濟（法蘭西斯）會在整個義大利進行說教活動。1215 年，方濟（法蘭西斯）會派召開首次教務會議，使他們在法國、英國和西方其他國家都能扎下根。方濟（法蘭西斯）的生活在整個基督教國家中產生了極大的影響。在長時間內，他的生活給西方的羅馬教會及宗教生活都留下很深的烙印。然而，他的事蹟和意義往往被誤解和過於簡化。

1955 年義大利歷史學家薩爾瓦·托雷利（L. Salvatorelli）曾對方濟（法蘭西斯）的事蹟進行較細膩的分析。他發現人們曾誤認爲聖方濟（法蘭西斯）是一個決心棄絕紅塵，以苦行僧的身分而獨居，並反對任何社會生活方式和任何等級制度的隱修教士。其實在近兩個世紀以來，人們也許看到了：棄絕塵世利益的克己生活，清貧、純潔的願望，人類的可愛特別是卑微者的愛，都將修士們的關係緊緊聯繫在一起。

方濟（法蘭西斯）或其他信徒可能受到了外在的強烈影響，例如受到卡拉布里亞的西都會修士約阿基姆·菲奧雷（Toachim de Flore）的深刻影響，後者是逃到拉梅齊亞（Lamezia）高原上隱修的教士。但是猛烈批評當時的道德，並嚴斥神職人員腐化墮落的約阿基姆，只不過是一名心地狹隘的教士，他所組織的修會獲得的成功非常有限，並不像方濟（法蘭西斯）會分布在全世界。

　　其實羅馬教皇英諾森三世很早就對類似方濟（法蘭西斯）會的運動給予祝福，因此在 1201 年，羅馬教皇就批准一群做工的卑微者與修士參加的修會，不過這也是因為此修會願意服從羅馬教廷的領導。1208 年英諾森三世更允許一群原本是異教教派的華爾多派（Waldensians）的人成立一個「窮人組成的羅馬天主教組織」。

　　不過，羅馬教皇英諾森三世雖批准方濟（法蘭西斯）會開始公開傳教，但此次的批准並非是一個正式的批准。正式的批准要等到烏戈利諾·德孔蒂（Ugolino de Conti）紅衣主教以格里哥利九世（Gregory Ⅸ）的名義當上教皇時，方濟（法蘭西斯）會和教廷的關係才被肯定。方濟各於 1228 年過世，兩年後紅衣主教將他封為聖人。

　　對紅塵不感興趣的方濟（法蘭西斯）成了一名為宗教信仰和事業服務的傳教士征服者，他年輕時為了反對佩魯賈（Perugia）戰爭，曾在阿西西部隊中戰鬥過；為了反對普利亞地區皇帝，在羅馬教皇的部隊中戰鬥過，他也曾企圖到達聖地（西班牙），後來去埃及聖地的願望落空之後，便有一種要渡化一些不信教之人信仰宗教的理念指引了他。

　　在約阿基姆·菲奧雷（方濟（法蘭西斯）會信徒）用騎士小說的方式撰寫關於他生活傳奇的故事時，我們也看到了這種特點與這些新意。在聖·博納文德（St. Bonaventure）的《沈思錄》裡（1221～1274 年），特別是在熱那亞的大主教雅克·德沃拉吉內（Jacyues de Voragine）（1230～1298 年）的著名聖徒傳中，我們也看到了這種特點，此外他也為肖像學做出了貢獻。方濟（法蘭西斯）會修士們也訪問了波斯和中國，像是《義大利的法蘭西斯派》（1247 年）的作者，紀堯姆·魯布魯克（Guillaume de Rubrouk，法國佛蘭德勒的傳教士，1253 年）便曾到東方訪問過。

　　1212 年嘉勒（Jarisses）修會的修女，即是方濟（法蘭西斯）會的修女，他們和天主教中苦修修士們一同吸收俗民，並讓他們參加普通的工作，展開了方濟（法蘭西斯）會的傳教工作。西方各國都成立了方濟（法蘭西斯）會的學習機構，方濟（法蘭西斯）會的神學家聖·敦·斯科特（Duw Scott）、紀堯姆·多卡姆（Guillaume Doccam）出現在各大學教書，特別是巴黎各大學。此外，方濟（法蘭西斯）會的修士積極參加對異

教的鎮壓活動，因此在宗教裁判庭中，方濟（法蘭西斯）會的修士（修女），比道明會的修士（修女）多，而且影響也大。

西班牙道明會（Dominicans）是由聖・道明（St. Dominic）創立的，它的前身及性質似乎比較容易確定。道明會原本是一個戰鬥的修會，其目的是致力於消滅異端阿爾比教派（Albigensians）的邪說。1215 年，道明在第四次拉特昂大公會議（The Fourth Lateran Council）中，要求羅馬教皇英諾森三世允許他創立一個新修會。事實上，道明是一位奧古斯丁修會的修士，因此道明會遵守的是奧古斯丁的教規，這讓教皇迅速就承認它是一個獨立的修會，並批准它的教規。

道明會後來以「托鉢僧派」（Order of Friars Preachers）聞名世界，它要求給貧窮的人進行施捨，分擔人民的困苦，並爲異教徒傳福音，這與完美派的生活一樣純潔。他們比方濟（法蘭西斯）會更加深入群眾中，由此產生了佈道兄弟會這個名字。

道明會由於十分重視傳道，因此他們特別注重教育，所以常常和一些新興的大學合作，成爲亞里斯多德學派的推動者，修士都必須經過兩年的「文科」、三年的「自然科」，之後才是神學教育。而且它們的修士都是傳教士，因此他們主要的工作便是向異端傳教，這一特殊的情況使他們最後成爲「宗教裁判所」的負責人。

此外，新的隱修主義的發展，表示宗教生活的更新，在 1230～1240 年間，特別是在義大利，有些小社團在城外一些非常簡陋的建築物中成立，在那裡某些人過著一種苦行僧的生活，某些人則遵守著宗教生活的教規。1243 年，羅馬教皇英諾森四世，把托斯卡納的隱修教士組織起來，強迫他們服從聖奧古斯丁的教規，並在羅馬波波洛（Santa Maria Del Popolo）的修道院裡組建新的修會，該修會擴大到整個義大利，甚至到整個西方。在監護人紅衣主教的管理下，修會在各教省逐步走上正軌，並召開了一些總教務會議。1309 年，克雷蒙五世准許成立二十個新的修道院（其中，法國六個、英國三國），這是教皇成功地組織，並控制自發性的宗教改革運動的一個明顯的新典範。

第四節　中古時期的社會、經濟與文化

　　九至十世紀期間，歐洲的經濟和社會發展受到回教徒、維京人與馬札兒人的阻撓，呈現出封閉的經濟型態。這種情況直到十一、十二世紀的十字軍東征帶動東西間的商業往來，讓義大利人重新掌握地中海的貿易，才使地中海沿岸的歐洲經濟得以復甦。不過到了十四、十五世紀，歐洲的經濟與社會又遇到了一個新的變動。

一、商業的復甦

　　商人在中世紀時是相當沒有地位的，尤其是當時的教會提倡的是「公道價格」，非常反對不正當的牟利，這與商人謀求利潤的心態截然不同，因而受到歧視，不過隨著時間的發展，人們對於商人的態度也慢慢有所改進，尤其是義大利，此地商人與貴族間的界線更不清楚了。

　　在1050年到1300年間，義大利的熱那亞（Genoa）、比薩（Pisa）、威尼斯（Venice）等城市擺脫了穆斯林的控制，並從他們的手中取得地中海控制權，壟斷了西方各國與拜占庭帝國之間的貿易權。再加上十字軍的東征讓威尼斯、熱那亞、比薩與倫巴底之間興起繁榮的商業活動。這些商人當然不會只甘於此地的貿易活動，他們很快的就將他們的貿易觸角伸到歐洲其他地方。他們沿著羅馬時代的商業貿易舊道往北延伸，到達了大西洋、北海、波羅的海沿岸，使得這一路上的商業市集興盛起來。

　　法蘭德斯（Flanders）位於今日的比利時與法國西北部沿海地區，此地早在羅馬帝國之前便是著名的毛織品所在地，因此當勢力強大的伯爵在此地建立城堡後，它更因優越的地理環境吸引更多的商人前來，因此到了十一世紀時，布魯日、根特（Ghent）、里耳（Lille）等地便成為繁榮的貿易、生產中心。在十二世紀法國最著名的市集——香檳區（Champagne）的市集就是，此地是因為位於南北交會處，在義大利到法蘭德斯（Flanders）地區之間，從中古開始這地區便是四方商人交易的中心，再加上香檳伯爵派官員在此地保護商人的安全，並設法官解決買賣糾紛，因而吸引更多的商人前往，所以我們可以在市集上看到法國人、義大利人、西班牙人，甚至還有穆斯林等。由於市集能為當地的領主帶來豐厚

的利潤，使得貴族與教會都想在他的管轄地舉辦市集。

　　在如此興盛的市集貿易刺激下，歐洲又重新出現貨幣經濟了，起初的貨幣面額十分的小，但隨著奢侈品的貿易需要，幣值也跟著加大。因此到了十三世紀，法國的埃居、威尼斯的杜卡托（Ducat）、佛羅倫斯的弗羅林等城市也開始鑄造金幣。大約在十世紀時熱那亞與威尼斯的商人開始以募集，或信託方式進行貸款，此行為到了十二世紀時達到最高峰，到了十三世紀，在義大利便興起大的金融公司，尤其是威尼斯、佛羅倫斯與熱那亞已出現類似現代銀行的功能。此外，更有許多猶太人從事高利貸款活動，由此可知當時的經濟活動十分的活躍。

　　歐洲的農產品特別是小麥，可以使各區域間的貿易發展活絡，然而市場的建立、道路交通的開放、城市的富有與追求世俗的風氣大興，以及貿易方法上的調整，使得歐洲的農產品並不是唯一決定的因素，東方的香料，尤其是工業產品，在貿易的快速發展中，更是發揮了重要的作用，而且這時的人們開始為了商業貿易而進行生產。

二、行會

　　城市也適合於其他工業發展，而這些行業大部分都設置在城市之中，通常它們設在專業區域內，有的也設在鄰近的鄉村地區，但這些行業皆隸屬於少數幾個富裕的市民。幾乎在各地，手工業者都集結成行會（Guilds，又稱為基爾特，指的就是同業公會）或集結為壟斷行業的團體，行會主要有兩類，一為商人行會（merchant guilds），一為藝工行會（craft guilds）。

　　藝工行會的組織成員有某一行業的專家和師傅（Masters），對於前者來說，通常為了使自己被行會接受，要加入前必需經過一段訓練，這段時間稱他們為「學徒」（Apprentice）；對於後者來說，則要履行一種義務，即由學徒成為師傅的這段期間，要給予他們合情合理的幫助，而且訓練期的長短、受訓時的工資，各行業當有詳細的規定，師傅不得修改。

　　至於商人行會指的是，許多城市中的商人為達到某些目的便聯合起來組織機構，他們為了保護自身的利益，要所有從事買賣活動的人都必須參加這個團體，否則就不能在此立足。這個行會規定物價、品質、工作條件

等，它消除會員間的惡性競爭，也保障了會員職業上的信譽。

由於每一個行會都有權管理生產以及工廠組織、勞動條件和產品質量。在市政府或領主的仲裁下，每一種行業及相近的行業對於原料的購價與成品的銷售價格皆一致，做到真正的消除競爭，保障工作。城市行業的特點是其管理，因為它往往拘泥於枝微末節並遵守常規，但這種管理方式卻保證了產品的質量，而農民所製造的粗糙物品是不能與之相比的。

手工業亦離不開商業，手工業的師傅不但購買原料，也出售其作坊的產品。在城市裡，商業行業原則上是平等的，但實際上則是畫分等級的。一些主要的行業如製呢絨工業行會趨向參與毛紡織行會，而梳理、紡紗、織布等……這些行業的工人往往只有參加屬於較低一級的行會，他們不得加入較高級的行會。這種等級的畫分被市政機構承認，該機構能夠區別享有特權的行會，在這種行會內，它保留了城市的管理部門，巴黎的「六家行會」與佛羅倫斯的重要技藝就是這種樣子。這些享有特權的行會，控制了工業和經濟。

除了這些行會外，日耳曼地區的商人還組成了一個「漢薩同盟」的組織，最早的「漢薩同盟」的組織是 1000 年左右，在威斯比（Wisby）設立的。「漢薩同盟」的目的是在以集體的力量，在當地取得通商的特權和會員間彼此的互助。由於同盟的成員來自不同的城市，但他們都在同一個地區經商，因此成員都互稱彼此為漢斯。

在義大利的某些城市、英國的城市，以及在法蘭德斯地區的城市，這種組織形式比在其他任何地方都有其發展的空間。在這些地方，某些行業已經有了商業資本主義的特點，也就是說，在一個組織內，商人購買原料，讓不同的手工業行會進行加工，然後出售製成品，行業師傅還可以擁有勞動工具，但他們不再是市場的老闆，成為經濟上相互依存的手工業者。在某種情況下，甚至連工具也不再屬於他們的所有。

三、城市村莊的演變

中古末期的歐洲商業也開始有所發展，在北義大利與法蘭德斯（Flanders）等地一直都有一些商業活動。而這些商人基於交通與安全的考量，便會在羅馬的舊城內，或領主與修道院的莊園附近建立市集。新的

市集出現後就有許多工匠從原本的莊園來到此地，在當地製造商人們想要的貨物。漸漸的，就有越來越多人遷入市集中，使這裡需要更多的食物、出現更多的工具與生活中的器具，因而發展出地區性貿易。

　　大約從十一世紀開始，在義大利北部便有城市興起，其次是在法國西南部、西班牙的東北部地中海沿岸，與萊茵河左岸的日耳曼。當時在這些地方都聚集一些從農村前來找工作的自由民，由於農村自由民前往城市讓一些農村沒落。因此，日耳曼地區在 1300 年有十七萬個村莊，到了 1500 年時只剩下四萬多個。

　　封建領主面對這樣的大改變，有些便放棄經營土地，改以出租或賣地而收取年金，而且勞動力減少，工資提高，領土的收入便銳減，因此領主為了要平衡收支，總是提高農民的稅收，或降低工資，有時還禁止農民離開他們的租地，這讓農民不是想盡辦法離開，就是發生大暴動。

　　商業復甦後第一個受到刺激的便是農業，這時農民所生產的物品除了供應當地人民外，還需要供應城市居民，因而使農業大量的擴展。這時出現了一個現象，那便是獲得自由的農奴日漸增加，因為農奴們會努力耕作，將剩餘的農產品賣給城市的人們，以獲得金錢，再用這錢去換得自己的自由。此外，城鎮也公布自由條款，允許在城鎮中住滿三百六十六天以上的農奴，如果沒被抓回去便可以獲得自由。而且也有許多年輕的農奴對城市生活充滿憧憬，便偷偷逃到城市，像流浪的商人便是這類型的人。

　　至於城市本身，因為空間狹小，使得市民為了盡可能幫自己多占一些空間，便盡量往上發展，因此城中的房子通常有四、五層樓之高，而且是一層比一層更向街心發展。當時房屋大都是木造的，屋頂用茅草蓋著，因此極容易失火，而且火勢常一發不可收拾。不過一般來說，城市的中央通常都是主教教堂，這裡是市民心靈所託之地，也是這個城市的主要建築物，而這個大教堂通常是城中最宏偉的建築，哥德式大教堂更是中世紀歐洲建築藝術的傑作。

四、主教座堂學校

　　人文學者過於詆毀那個時代的教育，然而如果那時代的教育價值相當低的話，也不會培養出眾多的教師和學者，發揮了人們所期待的社會作

用。早在 800 年時，法蘭克帝國的查理曼大帝就非常重視初等教育。當時他命令要設立學校來推廣初等教育，由於教會幾乎壟斷了所有識字的教育，因此查理曼便要求大教堂與修道院興建學校，並要求教士在鄉間免費提供閱讀與書寫教育，雖然成效有待檢討，但這代表初等教育在此時已經被重視。

在中世紀每一間修道院都有學校，這些修道院的學校是當時西方歐洲僅有的教育機構，不過這些修道院的學校後來幾乎都是成為用來訓練修士的地方，像是克呂尼（Cluny）修道院與西多（Citeaux）在第戎（Dijon）所創的「西多會」（Cistercians）所辦的學校，都強調祈禱和勞動服務，這些都是為修士所創的課程。

在第三次拉特昂大公會議（The Third Lateran Council）規定，每個教區都應該設立一所學校。因此到了十二世紀歐洲的教育中心，便漸漸地移轉到設在每個主教座堂的城鎮中的主教座堂學校（Cathedral Schools）。十二世紀時，主教座堂城鎮中的主教座堂學校（Cathedral Schools）逐漸變成歐洲教育的中心，在此讀書識字的可以是一般民眾而不再只限於修士。此外，教皇在 1179 年下令，所有的主教座堂都應該將每年收入撥出一些，來供養一位學校的老師，讓每位想來上學的學生，不分貧富、機會均等。

不過當時學校提供的教育並不一致也無規律，教師受聘年限也無嚴格規定，教育雖然原則上對窮人是免費的，但這樣還不足以將他們吸引到學校來。而教會和慈善機構也為貧窮的大學生、中學生增加捐款與貸款，提供他們住宿與三餐所需。因此，在十六世紀的動亂發生之前，可以看到手工業者和農民的兒子也去聽課，因此能提筆寫字的人還是比較多的。

在多數情況下，主教座堂的學校是在主教堂或者在修道院的迴廊中聽課，像在巴黎，學生便是在聖母院、聖熱納維耶芙（Stgenevieve）修道院與聖維克多（St. Victon）修道院的迴廊聽課；在西班牙，主教堂的學校辦得有聲有色，特別在瓦倫西亞和薩拉曼加（Salamanque）的學校成為最有聲譽的學校。各地每所學校均置於教務會的一名成員，名為督學（中世紀管理教會學校的教士）的管理下。此外，托鉢修會（friars）也對教育和追求知識感興趣，他們都在城市建立修道院，像是道明會（Dominicans）

會在每個修道院內委託四名修道士負責向其修會的年輕學生教授藝術（修辭學，特別是邏輯學）、哲學和神學。

教育基本上是採用口語教學方式，即是教師朗讀，接著問問題，通過討論進行補充，使問題圓滿解決；至於討論，有時採取爭論式的，或者是詢問式的。此外人們還要看日課經，日課經在當時已不是奢侈品，而是得到更廣泛的發行，工廠也進行成批的翻印。印刷術的發明，讓教師作家傾向於進行閱讀教育、寫作教育，以及計算教育。因此在課程設計方面，剛開始還是以讓學生具備讀寫能力爲目的，不過後來社會上需要許多懂得法律的人才，因此法律課程便加入其中。此外學生也要對拉丁文相當熟悉，因此學生要閱讀許多古羅馬的作家像西塞羅（Cicero）、維吉爾（Virgil）的著作。教材上，聖經和教父的作品都是主要的讀物，而傳統的「三文」與「四藝」也十分的重要。

原本進入學校的學生仍以教士爲主，老師也都是修士，而且都受教會的控制。後來有更多的學生進入學校的目的是要學習識字，而不是爲了成爲修士或教士，並且老師也都是俗人，學校也如雨後春筍般的興起。

五、大學

大學出現於中世紀的全盛期（1050～1300 年），它成爲提供初等教育無法提供的對高等研究進行指導的機構。當時的大學除了原來的主教堂學校和其他舊址外，並無其他固定的校舍，教師可以隨時隨地開課。

中世紀的大學都是某個城市的大學生或老師的聯合團體，他們像其他基爾特那樣，組織起來保護自己的權利與利益，由於他們受到國王和羅馬教皇支持，因此影響著主教或市鎮對它們的監護。於是，大學就像其他的職業性協會那樣，也獲得了特權和地位。例如，在 1200～1210 年間的巴黎大學就是這樣，至於普萊桑斯（Plaisance）、錫恩納、羅馬、波隆那（羅馬教皇多次支持大學生反對市鎮領導）也是一樣。大學中的成員像神職人員那樣，不被國王或城市管轄，他們按民族組織起來，在巴黎有法蘭西民族、諾曼地民族、庇卡底（Picarde）民族和英格蘭民族，這主要是一些相互援助的組織。

波隆那（Bologna）最早出現此行會，接著在 1200 年巴黎也出現了。

它提供了一般主教座堂學校無法提供的對高深研究進行指導的地方，按照高等學院的要求設置學科，如神學、法學（有時減至僅學教會法或教諭）和醫學。大學受學校理事會和教師代表大會的領導，由人們捐獻的基金來維持其生存，並得到市政府的補助。此外，國王也會要求給予大學一些稅款收入，這讓國王或多或少影響了學務工作。

　　巴黎大學與波隆那（Bologna）大學被視為大學的原型，在十三世紀後半葉才有劍橋（Cambridge）、牛津（Oxford）、蒙特利埃耶（Montpellier）、沙拉曼卡（Salamanca）、那不勒斯等大學的建立，它們都是以巴黎大學與波隆那大學為基礎來建立的。不過以波隆那大學為藍本所建立的大學，有一個學生的基爾特，他們聘僱老師，如有不適用的老師便會加以解聘。

　　至於以巴黎大學為本的學校則相反，這裡存在的是老師基爾特。巴黎大學是阿爾卑斯山以北的學校的原型，它是由聖母主教座堂學校（Cathedral School of Notre Dame）、聖傑內維愛佛修道院學校（Abbey School of St. Genevieve）、聖維克多修道院學校（Abbey School of St. Victor）組成的。它之所以成為北方公認的學術教育的中心，是因為當時的法王菲力二世賜給它「豁免權」，使巴黎大學師生得以不被地方政府所管，而且當時最具魅力的教師彼得‧亞培拉（Peter Abelard，1079～1142年）在此地任教。

　　在大學學習通常需要很長的時間，一個人進入大學後，一般要花四年的時間來學習拉丁文法、邏輯原理與修辭學，如果通過考試，就可獲得學士的學位，由學校頒給教學許可狀，此張許可狀即是「教師資格」證書，擁有這張證，代表你可以在母校的勢力範圍內任教。接著如果要獲得像是文學、法律、醫學碩士的學位，就必須再花四年的時間來學習數學、自然科學和哲學。攻讀博士學位則更加的艱難，因為要進行更多的特殊訓練。在藝術專科學校至少要學習五年，之後獲得文科學校的學歷，才能在藝術學校任教，或者在高等學府深造。

　　由於十字軍東征的影響，使得受教育的人又重新接觸到希臘時代的知識，當時雖然沒有任何一位西歐人會希臘語或阿拉伯語，但藉由居住在西班牙和西西里的人將這些知識譯成拉丁文，使得知識份子得以獲得亞里斯

多德的作品，能夠了解到古希臘和阿拉伯人的科學知識。

　　水平較高的大學（有修會的每個省中有兩所，學制爲三年）和綜合性大學，如巴黎、蒙彼利埃、科隆、波隆那、那不勒斯、牛津、巴塞羅那、卡奧爾等（Cahors）大學，不僅培養了修會幹部，還培養了教會各級幹部，特別是培養了許多主教。

　　在同一時期，教會和慈善基金會爲貧窮大學生、中學生增加捐款和貸款，提供他們住宿和飲食之用，甚至爲學生提供教會的特惠。聖路易也創立了大學生獎學金，因此，出現了手工業者和農民們的兒子也去聽課了。幾所較知名的和學生多的學校取消了比較普通的教育，它們從羅馬教皇或皇帝那裡得到冠以綜合大學的頭銜，有權頒發學士學位（即授課權），這些學士學位在基督教的地方均有效（即允許到各處教學）。

六、士林哲學與中世紀的藝術

　　士林哲學（Scholasticism）指的是在中世紀學校中遵循的教學和學術的方法，它意味著有系統、尊重權威。它的興起在於希臘哲學著作，像是亞里斯多德的著作，與阿拉伯的科學知識等，被譯成拉丁文後大量的傳入歐洲，引起對西方思想界的一大衝擊，因此它的產生就是使古典哲學和基督教信仰，產生協調一致的理論和實踐。

　　亞培拉（Peter Abelard，1079～1142 年）在此方面的研究最有貢獻，在他的《是與否》（Sit et Non, Yes and No）一書中爲士林哲學奠定了基礎。在此他輯錄了早期基督教會的神父們對一百五十個神學問題的正與反的說法，不過他並沒有對這些問題做出任何的結論，從而對士林哲學有一個大貢獻。

　　在當時的士林哲學中，出現了唯實論（Realism）和唯名論（Nominalism）之爭。唯實論者認爲，哲學的共相不僅是我們透過肉眼觀察所獲的概念，還是客體本身所固有的實在的模仿，這種模仿先傳到我們的感官，透過感官才傳到我們的頭腦，這樣共相可以使非物質的靈魂去認識物質世界，去接近上帝，以求實現一切。正是由於共相的存在，信仰宗教不再與理智相矛盾，因此便得到教會的支持。而唯名論者卻不這麼認爲，他們否認共相的實在性，認爲共相只不過命名而已，經院哲學的名字

就是這麼來的。他們視經驗為知識之源，認為理性的價值在於證實信仰，雖未否定傳統，但求助於經驗和理性的結果，是依靠個人的判斷。它的觀念比較偏向古希臘哲學中的亞里斯多德學說，在大學教育中，唯名論往往比唯實論占上風，巴黎尤其是這樣情況。

　　不過唯名論成為中世紀宗教的主體要到聖‧湯姆斯‧阿奎那（St. Thomas Aquinas，1225～1274 年）時。聖‧湯姆斯‧阿奎那認為上帝創造人類，雖然我們只能透過聖經的啟示，才能對最高的真理得到最終的確認，但人類的理性和經驗能夠將希臘哲學和基督教神學協調起來，使自己成為最佳的信徒。由於他對所有的神學問題，都使用哲學的方法來進行探討，因此在他的著作——《反異教徒大全》（*Summa Contra Gentiles*）和《神權大全》（*Summa Theologica*）中，則將基督教義做了一個系統的整理。在此他經常將亞里斯多德的學說拿來為基督教教義服務，完全將亞里斯多德學說置於基督教神學之上，形成一個獨特的神學體系，由此，亞里斯多德學說便成為中古的神學依據。

　　中世紀的藝術十分具有宗教性，主要表現在教堂建築上。在十一、十二世紀時出現了所謂的「羅馬式建築」（Romanesque），它主要出現在修道院。這個建築風格的基本特徵在於，圓形拱頂、厚實的石壁、粗大的角柱、窄小的窗戶等，內部則以簡單樸實為主，不過在牆壁上有一些顏色鮮豔的壁畫，此外在建築形式上，出現了各種人物的雕刻，這些雕刻散見於大門與石柱上。

　　到了十二、十三世紀，歐洲各地出現了哥德式建築風格（Gothic Sysle），它源自於法國。主要的特徵為拱門、交叉勒狀（火焰式）的拱頂、飛拱、高聳的尖頂、圓花窗、石製花視窗格、雕塑、多重柱郎等。不過教堂內部除了色彩鮮豔的玻璃窗戶和木製品與聖壇上的雕刻裝飾外，幾乎沒其他的裝飾品，由於有色彩鮮豔的玻璃窗戶，因此讓教堂內部感覺相當的明亮。到了十四、十五世紀時，對死亡的恐懼，人們開始去沉思耶穌基督受的苦難，這時的繪畫出現的大都是：聖母馬利亞將死去的耶穌抱在膝上的景象，或是死後屍體腐敗的畫面。

七、中古末期的經濟危機與復興

　　大約在 1300 年歐洲的農地已經擴展到極限，而且大約在此時，歐洲的氣候也變得較惡劣，這時的氣溫變冷，讓更北地區的農作物生產季節縮短，像是英格蘭葡萄的種植變少了，斯堪地那維亞的穀物生長地區縮小了，因而使飢荒和流行病橫行於歐洲。

　　不幸的是，在 1348 年到 1350 年間黑死病（Black Death）首次蹂躪歐洲，歐洲各地死於這場浩劫者不計其數。一般認為黑死病是由熱那亞（Genoa）的海員從東方帶到西西里和托斯卡納的，旋即便在歐洲大陸蔓延開來，這種病在每座城市或每個地區均要流行數月，且很快地便奪走所有病人的生命。此次災難城市比鄉村受害更嚴重，這是因為疾病是經由空氣傳染的，城市的人口較密集，衛生狀況比較差，因此城中只要有人被感染，這城的人很快就全都得病，因此城市受害較深。此外，人們不知道用藥，只知道孤立有病人的家庭，或讓他們離開城市，到遙遠的地方去，因此在無計可施之下，約造成當時三分之一人口的死亡。

　　由於黑死病的發生讓許多倖存者紛紛逃開城市，拋下手邊的工作，希望能找到一個安全、乾淨的地方，結果竟造成整個經濟環境非常惡劣，人們任憑農作物在田裡腐爛，使得飢荒隨之而來。此外，戰爭帶來了生活的貧困與不安，雇用外國傭兵和素質不良的士兵導致社會發生動亂，而且農民的外逃、路上有盜匪進行搶劫、走私者與偷獵者的出現衍生出種種的社會問題。更由於人口的流動而稅收銳減，以及招募士兵的困難等，使得原本的農村、城市變成廢墟，呈現出戰爭留下的疾病與飢荒。

　　到了 1400 年時疾病已經不再流行，似乎出現另一種經濟模式，這時的農業生產已趨回穩，但在當時人口減少，造成勞動力嚴重的不足，且農產品價格也下跌，為了解決勞動力不足的問題，因此出現農業的專業化。這讓很多農地能夠因地制宜，依據當地的土地情況與氣候來進行作物的栽培，像是有些地方的田地用來飼養家畜取奶，有的地方種植葡萄釀酒，或用麥芽製啤酒。結果使得倖存者能夠獲得更充足的食物和在經濟上的重新分派，慢慢地人們的生活又步入正軌。

　　不過這段時間出現的經濟危機，竟引發了農民暴動危機。像英國在

1381 年的農民暴動便是因為在黑死病之後，由於勞動人口的減少，讓自由農企圖提高工資，但貴族卻使用各種方法來維護自己的收入，並強迫這些自由民為他們耕作，因而引起農民的不滿，引發暴動。至於法國的傑克雷農民（Jacqueric）暴動就是因為黑死病與英法百年戰爭造成社會的不安，令人驚慌所致。在當時黑死病已經使整個經濟受到破壞，但戰爭更讓鄉村變得荒蕪，且國王與貴族們被俘的贖金落在農民的頭上，這讓農民在忍無可忍之下於 1358 年起而反抗。

八、神秘主義的出現

由於這次疾病來勢凶猛，讓人們比過去都還需要從宗教中求得慰藉。人們認為黑死病是上帝的懲罰，但這時候教士也和其他人一樣怕被感染而紛紛逃開，因此人們便去尋找任何替代性的途徑，來滿足他們在宗教上的需要，從而觸動人們的思想，特別是在民間流傳一種極端的神祕主義，甚至出現一些迷信或巫術的作法。

像是在德國有鞭笞僧侶，他們集體苦修、舞蹈和唱歌，具有狂熱的神祕感，並灌輸窮苦人要仇恨外國人和非基督教徒，認為他們要為此病負責。在德國、法國加泰羅尼亞，猶太人甚至被指控在井中下毒，於是被人們殺害。就在這時出現了一種神祕主義，在這神祕主義的思想中提到，人們只要透過各種方式把自我拋棄，便可以在人心靈的最深處找到神性，這種思想被稱為異端，主要的影響地在英格蘭與波西米亞。

英格蘭的威克里夫（John Wyclif，1330～1384 年）是一位嚴格遵守的奧古斯丁學派的人，他認為世間有一些人是注定要獲得救贖的，接受救贖的人是一群會自然依聖經的規定過儉樸生活的人，其他人則要接受懲罰，這是無法避免的。他的思想觀念吸引一群追求者，這群人被稱為「羅拉德派」（Lollards），由於他們宣傳的是威克里夫最激進的思想，因而遭到迫害。

不過威克里夫的觀念在波西米亞引起更大的影響。當胡斯（John Hus，1375～1415 年）接受威克里夫的觀念後，便在波西米亞號召改革事業，他提出信仰必須根據聖經這唯一的權威，並指出教會的真正領袖是基督而非教皇，一個人是否能獲得拯救是要靠基督，而非那些宗教儀式。他

的這些觀念，讓他在 1414 年被羅馬教皇開除教籍，不過他在捷克卻得到相當多的擁護者。1415 年他決定參加宗教大會為自己伸冤，但當他到達大會時，卻未得到任何機會，便被抓起來，以異端的罪名宣判，將他活活燒死。

第五節　政教衝突

　　在基督教世界中，君主與地主都應該接受教皇的精神領導，但教會在經過封建化後，造成十一世紀的教會控制在世俗的君主手中，讓教士的任命權落在俗人之手，使得公爵、領主等都可以挑選自己的主教或修道院院長。因此，神職任命便像一種政治或經濟上的一種交易，這讓領主或君主所選的人決不可能是因為他有資格，而是考慮到他的政治或經濟上的利害關係。在俗人控制下的教會所產生的教士通常也都只會追求俗務，而忘了自己本身的使命。更甚者有的教士還結婚，有的人則身兼數職，早已忘了自己原本的職責。因此在 1049 年教會又出現一個教會革新運動，其目的在於：掃除教士生活的腐敗、擺脫世俗勢力對教會的控制。

一、皇帝與教皇的威權之爭

　　1049 年李奧九世（Leo IX）當上教皇後，便開始致力教會改革活動，他以清除教士結婚和神職買賣來開始自己的神聖使命。在禁止教士結婚上，他認為教士如果結婚了就會有家累，如此便不能專心於他的職務。至於神職買賣方面，則是受到封建影響而產生的，在此情況下只要有錢，便可以去買一個神職，如此將無法確定教士的品質，出現許多無法勝任自己工作的教士，這些教士有的還公然與情婦同居。而李奧九世推行的革新事業，便是在驅除這些陋習，他的革新事業也受到日耳曼亨利三世的大力支持。

　　格列哥里七世（Gregory VII，在位 1073～1085 年）本名為希爾德布蘭德（Hildebrand），他在李奧九世時便積極的參與教會革新運動，很多人都認為李奧九世之後的宗教改革都出自他之手。其實格列哥里七世的思想源自教眾傑來西一世（Gelasius I）的「雙權論」，在「雙權論」中告

訴我們，教會擁有統治人類靈魂的權力，只要與靈魂有關之事，教皇都有權管，因此帝王犯罪也應該受到教會的處置。

1074 年格列哥里七世在羅馬召開宗教會議，重申禁止教士結婚和聖職買賣的命令，接著又指出禁止俗人授權（lay investiture），並指出要日耳曼的皇帝亨利四世不得干涉教會事務，這便引起一場激烈的政教之爭。但日耳曼，高級教士幾乎都充當皇帝的政府官員，而且亨利四世必須利用這些高級教士來對付貴族，因此要他放棄俗人授權就等於要他放棄政府官員的任命權，這對他來說當然是不可能會做的事。

引發衝突的導火線在於米蘭大主教的任命。1075 年亨利四世不顧格列哥里七世已經任命阿督（Atto）為大主教人選，又授予戴大爾督（Tedaldo）為大主教，當時格列哥里七世致書威脅要他撤回任命，但亨利四世並不加以理會，並在沃姆斯（Worms）召開宗教會議宣布廢黜格列哥里七世，格列哥里七世不久後便召開會議，並通過開除亨利四世與所有支持他的教士和信徒的教籍。

開除教籍使人失去基督教教徒的身分，在基督教世界中是一件很嚴重的事，因為這表示他無法再統治基督教世界的人民，格列哥里七世開除亨利四世的教籍，等於將亨利四世的統治權剝奪了。因此當逐出教會的命令公布後，所有的日耳曼諸侯都公開叛變，亨利四世一時之間眾叛親離，使他不得不向格列哥里七世尋求赦免。因此 1077 年的嚴冬，亨利四世在義大利北部的卡諾薩（Canossa）赤腳在大雪地裡站了三天三夜，尋求教皇的原諒。後來教皇帶領亨利四世進入卡諾薩，撤消將亨利四世逐出教會的命令。

此事件看來似乎是教皇獲勝，但實際上亨利四世並沒有遵守規定，他還是繼續控制教士，因此衝突於 1080 年又起，這次亨利四世帶軍隊圍攻羅馬，格列哥里七世雖然逃出羅馬，但由於驚嚇過度便於隔年去世。不過這場戰爭並沒有因此結束，而是一直延續到 1122 年，雙方都筋疲力竭，最後由亨利五世與新教皇烏爾班二世簽訂了沃姆斯（Worms）協定，才告結束。根據此協定，皇帝不能舉行授職禮中的宗教部分的儀式，但教皇必須在皇帝或其代表面前舉行所有的主教選舉。然而此紛爭並未因此而結束，而是持續延續下去。

二、腓特烈一世

1152 年斯瓦比亞（Swabia）的霍亨斯陶芬家族（Hohenstaufen）中的腓特烈一世（Frederick I，1152～1190 年）公爵，被選爲神聖羅馬帝國的國王。被稱爲「巴巴羅薩」（Barbarossa，紅鬍子之意），這時他成爲威爾夫家族（Welf）的新領袖，因爲在他成爲國王後，便結束了大約自 1125 年起，薩克遜的威爾夫家族和斯瓦比亞的霍亨斯陶芬家族（Hohenstaufen）在此地發生的長期衝突。

腓特烈一世努力恢復和平，在此他平息了各諸侯們的爭吵，並強施他的仲裁。首先，他把薩克遜公爵領地和巴伐利亞的指揮權交給「雄獅」亨利（Henri le Lion），並將斯瓦比亞賜給前王康拉德（Konrad）的兒子，目的是在於牽制「雄獅」亨利。不過後來「雄獅」亨利多次起來反叛，被帝國流放，並於 1181 年的帝國會議（Diet）中決定剝奪亨利的所有財產，才結束這場動亂。

與此同時，腓特烈一世表現出對義大利的野心了，首先是在 1154 年出兵義大利，這是他第一次遠征義大利，目的在平定羅馬的叛變和接受皇冠，因此在 1155 年，他便要求當時的教皇哈德良四世（Hadrian IV）在聖彼得大教堂，爲他加冕爲羅馬皇帝。不過腓特烈希望的是，使整個倫巴底都在自己的權力範圍之下，因此他很快地便把他的權力強加給整個義大利，並控制了亞平寧地區的領土。

1158 年他第二次進入義大利，此次他的目的在圍攻米蘭，要獲得任命此城市執政官的權利。由於他這次是有備而來，因此米蘭不敵便投降，之後，他便在隆卡利亞帝國會議（Roncaglia）上，親自任命米蘭的執政官。但米蘭的人民認爲腓特烈並沒有遵守當初的承諾——米蘭可以保持其獨立與土地的完整性——因而起來反抗，這使得腓特烈一世採取激烈的手段，放火將此城燒了，並將教皇哈德良逐出此城。直到 1162 年日耳曼內部發生爭端，才使得腓特烈急忙北返，讓米蘭又成爲反抗勢力的中心

當腓特烈北返後，教皇亞歷山大三世（Alexander III，1159～1181 年）不願意再看到一個強大的日耳曼統治者進入義大利，因而支持倫巴底各城市，並於 1167 年組成「倫巴聯盟」（Lombard League）來反抗

腓特烈，最後腓特烈於 1176 年於雷那諾（Legnano）兵敗。戰爭期間，義大利人在帕維亞（Pavia）南面建了一座新城，取名爲「亞歷山大城」（Alexandria），以表示對羅馬教皇的敬意。

1177 年的威尼斯和約首先表明教皇取得了勝利，教皇終於看到了皇帝的歸順。該和約特別證明了義大利各城市（至少是倫巴底、威尼斯）的勝利，證明它仍有能力反對帝王的控制，讓人們尊重它們新的自主權。

三、亨利六世與教皇英諾森三世

當腓特烈於 1190 年參加第三次十字軍東征，在前往耶路撒冷途中越過安那托利亞河，不幸落水溺斃時，帝國威望仍然未受損害。人人敬佩的英雄——腓特烈·巴巴羅薩（Frederick Barbarossa）很快便成爲傳奇人物。爲了他的王朝，他懂得如何四處籌措新的財富，並安排他的兒子亨利六世與西西里王國的女繼承者康斯坦茨（Constance）結婚，讓羅馬教廷失去了其最強大的傳統盟友。

亨利六世（Henry VI，1190～1197 年）從這種新政策中獲得了成果。他在羅馬加冕，在日耳曼戰勝了雄獅亨利的支持者，也和康斯坦茨公主的姪子西西里國王坦克雷迪（Tancrede De Leece）爭奪西西里王位，最後在比薩和熱那亞的聯合船隊的幫助下，於 1194 年攻取西西里島，控制了整個西西里王國。

接著在 1193 年在十字軍東征返回時，在奧地利他俘虜了英國的獅心王理查，要求理查宣誓從屬於他，並向英國王室要了許多贖金。此外，他也曾欲干預金雀花王朝和卡佩王朝之衝突，企圖讓菲力·奧古斯都（Philip Augustus）也向他宣誓從屬關係，並計畫遠征希臘與巴勒斯坦。然而，他卻於 1197 年去世，他的死亡代表這些帝王的要求都徹底結束了，當時他只留下一個三歲的兒子（未來的腓特烈二世）。

事實上，羅馬教皇英諾森三世（Innocent III，1198～1216 年）他同樣有一些偉大的意圖，他想在西方建立一種神權統治，將教廷變成一個龐大且複雜的行政機構，讓所有的世俗君主都團結在羅馬教皇的保護下。這個要求遠遠超過了亞歷山大三世（Alexander III，1159～1181 年）的要求，後者宣布要各國國王只行使羅馬教皇託付的權力，他並不干預世俗君

主的事務。

英諾森三世之所以會如此的要求，是因爲當時情況對羅馬教皇非常有利，整個政治局勢十分的混亂——腓特烈二世（Frederick Ⅱ，1211～1250 年）還未成年，英法又處於戰爭之中，這使得英諾森三世能隨心所欲的進行統治。英諾森三世爲了達到他的目的，他將羅馬、拉韋納、馬爾什（Marche）地區、塔科納和斯波萊托（Spoleto）公爵領地合併起來，儘量對這些地方加強鞏固並實行有效嚴格的控制，把這塊地區當成他權力的基礎。此外，他還發動了兩次十字軍遠征：一次是 1204 年對東方的東征（第四次十字軍東征）；另一次是對阿爾比派異端（Albigensian heresy）的征討。

不過這時對英諾森三世來說最重要的問題便是，讓誰當神聖羅馬帝國的繼承者？此皇位是要留在霍亨斯陶芬家族，或是改由親教皇派的威爾夫家族？最後在 1198 年由威爾夫家族「雄獅」的亨利之子鄂圖四世（Otto Ⅳ）繼承王位，他獲得英諾森三世的支持，並於 1209 年在羅馬接受加冕，不過鄂圖四世的野心並不小，他企圖侵略西西里與教皇國。因此在 1210 年被英諾森三世開除教籍，改支持年輕的腓特烈二世，1214 年布汶（Bouvines）之戰讓腓特烈二世成爲眞正的日耳曼國王。

1215 年在羅馬召開著名的第四次拉特昂大公會議（the Fourth Lateran Council），此會議確定了教皇在基督教會中的地位，也代表教會俗權發展到鼎盛時期。從此英諾森三世可以盡其所能、隨心所欲地插手世俗君王的事務，成爲當時基督教世界的最高領袖。

四、腓特烈二世的義大利計畫

1215 年繼承神聖羅馬帝國的腓特烈二世是亨利六世的兒子，從小就在西西里長大，由於西西里是一個擁有各民族，像義大利人、希臘人、穆斯林、諾曼人充斥的地方，因此他吸收了許多伊斯蘭文化，擁有這時代人少有的敏銳懷疑精神與求知慾望，是一個相當有學問的皇帝。

當他繼承皇位時，曾答應教皇參加十字軍東征，並允諾要將西西里與日耳曼分治，但對他而言，西西里是他的故鄉，他熱愛西西里更勝於日耳曼，因此他並沒有遵守此約定，企圖要進行過去他祖父的義大利政策，擴

大他的疆域版圖，這終於讓他又與教皇發生衝突。

當腓特烈二世決定他的義大利政策時，教皇英諾森三世便以擁有西西里宗主權爲由來威脅他，並要求他履行參加十字軍東征的承諾，不過1226 年英諾森三世去世，接任者爲格列哥里九世，這時格列哥里九世派他參加十字軍東征，但他就無故折返，使得格列哥里九世開除他的教籍，並與倫巴底組成一個新的聯盟組織反對他。雖然在 1228 年腓特烈二世率兵東征，贏回耶路撒冷，但因爲他與穆斯林維持友好關係，使他再度被開除教籍，被視爲異端。

由於腓特烈二世與教皇關係十分惡劣，讓他迫切要與帝國諸侯保持和諧的關係，所以他放棄他在帝國內應有的權利，讓諸侯成爲國家眞正的統治者，因此在他統治期間，神聖羅馬帝國是一個分裂的地方。而西西里更因他的戰爭成爲一個貧窮的地方，因此，在腓特烈二世時的日耳曼與義大利，是一個充滿叛亂與暴動的地方。

五、巴比倫之囚與大分裂

中世紀除了日耳曼地區有政教之爭之外，法國也因爲法王菲力四世（Philip IV）與英王愛德華一世（Edward I）間發生戰爭，爲籌措戰費向他們境內的教士徵稅而引起發衝突。當菲力四世決定要教皇卜尼法斯八世（Bonifance VIII）頒布教諭，禁止君主在未經教皇的同意下，向境內的教士徵稅，因而引起極大的爭執。菲力四世爲了對付教皇便召開全國三級會議，希望以此得到人們的支持，並於 1303 年派他的親信諾加雷（William de Nogaret）到義大利挾持教皇卜尼法斯八世，將教皇帶到法境，雖然教皇卜尼法斯八世並沒被帶走，但他最後因驚嚇而死。

從 1305 年開始教廷便設在亞威農（Avignon，1309～1378 年），波爾多（Bordeaux）大主教克雷蒙五世（Clement V，1305～1314 年）是此地的第一位教皇，對西方教會來說，這是一個極大危機的開始。亞威農（Avignon）教廷事實上是法國教廷，它既是法國國王的同盟，又聽命於法王。此後在此地所出現的教皇、樞機主教和教廷的高級官員都是法國主教，他們大部分來自法國南部各省，如波爾多、利穆贊和佩里戈爾（Périgord）等地。

　　其實，在亞威農時期的教皇比任一時期的教皇更能推行其對教會進行集權的政策，是歷史上第一次確立真正健全的教皇財政體系——使財政基礎從莊園經濟轉變成貨幣經濟。不過教廷遷到亞威農對教廷的威信是一大打擊，因為教皇的權威來自羅馬主教的傳統，當教皇離開羅馬，代表他背棄彼得的聖城、聖體、教堂，因此教皇們並不得人心，羅馬人便強烈譴責他們，並稱之為「巴比倫之囚」的教皇（During Babylonian Captivity the papacy，1305～1378 年）。

　　在強大的社會輿論壓力之下，教皇烏爾班五世（Urban V）在 1367 年，不得不允諾回羅馬，但最後還是失敗。到了 1378 年，格列哥里十一世才重新回到羅馬，但他回去不久就死於此地。這時樞機主教全為法國人，他們為了安撫義大利人，就選出一位義大利人為教皇，即烏爾班六世（Urban VI，1378～1389 年）。但不久後，這群樞機主教們便後悔了，宣布前次的選舉無效，另選出一位法國的教皇，即克雷蒙七世（Clement VII）來取代原本的烏爾班六世。從此，西方教會大分裂（1378～1417 年），將羅馬基督教世界一分為二，摧毀了教皇的尊嚴。

　　此後歐洲同時有兩個教皇、兩個教廷，而歐洲國際間也因各民族及其關係區分壁壘，像法國國王、蘇格蘭、卡斯提爾、亞拉岡及那不勒斯皆承認在亞威農的法國教皇；義大利、盧森堡查理四世以及英國則和義大利羅馬的教皇結成同盟。這次分裂並沒有因為某個教皇的去世而結束，每一方都在老教皇死後，立即選出繼承人，因此 1409 年為了消弭分裂，兩方有些主教便召開比薩會議（the Council of Pisa），他們最後決定廢黜現在兩方的教皇，另選一位教皇，結果反而又選出三個教皇來。

　　1417 年的康斯坦茨宗教會議（the Council of Constance）是一個規模非常大的會議，各國都派代表參加，目的在解決教會分裂、掃除異端、改革教會。因此各國君主合力要三位教皇下臺，另選一位新教皇，即是馬丁五世（Martin V），大分裂總算結束了。

　　在康斯坦茨宗教會議之前，會議的成員就肯定了由高級教士組成的大公會議政府的權力高於教皇，並且鼓吹成立一個「大公會議」（conculiar）政府。在康斯坦茨宗教會議上，珍・吉爾松（Jean Gevson）和皮埃爾・戴伊（Pierre d'Ailly）之所以會支持未來的馬丁五世，是因

爲他們希望馬丁五世會贊成成立一個「大公會議」政府來限制教皇權力。

　　1431 年的巴塞爾（Basel）大公會議（1431～1439 年）上，當時的教皇安日納四世（Eugenius IV）與大公會議發生衝突，當時教皇不遺餘力的進行破壞。爲了要獲得最後的勝利，教皇答應授予世俗的統治者更大的權力控制當地教會，與各國君主產生妥協。最後 1449 年巴塞爾（Basel）大公會議遭到解散，這讓建立教會政府的希望徹底的失敗，教皇獲得勝利。

第六節　西歐君權發展與英法百年戰爭

　　對於君主來說，專制政體在於對其行動的較少控制，而不在於對其權力較少限制。在階級間和團體間，君主像一個最高裁判官，他必須將其意志強加給其臣民，在需要這個裁判時，他亦取得成功。臣民間的對立能以家族、被保護人或階級對立的形式出現，一個有權勢的貴族，其周圍通常都有一群受其保護的人，這群人或是他的附傭，或附傭的佃農，以及受惠者和「親信」等。或許這群人早已超出封建範圍，他們並沒有合法性，因此當封建制度被削弱時，受保護者必須各自尋求發展，這在義大利、波蘭、西班牙，甚至法國都可發現，此外他們還組成政治集團，企圖制約君主，指導其行動，並得到君主的保證。不過他們的手段很少有變化，而他們之間也不存在政治對立。

一、君主政體

　　十五世紀中期的歐洲各國，國內經常發生內戰、封建領主的叛亂、瘟疫，以及人民的動亂，因此各處都處於動盪不安的局面中，這情況讓人民逐漸感到厭煩，於是人們漸漸要求要建立一個有秩序的、強而有力的政府，因而出現了像英國、法國這樣的君主政體。

　　當時貴族與資產階級間的對立在很大程度上被君主利用了，教皇在財政上也經常需資產階級的支助，因爲王權能保護他們反對貴族和無產階級，而且王權還能給予以成爲貴族爲目標的人一些貴族頭銜，因此這些中產階級者也都很支持這個君主政體，甚至還希望國會能從那些舊貴族手中

移轉到國王手中，由國王來掌控。不過這些新貴族必須在幾代後，才能與原來的貴族融合在一起，但在此其間他們都很關心自己的經濟利益，依然為國王克盡職守。

此外，在十字軍東征的那段時間更加速封建貴族的衰落，因為它讓許多封建貴族移民近東，或死於東征行動中，讓舊貴族的勢力大為損傷。當時在王廷的大貴族們仍繼續過著奢侈的生活，他們還向國王要求政府中的職位，如軍隊的指揮權、主教或修道院院長等職務，甚至還會要求增加年薪，因此其獨立地位也受到影響。而且這些貴族們如果沒有國王的保護，幾乎無法抵抗資產階級。

不過君主們為了要能徹底的打破封建傳統伸張王權，便找出了「羅馬法」，因為君王至上的精神在羅馬法中十分明顯，「陛下」這稱呼就是在此時被用來稱呼君主的。而且在羅馬法中，君王代表的是全體人民的福祉和意願，因此君王可以不需考慮過去普通法的習慣來制定法律。再者，當時有許多的政治哲學家，像是布丹（Jean Bodin）、霍布斯（Thomas Hobbes）等都主張專制政治理論。

更重要的是，基督教的聖經中所描繪的就是父權社會，這更加強君主專制政治的建立。總之，經濟、社會和政治間的關係決定了國家的發展，使一些相似的政治制度也有所不同。

二、西班牙的崛起

在十五世紀中葉左右，西班牙半島仍是五個王國——卡斯提爾（Castile）、亞拉岡（Aragon）、格拉那達（Granada）、葡萄牙、納瓦爾（Navarra）——分立的地方。卡斯提爾是最活躍的國家，它位於半島的中部高原，面積最大，約占半島的 60%；亞拉岡和葡萄牙則分據半島的東岸和西岸，臨地中海和大西洋；格拉那達則是一個穆斯林國家，位於半島的南端；納瓦爾位於半島的北邊，橫跨庇里牛斯山兩側。

不過這五個國家中，以亞拉岡王國和卡斯提爾王國最為重要。亞拉岡王國其實為三個自治國家的聯邦，即亞拉岡、加泰隆尼亞和瓦倫西亞王國，還包含幾個義大利的領地，如薩丁尼亞、西西里、那不勒斯、巴利亞群島（Balearic Islands）等，這讓它在地中海的商業活動中具有舉足輕重

的地位。

　　至於卡斯提爾王國由於常年與穆斯林勢力進行戰爭，使得其領土也逐漸增加，格拉那達最後也於 1492 年滅於它的手中。卡斯提爾王國原是一個以農業牧業為主的國家，並不富裕，但 1492 年卡斯提爾女王伊莎貝拉支持哥倫布（Christopher Columbus）的海外探險，讓卡斯提爾王國獨占廣大的海外市場，且在征服墨西哥、祕魯之後，美洲的金銀便大量的流入西班牙，使它的經濟十分繁榮，讓西班牙成為十六世紀的歐洲最強大的國家。

　　1469 年亞拉岡王國的斐迪南（Ferdinand，1479～516 年）與卡斯提爾王國的伊莎貝拉（Isabella，1474～1504 年）結為夫妻，雖然這兩國並沒因此次的婚姻結合在一起，仍保存其各自的機構——各存其主、政府、國會，但實際上它們已經在一個共同政府的統治下，促成日後的合併。因此，在 1504 年時亞拉岡的斐迪南死後，由卡斯提爾王國的伊莎貝拉女王繼承其位時，這兩個王國便有了共同的君主。最後在 1516 年喬安娜（Joanna，1479～1555 年）繼承其母成為卡斯提爾女王後，成為這兩個國家的君主。

　　卡斯提爾這個地方是查理五世（Charles V，他是喬安娜（Joanna）與哈布斯堡王朝的菲力結婚所生的兒子，即是神聖羅馬帝國的皇帝）神聖羅馬帝國的主要部分（他的帝國包含了從祖父那繼承的奧地利，從祖母那繼承的尼德蘭，從外祖母那繼承的卡斯提爾和美洲屬地，從外祖父那繼承的亞拉岡等地），也是他的帝國各種機構的所在地；至於亞拉岡王國，在查理五世統治初期促使尼德蘭和法蘭德斯伯爵領地使用西班牙政治制度體系。

　　政府的共同機關是行政法院，類似法國的參政會，此外還有王國參政會、卡斯提爾參政會，或亞拉岡參政會，以及在 1524 年成立的安德參政會。這些參政會具有立法和行政作用，也是最高法院。從 1480 年起，王權在各省由市長來代表，他既是法官又是行政官員，他們特別監視由貴族掌握的城市團體，在他們下面，還有治安市長。

　　財政部門很複雜，收入由以下稅收組成：⑴普通稅、銷售稅、關稅、進山放牧稅；⑵軍費和僧侶補貼收入；⑶服務費，類似人頭稅，但由三

級議會決定：⑷安德參政會的收入。

　　卡斯提爾國會僅決定一項服務費，因此國王也只召集平民參與；亞拉岡王國國會的作用則更大些。在 1478 年西班牙成立了宗教裁判所，它原本是被用來對付異教徒，不過現在它也成為君主專制主義者有利的工具。

　　儘管此時的西班牙有不少流浪漢，但社會依然井然有序，十分有條理，此要歸功於卡斯提爾首都是由國王指揮的自衛隊（聖城市同盟）來建立的。但是 1519～1522 年，西班牙被市鎮起義所動搖，人們發洩不滿，還好平息之後，西班牙也維持了很長時期的和平，這讓卡斯提爾得以發揮查理五世帝國中心的作用。

三、英法百年戰爭前的法國

　　我們對這些國王的真實政策和權力概念的演變仍不清楚，他們的事蹟的相關著作流傳下來，他向我們清楚地說明皇權思想的演變。于格・卡佩（Hugh Capet，987～996 年）依靠卡洛林王朝的傳統體制和他的大臣來管理國家，此外他還會將虔誠者路易時代的文件拿來參考，這種傳統一直保持到虔誠的羅伯特時代（Robert the Pious，996～1031 年）。

　　1030 年出現了另一種思想（王室放棄奧爾良來到巴黎這一新政權的形成），它強調削弱法蘭克機構，王室接受這一改變，慢慢地轉變成為一個真正的公國——卡佩王國。尤其在亨利二世（Henry II，1031～1061 年）與菲力一世（Philip I，1061～1108 年）時的法國政權出現了一批法蘭西重要家族成員，包括了騎士和領主，與更平庸的人物：村長、富裕的耕作者，但所有人都居住在國王的土地上，國王的宮殿已不再是卡洛林王朝最後幾代那樣是他的擁護者的議會了。為了加強法治和王權的需要，國王已經開始使用命令的口氣下達指示，它比公文更有強制性。

　　像在菲力一世統治後期，國王強迫所有人對他表示敬意和忠誠，並努力在附庸關係的基礎上確立這個階級制度，他的政策無疑是假借羅馬教廷，以嚴密的等級制度組成。路易六世（Louis VI，即是胖子路易（Fat Louis），1108～1137 年）在其父親去世前便開始掌權，是一個相當有毅力的國王，他致力於安定整個「法蘭西之島」，將法蘭西之島從「強盜集團」（robber barons）手中解放出來。他雖然是一個毫無亮眼的成就者，

不過卻能力行他的父親菲力一世（Philip Ⅰ）的政策，並貫徹下去，因此在 1137 年他去世時，整個王畿已經相當安定，而且巴黎的各種文化思想也開始活躍起來。

至於路易七世（Louis Ⅶ，1137～1180 年）時期並沒有什麼大的成就，當時他最當心的對手是英王亨利，這是因為他的離婚妻子嫁給英王亨利後，阿基坦也就變成英國的，讓路易七世備感壓力。因此路易七世便運用一些計謀，儘量破壞亨利與其子間的感情，使他們父子相互間鬥爭，自己則坐收漁翁之利。

不過法國的王政趨於成熟，疆域有所發展要到路易六世的孫子菲力二世（Philip Ⅱ，1180～1223 年）時期，他不僅限制法蘭西各大封國的發展，還於 1202 年與約翰王發生戰爭，在布文之役打敗約翰王，吞併英王在法國的封土，因此他又被稱為菲力‧奧古斯都（Philip Augustus）。

在菲力‧奧古斯都統治下，王廷的行政制度有了重大的發展，他開始任用對法律有研究的人士來處理王廷中的法律事務，而且還會在地方上安插一些受薪者來處理地方行政事務。這些受聘者一律不在其出生地任職，而且他們的薪俸相當高，全由國王支付，因此完全聽命於國王，對國王表示忠誠。就這樣，各地不再出現反叛者，而且王權被進一步加強。

菲力四世（Philip Ⅳ，1285～1314 年）是現代法國王權的創始者，他最大的貢獻是使王權完全脫離封建束縛，他起用有專才的新人來擔任職業的公務員，開始了「官僚政治」。此外，1302 年他因為與教皇卜尼法斯八世發生衝突，為得到全體人民的支持，正式召開第一次「全國三級會議」（Estates General）。

四、英法百年戰爭前的英國

征服者威廉在英國雖行封建制度但英國的王權因他而漸漸形成，更加的受到肯定，從那時候起，政府也更加的具有官僚色彩，英國的君主制度之所以能獲得成功，主要取決於以下兩個有利情況：

第一，沿用盎格魯‧薩克遜人的傳統地方行政官，在郡縣中的自由民受共同的法律約束，並且由一個叫郡守（sheriff）的地方行政官來管理。而這些郡守的去留都操之在國王的手中，讓國王可以直接控制地方，貴族

只擁有經濟上的權利並無政治上的實權，無法演變成類似封建世襲制度。第二，由於國王的地產分布於整個英國，且當時的英國是征服者威廉通過征服，占領方式建立起來。在當時他雖也是利用封建制度來治理整個國家，但他讓領主的采邑分散於全國，且要所有的地主都直接聽命於國王，因此國王手中仍握有相當大的王權，使整個國家幾乎在國王的統治之下，這讓國王有機會要求提供人力和財力方面的服務。

此外，1086 年，威廉施行「土地清丈冊」或稱「末日裁判書」（Domesday Book），調查了全國土地、財產、牲畜和農民的總冊，確立了征服者威廉在英國的權力。而且在他的兒子亨利一世（Henry Ⅰ，1100～1135 年）時，英格蘭的君主制民族國家形成了，他的重要成就是奠定英國的司法和行政制度基礎。

亨利二世（Henry Ⅱ，1154～1189 年）開啓了英國的金雀花王朝（The Plantagenet Dynasty，1154～1399 年）或稱「安茹王朝」（Angevin Dynasty）時代。亨利二世是一個不會說英語的英王，他只會講法語，法國有三分之一的土地都是他的封地，而且大部分的時間都在歐陸，不過他在位時期，英國的行政與司法幾乎都有重大的發展，且被確定下來。

在他的政府裡，他極力要擴大王室法庭的管轄權，將大部分的刑事案件收歸王室法庭，因此他允許民眾有任何土地所有權的訴訟案，都可向王室法庭申訴，並建立「陪審團」制度。

當亨利二世擴展他的王室法庭的管轄權時，很不幸地與教會法庭與王室法庭管轄權起了衝突，因此他企圖在 1164 年通過《克拉倫登憲法》（Constitutions of Clarendon）來限制教會這方面的權利。然而這種企圖導致他與坎特伯里（Canterbury）大主教湯姆斯·貝克特（Thomas Becket）進行了一場悲劇性的衝突。結果在 1170 年貝克特被殺害，這至少是國王所希望的，而且也一直有一種傳聞說是他派人謀刺貝克特，這件凶殺事件確實引起強烈的不滿，國王為了平息眾怒便公開表示懺悔。為了緬懷這位聖人，坎特伯里城變成了英國最有名的朝聖之地，不過國王取得最後勝利。

至於他的兒子理查一世（Richard Ⅰ，1189～1199 年），即獅心王理查（Lionhearted Richard）大部分時間都用來參加十字軍東征，因此他將

整個國家都交給勉強回來服從他的大貴族，也全靠這些能幹的大臣，國家的行政管理才十分有效率。獅心王理查的弟弟約翰王（John，1199～1216年）和其子亨利三世（Henry Ⅲ，1216～1272年）統治時，英國的君主制度權威受到了威脅。

由於他們在歐陸迎戰卡佩王朝（菲力·奧古斯都）時遭受嚴重挫折（1214年的布汶〔Bouvines〕之役），使他失去在安茹（Angevin）的領地，再加上國王又歸順羅馬教皇，因而發生了大貴族的暴亂，他們有兩次都想在國王身邊設立一個封建委員會。1215年大貴族們利用約翰王與法國的戰爭極需金錢的情況，便迫使約翰王簽署《大憲章》（Magna Carta）法案，肯定了英格蘭人政治上的初步自由，不過法案並不是一份授予人民種種自由的法案，而是一份要國王遵守封建傳統的法案。

亨利三世即位時年僅九歲，在他親政前國家的政治相當的清明，此時發展出有限王權、責任體系、貴族會議等觀念，因此在他執政的這段時期，行政管理人員進一步完善法律與行政機構，使之具有效率。不過，當亨利三世執政後，他較重視法國的貴族，對英國的貴族並不尊重，因此在1258年由西蒙·孟弗爾（Simon de Montfort）領導的一次新的暴動中，他提出「牛津條例」（Provisions of Oxford）逼亨利三世接受。

「牛津條例」的內容，即國王作出讓步：每年舉行三次議會會議，並在國王身邊設立一個常設委員會，國王必須受到「人民」的控制（不過「人民」指的是貴族）。依此條款，政府是由貴族組成的會議與國王共治的，可是不久後貴族間便形成兩派起了衝突，這時亨利三世建議請法王聖路易（St. Louis）作裁決，只是當聖路易作了不利於孟弗爾的裁決且提出「牛津條例」無效時，戰爭便發生了。1265年，孟弗爾（Montfort）於伊夫舒姆（Evesham）被害時，該派就徹底瓦解，亨利三世也復辟了。

愛德華一世（Edward Ⅰ，1272～1307年）的統治，表現出在漫長的無政府狀態之後，王室權威又重新恢復起來。當時大貴族們要求不再去服兵役，因此國會宣布只要通過交兵役稅的方式，就可以不用去當兵，國王也可以用這些錢去請僱傭軍。1285年《溫切斯特（英國南部城市）法案》則明確指出，解除所有自由民的服役責任，徵募自由民的工作由專門的公務人員來做。

　　此時最重要的是國會成為政府的獨立部門，雖然此時的國會只是國王封建王朝的最大規模的集會，不過愛德華一世的國會中除了高級的貴族外，還有市鎮代表，如鄉村騎士、小鎮代表、富裕農民（自由民）或商人。這些市鎮代表，是在郡長的監督下從每個伯爵領土選出來的，因此能確保與大貴族們有共同意識，得以進行貫徹執行所有的事務。

　　愛德華一世之所以讓市鎮代表參與國會，其目的在於宣傳，他認為當他們參與國會之後，會被國王的威嚴所懾服，便願意在會議結束後，回家鄉宣傳國王的威嚴，提出君主的美名。後來愛德華一世更支配國會制定許多皇家法令，而且國會也會利用他批准皇家稅收的權力來贏得他對立法的控制權。

　　愛德華二世（Edward Ⅱ，1307～327 年）統治時因用人不當，使用寵幸逆臣，一再的遭到貴族的抗議，迫使他改革政府。因此，當他的法國王后伊莎貝爾及其寵臣莫蒂默（Roger Martimer）率兵登陸英格蘭時，愛德華二世被迫讓位給他的兒子愛德華三世（Edward Ⅲ），最後死於獄中；然而，這些嚴重的混亂未能影響王室政權去進行重大的征服。不過在愛德華三世時，英法發生了十分著名的「英法百年戰爭」。

五、英法百年戰爭的初期

　　英法百年戰爭表現了這兩個王國的政治進展，一個是王朝危機加劇的「封建」爭端，另一個是長期以來的戰爭把人民給捲入進去，引起了集體反抗，激發了民眾的民族感情。「封建」爭端是由於，十四世紀的英國國王仍統治著法國南部（阿基坦），是法國國王的附庸，這對於想成為國家真正統治者的菲力四世而言是無法忍受的，而且法蘭德斯與英國有很密切的商業往來，使得法蘭德斯諸侯親英，讓法國備感威脅，因此法國一直都很想將英國趕出去。

　　但英俊菲力（即菲力四世）無嗣，因此當他在 1328 年去世後，卡佩王朝便發生繼承人的問題，最後英俊菲力四世的堂弟，華洛瓦（Philippe de Valois，即菲力六世）被選中了。而英王愛德華三世的母親是菲力四世的女兒，這也意謂他有提出繼承法國王位的機會，因此他便提出繼承法國王位的要求。

　　戰爭初期法軍連連失敗，這是因為英國掌握先進的軍事戰術，有一支訓練有素的軍隊，此外法蘭德斯又與英國結盟。1340 年法國艦隊在法蘭德斯的埃克魯斯（Ècluse，布魯日附近）大敗。至於在陸地上，雙方在克雷西（Crécy）相遇，當時英軍使用的是一批訓練有素的弓箭手，至於法國則是一支騎著戰馬，穿著重甲的騎士，而且英軍大多是一群僱傭兵，對他們而言，戰爭是可以讓他們獲得豐厚勝利品的方式。這一明顯優勢在克雷西（Crécy）戰役和普瓦提埃（Poitiers）戰役中，起了決定性的作用，這兩次戰役，前者使英軍占領了加萊（Calais），後者使法國國王約翰二世（John Ⅱ，1350～1364 年）被俘。

　　國王敗北和被俘的消息傳來，使法國人民為之震撼和憤慨，因為人民被要求承擔這份沉重的負擔。1357 年為籌集贖金而在巴黎召開的三級會議，人們對它表示敵意，因為國王召開三級會議的目的，是希望能得到人們的支持，便利新稅的徵收。到 1358 年巴黎人艾因‧馬賽（Etienne Marce）挑起民眾起義，資產者都要求改革和大赦，而且在法蘭西島的平原上也發生了一場農民因受不了重稅而鋌而走險的起義，即傑克雷（Jacquerie）起義，讓各省、市和每個村莊都建起或加強城牆和工事，許多教堂也都修築起了防禦之事。

　　查理五世（Charles Ⅴ，1364～1380 年）靠貴族和外省人平息了巴黎人的暴動後，開始建立一個穩定而強大的政府，他最重視的事情是確保財政狀況良好，規定稅收，即間接稅和戶口稅，讓他有豐富的稅收。在軍事方面，查理五世為了實現他的軍事偉業，很幸運地找到優秀的合作者，即迪‧蓋斯克蘭（Du Guesclin），開始進行軍事改革，使法國的軍隊也出現職業軍人，他的出現讓法國開始獲得勝利。

　　1369 年第二階段的戰爭又起，迪‧蓋斯克蘭帶領曾蹂躪這個國家的僱傭軍轉戰於卡斯提爾（Castile），1370 年冬便突襲蓬瓦蘭的英軍。他的作戰方式是採用突擊戰術，並在敵人到來之前便堅壁清野，使之得不到軍需供應。因此到 1380 年查理五世與迪‧蓋斯克蘭去世時，英王在法國只占著加萊（Calais）、不列斯特（Bresr）、波爾多（Bordeaux）等部分的領土。

六、法國的內亂──奧爾良派與勃艮第派

　　查理五世去世後，繼位的查理六世（Charles VI，1380～1422 年）當時還只是一個孩子（1380～1422 年），因此權力落到他的叔叔們手上，叔父們四處苛重稅，導致法國陷入窮困之中，不滿的情緒也高漲，因而在許多地方都出現暴動事件。等到查理六世成年後，便撤換他的叔叔們，並找到幾位好的親王即國王的兄弟們進行改革，但親王中有兩位──即是奧爾良（Orleons）的路易（Louis）、勃艮第（Burgundy）的大膽腓力以及後來的無懼約翰（John, the Fearless）──相互敵對，相互競爭。

　　不過國王於 1392 年患了精神病，使得政權落入這些貴族親王們手中，讓法國陷入一場內戰中。1413 年無懼約翰指使人將奧爾良的路易謀殺便引發一場內戰，這時全法國分成兩大派，即阿曼雅克派（Armagacs 即奧爾良一派的人，這是由於他們的領袖是阿曼雅克伯爵〔Armangac〕）和勃艮第派，他們的對立破壞了國王的權力和威信，在巴黎導致許多大屠殺的發生。

　　由於奧爾良的路易與勃艮第的無懼約翰都在為自己謀利，使法國處於混亂之中，因此在 1415 年英國國王亨利五世（Henry V）重新進攻法國時，法國已經無力招架。1419 年勃艮第的無懼約翰被阿曼雅克派的激進派所殺，讓查理六世的皇后依莎貝拉（Isabeau de Baviere）與英格蘭人簽約，她廢黜儲君（查理七世）改立英王亨利五世為王位繼承者，並讓他的女兒與亨利五世結婚（他們育有一子即亨利六世），此外還以查理六世精神不正常為由，將王位交給亨利五世。

　　因此到了 1422 年，查理六世和亨利五世的相繼死去，竟使法國分成兩個王國。在北方，幼小的英王亨利六世（1421 年出生）由攝政貝德代理，統治英─法王國，首都設在巴黎和盧昂（Rouen），他得到勃艮第人，特別是巴黎伯爵支持；另一個國王是查理七世（Charles VII，1422～1461 年），他為奧爾良的繼承者，擁有南方各省。

七、英法百年戰爭的末期

　　反抗英國人，現在成為民眾感情的表達方式，特別是在鄉下。這些不

完全被人了解的集體思想表明了民族意識，它有時帶有宗教色彩，如對加冕典禮的重視。有時這種民族意識還伴隨一些單獨的反抗行為，像是拒絕納稅和服兵役，甚至是大規模的起義。一些真正的農民游擊隊威脅著英軍的駐地和交通要道。

1428 年英格蘭的軍隊已經占領了整個法國西北部，準備進行圍攻西北部唯一承認查理七世的奧爾良，當地的居民雖然奮勇抵抗，但是他們還是敵不過英軍的攻擊，就在奧爾良居民準備投降之際，貞德（Jean of Arc）出現，這位出生於洛林的多姆勒密（Domremy）鄉間的農家女確實意識到這一民族意識，她把所有反抗的願望都寄託在國王查理七世身上。

1429 年他找到了查理七世，說服查理七世相信她是遵從神的旨意行事的，並說她得到聖人的指示，要把英國人趕出法國，不久她果然成功的突圍進入奧爾良，這舉動為法軍提振士氣。接著他為了確保查理七世的王位合法性，便帶國王到蘭斯（Rheims）的一座古老教堂加冕。貞德之所以能一路上取得了重要的勝利，是因為她以查理七世的王位繼承權是經由神指示為由來聯合民眾。

1430 年貞德在貢比涅（Compiegne）被勃艮第人捉到，並交到英國人手裡加以審判。對英人來說，如果能讓貞德承認她是女巫，不是聖人的使者，就能使查理七世失去人心。因此 1431 年在英—法王國的首都盧昂（Rouen）展開長達六個月的審判，英國人選擇巴黎大學的神學家和主教皮埃爾作審判官，皮埃爾一直希望貞德能落入陷阱，宣布她為異端將她燒死，最後貞德在預設的罪名之下，在盧昂（Rouen）的市集上，被當眾燒死。

貞德的去世，它賦予法人勇氣，經由她的努力，終於使英法戰爭的局勢改觀了。在 1435 年，勃艮第退出英國的聯盟，根據阿拉斯（Arras）協定，法國國王查理七世與勃艮第大公善良的腓力言歸於好。不久巴黎的軍隊也趕走了英軍，這使得查理七世得以進入向他敞開大門的巴黎，而英王亨利六世也提出停戰的要求。

這時查理七世利用機會恢復財政正常，將財務官重新組織，並建立稅務行政徵收部門，也嚴格地徵募士兵，重組一支強大的軍隊，到 1445 年他有一支素質優良的騎兵隊，接著他又從平民中選出一些身體強健的人成

為弓箭手（1148年組建），此外還有王家砲兵部隊，這是比過去任何一支更輕便、更實用的軍隊。

　　1449年英法又重新開戰，英國人遭到重創，失去了在法國的最後幾座城市，包括盧昂（Rouen）和波爾多（Bordeaux），到了1453年他們手裡只剩下了加萊（Calais）一地，結束了長達一百年的英法百年戰爭。

八、戰後的法國

　　由於戰爭是在法國的領土上進行的，因此使法國受到很大的傷害，像經濟衰竭，到處都是荒廢的土地與被掠奪的村莊，甚至是在大城市中（巴黎街頭）還見到狼群的蹤跡。但是這場戰爭卻使法國人的愛國主義大為發展，讓法人了解國家的統治權不應該落入異國人的手中，使得法國這時的王權比任何時期都還強大，讓法王可以不經三級會議便能向人民徵稅，因此1439年之後查理七世便不再召開三級會議，且暫時性稅收也成為永久性。

　　這時的法國農業一時間還無法恢復，但工商業卻在從前的基礎上，很快就復甦了，因此富裕的商人便向貴族們買下因戰爭變成廢墟的莊園或封地，還有一些市民在國王的王廷中服務，成為國王的財政官員或司法官員，這群人同樣也被授予貴族的稱號。造成在傳統的封地貴族之外，又出現了一批新貴族，人們都稱他們為「長袍貴族」（因為這群政府官員都穿著長袍的緣故）。

　　雖然查理七世（Charles VII）在英法百年戰爭期間，帶領法國人民戰勝英國，但他並沒有完成遏止貴族勢力擴張的工作，像勃艮第公爵大膽查理（Charles of Bold）在戰後透過聯姻的關係，使他的產業擴大了不少，因此查理七世的權力常與勃艮第公爵有所衝突。不過此問題在查理七世的繼承者路易十一（Louis XI，1461～1483年）時獲得解決。

　　1477年路易十一巧妙的唆使洛林公爵與瑞士人反對勃艮第公爵，並找機會觸怒勃艮第公爵，使他對南錫城（Nanry）進行攻擊，這場戰役便是他喪命之地。由於勃艮第公爵沒有男性的繼承人，讓路易十一得以進軍勃艮第，把此地納入自己的統治版圖中。

　　這時的路易十一世怕會出現像過去那樣的貴族弄權，因此人們同意國

王可以在不依賴國會的情況下，自行處理各項政務。這讓他如願地建立一支王室的軍隊，來逐漸完成國家統一的工作。此外，在徵稅方面，他更可以在完全不理會三級會議的情況下，向全國民眾來徵收稅賦，讓國王的財政收入得以讓他建立一支強大的軍隊，更可讓國王利用優渥的俸祿來利誘貴族歸附王室，成為國王的臣子與將領。

而且在 1438 年的《布爾日國事詔書》（Pragmatic Sanction of Bourages）宣稱國王擁有對法國教士的控制權，這便使得羅馬教皇在法境內的任命教士權與課稅權轉至法王手中，讓皇權得到加強，法王在法國教會享有極大的自主權。1516 年法蘭西斯一世（Francis I）與教皇李奧十世訂定波隆那協議（Concordat of Bologna）後，法國教會的高級教士任命權便完全落到法王手中，這更加強王權的力量。

九、戰後的英國

英法百年戰後的英國國內也發生了動亂，由於亨利六世（Henry VI，1422～1461 年）尚未成年，與歐洲大陸上的軍事失利，嚴重地危害了英國的內部和平，讓英國的政治更加的混亂，再加上強盜、農民起義此起彼落，王公亂黨蠢蠢欲動，終於在 1455 年至 1471 年爆發了約克家族（York，白玫瑰）和蘭開斯特家族（Lancaster，紅玫瑰）之間的玫瑰戰爭（the War of the Roses）。這十五年來英國被分成兩個部分，農民遭蹂躪，到處都腐敗不堪。到了 1461 年由約克家族的愛德華四世（Edward IV，1461～1483 年）取得了勝利後，他控制了亨利六世，並在倫敦塔內將他謀殺。

愛德華四世死後由他的弟弟理查三世（Richard III，1483～1485 年）篡位，但由於他的殘暴，因此到了 1485 年蘭開斯特家族（Lancaster）的亨利‧都鐸（Henry Tudor，即日後的亨利七世（Henry VII，1457～1509 年））便興兵攻打理查三世，並娶愛德華四世的女兒伊莉莎白，因而結合約克王朝建立一個都鐸王朝（The House of Tudor）。

由於大貴族在戰爭期間相互殘殺，讓戰後大貴族的勢力受到重挫，讓英國人的政治與生活都失去保障，而且戰爭發生主要原因是貴族們之間為了權位的火拼，他們的最後目的在王位，因而讓國王重申對貴族的權限，

禁止貴族擁有特別服色的私軍，這讓英國的王權在亨利七世之子亨利八世時空前的強大。因此，亨利七世（Henry Ⅶ，1485～1509 年）趁機伸張王權，通過禁止貴族們擁有特別旗號與服色的私軍，大大削弱封建貴族的勢力。所以在亨利七世（Henry Ⅶ，1485～1509 年）和亨利八世（Henry Ⅷ，1491～1547 年）統治時期，英國的君主政體也表現出其權勢的優勢。

這時的英王已經沒有法國采邑的問題，便專心於經營國內的勢力，使得英國在十六世紀的政治外交中，更加的靈活。此外國王身邊的中央行政機構也更加的擴大與完整，政府中的成員與法國類似，是由少數顯貴組成，此外還有行政大臣、財政大臣和幾個由國王召集來的親信，但英國國王並不像法國國王那樣擁有官員團體。在各郡中（相當於大法官管轄區），郡長將許多權力讓給法官，後者是接受國王委託的地方貴族。

亨利七世除了擴大中央行政機構外，還增設了三個大法庭，即普通訴訟法庭處理民事案件、刑事法庭處理犯罪案件、財政法庭處理財政案件。這三個大法庭坐落在西敏王宮區，接著他又設立一個鎮壓暴亂的特殊王室法庭，這個特殊的法庭設在一個有星星裝飾的房間中，因此便叫做星室法庭（the Count of the Stare Chamber）。

此外宗教改革也使得國王的權力更為加強，1534 年國會通過《最高法令》（the Act of supremacy）使國王成為英國教會的領袖，當時亨利八世出售僧侶產業為皇家國庫的收入增加了一百五十萬英鎊。亨利八世及其後人進行的宗教改革並沒有遇到任何來自國會的抵抗，甚至連神職人員也幾乎沒有反對，不過仍有部分地區出現過暴動，只是這些暴動都很零星，很快就被鎮壓下來，這顯示王權力量的加強。

不過，在英國的國會發展比歐洲其他國家都還好，這是因為英國所做的任何一項決定，像是徵稅、英國國教的出現，都必須要有國會來支持，因此亨利八世及其繼承者經常與國會合作，來達成其政治上的目的。而且到了 1485 年，國會成為英國政府中的一個固定的機構，這讓國會成為英國政治上一種強大的勢力。

第七節　拜占庭帝國與十字軍東征

　　君士坦丁大帝於 323 年繼任爲羅馬帝國的皇帝後，便在位於博斯普魯斯海峽上的古城拜占庭（Byzantium）重新翻修，成爲君士坦丁堡（Constantinople），並於 330 年正式成爲羅馬帝國的帝都，不過此時的羅馬帝國仍屬完整，並沒分裂。但到了狄奧多西一世（Theodosius Ⅰ）時，帝國一分爲二，東羅馬帝國定都於君士坦丁堡，它雖自認爲是承襲於羅馬帝國，不過由於深受希臘文化的影響，因此在此有濃厚的東方色彩。476 年西羅馬滅亡後，東羅馬帝國仍屹立不搖直到 1453 年被鄂圖曼土耳其滅亡。

一、查士丁尼時代：世界帝國的西方政策

　　查士廷一世（Justin Ⅰ，518～527 年）是一位不識字的人，他在位期間國家政策都是由他的姪子查士丁尼（Justinin，527～565 年）與宰相普羅克拉斯（Procllus）輔佐，他們的政策和他們先祖的希臘或東方政策不一樣，新王朝將眼光朝向西方。查士廷一世和查士丁尼爲了征西方的省分，放棄了東方的宗教和平。首先，就是捍衛主教會議確定下來的教義，和羅馬教皇結爲同盟，尊重羅馬教皇的特權，保持基督教的絕對統一。查士丁尼爲了呼應羅馬教皇，他攻擊了當時脫離君士坦丁堡教會的埃及和敘利亞教徒，猶太教徒和景教徒也遭到迫害，並關閉了享有盛名的雅典學校，將學校的老師放逐到波斯。

　　532 年在君士坦丁堡發生了一件讓查士丁尼記憶猶新的暴動，即「尼卡暴動」（Nike Riot），這暴動讓查士丁尼在處理政事上更加小心翼翼。「尼卡暴動」之所以發生剛開始是因爲戰車比賽，當時的人們十分著迷於戰車比賽，因此人們便隨著戰車選手分成綠黨與青黨兩派，互相叫囂，但到後來這運動被摻入宗教與政治因素，便演變成一場暴動。

　　當 532 年發生「尼卡暴動」（Nike Riot）時，暴徒迫近皇宮，對城堡放火使得查士丁尼幾乎要放棄整個君士坦丁堡時，是查士丁尼那位支持基督教一性論派，排斥異端的皇后狄奧多拉（Theodora），讓他打消逃跑的念頭，將暴動終結。其實這個「尼卡」暴動可能是因嚴重的社會弊病所

引起的，但從根源上來看，是因爲宗教不滿的關係，起義最終被殘酷地鎮壓，帝國仍舊未變。

　　作爲宗教信仰的保護人，查士丁尼更樂於向異教徒傳教。查士丁尼仍將基督教傳播到在北方的蠻族間，讓居住在多瑙河畔、在黑海沿岸，甚至遠到非洲的衣索比亞和埃及之間的人民，都信仰基督教。

二、查士丁尼的治績

　　查士丁尼把君士坦丁堡變成一個引人注目的都城，由於 532 年發生「尼卡暴動」（Nike Riot）摧毀了君士坦丁堡的建築，讓查士丁尼有重建此城的機會，他在那兒建造了宮殿、引水渠、橋樑、醫院、公共浴室，尤其是二座富麗堂皇的教堂——聖阿波特爾（Saint Apôtres）和聖索菲亞教堂（the Church of Santa Sophia，即聖智堂）。聖索菲亞教堂與聖阿波特爾教堂都是在一位小亞細亞建築師的指揮下建立起來的。

　　這兩座教堂的建築特色在於，均採用了東方的穹頂，將教堂設計成十字架形狀，在方形結構中，運用了圓頂的原則，這個圓頂在整個建築中占主要的地位。不過一座教堂採取了希臘十字形的方案，四個相同的拱肋；另一座採取了長方形會堂式的方案。

　　聖索菲亞教堂——共徵用了一萬名工人進行建造，在教堂內部還鑲嵌上絢麗多彩的圖案，像是包金葉和五顏六色的大理石柱，並在大理石柱上裝飾著許多彩色的小玻璃，當太陽照射到這些小玻璃時，便會發生像是寶石般的閃光。這樣空前的富麗象徵著皇帝的權力和基督教的權力。巨大的穹頂離地約五十多公尺，牆壁和廊柱採用了彩色裝飾、金飾和鑲嵌畫、大理石雕刻物、朝向寬敞院落的大銅門。

　　查士丁尼除了建築方面的偉業外，還成功地制定強有力的法令，即對羅馬法律的分類和編注。在皇帝及其親信的直接監督下，查士丁尼任命十七位法律專家整理、澄清、修改這些法令，這本鉅著是需要研究二千多本古代法律鉅著，並根據歷代憲法、勒令、判例再參酌基督教的法理思想來完成。

　　529 年出版的《查士丁尼法典》（Corpus Iuris Civilis）修改並補充了在 438 年狄奧多西二世（Theodosius II）就公布的《狄奧多西法典》

（Theodosianus Code），並向法官推薦自哈德良以來，歷代羅馬皇帝所頒布的所有皇家法令。因此新完成的《查士丁尼法典》包含了帝國法令，而去其重複、矛盾與已廢的部分。

533 年，結束了《法學摘要》的編纂工作。為了供普通人與初習者能了解，便於 533 年編成《法學入門》，它簡明扼要地闡述帝國以前的那些「舊法」，這是一本簡明的手冊，是《查士丁尼法典》和《法學摘要》的簡本。查士丁尼接著又將《查士丁尼法典》頒布之後出現的新法編成一本《新法》（Novellae），這本書是以希臘文寫成的。

三、重新征服西方

查士丁尼擁有一支由貝利撒留（Belisaire Narses）指揮的嫡系龐大的部隊，它是一支能確保地中海制海權，並能迅速打擊遠在西班牙的軍隊。當時蠻族部隊控制著內地高原和山區，拜占庭控制著水路，查士丁尼為了向北非的汪達爾用兵，便在 532 年與波斯簽訂和約，接著便在 533 年命令貝利撒留進攻汪達爾，汪達爾在一年內便投降。

接著查士丁尼的目標在義大利，他這次兵分二路，仍令貝利撒留為將軍。535 年取得了控制內海所必需的據點——達爾馬提亞和西西里島，緊接著在第勒尼安海沿岸展開了第一次進攻，536 年他們打到了那不勒斯和羅馬。另外他們還在亞得里亞海發動另一次進攻，他們在占領了里米尼（Rimini）之後，又奪取艾米利亞（Emilie）和倫巴底，最後於 539 年占領了米蘭，拉韋納也於 540 年陷落。

但 541 年東哥德出現一位年輕冷酷的新國王托提拉（Totila），他領導東哥德民族發生暴亂，這一切都危及到剛剛取得的勝利成果。這場戰爭既漫長又艱難，托提拉幾乎蹂躪整個義大利，奪走了羅馬和里米尼、科西嘉和撒丁尼亞島沿海、伊奧尼亞（Ioniennes et I'Épire）和伊皮魯斯群島，他甚至準備入侵西西里。查士丁尼仍調西征，552 年希臘艦隊取得了一場決定性的勝利，這次戰役讓托提拉不幸陣亡，希臘人打開了通往亞得里亞海的道路，553 年東哥德王國自此滅亡。貝利撒留趁機北上驅逐法蘭克人，並於 554 年大敗法蘭克人。

這場戰爭使得大批蠻族僱傭兵湧入拜占庭的軍隊中，讓拜占庭在與西

部作戰的同時，東部邊界陸續被蠻族和波斯人奪走，像是斯拉夫人入侵巴爾幹地區，蹂躪希臘，深入到伯羅奔尼撒半島和伊皮魯斯沿岸，直逼薩洛尼卡和君士坦丁堡，嚴重地削弱了帝國的軍事力量，使得國庫空虛，影響國內的改革和振興。

在東面來自亞洲的遊牧民族也開始搶劫克里米亞半島的港口和色雷斯平原，並在 559 年發動騎兵襲擊拜占庭。最後在 562 年，查士丁尼不得不和波斯國王科斯洛埃斯（Chosnoes）簽署了一項貿易協議來換取和平，從此波斯的軍隊控制安條克，並到達地中海。

還好在近半個世紀中，拜占庭控制下的非洲未受到任何暴動或部族戰爭的嚴重威脅，讓此地得到了加強和復興。此外，和平有利於整個地中海地區的商業、宗教和藝術的交流，商船把東方的貨品送往各地，希臘、敘利亞或猶太商人定居在西方各港口。西班牙和義大利的學者經常光臨君士坦丁堡的學校和安條克的學校，因此在通往聖地的道路上，都是前往聖地的朝聖者。征服爲拜占庭帶來更多機會傳播它的宗教、文化、藝術形式和肖像題材及技藝的機會和方式。這樣，一種地中海各國的文明開始萌芽，這種文明常常受到來自君士坦丁堡、帝國東部省分，尤其是敘利亞和亞美尼亞文明的啓發。

四、希拉克略和艾索里亞王朝

610 年希拉克略（Heraclius，610～641 年）執政時期，「拜占庭皇帝」的稱號肯定帝國已擺脫了羅馬的影響。這位皇帝仍是專制的，仍想領導所有的基督教國家，但這個新王朝說的是希臘語，推行的政策可說是完全的東方政策，行使權力的地區已與羅馬世界越來越疏離，因此有很多人將 610 年當成是拜占庭歷史的開端。

當希拉克略繼位時，這帝國受到波斯人的威脅，正面臨生死存亡之際，當時波斯幾乎征服整個帝國的亞洲部分，爲了扭轉局勢，希拉克略集結一支強大的軍隊，在 627 年進軍波斯首都泰西封（Ctesiphon），並與波斯大軍於尼尼微城（Nineveh）相遇大戰，最後希拉克略親自領軍才將波斯大軍擊退，並繼續進軍泰西封。這時波斯貴族發現國家將命在旦夕，因而廢掉科斯羅二世（Chosroes II）立新王，並派特使向拜占庭帝國求

和，最後雙方在 628 年議和。

　　這場戰爭最後由拜占庭帝國向波斯取回歷代被他們侵占的土地與財物，代表拜占庭帝國的勝利，這也表示從希臘時代開始的東西文化衝突終告結束。不過在此同時阿拉伯半島有另一種勢力正在興起，並逐漸入侵拜占庭帝國。

　　641 年一群來自阿拉伯半島的穆斯林軍隊攻占亞美尼亞、安納托利亞、愛琴海諸島、小亞細亞沿岸，將君士坦丁堡和它的貿易市場隔離開來。到了 650 年他們征服了波斯人曾經短暫占領的地區，又向波斯前進，並穿過北非向西進入歐洲，成為地中海地區一個強大的勢力。

　　717 年穆斯林軍隊從海、陸兩方面同時對君士坦丁堡進行包圍，這時艾索里亞王朝（Isaurian，717～741 年）的拜占庭帝國皇帝李奧三世（Leo Ⅲ）使用了一種叫做「希臘火」（Greek fire）的武器，才得以擊退穆斯林軍隊，解君士坦丁堡之圍。這場戰爭可說具有劃時代的意義，因為這場戰爭的勝利讓拜占庭帝國可以繼續再生存數百年，阻止阿拉伯人繼續向歐洲其他地方擴展他的軍事版圖。這之後出現了拜占庭帝國最輝煌的一段時間。

五、李奧三世的破除偶像政策

　　此時教會也發生了一個大紛爭，這個爭端表現在東方省分和希臘及首都之間的教會分立。東方省分可能是受伊斯蘭教與猶太教的影響，忠於宗教的某種嚴格規定；而希臘及拜占庭則十分忠於聖像崇拜，我們可以從李奧三世（Leo Ⅲ）和其他對聖像進行迫害的皇帝都來自東方，與堅決破壞聖像的軍隊主要由亞洲和亞美尼亞（Armenie）的士兵組成可知；至於從希臘來的皇后，像是艾琳（Irene）和狄奧多拉（Theodora）只要一有機會，她們就會恢復聖像崇拜。

　　這種爭端還說明了社會動亂的嚴重性，和皇帝希望以無可爭議的方式肯定他們在省的權威性。由於教士與新的修道院在當時社會享有相當多的特權，他們擁有許多皇帝才有的大批人力、士兵和官員以及大量的資金，這些教士與新的修道院院長是透過聖像崇拜來維持他們在人們心中的權威。所以皇帝李奧三世下令破壞聖像，從此展開一場政治與宗教的鬥爭。

　　726年李奧三世頒布破壞聖像的詔令，並破壞豎立在宮殿入口處的耶穌塑像，不過此舉動立即遭到主教和羅馬教皇的堅決反對，希臘還因此多次發生叛亂，741年李奧三世去世時，拜占庭帝國各地的教堂壁畫與鑲嵌裝飾大部分仍存在。

　　但李奧三世之子君士坦丁五世（Constanitn V，741～775年）則無視反對的浪潮，毫不猶豫地禁止崇拜聖像的行動。他與修道院進行一場激烈的鬥爭，內戰蔓延至全帝國，更於754年在召集的君士坦丁堡主教會議上，禁止三百多名主教崇拜聖像，並痛斥「畫家的藝術」及其保護人。此外，他還特別迫害修道士，強迫修道士穿世俗的服裝，甚至還強迫他們結婚、沒收他們的土地，也禁止他們再接受初學修士。因此暴亂發生了，被禁止聖像崇拜的人起而反抗皇帝的官吏，還發生了修會大規模的移民運動，他們移居到比較偏僻的地區，如裏海沿岸、塞普勒斯島，及義大利南方。

　　當君士坦丁五世去世時，繼位的君士坦丁六世年僅十歲，因此由他的母親雅典公主艾琳（Irene）進行統治，由於她與羅馬教皇意見一致，便召開尼西亞主教會議（le concile Nicee），決定恢復聖像崇拜，制裁反對者，讓修道士又重新獲得財產與權力，但這是在軍隊的強烈反對下執行的，因此艾琳很快就被推翻了。

　　802年，艾琳女皇被推翻後，朝中大臣福卡斯（Nicephore Phocas）又重新發動對修道院的鬥爭。815年，亞美尼亞人李奧五世更是反對聖像崇拜的主教，開始進行第二階段的迫害。然而在其繼者的統治時期，希臘及群島上出現更多的聖像崇拜者且更加激烈，他們得到神學家支持，因此邁克爾三世（Michel Ⅲ）的母親狄奧多拉（Thèodora，842～856年）攝政時，便於843年恢復了教堂中的聖像崇拜。

　　這場無休止境的鬥爭進一步加深了羅馬教會和君士坦丁教會之間的鴻溝，也為東西教會的分裂奠下基礎。這場鬥爭為這一時期的文明打下深深的烙印，主要是破壞聖像者毀壞了塑像，焚燒畫像，並用石灰掩蓋壁畫和鑲嵌畫。拜占庭的傳統藝術只留存在義大利南部和在卡帕多西亞（Cappadoce）山洞的修會僧侶中。

　　破壞聖像者受清真寺、猶太教堂、古代東方寺廟和巴格達宮殿的直接

影響，用動物或花卉裝飾聖像，因此一位現代人說，君士坦丁五世把布拉舍爾（Blachernes）的教堂變成一個「果園及鳥籠」，他在牆上繪有狩獵、勝利場面及其戰車、馬夫。這時期的福音書和聖經中沒有任何人的插圖，只有幾何線條，花體字母和圓形、橢圓形的畫像。

六、十字軍東征的原因與第一次十字軍東征

耶路撒冷從古至今一直都是基督徒的聖城，每年都有不少的基督徒要到那裡朝聖，但從 1078 年塞爾柱土耳其人占領耶路撒冷開始，基督徒頓時從天堂掉入地獄，因為這些土耳其人對基督徒的傷害是極盡摧殘之能事，這些事情經由巡禮者傳至西方的基督教世界，使基督徒十分的憤怒。

1095 年的拜占庭帝國正好遭到塞爾柱土耳其人（Seljuk Turks）的攻擊，讓拜占庭帝國的皇帝阿萊克西（Alexis，1081～1118 年）在無計可施之下，顧不了之前與羅馬教會的不愉快，便向羅馬教皇求救，經由羅馬教皇的呼喊，西歐各國紛紛響應，便促成十字軍東征。

當時加入十字軍的人大都是較貧窮的人，或是在西歐的封建國家中因長子繼承制的關係，許多非長子者根本無法繼承采邑，因而希望能藉此為自己謀求一點財富。此外，羅馬教皇烏爾班二世還提到，參與十字軍者可以免除教會所規定的告解、悔改等事，若因此而戰死的，靈魂將直接上天堂，所有參戰的十字軍戰士們，不會受到煉獄的懲罰。

1095 年羅馬教皇烏爾班二世（Urban Ⅱ）在法國的克萊蒙（Clermont）召開的宗教會議以慷慨激昂的演說方式，將東方說成是一塊「蜜與奶」的土地，鼓動聽眾的士氣，因而發動第一次十字軍東征。

不過在第一次十字軍東征之前已經有一支由法國亞眠（Amiens）的修士皮埃爾（Pierre l'Ermite）領導的人民十字軍，他們被稱為「農民十字軍」（Peasant Crusades）。這支十字軍的組成份子十分的複雜，有農民、牧者、老弱婦孺和乞丐等，他們都是一群只有宗教熱忱但沒有戰鬥能力的人，因此最後以失敗告終。

1096 年第一次十字軍出發了，這一次的十字軍中並沒有國王參加，是一群由法國北部、洛林、諾曼地、法蘭德斯和西西里島的貴族為主的十字軍。十字軍兵分三路到君士坦丁堡，十字軍將領們以救世主的身分

到君士坦丁堡，態度十分的狂妄，因此對拜占庭帝國的皇帝阿萊克西（Alexis）十分無禮。而且他們在指揮統馭和作戰目標上都與拜占庭帝國有很大的不同。拜占庭的皇帝阿萊克西（Alexius）只想奪回小亞細亞各省，驅逐塞爾柱土耳其人，並認為十字軍是傭兵，應當受其管轄；但十字軍將領們卻以收復聖地耶路撒冷為第一要務，且也不願意受到任何人的管制。

十字軍進軍小亞細亞後，在 1097 年攻占尼西亞，這是他們的首戰，他們將此地及其周圍的土地，如阿萊克西的要求全都交給拜占庭帝國，接著十字軍又占領的安提克（Antioch）。然後在 1099 年圍攻耶路撒冷，當十字軍光復耶路撒冷時，士兵都喜極而泣，但此時發生一件慘無人道之事，那就是他們開始屠城。

第一次十字軍光復耶路撒冷後，便在此地建立一個耶路撒冷王國（Kingdom of Jerusalem），當時有些十字軍認為耶路撒冷收復，那他們神聖的使命便完成了，所以紛紛回去。因此十字軍將領戈得弗雷・布衣昂（Godefroy de Bouillon）被選為國王，他自稱是「聖墓的保衛者」（Defender of the Holy Sepulchre），真正的國王是他的弟弟鮑爾（Boulogne）。

戈得弗雷・布衣昂來自西方，因此他們所熟悉的只是西方的封建制度，所以在建立耶路撒冷王國後，一樣也在此地推行封建制度，建立所謂的拉丁國家。此拉丁國家是以耶路撒冷王國的國王為主，其他三個封國——的黎波里（County of Tripolis）、愛德沙（County of Edessa）、安提克（County of Antioch）。由於拉丁國家行封建制度，因此國王與三個公園也將他們的采邑封給功績卓越的部將，各男爵再將他的采邑封給其他有功的騎士們，如此便將整個封建制度移至此地。

第一次十字軍東征是唯一一次成功的，接下來幾次皆失敗，而且更誇張的是在第四次十字軍東征時，十字軍受到威尼斯的鼓動發生內鬨，最後竟然在 1204 年反過來占領君士坦丁堡，使這次的十字軍活動可說完全變質。

七、之後幾次的東征

　　1144 年四個拉丁王國中的其中一個——愛德沙公國（County of Edessa）被土耳其的軍隊攻陷了，這件事再次引起十字軍東征的熱潮。此次軍事行動是由法王路易七世（Louis VII）與日耳曼國王康拉德三世（Conrad III）於 1147 年領軍東征。但由於東征軍隊內部出現嚴重的分歧，再加上溝通不良，因此康拉德三世很快就率軍回國，至於法軍則在耶路撒冷多待一年，不過依然無功而返。

　　第三次十字軍東征之因在於耶路撒冷王國又被回教徒所占，由英王獅心理查、法王菲力二世、日耳曼國王腓特烈一世響應教皇的號召而發起的。不過腓特烈一世在經過西里西亞（Cilica）時不幸落水淹死，因此實際上是由英王獅心理查和法王菲力二世（菲利奧古斯）都出兵，但這次的出兵也因各位領導者的爭功，便不了了之。

　　第四次十字軍東征是因為 1202 年羅馬教皇英諾森三世（Innocent III）號召，目的還是在要收復聖地，不過此次他們向威尼斯商人請求合作，幫忙運送補給，解決過去十字軍東征的難題。但對威尼斯商人來說，經濟利益比宗教還重要，因此他們要求十字軍攻打位於亞得里亞海東岸扎拉（Zara），才剛落入匈牙利王國手中的扎拉為償債的代價，後來又於 1204 年要求十字軍攻打君士坦丁堡，十字軍竟都做了，這讓原本的宗教意義變成名利的角逐，失去其意義。

　　第五次的東征（1218 年）目標是埃及，試圖攻進穆斯林的核心區，不過也是失敗收場。第六次東征（1228～1229 年）領導者為腓特烈二世（Frederick II），此次雖然是以成功收場，但此次的成功並非靠軍事而是以談判的方式。因為腓特烈二世通曉阿拉伯文，所以他以靈活的外交手段收回耶路撒冷、伯利恆（Bethlehem）、拿撒勒（Nazareth）等基督聖地。

　　第七次東征（1248～1254 年）與第八次（1270 年）都是由法王路易九世，即聖路易所率領的。第七次去埃及，後來因為尼羅河氾濫和被穆斯林圍困而全軍被俘，法王則是法國花了很多的財物才贖回的。第八次則是去北非，路易九世於 1270 年攻占了北非突尼斯港（Tunis），並驅逐此地

的回教勢力，但由於北非的軍中發生瘟疫，最後路易九世死於北非，結束第八次東征，至此也結束了近兩百年的十字軍東征活動。

八、十字軍東征失敗之因與影響

初期是由於人們對宗教的熱情，但後來尤其是第四次東征的目標失焦了，造成基督徒的夢想破滅。少了基督徒熱情的支持，東征的軍隊又是烏合之眾，再加上領導者爭功，不能同心協力，更沒有良好的軍事管理，實在難有大成就。

此外，十字軍與當地人合作，使得思想和生活習慣都被同化，少了那種同仇敵愾的感覺。有的士兵還與當地的女子結婚，更是敵我不分。再加上希臘人與拉丁人的私心無法釋懷，也是失敗的原因。

十字軍運動對當時正要復興的西方經濟和社會、文化無疑有重大的作用，像是威尼斯與熱那亞都因載運朝聖者與十字軍往返聖地，而獲得莫大的經濟利益。再者，十字軍運動也進一步促使文化思想的交流。因為東征回來的士兵會把東方的知識，像是希臘古籍，東方的醫學、數學、科學、藝術與文物和物產帶回國，因此當時有許多回教文化也傳入西方世界，豐富西方的文化。這開啟人們研究東方思想的熱潮，使西歐人知識大開，為日後的文藝復興打下基礎。

此外貴族們也因十字軍都長途奔波，讓他們的好鬥精神都消磨掉了。而十字軍的東征傷亡慘重，諸侯與騎士每每要出征前，便或將他們的土地出賣或捐給教會，因此造成封建制度的崩潰。而且許多農奴還會趁著貴族出征逃脫土地的束縛，使得貴族的勢力和財力被耗盡，這相對的造成諸侯崩潰，王權發達。

而且為了籌措更多的軍費，君主與領主們往往會鼓勵一些富裕的都市向他們捐獻，條件是給他們城市部分的自治權。由於這些城市在十字軍東征期間獲得巨利，便更有財力向封侯買更多的自治權，因而自由城市出現了。

其實十字軍運動最大的受益者是商人，因為十字軍提供當時人民實際的動機和想法，加速東西方的貿易活動。此外，由於十字軍的需求更促進義大利城市掌握地中海的制海權。大規模的軍事行動需要大量的財富與稅

制，讓西歐教會和國家開始使用新的稅制，從而使歐洲的財源流動更加靈活，使商業更加發達。

第八節　伊斯蘭教的興起與阿拉伯帝國的發展

回教發音譯為「伊斯蘭教」（Islam），意指「歸順阿拉的意旨」，穆斯林（Muslims）指的是回教徒。穆斯林源於阿拉伯半島，此地的居民屬於閃族，他們有類似的語言，是一群由共同祖先結合起來的居民，且必須服從自己的酋長部落建立的社會和政治生活。當時在北部部落為亞伯拉罕・伊斯梅爾（Ismael）的後裔馬代特教徒人（Maaddites）或尼扎里教徒人（Nizarites），南方部落為亞伯拉罕・卡坦（Qahtan）後裔的葉門人，這兩個部落是世仇。因此當葉門人為尋找好水源和紅海的經濟利益時，便與北部民族處於對立。

阿拉伯半島上的居民崇拜自然現象，他們敬畏那些不可知的日月星辰即精靈，舉凡石頭、聖樹，皆有他們膜拜的對象，每個部落也都有自己所信仰的神，因此宗教生活加重了各部落的地方主義，而且遊牧部落有自己的圖騰。

一、穆罕默德創立伊斯蘭教

穆罕默德的政治和宗教活動皆從麥加（Mecca）發起的，當時的麥加已經是一個商業重鎮，該城早已有頻繁的商業活動，並與亞洲和非洲的市場有緊密的接觸。

穆罕默德約生於 570 年，從小就是孤兒，叔父收養他，並將他扶養長大，他讓穆罕默德到敘利亞去為他做生意（駱駝商隊帶路人），之後穆罕默德便為一個富有的女寡婦卡迪雅（Khadidja）效勞。當時的穆罕默德年僅二十五歲，卡迪雅比他年長許多，但穆罕默德還是娶她為妻，這場婚姻為穆罕默德帶來財富、地位與時間，使他有機會發展他在另一方面的天分。

610 年，四十歲的穆罕默德在麥加（Mecca）城外一個叫做希拉（Hira）山洞中進行齋戒與沉思時，他聽到天使加百列（Gabriel）的聲音，

聽到眞主命令他去宣傳神意。穆罕默德將啓示告訴他的親信，後來穆罕默德以「上帝聖言的先知」身分開始在麥加佈道，要大家相信唯一的眞主，相信死而復活和永久幸福，並提出信仰者免於入地獄的言論。

　　但當他向大眾傳播這一神論時，並沒得到歡迎，因爲這裡的人害怕接受這一個新的宗教就會失去天房（Kabah，是一塊黑曜石，這塊石頭受到許多不同的信徒崇拜，被稱爲神奇之石），而且他主張崇拜唯一的眞主阿拉，排除所有的偶像崇拜，這不但違反阿拉伯人的傳統，也影響麥加的經濟利益，因而遭到無情的打壓與攻擊，因此接受他論點的只有他家人──堂兄弟阿里（Ali）、岳父阿布・貝克（Abu-Bakr）。

　　好在穆罕默德與麥地那（Medina）的商人建立起良好的關係，因此當他在麥加受到打壓後，便動身前去麥地那，且在622年到達到麥地那後，他很快便成了當地的統治者，且成爲宗教和政治領袖，而「哈里發」（Khalifa）制度自此誕生，因此622年被當成回曆紀元元年。

　　穆罕默德在麥地那的十年當中，確立他的教義，徵集信徒，修建第一座清眞寺，把社會秩序強加於教徒。伊斯蘭教徒服從唯一眞主，眞主的意願只有他的先知，唯一能解釋教訓的人才知曉。一般認爲穆罕默德先知的啓示觀念受到麥地那猶太教徒的影響。

　　而且在這十年，穆罕默德便和麥加發生多次戰爭，從624年起開始，穆罕默德經常率領他的軍隊侵襲前往麥地那的商旅，開始他的「聖戰」（Jihad）。十年內他共籌謀六十五起戰爭，有二十七起是他親自率領的，這讓穆罕默德的威名遠播，政治勢力擴張到阿拉伯半島，許多部落接受他所傳播的信仰。630年穆罕默德回到麥加後，便下令毀掉麥加的所有的偶像，不過亞伯拉罕曾在麥加豎立的黑石與石屋仍保留，並將此地視爲聖地。

二、穆罕默德的繼承人

　　穆罕默德並未曾建立王朝，也不曾解決繼承人問題。四位第一代的哈里發是從他的親人中選擇的。首先是阿布・貝克（Abu・Bakr，573～624年），他是穆罕默德的岳父，在位兩年後便去世了；第二位是奧馬爾（Omar，634～644年），他曾經制定選舉院來解決繼承問題，只是他並

沒解決繼承問題，反而是在他去世後，奧斯曼和阿里爲了競爭哈里發的位子，竟成爲敵對派的對手。

第三位是奧斯曼（Othman，644～656年），他雖獲勝成爲哈里發，但阿里派仍繼續反抗，造成回教的永久分裂。由於奧斯曼代表麥加的勢力，他最有力的支持者是伍麥亞家族（Umayyad），他們自稱是正宗派，認爲哈里發的職位應該是選任而不是世襲。

最後是阿里（Ali，656～616年），他代表的是麥地那的勢力，他認爲哈里發一職應該留在穆罕默德的家族中，不應該受到外人的操縱。656年阿里派人暗殺奧斯曼後，阿里在麥地那被擁爲哈里發，讓伍麥亞家族十分不滿，拒絕承認，因而發生內戰。此戰爭直到661年阿里被暗殺後，奧美家族的摩阿維亞（Muawiyah）自立爲哈里發才告結束。

當奧美家族的摩阿維亞（Muawiyah）成爲哈里發時，阿里的追隨者仍不願承認失敗，漸漸的他們成爲一個居少數地位的伊斯蘭教派，叫做「什葉派」（Shites），這些人認爲只有阿里的後人才有權出任哈里發；另外，接受哈里發的被稱爲遜尼派（Sunnites）。

後來這些哈里發認爲進行征服是減少爭吵的最好方法，所以阿拉伯第一次進行征服時，絕非是一次聖戰，而是讓他們的好戰精神得以發洩，並使阿拉伯內部統一。征服的勝利在於進攻的迅速、沙漠騎士的機動性、敵軍的抵抗不力。其實早先的阿拉伯人並沒興趣要其他民族改信伊斯蘭教，眞正促使他們向外擴展的原因在於：他們希望能找到一個更富裕的地方。

阿拉伯向外擴展首當其衝的是敘利亞，635年征服大馬士革，次年制服了敘利亞和巴勒斯坦，638年攻破耶路撒冷，自此耶路撒冷成爲回教的第三個聖城，642年順利占領了埃及，655年波斯王國完全屈服了。然而，他們在君士坦丁堡的戰事是失敗了，因爲他們未能摧毀拜占庭帝國。此外，阿拉伯人也開始建立他們的海軍，649年阿拉伯艦隊占領塞普勒斯（Cyprus），從652至655年，回教海軍亦擊敗拜占庭艦隊獲得東地中海的霸權。

637年另有一支阿拉伯軍隊向波斯前進，他們大敗波斯軍於喀底西亞（Qadisiyah），繼續攻占波斯的舊京，641年在尼阿旺（Nihawand）之役結束了波斯人的抵抗。接著於643年抵達印度，649至652年又征服了

庫拉桑（Khurasan）和亞美尼亞（Armenia）。

三、帝國的組建

　　摩阿維亞（Muawiyah）於 661 年被宣布爲哈里發後，開始了「伍麥亞哈里發」時代（The Umayyad Caliphate，661～750 年）。他鑑於大馬士革（Damascus）位置適中，遠離穆罕默德的家族勢力，對回教內部政治鞏固和向外發展都比較有利，便以大馬士革（Damascus）作爲首都。

　　摩阿維亞可說是眞正的穆斯林王朝創建人，且在許多方面都仿效拜占庭帝國的作法。在征服初期執行的是寬容政策——不管是耶穌單一性論者或景教徒皆可以信仰其宗教，並保留他們的法律。不過漸漸地他將帝國的習俗統一並阿拉伯化，且進行改革——約於 700 年禁止使用希臘語，擬定土地冊，鑄造穆斯林貨幣，中央集權。

　　680 年鑑於哈里發選舉容易讓國家陷入一片混亂之中，因此他認爲唯一解決的方法便是指定他的兒子葉茲德（Yezud）爲王位繼承人，並規定諸王要向他的兒子宣示效忠，讓哈里發成爲一種世襲制度。只不過當摩阿維亞去世後，內戰又起，最後由摩阿維亞的姪子馬立克（Malik）繼位爲帝。

　　「伍麥亞」時代哈里發們急速擴張帝國的版圖，第二次征服是在宗教信仰的刺激下進行的，因而受到激烈的抵抗。首先，在面對拜占庭方面，他們遇到了「希臘火」（Greek fire）的阻撓，因而無功而返。雖然在北非的戰役十分的順利，把北非地區的拜占庭人驅逐到埃及，但此時柏柏爾人不管是基督教徒或猶太教徒都表現出強烈的敵意，不過被伊斯蘭教化的柏柏爾人也壯大了穆斯林軍的隊伍。

　　由於有柏柏爾人援軍，穆斯林得以迅速征服西班牙。711 年穆斯林部隊占領了這個國家直到庇里牛斯山，並向法國發動幾次突襲，但在 732 年的圖爾之戰，他們遇到了鐵鎚查理（Charles Martel），終於被擊潰。

　　這幾次遠征削弱了帝國的團結，此時哈里發們有了新的生活方式，他們對基督教徒宮廷藝匠採取放任態度，希望建立一個穩固的世襲國家，但引起支持嚴格遵守教規的人反對。不過也因這幾次的遠征，使得此時的回教吸收了許多希臘、羅馬、拜占庭及其他東方文化，因而創造出新的伊斯

蘭文化。

四、阿拔斯王朝

750 年伍麥亞王朝被推翻，出現一個新的家族，即阿拔斯家族（Abbasids family），宣布取代伍麥亞王朝為阿拔斯王朝（750～1058年）。這王朝鼓勵其他文化水準高的民族參與政治，並將首都從大馬士革遷到美索不達米亞上的巴格達（Baghdad）表明了該帝國的政治平衡。

由於這個王朝接受其他民族參與政治活動，又將首都遷到巴格達，因為受到波斯帝國與拜占庭帝國的影響，因此他們仿效東方帝國的專制制度而行。哈里發們把監督權交給大臣，讓他們管理各省，軍隊的指揮權則留給哈里發，在這個帝國中出現了官僚政府。此外，此地的學者從各個不同的古老文明吸取知識，讓伊斯蘭文明得以迅速發展，因此這時的伊斯蘭文明融入了希臘、羅馬、波斯、印度等各方的文明。

至於巴格達，據說它是花了十萬名人力，以四年的時間打造完成的，是當時帝國的首都，更是伊斯蘭世界到各地的商業中心，世界的大城市之一，因此此地有複雜的政府組織統治全國。《阿拉伯之夜》（Arabian Night，即《一千零一夜》）所描述的便是此時期巴格達的景象。

不過此王朝的哈里發面臨民族對抗和宗教對抗的危機，這危機也讓北非地方主義色彩濃厚的柏柏爾人因而趁機坐大，脫離阿拉伯人的統治，至於西班牙更從未進入阿拔斯王朝之中。而且當時的巴格達政府裡權力也逐漸旁落，讓有野心的軍事將領獲取權力，控制政府各部門，後來王朝依賴突厥士兵的政策更加速帝國的衰落。945 年「什葉派」（Shites）部落奪取巴格達，帝國重此分裂了。

五、西班牙的穆斯林

西哥德人於 711 年在拉亞達（La Zanda）戰役中徹底的失敗，在西班牙的基督徒便逃入庇里牛斯山（Les Pyrenees）。穆斯林的軍隊越過庇里牛斯山（Les Pyrenees），進入南高盧，威脅法蘭克王國。

從贏得勝利的那一刻起，軍隊內部的兩個部族（阿拉伯人和柏柏爾人）之間產生嚴重對立，因此 711 年起便分裂為兩股勢力。一派是由穆

沙・本・努塞爾（Muza Ben Nusar）爲首的穆達爾人派（Modharites，他們是由穆罕默德的親族庫賴什家族所統治）和另一派以塔里克（Tarik）爲首的葉門人派。他們始終是對立的兩派，接續以前東方王朝時的內鬨，爲了防止內部爭吵，總督們爲他們管理區或軍事部隊畫分了明確的地區。

　　來自東方的阿拉伯人爲數不多（約二萬人），他們在安達盧西亞的地中海東岸平原和科爾多瓦定居。而爲數眾多的柏柏爾人（約二十萬人）在山區和高原定居下來，專心於畜牧。就這樣西班牙隨即分成二個對立族群，即阿拉伯人的西班牙，指安達盧西亞的地中海東岸地區的平原；與柏柏爾人的西班牙居住在山區和高原。

　　716 至 780 年間，科爾多瓦相繼更換了二十個總督，助長了柏柏爾人的叛亂。740 年阿拉伯人被驅逐到瓜達拉瑪山脈北部，隔年由巴萊克（Balek）將軍率領敘利亞援軍擊敗柏柏爾人，柏柏爾人雖被鎮壓，但他們仍繼續進行反抗，後來因發生飢荒才稍稍平息。

　　755 年，阿拔斯人下令大屠殺在大馬士革倖免於難的伍麥亞家族的親王——拉赫曼他帶領了家族成員與軍隊登陸西班牙。在西班牙，拉赫曼靠著一些阿拉伯部隊的支持，因而在阿拉梅達戰役中獲得勝利，並在科爾多瓦建立一個王國。在此他採用了「信徒們的埃未爾」稱號，繼續與敘利亞王朝、巴格達的哈里發互別苗頭。

　　不過拉赫曼並無法使這個在科爾多瓦的王國安定，由貴族與伊斯蘭學者領導的內亂仍不斷的在上演，814 年科爾多瓦的叛亂遍及全城，此叛亂是由一群不說阿拉伯語也不說羅馬語的人引起的，艾彌爾的部隊對這些人進行了血腥的鎮壓，使得他們開始大規模的遷徙，約有八千多戶人家遷往摩洛哥，在那實行自治。另外，大約有一萬五千戶人家到了埃及，不過在 826 年他們被趕出埃及而占據了拜占庭的克里特島。到了 850 至 852 年期間，仍有基督教徒在各個城市進行零星的反抗。

　　科爾多瓦的內亂在拉赫曼三世（912～961 年）執政時漸漸安定下來，他的威望擴大到整個穆斯林西方，甚至超過巴格達哈里發。此時的科爾多瓦出現了一個輝煌壯麗的清眞寺，顯示了這個王國的強大。他的繼承者是一個兩歲的孩子，當他繼位時權力落到皇室的管家——曼蘇爾的手中，從而在全西班牙實行眞正的獨裁。不過政治的分裂不單只是王族間的分裂，

還有不同部落間的對抗。

曼蘇爾的去世讓西班牙一片混亂，不管怎麼說，使得王室和社團發生對抗。每一個城鎮，一名顯貴或作戰首領就可以宣布獨立，因而修築堅固的堡壘，招募僱傭軍，鑄造錢幣，各自為小王國，最多計有二十六個小王國，他們以光復運動為口號，不斷的在邊界引起戰爭。

不過當時的阿拉伯作家談到當時的西班牙時，就像談一塊珍寶，是一塊穆斯林享有特權的地方。這是一塊羅馬人留下的遺產，沿著整個海岸，從里斯本到瓦倫西亞之間，灌溉渠道密如蛛網。這個地方從穆斯林占領之日起，就有了灌溉地區，更有與勞動有關的農村專門術語、水利法等初步的規章，在此時期也進行新的農作物推廣，像是水稻、甘蔗、棕櫚、椰棗樹的種植。由於科爾都宮廷的需要，因而引起基督教徒的集市貿易在各城市興旺發達。

安達盧西亞是伊斯蘭教著名的文化中心之一，此地有享有盛名的哲學家、法學家、醫學家和天文家。在科爾都，哈里發們收買了大量的希臘文字手稿並將其翻譯成阿拉伯文，1000年時他們的圖書館裡就有四萬冊書籍，僅此一家圖書館的目錄就有四十四冊。

從719年起，伍麥亞王朝便定居在科爾多瓦，使科爾多瓦成為穆斯林在西班牙的政治首都。拉赫曼一世時，該城開始擴展並變富有了，到了拉赫曼三世時，此地的文學、哲學、藝術的成就非凡，有十分富麗堂皇的建築物、豪奢的王室宮廷，以及商業區和手工業者人口較密的郊區。此地被拉丁和希臘的旅遊者比喻為君士坦丁堡，擁有五十多萬居民，城裡住著十萬多戶，有三千座清真寺和三百家公共浴室。

穆斯林在西班牙的藝術，因其經過長時間不同成分的拼湊顯得不很和諧，讓人有一種流亡者藝術的感覺，這些都是東方親王們夢想在這塊土地上建立一個新的敘利亞的藝術。拉赫曼一世為建立在科爾都（Cordoue）北面的第一座高大華麗的建築物命名為魯薩法宮（Ar-Rusafa），這是大馬士革一座出名公園的名字。科爾多瓦的大清真寺不是朝東向麥加，而是如同大馬士革一樣朝南，表現對敘利亞首都的念念不忘。

至於此地的猶太教徒仍保有信仰的自由，他們擁有自己的行政與司法組織，因此科爾多瓦及其郊區，尤其是塞維亞，仍然是基督徒的首府。此

地的修道院學校仍與歐洲的基督教保持聯繫，維持基督教的傳統。

六、埃及的新命運

969 年，有一支人數眾多的柏柏爾軍隊，從伊弗里吉亞（Ifrigiya）出發，在其軍事領袖昭海爾（Djauhar）率領下，輕而易舉地攻占了尼羅河三角洲，他們占領了埃及，打退了在巴勒斯坦或敘利亞的貝都因人（Bedouins）後，很快就在埃及建立起一個新的穆斯林帝國——法特梅王朝，這次法特梅軍隊的入侵，標誌著什葉派的又一次勝利。

法特梅帝國在經濟上顯示出非常繁榮，開羅意味著是一座征服者的城市和傳播伊斯蘭教的首府，該城除了有巨大軍營外，還被畫分為許多獨立的小區（包括郊區在內總共有二十個小區），每個小區裡都住著同一地方來的士兵。開羅也是一個傳播新教的城市，在城裡有許多手工業者和商人亦紛紛來到開羅安家落戶，因此建立了許多什葉派的清眞寺，其中最著名的清眞寺爲阿爾・阿札爾寺（AL-Azhar），自此後開羅成爲地中海地區和中東的一個繁華的商業市場。

法特梅建築藝術反映出帶有巴格達與波斯的風格，例如，開羅的每一所房屋都是一座堡壘式建築，有些王公貴族的宮殿與阿爾・阿札爾（Al-Azhar）清眞寺、哈基姆（Al-Hakim）清眞寺一樣，都受了東方藝術的影響。各建築物表面都用扁平的抽象幾何圖案的浮雕來裝飾；建築物外面的圍牆上覆蓋著彩色瓷磚瓦；建築物的牆上鑲嵌著一些風景圖畫；皇宮所裝飾的木雕彩色門楣，更是吸收了古老東方藝術的傳統，上面畫著伊朗薩桑王朝（Sassannide）的王公住宅裡所有的各種圖畫——有古怪動物、鳳凰、龍、宮廷場景、歌舞場面、歷史戲劇，飲酒作樂的聚會場面，或帶著寶劍、鷹去狩獵獅子等體育競賽場面，或旅遊風景區的場面等等，許多女音樂家和女舞蹈家紛紛從巴格達來到開羅。

哈基木哈里發（Hakim，996～1021 年）是位什葉派教義的狂熱傳播者，他在開羅設立了一所屬於阿爾・阿札爾清眞寺的什葉派大學，他要求嚴格遵守《可蘭經》的教規，甚至還要求增加一些規章和限制條件，像是禁止婦女去浴室洗澡、禁止婦女拋頭露面等。哈基木在還在 1020 年放火焚毀了福斯達德（Fostaat）商業城，並對基督徒施加種種迫害，還自稱爲

救世主。

　　在政治方面造成嚴重的後果是，哈桑・伊本・薩巴（Hassan Ibn Gabbah）在 1094 年的一場哈里發皇位繼承權的爭奪中作出妥協後，就被流亡到敘利亞，他在那裡建立了一個神祕的強大教派——伊斯瑪依教派（Ismoilien）。他們在舉行集體宗教儀式時大量使用了印度大麻，造成信徒們大量的死亡，因而被人們稱作「殺人犯」。後來哈桑・伊本・薩巴繼續在波斯從事其傳教活動，奪取阿拉墨城堡（Alamont），到他的第八代傳人時，將勢力擴展到黎巴嫩、敘利亞、波斯。這個傳播什葉派異端學說的法特梅帝國，就這樣成了整個東方穆斯林世界的不安定根源。

七、塞爾柱土耳其的興起與衰落

　　塞爾柱土耳其的軍事入侵，標誌著伊斯蘭教的強烈反作用——為了重建一個政治和宗教的統一政體，為了在反對埃及的法特梅王朝、波斯的布耶德王朝，與反對遜尼正統教派中取得勝利。長期以來，拜占庭皇帝和巴格達的哈里發，已在突厥人之中招募戰士，1020 年間，突厥部落中出現了一個強大的塞爾柱部落，他們以聖戰的名義，向亞洲一些國家的城市發動進攻，以其能脫離伊斯蘭教、埃及的法特梅帝國和遜尼正統派的束縛。

　　這次塞爾柱人的入侵，在某種程度上，就像發生在同一時期的撒哈拉的阿穆拉遊牧民族的反撲一樣，也是為了宗教信仰和伊斯蘭教在西方的統一而作戰。塞爾柱土耳其人的這種復興事業代表著兩方面的重要意義。從政治的角度來說，它意味著原來在精神上和宗教上具有至高無上權威的巴格達哈里發開始走向沒落，被迫向土耳其國王俯首稱臣，將土耳其國王尊為「蘇丹」，讓他參與奧斯曼帝國的大臣會議，並參加所有的行政機構。

　　從宗教的角度來說，塞爾柱蘇丹們大膽地發動了對基督徒的聖戰。1070 年塞爾柱蘇丹攻占了耶路撒冷，把它重新變成穆斯林世界的精神中心，他增設了許多宗教學校，其中最著名的一所學校是巴格達的尼札米耶宗教大學（Nizamiyah），這是一所傳播東正教理論的堅強堡壘，它與開羅法特梅帝國的什葉派的哈爾・阿札爾大學（AL-Azhar）分庭抗禮。

　　不過從 1092 年起，塞爾柱帝國便呈現出一片混亂的狀況，蘇丹的九個兒子瓜分了這個帝國，把它分裂為三個，即波斯王國，小亞細亞王國

和敘利亞王國。此外，有一個叫做阿那托里（Armatolia）的羅馬蘇丹崛起，他的領土包括整個小亞細亞、亞美尼亞。由於政治版圖的重新畫分，使當地的許多城市的面貌大大改變，商業路線也有所調整，一些沙漠商隊的重要交通要道都集中在通向首都科尼亞（Konya）和高原中部錫亞斯（Siras）。

伊朗的最後幾個塞爾柱皇帝都頑強地抵禦了大草原遊牧部落的入侵，保衛其國土，但是到了特朗沙克西納（Transoxine）時代，此地從此淪為伊兒汗國的附庸。這個國家裡的大多數人都信奉基督教的聶斯脫利派（Nestorian），其領土的西部一直擴張到克蘇（Coxus）位於阿姆河邊（Amor-Darial）、鹽海（Merd Aral），東部延伸到很遠的東方，穿過突厥斯坦（Turkestan）直到貝加爾湖（Baikal）和葉尼塞河（Ienissei）。

花喇子模也在 1190 年開始攻擊塞爾柱帝國，並在伊朗建立一個帝國，控制包括阿富汗在內的所有東部的各省，並採用什葉教派的理論。

後來的塞爾柱帝國在政治上已經四分五裂，使得最後統治者的統治權擴及幾個城市與它的首都，他的統治是依靠名叫「富圖瓦」的宗教團體來實現的，這種宗教團體最初是處於地下狀態的組織，擁有巨大的勢力，並在某種程度上得到官方的默認。其他廣大的領土則被政府的高級官員們、伊斯蘭教的艾彌爾們（emirs）、突厥人、阿拉伯人、庫德人，尤其是那些擔任年輕的塞爾柱王太子的監護人的太傅們，都紛紛稱雄割據，各自霸占土地形成許多較小的公國，其前途命運亦各不相同。

其中一位叫做薩拉丁（Salatin）的將軍率領一支軍隊攻占埃及，1171年他推翻了埃及法特梅帝國的統治，建立一個強大的王國，自立為蘇丹，將埃及和敘利亞併入其版圖之中。薩拉丁成為遜尼教派的伊斯蘭統一事業的偉大英雄，致力於與基督徒的對抗，1187 年他打敗了十字軍，奪回耶路撒冷，並在廢墟上建立一座奧瑪爾（Omar）清真寺。

八、蒙古的軍事征服

幾個世紀以來，這些亞洲的遊牧民族，一直不斷地襲擊在它東方與西方過著安定生活的鄰國，他們通常都是以當某國的傭兵為方式常駐在當地，並信奉當地的宗教，接著便獨立建立自己的巨大王國。像是拜占庭帝

國和俄羅斯帝國，都曾先後被原本是他們僱傭兵的卡札爾人（Kazhars）和佩切涅格人（Petchenegues）猛烈襲擊。

　　繼塞爾柱土耳其人在巴格達和整個穆斯林東方取得輝煌成就後的是蒙古的成吉思汗（Gara-Khitai），這位君主在 1190 年建立一個西達中亞細亞，東到海邊的大帝國。另一個遊牧民族庫里臺（Gourides）也取得了巨大成就，它在印度北部建立自己的國家。

　　成吉思汗的繼承者——窩闊臺（1227～1241 年）和之後的繼承者把蒙古的疆域擴展到極限，向西穿過匈牙利平原、波蘭平原直到維也納，造就一個幅員廣闊的歐亞大帝國。

　　從宗教的角度來說，蒙古人的入侵威脅著伊斯蘭教在中東的權威地位，不過蒙古人對宗教採的是寬容的態度，蒙古人大都信奉著古老的多神教，崇拜許多神靈、自然界的神奇力量、一些神聖的動物，尤其崇拜他們部落中死去的英雄人物，每年春天都要祭奠他們。蒙古人侵略時只有極少的部落，改為信奉伊斯蘭教、基督教（凡信奉基督教的都是信奉聶斯脫留派，即景教）、佛教，甚至猶太教。

　　蒙古人占領了巴格達五十年後，伊斯蘭教幾乎又收復了所有喪失的領土，欽察汗國的大汗烏茲貝格（Ozbeg，1313～1342 年）不顧其親信的反對，在薩拉伊（Sarai）宣布信奉了伊斯蘭教，他的繼承人雅尼貝格（JaniBeg，1342～1357 年）更進一步保證伊斯蘭教在該國取得決定性的勝利，便於蒙古人在南俄平原上同當地定居的突厥部落之間相互接近，也便於同其他的部落，如伏爾加河流域的保加利亞人和芬蘭人，共同組成一個新的使用土耳其語，並信奉伊斯蘭教的韃靼帝國（Tatare）。

　　可是，這個波斯的蒙古帝國，早已被種族和宗教的衝突大大削弱了。由於一些小公國往往採取敵對立場而變得四分五裂，更由於遭到中亞的另一些部落的入侵而處於嚴重的危險境地。1380～1398 年蒙古帝國被居住在亞美尼亞的土庫曼人（Turkmenes）攻擊，然後在塔曼朗（Tamerlan）戰役中，大敗蒙古帝國，使它徹底土崩瓦解。

九、伊斯蘭教

　　伊斯蘭教需遵守同一教規、教義，還有遵守直接出自穆罕默德的典範

和指示，遵守社會生活的準則。穆斯林應服從每項習俗，稱之爲「基石」或稱爲五項伊斯蘭教支柱。其中的一項是信徒朗誦例行格言：「除了眞主，沒有神，穆罕默德是眞主的使者。」

其他四項習俗（祈禱、齋戒、施捨、朝覲）與社團的生活有關，此也標示著社會關係。《可蘭經》（the Koran）爲城市社會立法，只有定居的居民參加某些主要的集體宗教儀式，禮拜五的祈禱就是這樣。

《可蘭經》上說：最重要的事就是薩拉（例行祈禱），這種祈禱確定人和眞主之間的親密一致。信徒在朗誦慣用的套語時，還做一定數目的動作，像是舉雙手拜倒，這便是合套，是一個拉卡。至於祈禱的次數，穆罕默德時代定爲每天三次，之後加到五次，穆斯林也可以一個人祈禱，只要他處於潔淨狀態，祈禱前先進行沐浴，或是在旅中要進行沙浴，之後朝向麥加方面祈禱即可。但《可蘭經》要求要在清眞寺舉行公眾祈禱，這具有相當特別的意義。對所有人來說，每禮拜五到清眞寺進行祈禱是絕對的義務，像這樣的聚會加強了各穆斯林的社會和政治的團結一致。

在伊斯蘭教的最初幾個世紀裡，清眞寺是聚會和祈禱地點，更是法庭所在地和教育機構。第一座清眞寺很簡單，是先知穆罕默德在麥地那的住所。聖事的概念只是朝向麥加的凹牆祈禱，從麥加時代起，壁室才眞正使用；習慣上進入壁室是要脫鞋，而且禁止非穆斯林入室。從阿拔斯時代起，對婦女的露面有種種限制。穆斯林沒有神職人員，社團指派一個宣禮者從清眞寺尖塔處號召信徒作祈禱。此外，聚會和祈禱的地點，也是消遣娛樂的地點，法庭所在地，教育機構，孩子們在那裡可學《可蘭經》和讀本。

成年穆斯林在身體健康允可的情況下，麥丹月（在伊斯蘭教曆第九個月，這個月是「《可蘭經》被送到世間」的月份）期間應該遵守例行的齋戒。信徒在這個月，從太陽出來後到太陽下山之前都不吃任何食物，最後以「齋戒」節來慶祝齋戒結束。該節的特點是舉行盛大的慶祝活動，如購買新衣、禮物、掃墓。

此外，每個穆斯林如果有能力的話，在他的一生中都應該至少到聖地麥加朝覲一次，但這不是絕對的義務，如此就能賦予他一種神聖使命感。早期的朝覲，可以在任何地方進行——早期的伊斯蘭教儀式吸取了希伯來

人傳統，包括淨身習俗、佈道。在朝拜天房和附近的兩座聖山時，都會有數萬人聚結在聖城外，此外也有許多人到麥地那，在先知墓前默念，某些人也會去耶路撒冷。其實去麥加朝覲是讓所有穆斯林人意識到共同宗教信仰的機會。

在爲信念而戰時，也顯示出這種精神上的團結一致。穆罕默德曾提到手持武器作戰的義務，並答應給那些爲保衛伊斯蘭教，反對異教徒而死去的人們永恒的獎賞──阿拉的天國。

《可蘭經》（the Koran）是回教文化還沒形成之前唯一的書籍，也是阿拉伯人古老生活的寫照。在此有著穆罕默德的宗教信條，和阿拉伯人的道德生活知識，更標誌著穆斯林全部的社會生活規範。像是從家庭的觀點來說，教規允許多配偶，丈夫口說就可休妻；一些從異教徒那裡繼承的規定觸及每天的生活細節，像是禁止吃豬肉和喝酒、禁止高利貸。

其實《可蘭經》指的是誦讀或講道，它是累積而成的，包括阿拉的傳話人──穆罕默德自己的話。原則上，伊斯蘭教的教規或戒律都可在《可蘭經》裡找到，許多穆罕默德時期零星的啓示，都保存在一些石頭和棕櫚樹上的片段，不過隨著回教勢力的擴展，在不同的城市便會有不同的《可蘭經》教本，於是奧斯曼（Othman）哈里發下令修訂編纂完成。

奧斯曼（Othman）哈里發下令修訂編纂的《可蘭經》共一百一十四章，無次序的是根據偶然啓示之事或一些情況，由一名得到啓示的詩人，用想像的語言寫成的，全書以篇幅的長短來編，長篇的在前，短篇的後。《可蘭經》未談及政治、社會或經濟生活層面，是一部哈里發制定先知穆罕默德的言行錄，自從編成後，就一直是回教徒有關信仰和道德諸事的最後權威。

十、回教世界的社會、經濟與文化

在伍麥亞王朝時阿拉伯人是統治的階級，他們很講究家世門風，上層階級的阿拉伯人出門騎駿馬，穿絲綢衣並佩寶劍。至於一般的人則喜歡穿著寬大的褲子，頭戴纏帽，腳穿尖頭鞋。至於婦女則在 715 年之後流行在臉上戴上面紗，至此之後，婦女就不能在外面將臉露出來。

回教世界原本並不排斥女性，但在 743 年瓦立特二世時出現了妻妾與

太監制度，讓深閨制度也隨之興起與發展。深閨原本是女人月經與生育時待的地方，但後來卻變成限制女人行動的地方，這時的女性無法出門就像在監獄中過日子。一般的女性並無法接受高深的教育，她們最多只能背背《可蘭經》與禱文，至於上層階級的婦女才有權利受到好的教育。此外，女子要多子多孫才會受到人們的尊重。

回教世界的都市幾乎都是中型的都市，是一個大約一萬多人大小的城鎮。這些都市通常都會有一個圍牆，以防止受到侵略與攻擊，城市中央最醒目的建築物是清真寺。像麥地那的清真寺在瓦立特二世時被整修得美侖美奐，使得到此地朝拜的人越來越多，大大地刺激此地的商業發展。

稱阿拉伯人是個經商高手是毋庸置疑的，他們的貿易大都以商船與駱駝商隊為主，當時的巴格達是一個國際性大都市，所有陸路交通網線都是以它為中心，向四周輻射出去的，它的經商路線最遠可到中國的邊界。海上交通則以西西里島為根據地，掌握整個地中海的制海權與商業貿易權。

至於它的文化則是一個多元融合的文化，由於地理環境的關係，讓它繼承了許多像是希臘與希臘化的文化，我們在回教文化的發展過程中可發現，回教學者完全從希臘文獻中尋找研究的題材。因此天文學、醫學與數學便成為回教文化的三大主體。

回教世界的小朋友大約在六歲時便進入小學就讀，學校通常是設在寺院之中，課程相當的簡單，都以《可蘭經》與回教禮儀為主，像是祈禱文、背誦《可蘭經》，與教授《可蘭經》的神學觀念、教義、歷史與教規。

結論

中世紀，歐洲歷史上從 B.C. 五世紀羅馬文明崩潰到文藝復興時期的時期。這個詞及其傳統意義是由義大利人文主義者帶著不愉快的意圖提出的。人文主義者致力於古典學術和文化的復興，把他們與古希臘羅馬世界分隔開的千年黑暗和無知的觀念，凸顯了人文主義者自身的工作和理想。似乎沒有必要注意到，生活在文藝復興前一千年左右的男人和女人沒有生活在中世紀的意識。有幾個佩脫拉克是其中最引人注目的，他們覺得自己的命運是在一個黑暗的時代，這是隨著羅馬帝國的衰落而開始的。事實

上，佩特拉克在他寫道：「如果羅馬開始了解自己，誰能懷疑她會立即重新崛起呢？」

　　從某種意義上說，人文主義者發明中世紀是爲了把自己與中世紀區別開來。他們在表達自己的自由意識，同時，他們也在含蓄地接受中世紀的歷史觀，認爲這是一系列在有限時間內確定的時代。他們沒有提到奧古斯丁的《六個世紀》，也不相信約阿希米（Joachimite）的預言，但他們仍然繼承了一種歷史哲學，始於伊甸園，直到基督第二次降臨。在這樣一個計畫中，從五世紀到十五世紀的一千年很可能被視爲一個獨特的值得尊敬的歷史時期，這將在天意模式中非常突出。然而，縱觀歐洲歷史，中世紀的制度或思想模式從未完全被打破。

　　410 年西哥德人阿拉里克（Alaric The Visigoth）佔領羅馬，對西方世界的政治結構和社會風氣產生了巨大影響，因爲羅馬帝國爲歐洲大部分地區提供了社會凝聚力的基礎。儘管五世紀強行移民到南歐和西歐的日爾曼部落最終皈依了基督教，但他們保留了許多習俗和生活方式。他們引入的社會組織形式的變化，使中央集權和文化的統一成爲不可能。羅馬帝國時期在生活質量方面的許多改善，如相對高效的農業、廣泛的公路網、供水系統和航運線路，都已嚴重衰退，藝術和學術方面的努力也是如此。

　　這種衰落一直持續到整個遷徙時期，這一歷史時期有時被稱爲黑暗時代、上古時期或中世紀早期。移民時期從羅馬的淪陷持續到 1000 年左右，在查理曼大帝建立的加洛林王朝（Carolingian court）開花期間短暫中斷。除了這段插曲，歐洲沒有出現任何大的政治結構來提供穩定。兩個偉大的王國，德國和義大利，幾乎一獲得它就開始失去他們的政治統一；他們不得不等到十九世紀才重新找到它。唯一能夠爲社會團結提供基礎的力量是羅馬天主教會。因此，中世紀呈現了一個社會試圖在精神基礎上進行政治結構的混亂且常常衝突的畫面。這一嘗試隨著文藝復興前時期藝術、商業和其他活動在世俗世界中的興起而最終結束。

　　羅馬帝國解體後，歐洲成爲一個大的教會國家，稱爲基督教國家。基督教被認爲是由兩個不同的職能部門組成的：教士或教會的等級制度，以及國王或世俗領袖。從理論上講，這兩個群體相輔相成，分別關注人們的精神需求和時間需求。最高權力在第一個地區由教皇行使，第二個地區由

皇帝行使。在實踐中，這兩個機構一直在爭吵，不同意，或公開交戰。國王經常試圖通過聲稱有權任命教會官員和干涉教義事務來規範教會活動。反過來，教會不僅擁有都市和軍隊，而且經常試圖管理國家事務。這種緊張關係將在十一世紀末和十二世紀初亨利四世與教宗格列哥里七世在非宗教授職問題上的衝突中達到一個轉捩點。

在十二世紀發生了一次文化和經濟復興；許多歷史學家將文藝復興的起源追溯到這個時期。經濟力量的平衡慢慢開始從東地中海地區轉向西歐。哥德式風格在藝術和建築中發展起來的哥德式風格。城鎮開始繁榮，旅遊和通訊變得更快、更安全、更容易，商人階層開始發展。農業的發展是這些發展的一個原因；在十二世紀，豆類的種植使所有社會階層有史以來第一次獲得均衡的飲食。因此，人口迅速膨脹，這一因素最終導致了舊封建結構的解體。

十三世紀是中世紀文明的頂峰。哥德式建築和雕塑的經典形式得以實現。許多不同類型的社會組織激增，包括行會、協會、民理事會和修道院分會，每一個都渴望獲得某種程度的自治。代表權這一重要的法律概念發展起來，產生了政治議會，其成員有全權作出對選定他們的社區具有約束力的決定。以羅馬天主教會為主的知識份子生活，以經院哲學的哲學方法達到頂峰，其傑出的代表聖托馬斯·阿奎那在其關於亞里斯多德和教父的著作中取得了西方思想史上最偉大的綜合之一。

封建制度的瓦解，義大利城邦的加強，西班牙、法國和英國的君主政體的出現，以及世俗教育的興起等文化發展，最終形成了一個具有新精神的自覺的新時代，一直追溯到古典學習以尋求靈感，後來被稱為文藝復興時期。

第三章
近代史

第一節　歐洲的復興：義大利的文藝復興與宗教改革運動

　　歐洲大約從所謂的中世紀全盛期（1000～1300 年）開始，整個社會、經濟又開始活動。在此時，羅馬人是地中海地區最活躍者，因爲這時的義大利出現了一些城市國家，像是熱那亞（Genoa）、比薩（Pisa）、威尼斯（Venice），這些國家的人控制了這地區的貿易活動，並開始與東方進行興盛的商業往來，因此他們在此時也開始接觸到古希臘、拜占庭的文化與阿拉伯文化。此外，在十字軍東征時期，更是有大量的哲學、科學、工藝等知識從回教世界傳入，這爲中世紀歐洲的基督教世界注入一股新生命。因此大約在十三世紀的末期，歐洲文化經過一個緩慢有深度的變化。

一、文藝復興的背景

　　大約在 1348 年的歐洲大陸，因爲海上貿易的關係與東方有密切的往來，出現了一種叫作「黑死病」（Black Death）的腺鼠疫，這種病發生的地點幾乎都在市鎮之中，是藉由老鼠身上的跳蚤傳染的，傳染速度相當的快，因此造成許多人死亡，使得人口大量減少。如 1335 年圖盧茲（Toulouse）約有三萬人，但是了 1430 年僅剩下八千人左右。

　　不過黑死病並沒有因而造成歐洲經濟的一蹶不振，反而將歐洲經濟帶向另一面，改變了基本的經濟模式。這時候由於人口迅速的減少，使得市場價格下跌，再加上生產力不足，讓歐洲農業產生了專業化的現象。這樣的歐洲並沒有因爲黑死病的發生而使得經濟發生困境，反而加速財富的累積，提高了歐洲人的購買能力，加速資本主義的成長，因而出現了新式的金融制度，如簿記制度、保險與金融業務的出現。

　　這時義大利的威尼斯、佛羅倫斯（Florence）等地，由於掌控了東方奢侈品的貿易活動，因而出現了一群有錢有閒的商人階層。當這群商人階

級接受了基本教育後，便希望能藉由一般被視為貴族的特權——欣賞藝術與文學的方式，來滿足與提升自己的社會地位，於是以大量流動資金贊助藝術家與文學家工作。而且到了十五世紀時，資助文化事業便成為一些王公貴族的專利，像是米蘭的維斯科蒂（Visconti）家族與史佛薩（Sforza）家族、佛羅倫斯的麥第奇（Medici）家族、費拉拉（Ferrara）的埃斯特（Este）家族等。此外這時也有一些教皇積極的參與贊助活動，像是亞歷山大六世（Alexander VI，1492～1503 年），朱利安二世（Julius II，1513～1521 年）等。

不過文藝復興牽涉到一個極其複雜的問題，它不僅指精神、經濟、宗教，以及政治活動的結合點，最重要的是紙張與印刷術的發明與傳播。紙與印刷術是由中國發明的，經由穆斯林之手傳到歐洲，義大利大約在十三世紀時便能製作出便宜的紙張。

談到 1550 至 1560 年間印刷術的改進，絕不能忽略十六世紀上半葉技術改進措施的重要性，像是造紙工業的發展、原料的固定等問題，這是因為當時書籍的銷售並不發達，而出版需要大量投資，風險也很大，因此出版者往往會同時是書商也是資方。

從出版業出現起，教會和君主就關注這一思想傳播方式。一般來說，對書籍的審查都委託給大學，教皇諭旨准許君主建立審查委員會，像是在法國的巴黎大學（神學院）和國會都發揮了良好的監督作用。1563 年設立了國王特權，以保護出版者，抵制偽造品，行使審查的權力。十六世紀，圖書出版業集中在設有大學的大城市和商業中心。該行業沒有再建立新的知識中心，但它為知識中心的集中作出了貢獻。那裡的印刷廠廠主與人文主義者保持著聯繫，大多數出版商，本身就是人文主義者。

出版品的目錄尤其證明了顧客在知識方面的需求。十五世紀的印刷書籍，所謂的古版書大約有三萬至三萬五千個版本，其中 77% 是用拉丁文寫的，其餘是用義大利文、德文和法文寫的。宗教書最多約有 44%，其次是文學著作、法學書籍、科學書籍。書籍的印刷最著名的作品，為聖經和模仿耶穌基督的作品。

在十六世紀時，原本屬於威尼斯的出版優先權轉移到巴黎和拉昂，而後又轉移至安特衛普。出版品也隨著地點的轉移，其性質也有所變化——

宗教出版品的數量有繼續增加的趨勢，但是比文藝作品的數量還是較少。此外古代作者的譯本也增多了，尤其是維吉爾（Virgile）的作品，由於這項工作往往受到君主的鼓勵，使得人文主義者的著作占有重要的位置。尼德蘭人文主義者的作品在十六紀印了幾十萬冊，不過科學書籍方面，大都還是古代和中古時代的作品。1560 年以前一些有重大發現的論文發表則不多見，史學著作十分受到歡迎的，尤其是中世紀的編年史、傳奇故事和騎士小說。

毫無疑問，印刷術幫了人文主義的大忙，這使人們了解眾多古代作者和當代作品，然而印刷業未能使人文主義發展得更快，未能傳播更多或更符合大多數讀者口味的中世紀作品。實際上，在十六世紀下半葉，出版商們已經對印刷業更加敏感。

二、文藝復興與人文主義者

十四、十五世紀的義大利在思想、文學與藝術各方面，出現一些與中古時的學問不同的特徵，逐漸將研究重心從「神」導向「人」，此時人們在意的是古希臘羅馬時代的作品，著重古典文明對「人」的研究，這使得「文藝復興」（Renaissance）一詞有了重要的意義。從字面上解釋，Renaissance 這個法國字，有再生的意思，這是因為當時有些義大利人對希臘和羅馬文化產生重新學習的興趣，認為這是在這些文化經過長時間的沉寂後，再度受到人們的重視。

文藝復興之所以誕生於義大利之因在於，中世紀末期此地就有了城邦，像是威尼斯、佛羅倫斯、熱那亞等地。而且此地的貴族不同於一般西歐的封建諸侯專心於封建領土，而是將他們的心思放在參與城市的公共事務上，他們居住在城中，與城中的商人一樣從事商業活動。當時在義大利的商人們將賺到的錢借給教皇與王公貴族們，以此來獲取額外的收入，而且他們處處都在模仿貴族，使得兩者間的界線幾乎看不見。像是佛羅倫斯的麥第奇家族（Medici family）便是由一名商人和銀行家變成貴族的。

由於義大利的貴族和商人都投入了國際貿易之中，因此這地方的經濟條件比起其他地方，簡直是好得太多了。這讓義大利商人願意將錢大量投資世俗文化，各階層的人都喜愛精緻的裝飾品，以致於工匠們在技藝上精

益求精，達到藝術的境界，而且願意留在國內爲當地的貴族與富人服務。

　　此外，有人認爲十四、十五世紀的義大利之所以會對過去產生強烈的情感，在於當時的義大利正在找尋一種與士林哲學不同的文化。因爲當時發生了亞威農之囚，並於 1378 年至 1415 年發生教會大分裂，讓法國與義大利產生很深的情結，於是出現反士林哲學的思想文化潮流，因此義大利人便往古代羅馬的作品中尋找靈感。而且這時的人開始對自己存在產生一種新的覺悟，便出現了一群以寫作爲職業的人，寫作多著重在「人」，以人爲本位，作品已不像中古時那樣，專注於來世方面，而是著重在現世，不過這群作家仍舊是十分虔誠的基督徒，仍受基督哲學的影響，只不過他們會以寫作來審視自己思想上的問題，並在古代的作品中發現一個不是宗教信仰所能代表的世界。

　　當時有一群義大利的人文學者相當流行用方言來寫作，像但丁（Dante）在《神曲》（*Divine Comedy*）中使用義大利語，佩脫拉克（Francesco Petrarch）用義大利文寫十四行詩（sonnet）給他的情人，薄伽丘（Boccacio）也用義大利文完成《十日談》（*Decameron*，第一部用方言創造，用散文寫成的書，它是一本一百篇故事的書，情節雖不是薄伽丘自己想的，但是他用熟練的筆法，詼諧的風格寫成的）。

　　文藝復興時期的佛羅倫斯是一個對各方面都展開研究的地方，羅倫左‧瓦拉（Laurent Valla，1407～1457 年）開創了對古代作品的批評研究，他是一個十分精通語法與修辭的人，更是一位希臘文與拉丁文的專家。他提出了「君士坦丁的贈與」（Donation of Constantine）文件是假的說法，這在當時震驚整個基督教世界。他之所以對這份文件產生懷疑，是因爲他發現這份文獻所使的文字並非古拉丁文，而是當時使用的拉丁文，至於文中使用的術語與當時的用法不符合，因此他認爲此文件是假的。此外，他也利用自己在語言學與修辭學的天分，出版了一本《新約集注》（*Notes on New Testament*）。

　　在義大利熱中學習古希臘文學時，在佛羅倫斯附近，慷慨者羅倫佐、麥第奇（Laurent le Magnifique）集合組成一個文人的「柏拉圖學園」（Academia Platonica），這是一種融合柏拉圖哲學、古代神祕主義的各個流派，與基督教神學的綜合哲學，即所謂的「新柏拉圖學派」

（Neoplatonists），這個學派對日後北方的人文主義者影響很大。

佛羅倫斯的「新柏拉圖學派」中心人物是馬西勒‧菲奇諾（Marsilio Ficino，1433～1499 年），他試圖完成一部新的概論，其目的是將柏拉圖異教思想的觀點納入基督教中使之更新，因此他最大的成就，就是將柏拉圖的作品譯成拉丁文。他認為上帝創造了萬物，並使萬物成為一個和諧的整體。這麼多的宗教思想，只有在上帝那裡，人類才能找到完美的幸福，透過對美的熱愛——上帝世界亦是一種美的反映，進入有君權神授思想的柏拉圖世界，人類就可以遇到上帝。人類之所以能夠與上帝相似，是上帝依自己的形象進行創造，而且當工程師、藝術家和詩人受到神靈的啟示時，上帝就能表現出來了。

馬西勒‧菲奇諾的新柏拉圖主義初期僅迷惑了少數文人，但 1494 年在佛羅倫斯發生了一場由修士薩弗那羅拉（Savonarole）鼓動驅逐麥第奇的革命時，將全城人民拉進了譴責異教思想之中，讓貴族和富有者皆投入信仰苦行主義的運動中。雖然佛羅倫斯是薩弗那羅拉的夢想城市，然而當時的文人和藝術家則紛紛逃到羅馬。

此時有一位偉大的政治哲學家馬基雅維利（Niccolo Machiavelli，1469～1527 年），他處於義大利成為法國與西班牙相互爭奪之地的時代，因此十分希望義大利人民能像古羅馬時的人一樣團結，使義大利富強。他認為一個強有力的君主與政府必須要知道，如何在自己的政治前提下採取一切行動。他的兩本著名的著作——《論李維》（*Dicourses on Livy*）與《君王論》（*The Prince*）談的全是政治性的論點。

三、文藝復興時的藝術

中世紀的藝術家在進行藝術創作時通常是為了宗教，他們不需要有自創的風格，只要依循前人的腳步即可，因此當時的藝術流於因襲，不過這情況在十四、十五世紀的義大利有所改變，由於當時人們在意的是古希臘羅馬時代的作品，著重古典文明對「人」的研究，因此藝術也表現出此方面的特色，並對現實世界加以重視。

在義大利的文藝復興中，表現最為傑出的是在藝術領域，尤其是繪畫、雕刻與建築上，當時的創作家也開始在他的作品中留名，他們開始重

視現實的體裁。此外也出現一些世俗的支持者，像是佛羅倫斯的麥第奇（Medici）家族。不過佛羅倫斯的麥第奇（Medici）家族並不是文學藝術事業的唯一贊助者，還有其他的銀行家、市府、市政議會、教堂和修道院也為眾多藝術家創造了條件。

十五世紀時願意資助文化事業的君主，有米蘭的維斯科蒂（Visconti）家族與史佛薩（Sforza）家族、佛羅倫斯的麥第奇家族等，都投入贊助活動之中。此外，在當時還有一些教皇，像是亞歷山大六世博爾吉亞（Alexandre VI Borgia，1492～1503 年）、朱利安二世（Jules II，1503～1513 年），以及李奧十世（Leon X，1513～1521 年）也十分支持文藝復興的運動，他們都希望把羅馬變成世界性的大城市。

像朱利安二世（Jules II）與李奧十世（Leon X）都曾委託建築師布拉曼特（Donato Bramante，1444～1514 年）重建聖彼德（St. Peter）大教堂。布拉曼特是以羅馬萬神殿（Roman Pantheon）為藍本設計的，目的代表世界團結與和諧的建築，他將地面以上的所有部分都排列在祭臺周圍，祭臺置於聖彼德陵墓之上，所有正面部分都向十字架集中，這時期十字架大都放置在用來照耀祭臺的穹頂之上。

繪畫上雖脫離不了宗教題材，仍採用聖經故事，但已經不以樸實無華的風格來對待宗教主題，此時的繪畫不再是為宗教服務，而是講求賞心悅目，擺脫了中世紀被視為宗教禁忌的裸體或異教題材。對於人的所有形態和力量的表現也是一樣，在人物的表現上，透過繪畫的表現也表達出上帝創世的意境。在處理的手法上出現了遠近比例法與三度空間的觀念，運用光與光影的效果，仔細研究人體解剖，以求能表現人物生動的姿態。此外，油畫的出現對當時的藝術而言是一個大的里程碑，因為這代表畫家能對他的作品進行修改，因而可以對他的作品有更高的要求。

當時著名的畫家有喬托（Giotto）、馬薩羅（Masaccio）、達文西（Leonardo da Vinci，1452～1519 年）、拉斐爾（Raphael，1483～1520 年），與米開朗基羅（Michelangelo，1475～1564 年）等。達文西的繪畫開創了文藝復興的全盛期，他是一位自然主義的藝術家，因此他曾去尋找人的遺骸，對其解剖，目的是為了能恢復人物形象，他的「最後的晚餐」與「蒙娜麗莎」則是流傳至今的經典之作。至於米開朗基羅，他在繪

畫上最大的成就則在羅馬的西斯汀教堂（Sistine Chapel），尤其是他在1508～1512 年於此天花板創作的「聖經中創世紀」的場景，與在 1536 年繪於聖壇中的「最後的審判」，從這兩幅作品中可以發現他在不同時期的世界觀。

雕刻已不再是建築的附屬品了，而是一件獨立的藝術作品，題材也不限於宗教人物，已有相當多的當代人物，或是從希臘、羅馬時的神話與歷史中去尋找題材，著名的雕刻大師有道納太羅（Donatello）、米開朗基羅（Michelangelo）。

至於建築方面，主要是以過去（羅馬）爲基礎，是故此時的建築風格均以對稱安排的門窗、古典的廊柱、拱門和拱頂爲主，不過在新柏拉圖學派影響下，比羅馬式的建築更強調和諧、對稱。著名的建築物有由朱利安二世、李奧十世興建的梵蒂岡大教堂（即是羅馬的聖彼得大教堂）。而聖母百花大教堂（Sainte Marie des Fleurs）中圓頂是布魯勒內斯基所設計。因雕塑家道納太羅（Donatello）以及眾多的畫家，如波提柴里（Botticelli）和吉爾蘭達尤（Ghirlandajo）享有盛譽。

四、北方文藝復興

北方文藝復興出現在義大利的文藝復興運動開始衰落之際，由於當地的社會和文化傳統皆與義大利不同，因此它表現出來的形態也不一樣。在北方神職人員主導著教育和文化，爲了適應當地人的興趣，文藝復興的性質出現大改變。北方人雖然也熱中於古典文學，但他們的重心卻是在於希望以此來反抗傳統教會的約束，而不像義大利人反而醉心於世俗文化之中，是一種宗教性質較強的文藝復興運動。

北方文藝復興最重要是出現基督教人文主義（Christian humanism），這群基督教人文主義者深受宗教中的神祕氣氛影響，認爲個人可以不經理性、語言或任何的聚會，他的靈魂就可以單獨與上帝溝通，這種觀念對日後的馬丁‧路德（Martin Luther）有很重要的影響。此外，他們雖與義大利的人文主義者一樣，研習古典拉丁語、希臘語和希伯來語，但他們的目的並非去研讀那些古典作品，而是要恢復基督教原始典籍的眞義。

　　伊拉斯謨斯（Desiderius Erasmus，1467～1536 年）是基督教人文主義重要學者，他和其他的人文主義者一樣，喜歡研讀古典的作品，十分熟悉希臘文與拉丁文，因此他在古典文學上造詣非凡。他善於在不同主題上，用不同方式來談，這方式在《對話錄》（Colloquies）一書中表現得最明顯，在此書中他以一種嚴肅與諷刺的方式對宗教進行審查。此外，他還利用自己精通拉丁文和希臘文的能力，重新校定《新約聖經》的希臘文，並於 1516 年出版，書中他還附上注釋與新的拉丁文譯本。

　　當時的他已經體會到教會改革的需要，因此主張以教育和辯論的方式來從事溫和的教會改革，並鼓勵人們閱讀新約聖經，希望人們能夠透過對基督教教義真正的了解，而從腐敗的教會中解救出來。不過當時雖不乏其他特別激情的基督教人文主義者，而且他們對「福音書」的重視，以及對教士的腐敗等作法，無疑為路德的宗教改革鋪路，但願意拋棄他們所習慣的天主教教義者卻沒幾個。

　　此外，在北方地區開始出現一種民族國家，出現中央集權的君主，這些國家的君主往往會因自己或國家的利益來決定自己的宗教信仰，因此在這些地方教會都逐漸受到國家政府的管制，而不再受到羅馬天主教教會管轄。

五、馬丁・路德改革

　　馬丁・路德（Martin Luther，1483～1546 年）的父親由富裕的農民變成礦場的主人後，家境更為優渥，因此他在 1505 年前被送到艾福特大學（University of Erfurt）研習法律，但他深受原罪論所糾纏，因此為了拯救自身，便他離開艾福特大學，進入奧古斯丁的修道院當修士，並在 1507 年被派往威丁堡大學（University of Wittenberg）任神學教授一職。

　　由於馬丁・路德對自己的渺小十分恐懼，他雖然進入修道院，但還是對自己是否得救一事感到痛苦，因此他一心致力於消除拯救自身的疑慮，他對於教會中提到的「善行」有助於救贖一事深感懷疑，因為當時的他也致力於善行，但他仍十分的恐懼。因此他開始研修神學、研讀聖奧古斯丁學說，希望從聖經的研究中找到了其恐懼的原因，後來在保羅書信（Pauline Episteles）中發現「義人因信得救」（the just shall live by faith）這句話，讓他發展出「因信得救」這教義。

　　他認爲一個人的得救與否不是靠教會所說的「善行」（包含祈禱、聖事、善功等事），而是靠信心，並指出人的得救與否完全是上帝的恩典，是上帝賜給那些預定得救的人一份禮物，完全與教皇或教士無關，這份禮物不是一般人靠做好事得來的，一個人會做好事是因爲他本身擁有神的榮耀。

　　當時有一位修道士戴茲爾（Tetzol）在日耳曼境內販賣贖罪券，讓他覺得十分的反感，不過他並不清楚販賣贖罪券背後的內幕──羅馬教皇李奧十世（Leo X）爲了修建羅馬的聖彼得大教堂，讓戴茲爾（Tetzol）在日耳曼境內販賣贖罪券──只覺得戴茲爾蓄意讓人民以爲只需繳交贖罪券的錢，就能讓他們已故的親人遠離煉獄進入天堂，是一件欺騙人的行爲。因此1517年10月31日，馬丁・路德便在威丁堡（Wittenberg）大學教堂門口張貼了「九十五條論文」，攻擊教會銷售贖罪券這一件事。

　　剛開始時路德無意與羅馬教會作對，因此他並沒有將他的批評公諸於世，只是上書給教皇，向他痛陳此事的弊病，所以他使用拉丁文來撰寫「九十五條論文」，後來他的這些觀念被人譯成德文，印製成小冊子傳開來。羅馬教皇開始並未採取任何的動作，但當路德提倡一個可以凌駕教皇權威之上的宗教會議時，便受到很大的阻力，他被迫出來收回自己的學說，並承認自己是錯的。

　　不過馬丁・路德並不因此退卻，反而更加攻擊教會的行政管理，1519年他在萊比錫（Leipzig）與教會進行一場激烈的辯論。路德在辯論中指出羅馬教會地位並不比其他的教會還高，而且《聖經》才是唯一的權威，並將七項聖禮簡化到只剩下受洗和彌撒兩項。當這些論點提出後，原本無意與羅馬教會分裂，只求能改革現有教會的他必須與羅馬教會分裂，出現一個路德教派。

　　到了1520年馬丁・路德發行了三本小冊子──《致日耳曼貴族書》（*Address to the Christian Nobility of the German Nation*）、《論巴比倫幽居》（*On the Babylonian Captivity the Church*）、《論基督教自由書》（*The Freedom of the Christian Man*），這時他利用民族主義的精神，希望號召日耳曼的親王、貴族、大法官們協助他完成這項改革，並與羅馬教

會進行抗爭，來改革基督教徒生活，將改革的重點放在普通神職上，因此他建議由日耳曼諸國控制教會。對此羅馬教皇李奧十世的回應是將其逐出教會，並威脅他要收回主張。

人們在路德的言談中發現一些很實際的結論。他提出成立一個國家自治的教會，廢除托缽修會和教士的獨身制度，主張兩種聖體，儘管他反抗羅馬教廷和金錢，但他仍贊成社會的等級甚至教會等級制度。路德的學說吸引了部分的貴族，促使路德與羅馬分裂。

因此 1520 年聖誕節，路德焚燒了審判他的教皇諭旨，這時神聖羅馬帝國的皇帝查理五世（Charles V，將基督教視爲是連結他各領地的工具，因此不願與羅馬決裂）準備在沃姆斯（Worms）召開帝國會議，他給予路德到沃姆斯（Worms）的安全通行證。在帝國會議上，路德仍拒絕收回之前所言，於是帝國會議宣布路德爲異端，判他逐出教會，爲教皇所鄙視。不過薩克森選帝侯和一些貴族們仍支持他，因此路德在薩克森選帝侯腓特烈三世（Frederick Ⅲ）的支持下，藏身於瓦特堡（Wartburg），在此進行聖經的翻譯工作。

路德的學說不久後便在北德和中德盛行，此教派之所以能在此地廣爲流行其因有二：一是，當時的皇帝查理五世忙於與法國、土耳其的對外戰爭。二是，日耳曼王公發現，只要他們接受路德教派，就不需將教會收入送到羅馬教會，而是全都歸他們自己所有。因此到了 1530 年，已經有相當多的地區接受這一新的信仰。

不過當查理五世在對外戰爭獲得勝利時，便在 1529 年召開史培爾帝國會議（Diet of Speyer），提出路德教派地位的不合法，這讓支持此教派的王公們在會議中提出抗議，因此讓此後的新教派被稱爲抗議新派（Protestant Church）。查理五世不願見到帝國因基督教的分裂而被削弱，決議提出路德教派是不合法，這讓北德和中德堅持握有自行決定宗教權利的諸侯組成斯馬卡德同盟（League of Schmalkald），在得到法國法蘭西斯一世的支持下，與查理五世發生戰爭。

到了 1555 年雙方決議停戰，簽訂《奧格斯堡和約》（the Peace of Augsburg），在此和約中帝國內各邦的統治者皆有權選擇境內的宗教（只能選擇天主教或路德教派，並沒包括喀爾文教派），但個人的信仰

自由是不被允許的。此外在《教產留置的規定》中（the Ecclesiastical Reservation），提出任何一位天主教主教或教士改信宗教，都必須將其教會財產留下。

六、喀爾文教派

法蘭西為改革宗教提供一個與帝國截然不同的空間，皇權在此得到了加強，可以反抗羅馬，保護法國的教會。依據《布爾日國事詔書》（Pragmatic Sanction of Bourages，1438 年），羅馬教皇在法境內的任命教士權與課稅權，全都轉讓至法王手中，讓法王代替教皇為法國教會的最高權力，享有極大的自主權。

法蘭西斯一世（Francis Ⅰ，1515〜1547 年）深受基督教人文主義感染，1516 年他與教皇李奧十世訂定波隆那協議（Concordat of Bologna）後，讓法王擁有甄選法國教會的高級教士之權，從此「法國教會」依賴國王，改革的成敗也取決於國王的意願。由此可知，法蘭西的深度宗教改革遠比德國要早，只是它把改革維持在天主教會的小圈子裡。

不過在民間有些佈道者早已吸收路德學說，宗教運動風起雲湧，在每個省都可以找到支持路德思想或聖體形式論的家族，特別是在巴黎、拉昂這樣的商業城市，以及在瑪格麗特・昂古萊默（Angouleme）統治的地方，她在宮廷成了勒費弗爾（Lefebvne）門徒的療護所。1529 年一場民眾暴動在拉昂爆發，路德教派與社會要求相融合，並動搖了對天主教的信仰。

1534 年 10 月 8 日出現了煽動性的「佈告」，其論調更高，佈告同時在巴黎、奧爾良等地張貼出來，一直貼到王室大門上，佈告激烈地抨擊彌撒，很快地這便成為全國性事件，法蘭西斯一世實行嚴罰，路德教徒被判火刑，改革的首領們四處逃亡。因此，喀爾文自願擔任受迫害的新教徒的律師，並於 1536 年出版了《基督徒法規》（The Institutes of the Christian Religion）拉丁文本和 1541 年出版了法文本。

喀爾文（Jean Calvin，1509〜1564 年）是諾揚（Noyon）大教堂教務管理人的兒子，年輕時曾在巴黎學習自由藝術，後來在奧爾良（Orleans）和布爾日（Bourges）大學學習法律，是一位人文主義者，他追隨勒費弗

爾思想，贊同改革、放棄俸祿，直到「佈告」事件之後逃到斯特拉斯堡（Strassburg），後又到巴塞爾（Basel，在此完成《基督徒法規》拉丁文本）。

《基督徒法規》（The Institutes of the Christian Religion）發表之後，他寫了一封辯護書給法蘭西斯一世爲他的這本書做解釋，此後他就不再辯護，而著重在論述教義。其著作對法學作嚴謹與明確推理，融合前人的思想，在新教徒改革緩慢之際將前人的思想加以更新。喀爾文主要思想中的上帝是不可知的，祂超越人所知道的部分。我們對祂的了解僅透過聖經向我們揭示（包括被路德所疏忽的舊約），如果沒有聖經，人類對上帝的認識是會有所誤解的，因爲人的原罪削弱了人類的智慧，信仰只是聖寵的產物。

喀爾文於 1536 年來到日內瓦，在此他準備建立神權統治，不過並不成功，他黯然離開日內瓦。1541 年他再度回到此地，成爲該城的首牧，控制這地方的政治與宗教，將此地變成一個神權國家。喀爾文教派的發展也很快，此派的教徒以不同的名稱，在歐洲其他地方也開始出現了，像是在蘇格蘭稱爲長老派、在法國稱作胡格諾新派（the Huguenots），在英國爲清教徒（Puritans）等。

1552 年出版的《永恆的上帝對人類的預定》一書，闡明了喀爾文思想中的主要觀點。即是，世界的一切事物都是神預定的，人無法靠信仰就得救，上帝對人類意志的預定是絕對的，上帝會預先安排一些人永生，另一些人永受地獄之苦，上帝的挑選和永罰是上帝的自由。聖寵是不可抵抗的，辦法特徵就是上帝讓我們表現出虔誠，永生來自於這個虔誠。像所有的改革者一樣，喀爾文拒絕接受聖事可以使人得到聖寵的觀點，但他也排斥聖體形式論的解釋。

七、英格蘭的宗教改革

英格蘭的宗教改革具有一種新特點，由於都鐸王朝是專制政體，幸虧議會很合作，使得英格蘭的改革像法國一樣是掌握在國王手中。但英格蘭教會與法國教會不同的是，它仍依附羅馬教會，使得羅馬教廷常向英格蘭教會收取重稅，這讓許多英格蘭人對此事（英格蘭教會繳交重稅給羅馬教

會，讓羅馬教皇有錢追求世俗的享受）深感不滿。

而且早在十四世紀時，約翰・威克里夫（John Wyclif，1330～1384年）就要求要人們回歸早期基督教的簡樸生活，雖然羅拉德（Lollards）教派在十四、十五世紀時遭到嚴重的打壓，但他們並沒有因而被完全消滅，到了十六世紀時的羅拉德教派（Lollards）早擁有廣大的下層階級的宗教信仰者，這可說是爲英國宗教改革鋪路。此外，人文主義者約翰・科萊（John Colet，1507～1519年）向社會中的上階層者傳播福音，亦對伊拉斯謨斯產生影響，並爲其改革思想做準備，使得一部分高級神職人員、大臣、樞機主教沃爾錫（Wolsey）、湯瑪斯・摩爾（Thomas More，1478～1535年）和國王亨利八世（Henry VIII，1509～1547年）都受其影響。

其實嚴格說來，亨利八世並不想與羅馬教廷決裂，他曾在1520年時發表論文闡述七種聖事的重要，以此駁斥路德，使得他獲得教皇授予「信仰捍衛者」的封號。要不是他與王后凱薩琳（Catherine）的婚姻中沒有生出男性的繼承者，使他急於要有一個自己男性繼承者，再加上亨利八世很喜歡安娜・寶琳（Anne Boleyn）希望能與她結婚，便向羅馬教皇請求中止與王后的婚姻。由於此請求沒被准許，才讓他決定依自己的方式來解決此事，因而與羅馬教廷決裂。

1531年他要英格蘭教會宣布他爲英格蘭教會的保護人，要求教會停止每年向教皇繳納的年俸，轉繳給國王，並要神職人員將教會的領導權交還給國王。1533年亨利八世要坎特伯里大主教解除他的婚姻，並安排他與安娜・寶琳結婚。1534年11月，英國議會通過「最高文件」（the Act of Supremacy），確認國王爲「英格蘭教會的最高領導者」，英格蘭人必須宣誓服從這一最高法令，否則將被驅逐或追捕。這時上議院院長湯瑪斯・摩爾（Sir Thomas More，1478～1535年）並不贊成這些革新，更拒絕宣示承認亨利八世是英國教會的唯一統治者，於是被處死。

由於此法令使高級神職人員移交給國王的財產都被賣掉，也使主教的任命掌握在國王手中，此外國王還關閉所有的修道院，沒收修道院的財產，並將這些財產分配給他的貴族。不過在克倫威爾（Cromwell）的影響下，亨利暫時與英格蘭的路德教派接近，但亨利還是無意改變教會組織

與教義，因此在 1539 年他頒布了「六項條例」（the Six Articles）重申天主教為正統教派，要大家相信變體論、教士獨身與告解等，並將克倫威爾處決。

1547 年亨利八世去世，由其子愛德華六世（Edward VI，1537～1553 年）繼承王位，他是一個體弱多病的小孩，這時國家是由大臣索默塞特（Somerset）攝政，他與坎特伯里大主教克蘭默（Thoms Cranmer）傾向新教，因此便將英格蘭轉向喀爾文主義，並於 1547 年取消了「六項條例」，讓教士可以結婚，並將英語取代拉丁語成為作禮拜的用語。1552 年頒布新的祈禱書，簡化了一切儀式。

不過愛德華六世的這些改革在他死後全被廢掉，1553 年繼愛德華六世即位的是瑪麗（Mary，1553～1558 年），她是遭亨利八世離婚的凱薩琳的女兒，是一位虔誠的天主教徒。瑪麗女王試圖恢復英格蘭與羅馬教廷的關係，因此在 1554 年嫁給西班牙國王的菲力二世，但這個婚姻並沒有受到英國人的歡迎。1555 年她經議會通過，使英格蘭教會重回羅馬的懷抱。此外，她還下令將數百位新教教徒以異端的名義處死，因而有「血腥瑪麗」（Bloody Mary）的稱號，這讓人們開始對她的統治產生反抗。

瑪麗於 1558 年去世後由其同父異母的妹妹，安娜・寶琳的女兒伊莉莎白一世（Elizabeth I，1533～1603 年）繼位，在羅馬教廷看來是個私生子的伊莉莎白重新回到亨利八世的宗教信仰，不過伊莉莎白一世意識到當時的英格蘭有激進的新教、天主教徒，還有一些極端主義者，所以並不適合用統一的宗教形式，因此她要國會通過恢復「最高文件」和 1552 年的祈禱書，並於 1563 年頒布了「三十九款懺悔錄」（the Thirty-Nine Articles），保持主教階級和天主教形式的禮拜。教義比起伊拉斯謨斯天主教派而言，更加接近喀爾文主義，也因此產生了一種新的宗教信仰「英國國教」，像路德主義一樣，它標誌著改革中教義的迅速轉變。

八、天主教改革

馬丁路德的宗教改革在各地都引起迴響，就連義大利的羅馬教會也受到影響。羅馬教會的改革早在十六世紀初期便展開了，不過一直都一事無成，不過當時的教皇保羅三世（Paul III，1534～1549 年）為了革新教會，

便主張成立一個改革高級教士的委員會，清查各項弊端，據以換掉不適合的主教。

　　此外也有一群較激進的樞機主教要求召開宗教會議進行改革，因此在1545年保羅三世便召開了特蘭托宗教會議（the Council of Trent），希望於此會議解決各種宗教改革的問題。不過會議一開始便出現了主教派、教廷派兩派人士的爭論，主教派者認為，大公會議的權威性應該凌駕在教皇之上；至於教廷派則認為，教皇毫無疑問地位當然高於大公會議。結果教廷派獲勝，並決定任何大會的決議必須經過羅馬教皇頒布才行。所以說，此次宗教會議的最大成就是維護教皇制度，使羅馬教會不至於被分裂。

　　由於此次的會議目的在於探討教義的問題與改革教會，因此對於變體論問題、教士經由聖職禮受命問題、修道院的存在、煉獄的存在、聖經的解釋權在教會等問題皆有明確的解釋。1564年當此會議快結束時，羅馬教皇便頒布一份「禁書書單」，接著又成立禁書委員會，不時的進行禁書的修訂。

　　此外，在宗教會議召開期間天主教內部也從事了一些改革，1540年保羅三世批准西班牙人羅耀拉（Ignatius of Loyola，1491～1556年）成立耶穌會（Society of Jesuits），這個耶穌會原本是羅耀拉與他的七個夥伴組成的靈修團體，他們以服務傷患，向下層民眾傳教為主，當它成為正式的修會時，便是成為羅馬教會改革的另一種力量，因為耶穌會成員曾於1534年在巴黎的聖馬利亞大教堂宣示要服從羅馬教會權威，而且成員入會後，還必須依照羅耀拉的《心靈練習》（*The Spiritual Exercies*）書中的方式，接受一種嚴格的訓練課程。

　　基督教為了改變異端的信仰，便會成立一個「宗教裁判所」（Inquisition），現在耶穌會為了對付新教，竟於1542年成立一個「羅馬的宗教裁判所」，即「異端裁判所」（Holy Office），不過它被用在原本就屬於天主教版圖的地方。

第二節　地理大發現與西班牙的興衰

　　在十五世紀末、十六世紀初之所以會發生地理大發現的原因有很多，

對許多歐洲人來說主要的因素便是在經濟上。由於亞洲的香料，像是胡椒、肉桂、荳蔻、薑、丁香等具有防腐及調味的作用是十分的珍貴的，但這些東西必須經由穆斯林、威尼斯或熱那亞商人之手才會進入歐洲的家庭，由於經過層層剝削，使得這些東西十分昂貴。再加上這些貨物有時會因為穆斯林的對外征戰，出現中斷的情況，因而使得這些西歐人想自己與東方人進行貿易。

此外，在十五世紀時葡萄牙便設計出一種能進行海上長途航行的船，這種船具有北歐船與阿拉伯船的優點，載貨量又大，十分適合作長途航行之用。而且羅盤、指南針早在十二、十三世紀時就傳到歐洲，航海地圖在中世紀時就已經出現了，它將歐洲、北非、西非、印度洋附近的島嶼標示的相當清楚，使得十四世紀時，就經常有葡萄牙的水手航行於大西洋。更重要的是，到了十五世紀時，已有一些受過教育的人相信地球是圓的，因而使一些瀕臨大西洋的歐洲人開始進行海上探險活動。

一、葡萄牙與西班牙的海上探險

被稱為「航海家」的葡萄牙亨利親王（Prince Henry，1394～1460 年）從 1418 年便開啓了一連串新航路的探險活動，在他去世時葡萄牙水手便已經經常在西非的海域上航行，只是他去世後，這海上探險活動平息一段時間。到了葡萄牙國王約翰二世（John Ⅱ，1481～1495 年）時，海上探險活動更加的熱絡，這時的目的是向東發展，發現一條通往印度的航線。

1488 年迪亞斯（Bartholomew Dias）船長在偶然間經過非洲最南端的岬角，當時他是在大風浪之下經過的，因而稱它為「風浪角」（Cape of Storms），後來約翰二世為它取名為「好望角」（Cape of Good Hope）。不過迪亞斯船長並沒有繼續東行，直到 1497 年才由達‧伽馬（Vasco da Gama）率領船隊完成東行計畫，從印度帶回胡椒與肉桂。從此葡萄牙國王曼紐一世（Manuel Ⅰ，1495～1521 年）成為控制東西貿易主要路線的主宰，由於這條新航路的出現，使得東方的貨品價格大跌，葡萄牙人很快就建立獨占市場，建立歐洲第一個商業殖民帝國。

出生於義大利熱那亞的哥倫布（Chridtopher Columbus，1451～1506 年）一直深信地球是圓的，認為向西行一定可以到達日本、中國與印度，

他首先向葡萄牙國王約翰二世尋求支持，但約翰二世並不加以理會。後來他便向卡斯提爾的女王伊莎貝爾（Isabella）請求資助，伊莎貝爾發現葡萄牙已經控制了通往東方的新航線，心想如果要贏過葡萄牙，唯一的辦法就是資助某位有膽識的人，讓他去尋找其他的新航線，所以伊莎貝爾便於1492 年決定支持哥倫布。

　　當時哥倫布所得的訊息是有誤的，因為這訊息讓他認為，地球的圓周以赤道為準，大約是一萬八千海浬，以為歐洲到亞洲的距離不過三千海浬左右。因此當伊莎貝爾答應他的請求後，他便開始他的西航，而且在他航行了一個月左右碰到陸地時，還誤以為自己已經到達印度了。實際上哥倫布到達的地方便是中南美洲的巴哈馬（Bahamas）群島，不過哥倫布到死之前一直認為，自己到的地方是亞洲的外圍島嶼，卻不知道他所到的是一個新的世界而不是東方。後來佛羅倫斯人亞美利亞・維斯普西（Amerigo Vepucci，1454～1512 年）提出，其實哥倫布所到的地方是一個新世界，後來還在一篇論文中提到，因此人們便稱這個新世界為「亞美利加」（American）。

　　由於支持哥倫布的是卡斯提爾的女王伊莎貝爾，因此這個新發現的島嶼便被認為是西班牙的一部分。不過葡萄牙也認為新大陸是他們的一部分，最後由教皇亞歷山大六世（Alexander VI）進行調處，雙方在1494年簽定《托爾德西亞條約》（Tordesillas）決定綠角群島（Cape Verde Island）以西370 里格子午線為界，以西歸西班牙，以東歸葡萄牙，這讓西班牙獲得美洲大陸的大部分。

　　哥倫布首航帶回來的黃金樣品，使得人們認為美洲遍地都是黃金，讓許多西班牙人都希望能征服此地於是紛紛前往，這讓墨西哥的阿茲提克帝國（Aztec Empire）在1519～1521 年間被柯蒂斯（Hernando Cortes）征服了；至於祕魯的印加帝國，則在1533 年遭皮薩羅（Francisco Pizarro）征服。因此到了1540 年，墨西哥、中美洲，以及南美洲的北部都在西班牙的控制之下。

　　十六世紀中葉的西班牙美洲帝國已經建立起來了，在政治上，西班牙在此地採取的是父權政治，統治者為西班牙的中央政府，殖民地的最高統治者為總督，教會以宗教裁判所為工具，幫忙專制政治的建立。為了統治

方便，它將此地分成兩個總督區，一個爲新西班牙（或稱墨西哥），另一個爲祕魯。總督雖爲殖民地的最高統治者，但是他並無法獨斷，這是因爲在殖民政府中還有一個諮議會，諮議會擁有可不經總督便直接上書西班牙國王的權利。

至於經濟方面，則根據重商主義原則，殖民地是爲母國的利益而生存的，因此西班牙政府在此成立一個美洲莊園（encomienda），在此莊園中莊主是可以奴役印地安人，不過印地安人每週有三天的時間是屬於自己的，莊主不得使用。但由於西班牙在此的經濟政策是一種剝削的政策，因此生產的都是母國所需要的用品，忽略其他農業產品；而且只重視貴重金屬的開採，忽略了其他有助於工業的礦產。

二、商業革命

當歐洲處於地理大發現、新航路出現與銀行業興起之際，歐洲便進入世界貿易之中，且在不久後西班牙便將它們在美洲帝國搶奪的貴重金屬運回歐洲，使得大量的貴重金屬流入歐洲，各國王室就將這些貴重金屬鑄成大量的貨幣，這使得貨幣貶值，物價急速的上漲，出現了通貨膨脹，讓歐洲面臨一次經濟的大調整，我們稱之爲商業革命。

處於新航路路線的國家，如西班牙南部的加泰羅尼亞和英國的所有城市，都有現代資本主義的形式，像是會計制度、貨幣、銀行、貸款和公司制度等。其實大約在十四世紀時銀行業的興起，使得歐洲商業十分的興盛，這讓資本主義的經濟型態出現了所謂的「企業者」，這些企業者不僅控制了這地方的商業，也控制了這地方的政治。

1460 年熱那亞的聖喬治家族便控制鉅額的資金，與徵收所有的間接稅，特別是對商業貿易和銀行貿易的徵稅。當時貸款雖不被教會所允許且遭嚴禁，但在民間此風氣卻十分的興盛，商人間普遍的使用。此外，佛羅倫斯的麥第奇（the Medici）、德國的富格家族（the Fuggers）等，更是典型的因控制了這地方的商業，進而控制這地方的政治。尤其是富格家族，他們還曾經貸款給神聖羅馬帝國的皇帝查理五世，更成爲教廷贖罪券的代理者。此外，在 1637 年第一家國家銀行——瑞典銀行出現了。

隨著銀行業的興盛，爲了資本活動更加的方便，教會被迫接受中古時

期一直譴責的貸款活動。這時教會只好將這些貸款活動分成「正當利息」與「重利剝削」兩種，來進行有所選擇的接受。而且銀行的信貸業務發展，讓遠在兩地的商人，如阿姆斯特丹與威尼斯兩地的商人商業往來更加密切。

而最早的專業性公司出現在 1440 年到 1470 年的熱那亞，這公司只對某單一業務感興趣，他們通常手上會擁有這個公司一定數量的股份，由於發展快速，在加上這些股本可以隨時被出售，使一些實業家階層擴大了，更樂於加入這種投機的行為，因而出現動產交易所。

此外，在當時由於商業的興盛，出現了一群因經商而致富的中產階級者，他們通常住在市鎮之中是市鎮的精英份子，而且為了獲得貴族的地位，他們會與貴族通婚，因此這群人與貴族除了有不同的社會意識外，在經濟生活上與貴族則越來越相近。

這時家庭工場也出現了，出現了一群出賣勞力來換取微薄薪資的人，這群人不同於中古時行會中的成員，他們只知道自己工作範圍之內的事，工作範圍以外的事則一無所知。而且他們還受到一群被稱為商人的人管，這群商人便是此時商業貿易的負責人，他們必須掌握市場脈動，依此脈動來分派工作，生產商品。

三、重商主義

為了抵抗饑荒、仲裁人民之間的衝突，以及使基督教的原則得以遵守，君主被允許干預經濟生活。從十五世紀末開始，君主對經濟生活的干預已經很普遍了，有些官員發現到商業平衡對一個國家極為重要，因而他們也說服政府制定一些法律措施，儘管貫徹不力，但卻構成了一套連貫的重商主義（mercantilist）政策。

所謂的「重商主義」學說強調的是，政府直接干預經濟政策，以促進國家的繁榮。重商主義者認為，國家應該要盡其所能的自給，所有的物品盡量不進口，反而要盡其所能的大量出口，因此建議要建立海外殖民地，因為殖民地能提供原材料給母國，如此母國就不需要再向其他國家購買材料，這樣就符合所有物品盡量自給的原則。此外，他們還要求政府努力尋找他國的熟練技工，並阻止國內優秀人才的外流。

　　十六世紀下半葉，重商主義的理論誕生了。奧爾提茲（Luis Ortiz）在他的回憶錄中這樣闡述：西班牙的貴重金屬之所以消耗殆盡，是因爲它出口原料進口製成品，自己無法滿足國內或殖民地日常所需的各項物品，解決問題的方法是支持建立新的工廠，從國外引進有技術的勞動力，以發展民族工業。此外，國家可以透過生產管理和貿易，實行關稅政策以產生一定的作用。

　　各國君主也採取了很多措施，以保持國家對某些產品的控制，並且對生產進行組織協調和統一規劃，實行保護主義。不過各國君主的政策不盡相同，像是從十五世紀末開始，西班牙以及葡萄牙國王依賴海外的領地轉向商業，某些貴重金屬和胡椒變成爲國家的壟斷商品，這作法讓其他國家的君主也開始紛紛仿效，其目的既是爲了稅收也是爲了經濟。

　　然而，對經濟進行組織管理和統一規劃的政策在西班牙和英格蘭比在法國獲得更大的成功。1511 年的塞維亞（Seville）法令爲整個卡斯提爾的紡織工業制訂了章程，到了菲力二世（Philip Ⅱ，1527～1598 年）時，則要求更多，他試圖把同樣的規章條例強加給西班牙帝國的每一個地區。至於英格蘭政府則試圖透過頒布全國性的條例，如 1563 年制定了《手工業者法規》（The Statute of Arificers），規定了每年由治安法官確定各行業的工資額度。而法國政府爲了將行會當成他們抽稅的對象利用它們，並將它們當成控制工業與發展工業的工具，因而讓它們都存在。

　　保護主義的措施從 1530 年起就開始實施，查理五世禁止出口亞麻、大麻、毛皮、皮革、絲綢、鐵和鐵礦石。雖然查理五世希望能廢除國內這種地區性的關稅政策，施行國家的關稅政策，然而查理五世帝國的領土十分龐大，在有些地方保護主義盛行，因此西班牙和各國領主間根本無法遵守帝國內的關稅政策，各地區的利益衝突十分的激烈，況且有限的關稅也使他們感到滿足，因此關稅政策並沒成功。

　　還有一些國家如列日公國和英格蘭，他們的資本主義工業正處於快速發展中，因此他們並不怕國外的競爭，所以到了十六世紀時的歐洲就很少實行保護主義政策了。像是英格蘭在 1651 年，把更多的心力投向《航海法案》（Navigation Acts）的制定，規定所有由殖民地輸往母國的商品都要由英國的船隻運送，並要求把一部分進口貿易的業務保留給他們的船舶

業者。

　　在法國各種利益有時會發生衝突，1516 年王室詔書雖禁止進口豪華織物，但這詔書並沒發揮多大的作用，最後被當成廢紙。這是因為當國王為了滿足眾多貴族願望時，往往會忽視人們的利益，使得人民起而反對這些措施，讓這些政策沒有辦法被付諸實行。像是法王在 1577 和 1599 年的三級議會上為滿足眾多城市議員的願望，竟然提出禁止進口工業製成品的政策，忽視里昂人們的利益，使得里昂人民起而反對這些措施，讓這項政策也就沒有被付諸實行。

　　此外，隨著國際貿易的擴大，在那些鬆散的基爾特組織裡，出現了一些「公司」的組織。這是因為此時的商業活動已經不再像是從前一樣只需小資本額就足夠，而是牽涉到大筆的資金運用，因此人們為了設計一個分擔此風險的商業組織，便出現了「公司」組織。而且商人發現如果想要在遠東進行商業活動的話，就必須要與政府結合，因此從 1600 年之後，各國紛紛出現了東印度公司，這些東印度公司是半官營半私營。

　　不過，從十五世紀以來法王便認為地下礦藏是國王的私有財產，1540 年法王把礦藏開採權轉讓給他人後，國王也才開始真正擁有礦山和採石場，因而出現了礦物局的雛形機構，亨利四世時便頒布法令使它得以強化。就鹽來說，國王把岩鹽礦的開採權讓出去，他僅能控制住鹽田。此外，政府每年還規定各省必須為國王生產出一定數量的胡椒和硝石，此一政策在經過 1572、1582、1601 年一連串法令的頒布後才逐漸完善，王室也加強了對此政策的控制。

　　儘管法國國王在經濟領域裡擁有很大的權力，但他的任務卻也因各省市特權變得更為艱難。因此為了控制工業，國王們犧牲了尚未宣誓的行業利益，而給予宣誓過的行業各種便利。雖然從法蘭西斯一世（Francis I）開始，就制訂了嚴密的行業章程，而且在 1571 年的有關紡織業的法令中也規定了銷售價格和生產的方式，但一般說來這種法令非常有利於行會的師傅。因此在 1581 年和 1597 年的法令，便宣稱要將未宣誓過的行業剔除在外。

　　到了十六世紀末，這些主張在法國得到了皇室官員和某些商人的認同，我們可以從拉菲瑪（Barthelemy de Laffemas）的作品中可以看出重

商主義的主要內容。例如反對遊手好閒者和奢侈浪費，主張禁止進口外國
絲織品，禁止發展奢侈品工業，主張出口，爲此主張發展農工業，尤其是
工業。拉菲瑪爲了使工業產出數量足夠、質量上乘、價格合理的產品，認
爲必須對工業進行重新組織。

　　拉菲瑪的重商主義理論在法國引起過很大的反響，1601 年到 1603 年
間，他完成了一本名爲《商務代理》的書，這書中大體勾畫出他的經濟政
策。他認爲應該大力發展貴重物品的生產，以防止因進口這些貴重奢侈品
而導致的黃金外流，因此出現了一些皇家手工廠，像是紡織者、煤炭場、
地毯場（在巴黎）、花邊場、銅器加工廠等。此外，拉菲瑪也相當重視絲
綢製造業，當時蘇利曾與他一起商討如何鼓勵種植桑樹，使得里昂和圖爾
（Tours）成爲兩個主要的絲綢製造中心。但是 1604 年建立的法國東印度
公司效益卻不彰，與當時的英格蘭、荷蘭相比，法國的資本家大多被地
產、購買官職和怎樣轉成爲貴族所吸引，相對地他們沒放多大精力在經濟
活動上。

四、西班牙與英國間的衝突

　　在地理大發現後，西班牙人和葡萄牙人便進行美洲世界的瓜分，使
得法國國王和英格蘭國王提出嚴重的抗議，企圖突破西班牙與葡萄牙的封
鎖。像是法國胡格諾新教徒（Huguenot）於 1565 年在北美的佛羅里達建
立機構，但多次遭西班牙人摧毀殆盡。至於英格蘭則運氣相當好，他們並
沒有法國人那樣的經歷，而且還曾多次挫敗過西班牙艦隊的約翰・霍金斯
（John Hawkins），並兩度到美洲販賣奴隸。

　　1568 年英格蘭和西班牙之間的緊張局勢驟然升高。由於伊莉莎白一
世時的英國是一個新教的國家，而西班牙的菲力二世（Philip II，1527～
1598 年）是一個願意爲羅馬教會而奮鬥的人，是羅馬教會的一支重要的
勢力，他常利用西班牙的軍隊撲滅新教的活動。當時菲力二世想收復尼德
蘭，並以此地爲基地對付英國，這讓英國更加全力支持荷蘭的獨立。此
外，英國也是一個從事海上探險活動的民族，漸漸地它將貿易區擴展到西
班牙的貿易封鎖區，更加深兩國的鴻溝。

　　因此在伊莉莎白一世的默許下，英國的私掠船開始侵襲滿載貴重金屬

的西班牙運寶船。所以從 1570 年開始，英國的海盜便在公海上搶劫西班牙的船隻，海盜們經常與荷蘭的「海上乞丐」和拉羅謝爾人（Rochelais）合作，在海上從事搶劫的活動，使得原本有五艘要運送軍餉給阿爾瓦公爵（the Duke of Alva）的西班牙船，為了躲避拉羅謝爾人不得不停靠英格蘭海港。

當時伊莉莎白一世馬上將阿爾瓦公爵的西班牙船扣押下來，阿爾瓦公爵得知後便查封英格蘭商人在荷蘭的財產，伊莉莎白知道後，也對在英格蘭的西班牙商人和法蘭德斯商人的財產進行查封，由此可知兩國間的問題是越來越大。

當時西班牙是以騾隊運輸祕魯全年出產的金銀，但從 1572 年開始，私掠船船長（海盜）德瑞克爵士（Sir Francis Drake）更大膽地搶劫穿過巴拿馬地峽（Isthmus of Panama）的騾隊。而且在威辛罕和科利尼的建議下，法國也開始醞釀對荷蘭採取行動，這行動得到英格蘭的支持，只可惜聖巴拉謬日事件（the Massacre of St. Bartholomew Day）使這項計畫流產了。此外，德瑞克爵士（Sir Francis Drake）在 1572 年順著馬奇蘭（Magellan）的路線開始周遊世界，他所經之處皆一一掠奪，便從利馬、卡拉斯（Callao）一直到加利福尼亞，當他到達摩鹿加群島（Maluku）後便把它置於女王的保護之下，然後帶著大量的掠奪物從好望角凱旋而歸。

經過德瑞克爵士這一連串的事件後，英格蘭的野心越來越大了，英格蘭的海軍將領看中了一些美洲尚未被占領，且遠離西班牙帝國的土地，便決定進行占領。1583 年吉伯特爵士（Sir Humphrey Gilbert）占據了紐芬蘭島，1584 年雷利爵士（Sir Walter Raleigh）派出一支遠征隊在北美建立一個殖民地，為表達對女王的敬意，將把這塊土地命名為維吉尼亞（Virginie），但後來這一行動失敗了。

不過菲力二世對於英格蘭的行動並沒有袖手旁觀，而是盡全力的進行阻撓，首先是支持愛爾蘭叛亂者的活動，並實現西班牙帝國和葡萄牙帝國的統一工作。接著他考慮是否可能由蘇格蘭女王瑪莉‧斯圖亞特（Mary Stuart）取代伊莉莎白，1585 年 3 月菲力二世扣押了停泊在伊比利半島港口的英格蘭船隻，邁出了決裂的第一步。

五、西班牙無敵艦隊的失敗

　　菲力二世從 1585 年起，就有意要同時消滅英格蘭的異端和使西印度群島商業深受其害的海盜基地，但他是一個不輕易下決定的人，所以一直在等待有利時機的到來。只是在菲力二世等待之際，英格蘭人便已經採取了主動。德瑞克爵士（Sir Francis Drake）便襲擊了維戈（Vigo）、弗德角的島嶼聖多明尼加（Saint-Dominigur）和卡塔蓋（Carthagene），而且有一部分英格蘭軍隊還從荷蘭登陸，從那時起西班牙積極地準備迎接英格蘭的進攻。

　　雖然來自西班牙的船隊正預備掩護法內茲（Alexandre Farnese）的軍隊登陸，而且聚集在法蘭德斯的遠征軍也即將發動推翻英格蘭國教的起義。但在 1587 年伊莉莎白一世得知菲力二世的陰謀後，便決定將瑪莉女王處決，這事讓菲力二世有機會開展了一場戰爭。菲力二世把他們的艦隊稱為「無敵艦隊」（the Great Armada），這支戰艦是由一百三十艘戰艦，八千名水手，近一萬九千人的軍隊，一百八十名隨軍神父組成的，船隊攜帶了供六個月作戰的補給與二千四百門砲，可說是有史以來海上武力最大的一次集結。

　　整個歐洲都警覺起來，薩伏瓦公爵準備進攻日內瓦，天主教同盟加緊進行反對亨利三世的活動。在英格蘭則出現一支由海軍將領霍華德（Charles Howard）指揮，德瑞克爵士做助手的艦隊，當時英格蘭的艦隊較為小巧，不過火力十分強大，每艘船都裝備了射程遠的大砲，因此在與無敵艦隊相遇時，與敵艦保持一定的距離，避免進行西班牙人訓練有素的接舷戰，希望以此對敵艦進行騷擾，將西班牙無敵艦隊逐一擊破。

　　當西班牙艦隊到加萊（Calais）時，對手的騷擾並沒有使他們受到太大的影響，1588 年英格蘭派出了一些放火小船對西班牙艦隊進行火攻，把無敵艦隊的秩序打亂了，無敵艦隊想逃回加萊重新集結，可是他們在此遇到守候在此的英艦。這時突然颳起一陣暴風，即所謂的「新教風」（Protestant wind），讓無敵艦隊多數沉沒，只有少數的船被風帶往北海、蘇格蘭外海，及北愛爾蘭地區。雖然西多尼亞（Medina Sidonia）公爵最後帶領他的船隊，繞過不列顛的島嶼，好不容易回到西班牙，但無敵

艦隊在此戰中損失了近半數的船隻和三分之一的人員。

目前歷史學家普遍認為人們誇大了西班牙損失的後果。依種種跡象來看，此一戰爭，英格蘭雖安然無恙，但西班牙的海軍力量並沒有被摧毀，西班牙的商船沒有比以前更容易受劫掠船的攻擊。其因在於西班牙人總結經驗教訓，他們組織海上巡邏隊，加強港口防禦。而且戰後英格蘭人對葡萄牙、亞速群島和中美洲港口的企圖均告失敗。

不過菲力二世同時也被法國的事務困擾著，儘管伊莉莎白對發誓棄絕原來宗教信仰的亨利四世持謹慎態度，但當西班牙人占領加萊時，她還是與他簽訂了一項同盟協議。1596 年一支英、荷艦隊成功地破壞了卡地斯（Cadix）重要的商業和軍事基地，菲力二世為了雪恥，組織了一支新的艦隊，只是這支艦隊在 1597 年被風雪阻擋了。

泰羅（Tyrol）的伯爵歐尼爾（O'Neill）消滅了愛爾蘭的英格蘭人，並挑動整個島嶼來反對他們，這讓天主教徒的行動取得了一次勝利。重歸天主教的亨利四世雖不願作出他的承諾，但 1598 年他在維爾凡（Vervins）與菲力二世進行單獨的會面，解決彼此的紛爭。

1604 年瑪麗‧斯圖亞特的繼承人，即成為英格蘭國王的詹姆士一世（James I，1566～1625 年）向西班牙示好，與菲力二世締結形式上的和平協定。1609 年西班牙和聯合省締結了十二年的停戰協定，除了失去荷蘭北部地區，西班牙沒有其他損失，而這種損失又因得到葡萄牙而得到補償，但他們必須放棄菲力二世所有的偉大計畫。英格蘭和聯合省開始從他們的經濟活動中得到好處，西北歐和地中海歐洲之間勢力達到了平衡，但是這兩大團體之間的生命力是不可比擬的。到十七世紀西班牙逐漸衰落，而西北部歐洲的「海洋強國」也開始成長起來。

第三節　宗教戰爭

歐洲在經過一連串的宗教改革之後，大約在十六世紀初期，各個教派林立，由於每個教徒的宗教激情，使得各教派間的對立衝突經常會發生。而且各個國家的君主都不允許一個國家內出現另一個不同的信仰，因此當他們的國家出現不同的教派時，戰爭便成為不可避免之事。

一、法國的宗教戰爭

之前我們便提到，法國國王在 1438 年依據《布爾日國事詔書》（Pragmatic Sanction of Bourages），獲得教士權與課稅權的任命權，這讓他們與羅馬教廷關係變得相當疏遠，不過這表示法國政府是支持新教的，它仍是天主教的版圖，只不過在十六世紀時法國境內已有爲數不少的喀爾文教派成員，當然這些喀爾文教的教徒包括貴族階級們（超過三分之一的貴族），這些人在法國稱爲胡格諾新派（Huguenots）。

由於喀爾文教派認爲，任何誠實的工作形式在神的眼中都是令人愉快的，因此相當受到中產階級者歡迎，而在法國的胡格諾新派當然也是以中產階級和貴族爲主。在他們之中有一個重要的人物就是納瓦爾（Navarra）的亨利，他是納瓦爾王后與法國貴族安托萬・德・波旁（Antoine de Bourbon）的兒子，即是未來的法王亨利四世（Henry Ⅳ）。

1559 年亨利二世去世後，王權式微，胡格諾新派的孔代親王（prince de Conde，他是納瓦爾王后的姐夫）與信奉天主教的吉斯（Guise）公爵，爲了法王攝政權，發生了攝政權爭。而且當時的法國人一致認爲「法國只能擁有一個國王、一個信仰、一個法律」，竟於 1562 年爆發了內戰。

由於當時貴族勢力強大，國王查理九世的母后凱薩琳（Catherine）爲了保持對政府的控制，她一下子擁護這邊，一下子擁護那邊。戰爭時打時停，到了 1572 年時吉斯派的勢力逐漸龐大，凱薩琳便和他們合作，密謀在聖巴托羅日（the Massacre of St.Bartholomew's Day，指的是每年的 8 月 24 日）要利用胡格諾新教納瓦爾亨利與她女兒的婚禮，將從各地來參加的胡格諾新教領袖一網打盡。因此這天有好幾千名新教徒被天主教暴徒殺死，或丟入塞納河中淹死。

這事件雖然暫時瓦解了胡格諾新教派的抵抗，不過很快便引發更激烈的內戰。直到在 1589 年法王亨利三世被刺身亡後，依據《薩利克律法》（Salique）中批准了可由亨利三世的一個遠房侄子登基，因此便由納瓦爾的亨利登上王位，即亨利四世（Henry Ⅳ，創立波旁王朝）後，戰爭才結束。

不過依據皇家基本法律中的一些觀點，國王必須是法國人，而且必

須是天主教徒。這時亨利四世衡量國內情勢，發現天主教的人口在法國內還是占多數者，深知如果要這國家承認他的地位，就必須放棄他原本的信仰，因此在 1593 年提出了「巴黎是值得做彌撒的」（Paris is well worth a mass），就放棄新教的信仰，反叛天主教。

　　1598 年的法國剛從對內和對外戰爭（與西班牙的戰爭）中解脫出來，法國在歐洲的勝利，使得歐洲於整個十七世紀臣服於路易十四。然而在此之前多少也夾雜著悲慘的場面，像是亨利三世和亨利四世被刺殺，外敵入侵，內戰的持續發生，與伴隨著經濟乃至社會的危機。在這一段時期，我們很少能發現一些相對安寧的時刻，如果說有，也只能說從 1598～1614 年，從 1653～1661 年，這兩小段時間了。

二、尼德蘭戰爭

　　尼德蘭（Letherlands）又稱為低地國家（Low Countries），它包括今日的荷蘭北部、比利時南部，這裡是南北交通的要道，因此此地的經濟從中古時便十分的發達，安特衛普（Antwrp）是歐洲的重要貿易和金融中心。此外這裡的居民從宗教改革後，便漸漸受到新教派的吸引。查理五世之所以能得到它，是因為經由繼承的方式得到的，從此它便受到哈布斯堡家族所統治。不過查理五世是在此地出生的，且說法語，又住在布魯塞爾，因此在他統治下的尼德蘭似乎一切都很合理。

　　但他在 1556 年將此地交給他的兒子腓力二世時，這所有的一切似乎都出了問題。因為腓力二世雖然是查理五世的兒子，但他是在西班牙出生的，使得他一直都認為自己是西班牙人，再加上他一直都住在西班牙，說的又是西班牙話，讓此地的人認為他是外國人。而且對他而言，尼德蘭只是一個供應他財富的地方，因此他制定所有的政策時，都是以西班牙為主，這讓尼德蘭人，尤其是當地的權貴非常不滿。

　　除了經濟的問題之外，宗教問題也為此地的政治投下一個變數，它更是戰爭的導火線。由於此地與法國相當的近，當法國確定在天主教的統治之下時，便有許多的法國喀爾文教徒往北遷移到尼德蘭。經過一段時間後，安特衛普的新教徒竟然比天主教徒還多，這對虔誠的天主教徒——腓力二世而言是無法忍受的，因此他便將在西班牙對付異教與穆斯林的宗教

裁判所拿來此地對付新教徒，這終於引起當地人的暴動，引發了戰爭。

戰爭的引發者是尼德蘭的大貴族，領導者沉默者威廉（William the Silent）他並不是新教徒，原本是一位道地的天主教徒。剛開始其實只是此地的貴族想讓他們自己獲得更多的政治權力，並要求停止宗教裁判所，而有的一些抗議，但隨之而來的是，一群新教的激烈份子為了表現自己的不滿，他們竟然洗劫破壞教堂，到處引發動亂。這動亂讓許多尼德蘭人轉而依附政府，而腓力二世很快便派阿爾瓦（Alva）公爵率兵平亂。

阿爾瓦公爵在尼德蘭實行了五年的恐怖統治，不但沒平息戰亂，反而更使形勢逆轉，引起全民的抗爭。沉默者威廉此時竟反信新教，並宣布獨立，他組織一支船隊對付西班牙的海軍，並向外尋求英、法等國的支持。隨著此地人民對西班牙的不滿，尼德蘭十七省的居民團結一致，他們共同的目標便是將西班牙趕出此地。

1579 年西班牙的唐璜（Don Juan）在尼德蘭南部組織聯盟，準備對付尼德蘭的反抗份子，這使得尼德蘭北部七省很快也締結了「烏特勒支聯盟」（the Union of Utrecht）來對抗西班牙，他們並於 1581 年宣布獨立，即是日後的荷蘭共和國，終於使得這個聯合十七省一分為二。不過此地的分裂並不是大家所樂見的，因此戰爭一直持續下去，直到 1609 年雙方才簽定停戰協定，約定停戰十二年，以謀求更有效的解決方式，最後在 1648 年西班牙才正式承認荷蘭的獨立。

三、三十年戰爭初期

1555 年「奧格斯堡條約」中允許，每個公國的政府有權決定他的宗教，不過只限於路德教派與天主教派，但是喀爾文教派出現後，他們也積極在此地傳教，因此到了 1618 年時，在某些地區喀爾文教派已經取代路德教派，使得奧格斯堡條約受到挑戰。而且奧格斯堡條約的種種規定常受到破壞，使得許多新教的君主備感不安，因此到了 1608 年，喀爾文教派的領袖便組了一個新教同盟。隔年也出現一個羅馬公教（天主教）聯盟，如此便出現一個相互敵對的軍事同盟。

當時的國際局勢也是處於戰爭一觸即發的時期，因為在西班牙的哈布斯堡王朝對荷蘭的野心並未消失，而且它企圖鞏固在中歐的地位，而奧地

利的哈布斯堡王朝更希望能在此地建立一個強有力的政府，這讓法國無法忍受，因此當喀爾文教派向外尋找支援時，法國便義不容辭的支援他們。

終於在 1618 年，這地區因為宗教因素爆發了所謂的「三十年戰爭」，戰爭的引發點在波希米亞。早在 1415 年波希米亞的胡斯便因宗教改革的問題，被羅馬教皇處死，因此便一直存在反羅馬公教（天主教）的勢力。現在哈布斯堡家族希望在此地進行直接統治，這讓波希米亞人覺得他們的政治權利受到威脅，便引發戰爭。

因此這是一場起源於波希米亞新教徒反對天主教徒的戰爭，原本是一場宗教的衝突，是天主教與基督間的衝突，可是到最後卻演變成一場政治鬥爭，成為法國與哈布斯堡王朝間政治消長的鬥爭。自 1630 年以來，哈布斯堡的家族專制統治已有很大的變化，他們似乎不像以前那樣極具擴張的野心，只是關注於繼承位置的鞏固。

不過波希米亞的叛亂很快就失敗了，這讓此地的新教勢力被瓦解，使得新教同盟在 1621 年也隨之瓦解。但這動亂並沒有因此而結束，反而變成一場國際性的戰爭。1624 年屬於路德教派的丹麥國王在得到英荷的支持後，便決定入侵日耳曼，他與當地的路德教派公爵合作。當時羅馬公教聯盟中出現了一位華倫斯坦（Wallenstein），他結合羅馬公教聯盟與丹麥進行戰爭，最後將丹麥給擊敗了。

丹麥的失敗讓同為路德教派的瑞典更是深感不安，因此瑞典國王在獲得多方的外國勢力支援，尤其是法國李希留的金錢資助後，便於 1630 年準備對日耳曼進行武力干涉。而且李希留還在日耳曼境內的各公國選侯中進行遊說，企圖挑撥他們與皇帝間的關係，使得他們最後竟然不願意將他們的主權交給神聖羅馬的皇帝，而是希望看到從前的宗教局勢，因此便歡迎瑞典國王的進入。

只可惜瑞典國王在獲得一連串勝利後，竟然在 1632 年的呂城戰爭（Lützen）中不幸身亡，使得瑞典的參戰焦點逐漸模糊，因此到了 1635 年薩克森與神聖羅馬的皇帝簽定「布拉格條約」後，神聖羅馬帝國皇帝對新教的邦國釋出善意，讓許多新教的邦國紛紛與神聖羅馬的皇帝簽約，使得日耳曼地區似乎又團結在一起，因此戰爭似乎已經沒有繼續的必要。

不過事情並沒有那麼快結束，因為法國使得這場最後變成國際性的戰

爭，就在此時它公開的支持瑞典，除了像之前一樣對瑞典援助，還公然的
將軍隊開進萊茵地。

四、三十年戰爭的末期

　　法國的參戰對神聖羅馬帝國而言是十分不智的，因爲它認爲李希留是
在一個不恰當的時期把法國拖進戰爭來。不過這是當時形勢逼迫而不得已
爲之，因爲李希留需要阻止圍繞在法國的西班牙「巡查道」獲得進一步鞏
固和加強。或者有更糟糕的情況出現，尤其爲防止法國人所熟悉的十六世
紀末期的情形再次出現，因爲法國的邊防特別是在北方和東北方，最容易
受到攻擊。

　　戰爭初期證實了李希留對於強大的西班牙的憂慮，法國和荷蘭的軍
隊在西屬尼德蘭的聯合進攻中失敗了。1636 年西班牙人占領了高爾畢亞
（Corbie），至於它的先前部隊也已經到達貢比涅（Compiegne），因
此西班牙皇帝就對路易十三宣戰，派軍隊圍攻聖・勞森（Saint-Jean-de-
Losne）。此時西班牙艦隊攻占了雷蘭諸島（iles Lerins），並使其成爲一個
重要的海軍基地。

　　在日耳曼地區，由於軍事活動鬆散，讓法國和瑞典的軍隊大失所望。
從 1638 年起形勢才逐步好轉，當時由薩克森－威瑪（Bernard de Saxe-
Weimar）率領法國的軍隊占領了布里沙，在 1639 年至 1640 年間瑞典人巴
奈爾（Baner）則占據著西雷齊（Silesie）和波希米亞的北部地區，荷蘭
的海軍司令特洪（Tromp）在 1639 年大敗西班牙海軍。接著法國人在李
希留的號召下，又重新開始驅趕占據高爾畢亞的西班牙人，並於 1640 年
占領阿拉斯（Arras）。

　　在很長一段時間內，整個歐洲戰火連綿不斷，連英格蘭也不例外，
從 1642 年起英格蘭就不斷遭受內戰的蹂躪。這段期間戰場一直延伸到海
上，甚至到他們的殖民地，在那裡西班牙先是和荷蘭人進行戰爭，接著
在 1640 年左右又和葡萄牙人交火。在衝突戰爭的日子中，以瑞典和神聖
羅馬帝國皇帝間的戰爭最爲突出，後來逐漸轉變爲法國和西班牙之間的較
勁。其實，法、西之間的較量是最主要的，這是一場發生在兩個民族之間
的戰爭，在這場戰爭中，雙方都用盡各種手段，以期待把對手擊敗。像西

班牙的奧利瓦萊斯極力想使洛林脫離法國，而李希留卻想讓皮埃蒙－薩伏瓦（Piemont-Savoie）擺脫西班牙的控制。

　　很巧的是，這時這兩國都出現叛亂和謀反，這提供雙方插手對方內政的機會，李希留的所有反對者都得到奧利瓦萊斯的支持，這讓李希留決定鼓勵路易十三所保護的加泰隆尼亞進行反叛，並在 1640 年支持葡萄牙人造反。形勢的發展對法國越來越有利了，李希留死後沒多久，奧利瓦萊斯就失去了菲力四世（1621～1665 年）的寵信。法國政策上的成功帶來軍事上的勝利，路易十三死後的第五天，也就是 1643 年 5 月 19 日，年輕的昂吉安公爵（duc d Englien）就取得了羅克羅瓦大捷（La victoire de Rocroi），打敗了被稱為歐洲最優秀的西班牙軍隊，這一戰使西班牙退出戰爭，也結束西班牙在歐洲的霸權優勢時代。

　　在神聖羅馬帝國境內，形勢更加複雜混亂，因此談判從未間斷過。新繼位的皇帝斐迪南三世（Ferdinand III，1637～1657 年）顯然比他父親還軟弱。瑞典人在布拉格吃了硬仗，但仍能堅持到摩拉維亞，後來他們完全撤離了這個省，當拉高茲（Rakoczi）、川夕法尼亞的王公攻占了斯洛伐克（Slovaquie）時，神聖羅馬皇帝在 1643 年，成功地把丹麥拖入反對瑞典和荷蘭的戰爭中。

　　但這場戰爭使丹麥的海軍被摧毀，丹麥為了避免亡國的危機，便與瑞典等簽訂《布隆斯布勞條約》（le traite de Bromsebro），依規定丹麥不得不讓出厄賽爾群島（iles d Esel）和哥特朗（Gottland）給瑞典人，並答應荷蘭的船隻通過森德（Sund）港時，只收取很少的入港稅。

五、西發利亞合約

　　從 1644 年到 1648 年間，國際間出現兩方面的聲音。一方面是，長期的戰爭讓人們覺得疲憊不堪，使得人們期望和平的到來，因此早已在李希留死後，就有一個國際會議開始籌備。1644 年 12 月斐迪南三世（Ferdinand III）答應在西發利亞（Westphalia）的明斯特城（Munster）與法國召開談判會議，並答應在西發利亞的奧斯納布魯克（Osnabruck）與新教派國家代表召開會議。

　　雖然這時出現了解決這些軍事問題的國際會議，但各地的軍事行動仍

持續進行著。當時法國與西班牙之間並無和談的意願，尤其是法國的馬薩林（Cardinal Jules Mazarin，1602～1661 年）具有相當大的野心，他除了繼續執行李希留的政策外，還積極擴張法國的勢力，企圖介入義大利事務，支持在那不勒斯的馬薩尼耶羅（Masaniello）武裝暴動，並企圖用西屬荷蘭換取加泰隆尼亞，他這種舉動引起荷蘭聯邦的大為不安。

最後是因為吉斯（Guise）公爵的那不勒斯遠征軍行動失敗才告結束，才讓西班牙再一次在加泰隆尼亞站穩了腳根，使得這場談判獲得結果。只是日耳曼地區是這場戰爭的主戰場，戰爭對此地進行的破壞，使得此地在戰後呈現出一片廢墟的景象。而且當時的法國人和瑞典人仍企圖併吞哈布斯堡家族控制的地盤，因此當和約簽訂之時，戰爭仍在布拉格繼續，殘酷的屠殺仍在進行，絲毫沒有收斂之意。

威西發利亞合約（peace of Westphalia）代表法國的崛起，取代西班牙成為歐洲舞臺上的主要角色。在此合約中，它得到了亞爾薩斯（Alsace）大部分地區，將東方的邊境推到日耳曼地區，完成它自然邊境的夢想。此外，它更代表現代歐洲列國制度的到來，因為參加的國家都具有獨立性，這代表此後的歐洲是由許多主權國家構成，這些國家都各有自己的法律，與自己的政治利益。

至於神聖羅馬帝國內三百多個邦國如今皆有獨立自主國的地位，它們可以同時對外享有宣戰、媾和權。這時的神聖羅馬帝國正如伏爾泰所說的：「既不神聖，也非羅馬，更非帝國。」帝國形同被分解，繼續陷於四分五裂的狀態中，這些邦國除了具有獨立自主的地位，更受到其他的強國，像法國、瑞典等的控制。此外，帝國的皇廷，軟弱無力，各王侯從來都不支持皇廷，使得帝國的軍備與財政無法充實，因而沒有中央集權機構、沒有自己賦稅收入、軍隊的國家，這讓日耳曼民族的統一運動延遲了近二百年。

六、戰爭與歐洲文明

總體上來說，戰爭給歐洲文明刻上了各式各樣的印痕，戰爭的特性可以解釋物質和精神廢墟的不斷堆積，它們在一些國家裡逐漸消去，而在另一些國家，則往往成為一種新的開始。

　　十七世紀三十年戰爭使得各地都在大量招募僱傭軍，而且每個國家徵兵的方式也都不盡相同，被招募來的士兵用來保衛他們自己的城市、自己的省，也用來保衛國家。以附庸國徵召詔書的角度來看，招募僱傭軍給各地（采邑）的擁有者很大的壓力，尤其是那些貴族。因爲貴族們已被徵召多次，只剩下一些不適合服兵役的人，他們沒受過什麼正統訓練，也不是誠心服役。

　　在瑞典實行了一種非常有效的徵募制度，把徵兵落實到地方，它用這種方式徵募了一萬名士兵（占全部人口的百分之一），不過人們很快就發現，用這種方式招募來的士兵是瑞典軍隊中最弱的一部份。因此較常用的方式則是，君主與僱傭兵簽訂合約的方式，如同工廠主一樣，這群僱傭兵組成的軍隊是建立在一系列契約基礎上——一個聯結君主、戰爭之主與僱傭兵之間的契約，連結僱傭兵與上校和上尉之間的契約，還有尉官與新兵們之間的契約。

　　在法國，國王會下達徵兵命令給校官和尉官們，在此之前先發給他們授予其職權的證書，用來徵募和調動軍隊，這些軍官都是他們各自部隊的所有者，爲了徵集和維持軍隊，他們擁有君王給的一些經費。戰爭特派員用來負責監督資金的使用和查核、檢閱部隊，但是經常有弄虛作假的現象，眞正的人員編制往往少於理論的人員編制，檢閱的那一天，尉官們往往會臨時僱用一些湊數的假兵；他們之中有的是奴僕，有的是平民百姓，還有的甚至是別的部隊的士兵，以達到他們想要達到的人數，這樣他們就把多餘士兵的軍餉費用留下來。

　　部隊的組織結構變得更加靈活了，現在越來越多的軍隊將彈藥當成武器，雖然滑膛槍經過改良，變得較輕一些，但操縱起來仍不太方便，而且在子彈發明之初，子彈的上膛到發射，大約需要兩分鐘的時間。因此當時仍有三分之二的步槍會同時配上長矛來使用，只是他們往往被帶槍的騎兵打敗。騎兵們使用的大都是步槍和手槍，他們能夠在敵人調轉馬頭之前，就將其擊落。不過使用白刃武器的部隊更講究一些戰術技巧，至於大砲和軍用物資則依靠像是大象之類的牲口來拉大車。

　　除了瑞典的部隊裡有醫務部門外，別的部隊根本就不設此部門，在那些僱傭兵的軍隊裡，完全就像一個大工廠，這種情況在瓦勒斯查的軍隊

裡更為明顯。這部隊的一切都歸一個財政官漢斯·維特（Hans de Witte）
來管，他提前預付款項，然後從各生產領域中收回，收取皇帝所同意瓦勒
斯坦徵收的各公國和公爵原號賦稅，也從敵對國家收取稅捐。他在許多地
方都設置了經紀人，為了得到武器、軍需品和糧食，他們和冶金廠廠主、
商人、馬車運輸隊的領隊們簽訂契約。在另一些情況下，君主和一些特殊
個人、軍火商來簽訂契約，他們這些人往往組織成一個團體，或是一個工
會。李希留曾想透過向軍隊派駐總督來管理軍事行動，他最初的軍隊管理
完全是一種民事管理。

　　軍事行動包括有占領城市、交通樞紐和他們的根據地所包括的省分、
強徵人員及物質的掠奪，以迫使對手講和，但人們不考慮如何去消滅敵人
的軍隊。軍事據點被占領，或由於軍需的缺乏，往往導致首領們暫時解散
他們的部隊，但他們很快又重新集結起來參加另一項重要軍事行動。戰術
與戰略一樣是戰爭的基礎，是不可缺少的。正面交鋒仍然是一條規則，只
有古斯塔夫·阿道夫（Gustave Adolphe）和孔德代以側翼用兵。

　　除了某一些部隊外，大多數軍隊都有著一種國際化的特點。義大利
人以及越來越多的日耳曼人到處充當僱傭軍，這些離鄉背井的農民加入了
部隊，或是跟在部隊後面。軍餉是士兵與他們所從事的事業之間唯一的聯
繫，如不付錢給他們，他們就搶劫或是到另一個部隊裡去。部隊裡開小差
的現象十分的普遍，然而在漫長的冬天裡，被凍死的人比死在戰場上的要
多得多。

　　三十年戰爭中的士兵被認為是最為粗野的軍人，而且部隊又到處傳染
瘟疫，這一切都引起一場倫理的墮落，到處充斥著野蠻行徑，士兵們往往
無惡不作，放火搶劫，殺人強姦，因此市民們對於那些脫離部隊出來幹壞
事的士兵進行報復。

七、戰爭帶來的影響

　　如果不從戰爭帶來的後果來看，整個戰爭死亡的人數其實並不多，戰
爭雖把人口驅散，但他們仍會不時回來看看自己的家園，並在停戰時進行
勞動、播種，只是往往等不到糧食的收成又得逃亡，因此這時的農田常是
一片荒蕪，饑荒就此產生了。

　　此外，由於戰爭的發生，因此到處都進行封鎖，許多城市都遭搶劫，像是萊比錫就被搶了五次，至於路上的不安全也都是戰爭帶來的。而且在戰爭發生之前，鼠疫就在某些地區流行，現在隨著軍隊的活動和人口的流動，更把鼠疫傳播擴大。

　　因為家庭的離散、糧食營養的不足，使得出生率普遍都很低，在某些省分，這個問題尤為嚴重，像萊茵伯爵領地、布蘭登堡的邊境省分（la marche de Brandebourg）、波麥拉尼亞（Poméranie），波希米亞等地區的農村化城市遭受的災難更深重，這些地區喪失了其全部人口的三分之一至三分之二的人口。

　　不過也有一些地區，如瑞士、普魯士等，由於避難者的匯集，人口比以前還要多。此外，波羅的海的各個港口也出現了一片繁榮的景象，這裡有很多人們因為宗教因素而離開他們的自由國家，或是聽從召喚到被蹂躪的土地上進行拓殖，因此在布蘭登堡、萊茵伯爵領地上匯集了相當多來自別的地區的德國人、瑞士人、荷蘭人。至於洛林地區，李希留和路易十四為了法國的利益，也鼓勵法國農民來這裡安家，並限制會說兩種外語的人從這裡遷走。

　　神聖羅馬帝國雖在戰後幾乎分崩離析，但它卻有助於日耳曼境內各種族的大融合，有利於普魯士民族的形成。從 1661 年開始，各族人間的距離正在逐漸縮小，這也在一定程度上補償了戰爭中的損失，至於法國此時又陷入投石黨運動的內戰中，還有和西班牙人的衝突。

　　就物質上的損失而言，很少是因直接的戰鬥而引起的，大都是因為放火而導致的，這當然也包括對那些遺棄房屋的劫掠，鄰居們往往自行取走有用的東西以維持自己的存活。莊稼由於缺少人手而被毀了，耕地都變成荊棘叢生的荒地，破產的農民出賣他們的田地，農民們所擁有的財產大為減少，這情況以東部地區最為嚴重。

　　在易北河的西部，土地收益分成制（metayage）已被廣泛採用，但農民們的命運並沒有得到改善。在整個東歐地區，地主們為了自己的利益，已開始了重建工作，由於缺少勞動力，他們就把自由民固定束縛在土地上，而且戰爭的肆虐使得農民紛紛向地主尋求庇護，讓農奴制度到處盛行。

　　戰爭在公眾的精神和在日耳曼人的感情上引起極大的騷亂和不安，只是到了 1635 年前後，輿論才大量透過抨擊性小冊子表達出來，這些小冊子通常是由王公貴族寫的，用一種比較粗糙的著色雕刻版，反映戰爭所帶來的不幸，讚美戰爭的勝利。但這段時期過後，這種小冊子就非常少見了，輿論界一片死寂。

　　戰爭末期所有的大學和學校都荒廢了，年輕人被戰爭所吸引。所有的人都被暴力所籠罩，酗酒現象以一種驚人的速度遍及各地。在這充滿暴力與動盪的時代，開始出現巫術的迫害。當時只要農作物歉收，或是牲畜生病，人們便認為一定有女巫在作怪，被誤認為女巫的婦女就會被施以酷刑，來迫使她們承認自己的罪行，並將她們燒死，因此到底有多少人喪生，實在無法統計了。

第四節　君主專制下的歐洲各國

　　歐洲在十六世紀中葉後經過一連串的戰爭，到了十七世紀出現了一個新局面，這時的國際舞臺轉移到所謂的西歐地區，即是英格蘭、蘇格蘭南部、法蘭西、低地國（荷蘭）、瑞士、日耳曼西部等地，這地方的國家所作的任何一件事，都深深影響到日後的世界。

一、亨利四世時期的法國

　　亨利四世（Henry IV）發現如果要維持國內和平，首先要解決的便是宗教問題，因此 1598 年他頒布了一個著名的《南特詔令》（Edict of Nantes），在此給予胡格諾新派的信徒相當的宗教寬容。他答應每位新教的領主、貴族有權在自己的領土內舉行新教儀式，像是在貝亞恩（Bearn）天主教的禮儀被禁止了，因為在這地區至少 90% 的人屬於新教，不過在巴黎與天主教市鎮是不允許新教的。

　　《南特詔令》等於給了法國人一個信仰宗教的自由，承認宗教不再屬於國王所管轄的事務，此外詔令允許一百五十一個地區的胡格諾新派信徒有武裝自衛的權利。在巴黎和一些省分的議會裡，天主教徒和新教徒的席位各占一半，他們經常為了解決這兩種宗教間的矛盾產生訴訟。此外，詔

書中也要求新教徒應該繳納什一稅，不得干擾天主教的宗教禮儀。還有一些建立在這些基本架構上的祕密條文裡，這使得天主教和新教雙方都同時做出了讓步，讓法國的宗教問題得到了妥協。

亨利四世是法國國王中極少數需要征服自己王國中的一位，透過征戰，他擁有健壯的體魄和豐富的經驗。他非常了解自己的王國，他那很有人情味的外表再加上政治上屬於溫和派，給百姓留下一個溫厚寬容的國王傳說。然而實際上他從未放棄過他的原則：「一個國王，除了對上帝和自己的良心，不對任何人負責。」雖然他許過諾言，但他根本沒有徹底把各地區真正統一起來，各地區的執政者和各城市的領袖仍全在他的監視之下，他在各地增設許多監視員。

法國在亨利四世頒布《南特詔令》後，宗教和解總算出現了，不過對一個國家來說，財政金融也關係到這國家的安定。尤其是在亨利四世時的法國才剛剛經歷一場內戰，內戰使農田裡的農事常常被中斷，人民生活十分悲慘，這影響到城市，使這裡失業情況極為嚴重，出現了大批乞丐，經濟出現很大的問題。

而且安定的秩序並未立即伴隨和平而來，當時出現一群被遣散的士兵，他們成群結隊地製造恐怖事件，就像在 1604 年以前一直橫行在布列塔尼（Brittany）和布瓦圖（Poitou）交界處的吉勒里（Guilleri）大盜同夥一樣。此外，農民有時也會發動暴動事件，像在 1594 年、1595 年間在佩里戈爾地區（Preigord）發生了「克洛甘暴動」（croquants，意指鄉下佬），讓封建領主和專制王權受到了沉重的打擊，因此只有振興經濟才能帶來安寧，這讓財政問題成為當務之急。

當時的財政大臣蘇利（Sully）所關心的是國家的財政金融和公共秩序問題，他認為必須優先處理的工作，就是國民生計問題和賦稅制度的恢復。與他的金融政策一樣，他的經濟政策也是非常傳統的，他採取了一系列限制措施，目的在鼓勵農業生產，幫助勞動者。

他首先想到的是農民，因此他降低人口稅（不過令人覺得遺憾的是，他雖然降低人口稅，但卻增加了許多間接稅等），禁止債主逼農民以耕畜和農具抵債，並重新造林植樹，重建集體公社財產，規定了使用權，組織捕狼的鄉勇，禁止在麥田和葡萄園狩獵。而且為了擴大耕地面積，國家還

鼓勵利用排乾泥淖的方式來改造良田，著名的維爾尼（Vernier）沼澤就在荷蘭專家的幫助下被改造為良田。

　　至於對鄉下貴族的幫助，主要是允許他們於豐收之年時出口小麥，還有來自奧利維・塞爾（Olivier de Sernes）的鼓勵和支持，這位維瓦拉伊（Vivarais）的紳士是一位新教徒，在其《農業園圃和農業管理》一書中（這本書出版在 1600 年），他呼籲鄉下貴族們從政治活動中解脫出來，希望大家能透過妥善管理自己領地的方式，來增加自己的收入，他還介紹了一些新的耕作方法，例如桑樹的種植。

　　此外，蘇利還是法國著名的道路管理方面的工程師，他發現要繁榮經濟，交通設備的完善是十分重要的，因此他在修復道路方面同樣努力。首先他在道路兩旁植樹，以確保路線的暢通和寬度。為了改善水路交通，連接塞納河和羅亞爾河的布里阿爾運河（Briare）也開始動工。不過蘇利在金融界獲得的好名聲歸因於：他償還部分國債，還有建成巴士底金庫。但是他的財政政策也為政府增加許多負擔，讓以利息為生的階層頓時間失去了四分之一的收入，因此對他感到非常地不滿，此外新建立起來的貨幣體制並沒能阻止投機活動。

　　至於國王也把自己置於親信和金融家的手中，這些金融家都擁有徵收多種稅收的權力，讓一些舊的貴族們十分不滿。由於亨利四世以一種毫不妥協的老頑固形象出現，讓他看起來像位暴君與篡位者，因此這種社會上的普遍不滿喚醒了那些反對君主制的主張，換言之出現了應該除掉暴君的言論，而且他們已經在一些被刺殺的統治者身上看到這種方法的可行性。

　　此外，亨利四世在 1594 至 1603 年間將耶穌會的人驅逐出法國，這便使天主教狂熱份子有弒君的藉口。而且為了國家利益，他竟然支持新教的勃蘭登堡貴族取得繼承權，這更引起天主教徒的不滿，因而爆發克萊夫事件（Laffaire de Cleves），出現反對法國與日耳曼諸王國締結的「福音聯盟」。而且在與西班牙的鬥爭中，他似乎站在新教那一邊，並在 1610 年與西班牙斷交，這讓天主教徒的宗教狂熱驟然被激化，因而成了亨利四世被殺的重要關鍵。

二、李希留與路易十三時期的法國

雖然亨利四世的死被一些人視爲是一位爲國家捐軀的國王，不過他死在弒君者的手中，讓法國人覺得是莫大的恥辱，但他的死讓王權專制制度和神權因此得到更大的加強，只是這並不表示法國人準備接受任何一種政權組織的形式。而歷史學家對亨利四世與李希留（Cardinal Richelieu，1585～1642 年）統治期間的這段歷史（1610～1624 年）抱持非常嚴肅的態度。因爲在這一時期裡，人們看到的是經濟金融秩序混亂，大領主和新教徒們擁兵自重，法國在歐洲實行的政策毫無所獲，期望全落空。

1610 年一個才剛滿九歲的孩子——路易十三（Louis XIII，1610～1643 年）即位時，艱鉅的責任落到了攝政王瑪麗‧麥第奇（Marie de Medicis）的肩上，她是一個才能平庸的女人，無力約束強大的貴族，而且還被兩個跟隨她而來的外國人（她的姐姐雷奧諾拉‧卡利卡伊（Leonora Galigai）和姐夫孔契尼（Concini））所左右。當時無論是天主教派或新教派，彼此間相互傾軋，幾乎毀掉亨利四世的所有建樹，使得法國再度陷入混亂之中長達十四年。

攝政王瑪麗‧麥第奇清楚地意識到，她的王國需要和平。因此她在對外政策上，一反亨利四世的策略，極力尋求與西班牙達成諒解，並於1614 年安排路易十三與西班牙公主安娜（Anne）的婚姻，確實地去做所有能拯救王室的事，但這並非毫無弊端，因爲他們和西班牙的靠攏使得新教教徒們十分不安，因此新教徒在亨利‧勞昂（Henri de Rohan）的鼓動下，成立一個軍事組織。最後公侯們企圖迫使攝政王拋棄她的義大利寵臣，使得瑪麗‧麥第奇只好暫時削了他們的職位，同時給了他們足以掏空國庫的養老金。

在這段政治混亂期，路易十三獲得紅衣主教李希留（Cardinal Richelieu）的幫助，使得法國再度走上正軌。關於李希留的傳聞曾有過許多，有一說是，路易十三在其母親的壓制下，於 1622 年提升他爲紅衣主教，1624 年又升任他爲首相。李希留出身於普瓦圖（Poitou）一個好鬥的貴族家族，他是家中最小的孩子，有著過人的精力與邏輯、清醒而又現實的頭腦，與一種高傲而又強硬的性格。在 1614 年進入三級議會以前，他

曾是一位優秀的大主教，不過他的興趣是在國家事務而非宗教事務上，因此他的任何政策都以國家利益為主。他的最大心願是建立一個君權專制的政體，使法國成為一個強盛的國家。

當時李希留面臨的難題是新教徒的反抗。《南特詔令》使新教徒在自己所在地擁有強大的武力，儼然成為「國中之國」，因此新教徒成為他企圖將法國改造成中央集權國家的障礙，這讓李希留決定以武力解決此事。因此李希留便於 1629 年修改南特詔令，頒布《阿萊赦令》（Edict of Alais），剝奪胡格諾新派的軍事權、衛戍權等，雖然讓新教徒還保有信仰的自由，不過解決了「國中之國」的問題。

在財政方面，李希留為了使國家的財稅收入充足，他採取重商政策，頒布了許多新的法令，強化國家經濟。且為了確保能更有效的徵收到各地的稅款，與能夠確實建立中央集權制度，他建立了「巡撫制度」（這是一種由中央指派地方官的制度，這些地方官都是受過良好教育的中產階級，以此來削弱地方權貴的權力）。不過李希留的願望不僅是改造法國的內部體制，他還希望法國成為一個國際強國。其實對於一個十七世紀的國家領袖來說，李希留所能做的就是繼承這幾代人傳下來的傑作。他是一位現實主義者，非常了解法國軍事實力，更了解那大片被兼併的土地現在正處在逐漸與法國主體融合，但尚未完全進入忠順的階段，而這些地區的忠順與否，並非完全取決於實際情況，而在於王朝的政治局勢。

雖然人們否認李希留執行的是一種「自然邊界政策」，但自從文藝復興以來，特別是在民族主義思潮的推動下，「法國的國界應當與凱撒所描繪的高盧一樣廣闊」的想法，就在有文學教養的上層人間廣為傳播。這種想法一方面有著十六世紀時的反西班牙的政治傾向，另一方面也是為了國家的安全考慮。雖然李希留從未明白表露這種主張，但此觀念已經根深柢固的留在人心，不是他所能改變的。

當時李希留極需要日耳曼諸侯國的聯盟，所以必須對此「自然邊界說」非常謹慎，人們只能公開說：這是一種加強法國邊防的政策，因為當時的法國在這些地方的防衛是非常薄弱。雖然法國現在還沒有擴展到它的自然邊界，或者說只要時機成熟，就要在自然邊界的架構內擴張。因此當李希留發現在日耳曼地區的宗教戰爭或許是一個機會時，因此他便將國家

帶入三十年戰爭的漩渦中。雖然這場戰爭提高了法國的國際聲望，但對法國的財政長期困境更是雪上加霜，尤其是徵稅與赤字的增加都無法改善，使法國面臨另一個難題。

三、福隆德運動

　　1642 年李希留去世，隔年路易十三也相繼去世，路易十四繼位時年紀更小，當時他只是一位四歲的幼童，因此是由其母親西班牙的安娜（Anne）和樞機主教馬薩林（Mazain，1602～1661 年）共同攝政。馬薩林所執行的便是李希留與路易十三的政策，繼續進行專制政權，但由於他是一位外國人（義大利人）因而有些貴族並不服從於他，所以發生了所謂的「福隆德之亂」（Fronde，1648～1653 年），又稱為「投石黨人之亂」（the slingshot tumults），它代表封建勢力在法國做最後的掙扎。

　　這個暴亂之所以會發生是因為，三十年戰爭讓人民賦稅加重，使得法國的經濟出現困境，人民叫苦連天，這便給大貴族們鼓動人民公開叛變的機會。而這些福隆德分子宣稱，他們反對的並非路易十四而是馬薩林主教，至於這些貴族的最大目的是在為自己爭取權利與利益，企圖壓制君權的擴大，因此他們堅持擁有審核王室詔令的權力。

　　只是這些領導運動的貴族進行的是無系統、建設性的革命，並沒有一個共同的綱領可將大家團結在一起，再加上他們有些人為了自身的利益，便與馬薩林合作，這讓許多十分有抱負的中產階級紛紛退出。到了最後有的貴族還與西班牙合作，引進西班牙的軍隊，觸動了法國人的民族意識，使得此動亂很快就失敗了。

　　福隆德之亂可說是對法國王權的最後抵制，它的失敗表示君權可以完全的伸張，代表典型的君主專制政體的出現，因為此動亂的末期竟然出現了貴族引入西班牙軍隊，讓這時的中產階級與一般的平民百姓都認為，要保護自己的唯一方法便是盡量擴充王權，壓抑貴族，因此造就路易十四這位專制君王的出現。

四、斯圖亞特王朝初期

　　在都鐸王朝統治下的英格蘭是一個很特別的專制政府，因為這王朝

的君主在行使他們的權力時總是小心翼翼地，盡量在國會能接受的形式下，行使他們的權力。不過這並不表示他們的權力比國會小，相反地，他們曾讓國會一時之間失去它的獨立性，讓國會成為他們的御用工具。其實英格蘭的國會並不像歐洲其他國家一樣還有地方性的議會，而是只有這一個國會。這個國會是相當有組織的，它分上、下議院，上議院（House of Lords）是由貴族組成的，下議院則是由地方縉紳、市鎮代表或商人組成，因此是一個擁有中產階級色彩與社會勢力的地方。

1603 年伊莉莎白一世去世後，便由他的表兄弟——蘇格蘭國王詹姆士六世（James VI）入主英格蘭登基為王，即為詹姆士一世（James I，1603～1625 年），建立了英國史上的斯圖亞特王朝（Stuart Dynasty）。詹姆士一世來自與英格蘭完全不同傳統與宗教的蘇格蘭，而且他又是一位天主教徒，擁有天賦神權的觀念，他堅持國王之所以尊貴，主要在於王位是由上帝賜予的，因此他只需要對上帝負責，不容許任何人反抗他，這種想法便是著名的「君權神授」（the divine right of kings）的觀念。

因此他對當時國會掌握政府的局勢十分不滿，為此他經常到國會中進行演說。當時英王的財政只能依靠國王的收入與國會同意下進行的徵稅，所以國王常是謹慎的用錢，盡量少向國會提出徵稅的要求。現在詹姆士一世十分缺錢，常常不經國會的同意就進行徵稅的工作，並在國會提出反抗時，就解散國會，讓國會成員十分的不滿。而且他一直都很確信長老教會的管理機構對君主制是一種傷害，便主張「沒有主教就沒有國王」的說法，力倡「主教制」。現在加上他與西班牙和談，使得下議院的清教徒（puritans）相當不滿。

1625 年詹姆士一世的兒子查理一世（Charles I）繼位，他一樣是天賦神權的擁護者。當時他捲入了與法國的戰爭讓他急需用錢，因此他向國會要求徵稅，當國會拒絕後，他便向臣民強迫借款，並對那些不同意讓士兵駐紮在自己家園的人加以懲罰，而且還不經審判就將人關起來，他的種種行為讓國會對他提出抗議。1628 年查理一世因為與法國的戰爭使他急需一筆軍費，便迫使他召開國會要求徵稅，這讓國會有機會向他提出「權利請願書」（the Petition of Right），要求他在未經國會的同意之下，不准任意徵稅，而且還不允許他隨意讓士兵駐紮在私人家園中。

　　不過查理一世並不因此而稍加節制，他反而從 1629 年至 1640 年再也沒有召開過任何一次國會，在這段期間他都以徵收臨時稅的方式來維持國家的運作，不過在他徵收的稅中，以「船捐」（ship-money，這是中古時英格蘭的一種古老習俗，即海岸邊的城鎮在戰時必須要供應船隻為王室服務）的爭議最大。

　　當時查理一世企圖要求全國各地都繳交船捐，因為他認為，海軍應該是建立在全國的基礎之上，因此全國各地都繳交船捐是一件很合理的事。但這種觀念在當時引起軒然大波，而且也與「權利請願書」相違背，此外這些國會代表大都是內地的鄉紳，他們對於海軍的興趣並不像查理一世那樣的濃厚，因此他們並不願繳船捐。

　　1640 年查理一世企圖要將英格蘭與蘇格蘭的宗教統一，在蘇格蘭實行英格蘭教會的模式，以代替蘇格蘭長老教會的儀式，企圖清除清教徒的勢力，因而引發蘇格蘭的宗教暴動。這時查理一世為了軍費，不得已只好重新召開國會，但當國會向他表示反對的態度時，他就立即解散國會（即是所謂的「短期國會」），並重新舉行國會選舉。

　　這個重新選舉出來的國會議員即是所謂的「長期國會」（long Parliament），因為它到 1660 年都未改選過。這個國會議員除了國王的人馬之外，其他的成員目的都在想辦法限制國王的權力。他們利用蘇格蘭之亂，向國王要求廢除「星法院」（Star Chamber）、船捐與主教制度，並處死國王的親信大臣——斯特拉福伯爵（Strafford），禁止國王隨意解散國會，而且要求至少每隔三年就要召開一次國會等，結果造成國王與國會間的仇恨敵對態度更加嚴重，因此在 1642～1649 年間英國終於爆發了內戰。

五、清教徒革命與克倫威爾

　　此次內戰包含了政治與宗教的議題，支持國會的大都是清教徒，他們很喜歡將頭髮剪得很短，拒絕帶當時流行的假髮，因而被稱為「圓顱黨」（the Roundheads）；至於支持國王的王黨被稱為「騎士黨」（the Cavaliers）。這場戰爭剛開始時是騎士黨獲勝，但隨著海軍與蘇格蘭加入圓顱黨，讓戰爭有所逆轉。不過讓圓顱黨獲勝的主因在於一位虔誠清教徒

——克倫威爾（Oliver Cromwell，1599～1658 年）的崛起。

克倫威爾建立了一支成員包含各階層的新軍（鐵軍〔Ironsides〕），這支新軍是他致勝的武器。1645 年查理一世的軍隊在納斯比（Naseby）慘敗，使得他逃往蘇格蘭，不過蘇格蘭將他交給倫敦國會，讓戰爭再現高潮。這時英格蘭人也被捲入一場巨大的宗教、政治與社會的騷動，而這場清教徒革命的最後結局是：克倫威爾將查理一世處死，並解散國會。

由於克倫威爾需要國會同意才能處死查理一世，於是他便召開國會，可是國會並沒答應克倫威爾的要求，於是他便在軍隊的支持之下，整肅國會，將國會中的長老教派議員趕出國會，結果國會成員只剩下一些殘餘份子，因此這個國會被稱爲「臀股國會」（the Rump Parliament）。1649年臀股國會同意執行查理一世的死刑，這使得英格蘭出現一個共和政體，這時的國會只能行使立法權，至於其他的權力則落到自立爲「攝政王」的克倫威爾頭上。克倫威爾統治英格蘭長達十一年之久，他在英格蘭進行的是詹姆士一世與查理一世渴望的眞正專制政治。

在克倫威爾統治期間的英格蘭人必須過著相當嚴謹的清教徒生活方式，所以昔日所進行的賽馬、賭博、鬥雞等活動都被禁止，而且人們也沒獲得他們想要的政治自由，因此國內不滿情緒高漲。當克倫威爾死後，重選的國會於 1660 年毫不猶豫地迎回查理一世之子查理二世（Charles II，1660～1685 年），並恢復英國國教的信仰。

六、斯圖亞特王朝的復辟

查理二世回來時答應國會要遵守《權利請願書》的規定，讓英國成爲一個有限的君主制國家，並恢復英國國教。不過這並不表示在宗教方面查理二世願意放棄天主教的信仰，他還設法要恢復羅馬教皇在英國的地位，因此他在 1670 年與路易十四祕密簽定《多佛密約》（Treaty of Dover，查理二世答應路易十四加入法國對荷的戰爭，路易十四則以戰爭期間法每年支付英王三百萬鎊答謝他），表示要改皈天主教，並讓英國重回天主教的懷抱。

不過這個密約在英國並不爲人知，雖然查理二世在 1672 年頒布了寬免非英國國教信徒的「寬免宣言」（declaration of indulgence），但這宣

言的對象並不是只有天主教徒，因此對於他在宗教上的態度一直不爲人所知，直到 1685 年將死之際，他眞的皈依天主教。

查理二世的親天主教政策雖然引發普遍的不滿，但以當時的情勢，還沒到決裂的關頭。至於他的繼承人詹姆士二世（James Ⅱ）是一位狂熱的天主教徒，他早在英、荷交戰時就不隱藏天主教徒的身分與親法的態度，因此他即位前便招致國會中的托利黨（Toris，他們是英國國教派者）反對。即位後還公開宣稱希望全部的臣民都要皈依天主教，並將政府中英國國教教徒的職位都解除，因而引起人們的反感。

1688 年他還下令逮捕七位不接受他的《宗教寬容令》的主教，這舉動使得國會中的成員聯合起來反對他。而且就在這一年，他的兒子誕生了，他一出生便受洗成爲天主教徒，這意謂著下一任國王仍是天主教徒，於是國會準備要來罷黜詹姆士二世，迎回他信奉新教的女兒瑪莉與她丈夫荷蘭的奧倫治威廉（William of Orange）大公。

當時的威廉大公正是反路易十四聯盟的領袖，他很樂意將英國變成這一聯盟的一份子，因此他很高興的接受這一邀請。1688 年 11 月威廉帶著一支軍隊在英國南部登陸，詹姆士二世得知消息後便逃到法國，國會這時在沒流血的情況之下，迎接威廉與瑪莉爲聯合國王，因而被稱爲光榮革命（the Glorious Revolution）。當威廉與瑪莉到達英格蘭時，便簽下一份《權利法案》（A Bill of Right），在這裡規定國王必須服從於法律，重申英國公民的自由權，從此在英國執行的是有限制的君主制，國會至上原則，此後，再也沒有任何一位國王想拋開國會進行統治。

1689 年國會通過一項《寬容法》（the Toleration Act），在此之後英國就不再發生因宗教而受到囚禁的問題。不過在 1701 年時，國會擔心流亡在法的詹姆士二世兒子即將成年，怕他會成爲英國的下一任國王，便通過《繼承法》（Act of Succession），規定天主教徒不得成爲英國國王。依此規定，瑪莉的王位繼承者第一順位是她的妹妹安妮（Anne），安妮死後無嗣便傳給詹姆士一世的外曾孫日耳曼漢諾威（Hanover）選帝侯的喬治（George）。從此之後英國君王都必須是信奉英國國教者。

1690 年洛克（John Locke）出版了《政府二論》（le traité du gouvernemt civil），在此他闡述了「光榮革命」的意義，他拒絕君權神

授的觀點，重新提出原始契約的精神，提出立法權應該置於行政權之上，自然法對於人爲法應該是至高無上的，這意味了天賦反抗暴君的權力。此外，他在《寬容書簡》（Letter sur la tolérance）中又補充，宗教爲私人事務，宗教活動應該與國家沒有關係。1689 年的革命顯示了，不再被責難的傳統與趨勢的最後結果。

七、奧地利的君主專制

伏爾泰曾譏笑神聖羅馬帝國「既不神聖、既非羅馬，也不是帝國」。這樣的一個地方在三十年戰爭後被分解成主要兩塊，一爲奧地利，另一爲普魯士。其中的奧地利帝國是一個很特別的地方，因爲它在這時必須努力從神聖羅馬帝國的軀殼中重生，而它的君主又必須保有神聖羅馬帝國皇帝的頭銜，以方便他參與日耳曼的事務。

這個重生的奧地利帝國仍是由哈布斯堡王朝所統治，而它的領土包括奧地利（日耳曼人）、波希米亞王國（斯拉夫人）與匈牙利王國（馬札兒人），這三個種族複雜、語言也不同的地方。儘管哈布斯堡王朝實行的是集權統治，但這三個王國都保有自己的法律、議會與政治，人民沒有共同的國家意識，國家的聯結只是因爲他們有共同的君主罷了。

在斐迪南三世（Ferdinand III）與利奧波爾德一世（Leopold I）時，哈布斯堡王朝逐漸完成對這個國家的控制，當時哈布斯堡王朝以世襲制與公教信仰爲工具來統治這個複雜的帝國。在世襲制上，哈布斯堡王朝分別在 1620 年、1699 年順利完成。但公教信仰方面，在匈牙利則遇到挫折，因爲匈牙利的新教勢力相當的大，想要壓制這股勢力只會引起更大的反彈，因而引起 1703 年的拉可茲（Francis Rakoczy）領導的起義，雖然這一叛亂很快就被平定下來，但這深深的打擊了維也納中央集權的願望。

不過在利奧波爾德一世統治時奧地利的王權誕生了，他坐鎮內閣不設總理，而是設立一個複雜沉重的行政機器來作爲統治這些不同國家的中介。而「祕密顧問」（Conseil Secret）是這臺機器的主要組成部分，他們負責大政方針的制定，尤其專注於那些透過繼承獲得的國家事務。此外，這個行政機器還有一個通常由二十多個外國人組成的「戰爭委員會」（Conseil de la Guerre），與爲數眾多的主管部門，像是法律管事部門

（Chancellerie de Cour）、帝國管事部門（Chancellerie Pour lEmpire），與奧地利、波希米亞、匈牙利的管事部門（Chancellerie d'Autriche, de Boheme, de Hongrie），而且每一個省都有自己的議會、監察司法和稅收活動的執行。

哈布斯堡王朝在君主專制上的進步，不僅表現在領土的大規模擴張，還表現於它在中央集權上的努力。「祕密會議」不斷地增加，還有一些特別委員會的出現，其目的是爲君主提供一些報告，君主可以使他們具備法律效力。而且戰爭委員會越來越具重要性，它讓成立於 1680 年的常備軍人數這時達到十萬人，讓政府必須尋找新的財源，1703 年國家銀行出現。

不過這個國家的人民缺少一種向心力，這讓建立一個共同的國家的夢想還有待努力，所以不得不使用「奧地利」這個含糊的辭彙來指這個國家，維也納成爲這個國家的中心，成爲了政府的總部和這個國家的象徵。霍天堡（Hofburg）的熊布朗宮（Schoenbrunn）是君主的居住地，它吸引著來自貴族階層的人們，在十八世紀時，這裡已經有十萬人左右，是多瑙河流域的貿易中心，成了巴洛克藝術的最初藝術形式的搖籃。

查理六世（Charles VI，即前查理大公，1711～1740 年）即位讓「西班牙王位繼承戰爭」變得沒有意義，奧地利在西班牙境內雖征討多年，但現在奧地利不得不放棄西班牙的王位。現在奧地利只被承認擁有西屬尼德蘭、米蘭、那不勒斯，不過這些地方讓奧地利將自己的命運轉而寄託在地中海和北海，這時的奧地利是一個強國，是一個如同英格蘭一樣能阻止法蘭西擴張的國家。

不過查理六世最煩惱的事是，他並沒有男性繼承人，爲了確保他的國家完整性，與他女兒瑪麗亞‧德蕾莎（Maria Theresa）的繼承權，便在 1713 年頒布「國事詔書」（pragmatic sanctio），宣稱屬於哈布斯堡的王國領土整體上的不可分性，而且女性也能成爲繼承者。他的這份詔書雖然不僅得到帝國內各大公與帝國議會的保證，還爲了預防巴伐利亞與普魯士的野心，也得到外國強權的支持。但它並沒有發揮功效，因爲在 1740 年查理六世去世後，普魯士的腓特烈大帝便不顧詔書的存在，發兵占領西發里亞，爆發奧地利王位繼承戰爭。

不過，他確實在國家的統一上費了不少的苦工，他爲了更容易控制最

難對付的匈牙利王國，就在匈牙利任命一位總督代表君王進行統治，接著他透過設立商業高級顧問，來控制匈牙利王國的經濟，並藉由修築塞默靈（Semmering）公路，將維也納和免稅港口的底里雅斯特（Trieste）連接起來，透過在這個港口成立東方公司。此外，他為了讓奧地利帝國也能分享到海上貿易的利益，便在1722年於荷蘭成立奧斯坦德（Ostende）公司。

八、普魯士的君主制

易北河以西、奧德河以東的這塊地區便是勃蘭登堡（Brandenburg）選侯的領地，在中世紀時，它是神聖羅馬帝國用來防備斯拉夫民族的地區。大約在 1417 年，霍亨索倫家族（Hohenzollern family）就已經統治這個地區，因此「普魯士」這名稱便成為形容這家族的領地。

由於三十年戰爭期間勃蘭登堡是主要的戰場，使得此地的大選侯在戰爭期間地位越來越重要，因此戰後的《西發利亞條約》讓霍亨索倫家族擁有的領土，從面積上來看，在神聖羅馬帝國中位居第二，僅次於哈布斯堡家族，而且他們又利用婚姻的方式取得萊茵河上的一些小邦國，像是曼登（Minden）、拉旺斯堡（Ravensbourg），與馬克（Mark）伯爵領地，讓他們有與西方列強聯繫的地方。不過此時這個國家的領土分布於三個不同的地方（一塊是勃蘭登堡、波美拉維亞與易北河，一塊在東普魯士，另一塊是萊茵河流域），因此當務之急便是將這三個地方連接在一起。

十七世紀中葉出現了一位奠定普魯士為現代國家基礎的腓特烈·威廉（Frederick William，1640～1688 年），他是一位勤奮激進、精於思考，很有權威的「大選侯」，且在宗教問題上十分寬容，又懂得根據情勢採取靈活的策略。柏林是他的居住地，也是這個政府的核心城市。此外，他很懂得如何讓他的政府獲得從貴族和資產階級中的力量，對付貴族，他讓貴族們在軍隊與高級行政部門中擁有一個更為風光的職務，使他們放棄議會中的角色，並讓資產階級在複雜的官僚制度中擁有一席之地。

當時的三十年戰爭勃蘭登堡正是當中受挫最嚴重的地方，腓特烈·威廉有感於此，認為國家必須要有一支軍隊，於是建立一支常備軍，當時政府的各項措施都是為了這支常備軍而設立的，它是腓特烈·威廉外交成功的工具，當腓特烈·威廉去世時，普魯士已經有一支相當強大的軍隊。

　　爲了軍隊的正常運作，他努力發展經濟建設，並進行保護關稅，與稅收上的改革，以期能招來工商發展，增加國家的收入。此外，他還從荷蘭和法國科伯特的重商主義中，得到執行一項嚴厲的經濟政策靈感，以獲得經濟和財政的力量。這時正好遇到路易十四廢除《南特詔令》壓迫胡格諾新教徒，這些胡格諾新教徒都是一些在工商頗有發展的人，讓他對這些胡格諾新教徒大開歡迎之門，協助他們移居勃蘭登堡，此舉有助於普魯士的工商大爲發展。

　　一直到腓特烈‧威廉去世爲止，普魯士君主仍無法稱王，他們只有「大選侯」的稱呼，因此腓特烈三世（Frederick Ⅲ，1688～1713 年）便利用西班牙王位繼承戰爭，向神聖羅馬的皇帝要求使用「王」的稱呼，不過這個稱呼一直要到他的兒子腓特烈‧威廉一世（Frederick William Ⅰ，1713～1740 年）在科尼克斯伯格（Konigsberg）登基時，才被各國接受。各國的接受意味著把霍亨索倫各王國合爲普魯士王國的事實。面對著哈布斯堡家族，普魯士國王以第一親王的身分出現在神聖羅馬帝國之中。

　　由於腓特烈‧威廉一世對路易十四相當的敬仰，對路易十四在凡爾賽宮一事相當崇拜，因此他便對柏林這個城市進行了美化的工作，並進行豐富文化生活的活動，像是創立了藝術院和科學院，還有成立國家最早的大學——哈爾大學（L'universite de Halle），使他與霍亨索倫家族其他成員形成鮮明的對比。

　　接著，還將土地貴族（容客）與軍隊結合在一起，讓貴族們在軍隊和高級行政部門中找到一些更爲風光的職務，他們自願放棄在議會擔任的政治角色，而將政治權力放出來給政府，使腓特烈‧威廉能行中央集權。爲此他還在 1722 年成立「財務、軍事與內政總監督處」，分別管理財、政、軍。因此在他死時，他已將這個國家轉變成一個受人尊敬的君主專政的政權，讓這個國家擁有一個充滿活力的首都，而拉斯塔德條約也承認了它擁有斯特丹（Steettin）這個有價值的出海口。

第五節　路易十四時期的歐洲

　　此時的人們渴望的是一種能讓他們有安定生活的政府，因此大家傾向

於將他們的政治權力交給一個強大、有能力的政府，而且重商主義者也認
爲，唯有強大的中央集權政府的到來，才能帶給他們經濟的穩定，因此那
時的歐洲興起一片「專制政治」的風浪。

一、路易十四

路易十四（Louis XIV，1643～1715 年）的統治被認爲是將絕對君主
政體推向極致者，儘管以某些人的眼光來看，從十七世紀末至路易十四登
基（1651 年）這段時間內，國家機器發展緩慢，但至少在他統治的最初
階段，神權觀念達到了巔峰。

其實早在路易十四登基前，包丁（Bodin）就一直在他的著作《共和
六書》（*Six Books on the Commonwelth*，1576 年）中大力鼓吹專制君主
政體的觀念，他認爲「主權」是凌駕於所有臣民之上的最高的與永恆的、
絕對的權力。君王不應該受到其前任或自己制定的法律所限制，即使統治
者是暴君，人民也無權反抗他，因爲任何反抗都會將國家朝向無政府狀態
前進，這觀念給了專制君主政體正當性。

自從王權加強後神權被肯定了，但神權是在博蘇埃（Bossuet）的筆
下才找到完美的表達，在《得自聖經話語的政治》（*Politics Drawn from
the Very Words of Scripture*，1708 年）或是在路易十四授意的一些作品
中，爲君權神授給一個完美的註解。博蘇埃認爲，所有的權力都來自於上
帝，所有掌權者都必須用自己的權力向上帝負責，國王是上帝在政治方面
的代表，因此國王只需向上帝負責，不應受任何控制，不應受任何懲罰。
他這樣寫道，「皇冠並非是人的皇冠，而是上帝祂的皇冠」。

因此路易十四認爲，「所有人都應該不加考慮地服從君主。」人民對
君主沒有權力，但君主對人民有許多權力，「絕對權力」這個字眼就意味
著「獨立的權力」。一些自由份子，像是巴爾扎克（Guez de Balzac）或
諾戴（Naude）堅持認爲國王擁有這些主體的財產和生命權，這正好與路
易十四的思想深處相符合。

另外路易十四對自己與國家也做了陳述，他說：「朕即國家」（the
state is myself），這表示他要把國家的各種權力完完全全置於他的名下。
但他臨死前在病榻上宣布道：「我即將離去，但國家將永遠存在。」這表

示他同意國王不是國家的產權所有者，而是擁有國家主權的人。不管怎樣，當時的君主都利用「君權神授」來強化自己的統治地位。

路易十四熱烈地希望能透過武器、財富和光芒四射的文化與藝術，而使他的王國強大、受到崇敬。因此他建了一座代表他身分的建築物——凡爾賽宮（palace at Versailles）。

凡爾賽宮結合了巴洛克風格（Baroque，是當時歐洲居主導地位的藝術風格）與古典主義風格（與巴洛克風格同期，但流行於法國，目的為了抵制巴洛克風格）的一個傑作，它是出自於巴洛克風格的建築大師，義大利的貝爾尼尼（Bernine）之手。宮內掛滿掛毯與繪畫，花園裡有一千多個噴泉，十分的富麗堂皇，尤其是「鏡廳」（Galerie des Glaces）更是華麗。

在這裡路易十四每天都要表演君主專制的儀式，他的生活起居有一套繁複的儀式，從起床到就寢的所有日常作息都有一套程序，而且都是由隨側在旁的大貴族們服侍，目的讓這些貴族們習慣於從屬的地位，不敢不服從於他。不過雖然如此，貴族們仍爭先恐後的到來，他們都以能到此地服侍路易十四為榮。

二、路易十四的財政政策

路易十四知道國家最弱的一環是在財政上，他知道自己能在經濟事務和殖民事務中找到偉大政策的途徑，因此他讓商人家庭出身的科伯特（Jean Baptiste Colbert，1619～1683 年）發揮他的才能。科伯特是馬薩林時期的官員，他十分得到馬薩林的信任，因而介紹給路易十四，而路易十四則給予他重大責任。

因此在 1661 年時他便擔任國務大臣、建築總監，1664 年時則任藝術和製造大臣，1665 年時擔任金融經濟大臣，1669 年時又兼任國家海軍祕書和王家祕書。他是個理解力清晰，處事風格具有很強韌性的人，更是一個篤信重商主義的工作狂熱者，同樣他也貪財而固執，但對主子極為忠誠，不過後來因為欺騙而被抄沒家產處死。

科伯特相信法國只有在經濟富裕、國庫充沛之下，國家才會更加的強大，不過當時的法國因為戰爭的關係，國家背了一大堆的負債，而且專制

君主制是需要大量的金錢來維持的，因此如何幫國家解除這債務，與賺取更多的錢便是他的工作。

不過，科伯特碰到的嚴峻問題便是稅收問題。當時的徵稅方式十分缺乏效率，直接稅雖由官員徵收，但間接稅則採用的是所謂的「包稅制」（這種制度是在亨利四世時由蘇利創的），是由農業稅丁（tax Farmers）來徵收，因此納入國庫的和實際徵收的有很大的差距，差額皆進入收稅者手中。科伯特有鑑於此，便取消「包稅制」，使得稅收入庫的數字大幅度的提高。

此外，他還設法撤除法境內中部地區的地方關稅制度，在此地成立一個關稅同盟，即所謂的「五大稅區」（Five Great Farms），並修築道路、開著運河，企圖改善國內的交通。接著，他施行保護關稅政策，目的在減少外國商品進口，保護境內的工商業，以此來增加國家的收入。

為此他規定生產、免稅、貸款和訂單都由國家壟斷管制，招募鄰國最靈巧的特殊工廠主來開設王家工廠，目的是為了生產家具和地毯、玻璃、武器。而且為了防止金錢外流，還必須生產奢侈品，為了使這些奢侈品能順利外銷，必須在歐洲以質量博取喜愛，這讓科伯特傾盡全力保護工廠和控制生產。

至於農業，科伯特並沒有忽視，他鼓勵工業化的農業，像是亞麻、大麻、桑和絲蠶的養殖，並為軍隊創建種馬場。1669 年頒布的森林與水源法規對開採作了明智的規定，並且允許為海軍生產木料。

科伯特希望法國能在海洋占有一席之地，來與他強大的權威相稱，他試圖讓路易十四對海戰、海上貿易和殖民事業感興趣，而且他希望能在更趨完善的條件下重新推崇李希留的政策，因此在 1664 年，他成立了東印度公司和西印度公司，1669 年成立了北方公司，1670 年成立了東地中海公司。只是法國這些公司最後只有東印度公司生存了下來，不過科伯特的努力並沒有白費，因為在印度各條大路上沿街布滿了法國的郵局（波旁島和來自法國旁底什里拉 pondichéry，建於 1674 年），至於聖多明哥，後來安地列斯群島的聖多明城被占領了，加拿大也成了新法國。

三、路易十四的宗教與外交

宗教方面，法國的宗教政策在亨利四世的《南特詔令》頒布下，原本是最寬容的，但路易十四認為宗教的統一是他實行統治權威不可或缺的部分，因此在1685年他取消了《南特詔令》，並有計畫的迫使胡格諾新教徒反叛。這舉動竟然迫使大量的胡格諾新教徒逃亡到英國、荷蘭、美洲等地，對法國經濟造成一大打擊，因為這群出走的胡格諾新教徒都是資產階級和有技術的人。

至於他的外交政策則出於安全和利益的考慮，從李希留時，法國人就以恢復古高盧時的自然邊境為目標，夢想要將邊境推到阿爾卑斯山邊與萊茵河邊。因此路易十四將1648年奪取的阿爾薩斯納入其中，建為法國的一個省分，至於仍處於獨立的洛林，由於神聖羅馬帝國的關係，已不再對法蘭西構成任何威脅，法王擁有此地的權利，便先將它擱置一旁，直到1700年才將它併入其中。法國打定的自然疆界的主意為人所知，以致於荷蘭人在驚懼之下，將位於萊茵河以南屬法國財政區的荷蘭領土割讓給路易十四，以求免於被侵略。

其實路易十四的對外政策與前幾任國王很相似，根本談不上有什麼系統性，他沿用前任所慣用的手法，同樣利用國際環境來為自己增加優勢，其不同之處在於取得的效果更為顯著。

法國的外交政策在整個路易十四時期看來是十分有效，即使是在法國遭受挫折時同樣有效。當時路易十四在宮廷外供養著一些大使、大人物和代辦，而且還有一些辦公場所的使館開始建立，有些談判是全權透過代表進行，同時還僱用公務人員和數目可觀的間諜，法國的諜報工作做得非常好，以致於那些反間諜組織直到了二十世紀初才得以破解出「路易十四偉大的密碼」。

路易十四在主要的港口都設立外國領事館，對於良心的收買、情慾的利用等，路易十四都發揮得淋漓盡致，像是為數眾多的日耳曼親王，尤其是勃蘭登堡選帝侯們經常得到他的資助。在英格蘭，國王查理二世和那些在政治上具有影響力的人，甚至是那些反法黨派的首領也都得到過他的資助，此外路易十四還曾經送給查理二世一位法國情婦。

四、軍隊

　　此時的路易十四將戰爭變成是國家的行動，因此他建立了一支由國家支薪的專業軍隊，這時軍隊不再是貴族私有的，而是屬於國家的，軍中人員的招募工作完全由政府負責，軍隊所需的所有費用也由政府負責，每一位將領都必須服從政府，軍人必須服從軍紀，儼然是一支具有近代意義的常備軍。在這一時期，常備軍得以組建並且不斷地擴大，法國提供了君主式軍隊的楷模，這種偉績是由米歇爾・泰利埃與他的兒子盧瓦共同完成的。

　　盧瓦作爲行政指揮官眼界寬廣，統籌有術，要求嚴苛，可惜的是，他是一位粗暴的軍人。不過他知曉如何組織一支在 1690 年時已超過二百萬人的軍隊，此外他還爲他的軍隊設立了文官行政管理系統——戰爭署，負責供應軍隊供給的後勤軍需官，還設置了戰時專員，主要負責監控軍隊人數的員額。

　　戰士的招募或入伍要透過上尉軍官進行，而他獲取兵源的手段不外乎以下兩種：一種是戰士直接來自於他們的領地，這樣的士兵通常都相當不錯的；另一種就是利用誘騙的方式將壯丁騙到軍中，第二種手段尤其是在兵源需求增加的時候，產生相當多的欺詐、矇騙和暴力事件。

　　當時雖然已經有兵源的出處，但這些兵仍無法滿足國家的需要，於是一種軍事服務機構成立了，因此從 1694 年以後，從貴族附庸處徵召軍隊的作法便取消了，而傳統形式的自衛隊（民兵）只是在遭受侵略時才得以在當地應用。後來一般士兵將應徵入伍，視爲建功立業的方式，而且士兵們還得到退伍後可以獲得一筆退伍金的承諾。

　　不過隨著軍人人數的增加，也開始出現逃兵的現象，因此這時的軍紀也跟著增強，必須要讓這些士兵知道服從的重要性，並讓他們了解如擅離職守將會爲他們帶來多大的後果。漸漸地這支軍隊也加入外國兵團，使它具有國際性，因而出現了一支越來越複雜，且越來越有戰鬥力的軍隊。

　　至於軍官們受制度的嚴格約束，而且晉升制度是固定的（進階順序於 1675 年制定），不過他們可以用錢購買到軍職，雖然有些官職是無法購買的，資產階級也可以用金錢買到上尉一職（然而中尉、少校、中校、准

將等官職是不能購買），但絕大多數的將軍官職都是買來的，因此資產階級可以用錢買到上尉一職，而富裕的貴族則可以買到團級職位成爲上校。

每支軍隊都身著統一、明亮、精緻的制服，而且在王國的領土上遍布著糧秣倉庫，使得部隊能迅速地到達目的地。他們的軍需供給從總體上來說應該還是令人滿意的，即使在荒年，招募的士兵也是充足的，也正是因爲這種完善組織所形成。在和平時期大軍過境，平民百姓所遭受的痛苦也少得多，這是因爲建立了提供糧食草料、軍需品的倉庫，也爲應付突襲提供了有效的後勤保證。

在這時期的戰略裡，防禦工事起著舉足輕重的作用，它不僅是軍隊的支持據點，同時又是倉庫，尤其西方的戰爭還是以圍城戰爲主，這也就是路易十四對於建立「鐵腰帶」十分關心的原因。沃邦（Sebatien le Prestre,marquis de Vaubam1631～1707 年）在 1677 年成爲工事總監，他負責這個項目，改進了在地面的防禦工事，增加了它們抵禦砲火攻來的能力，還增設了交叉火力，它的威力在 1708～1712 年之間的西班牙王位繼承戰（War of the Spanish Succession，1701～1714 年）中顯現出來。

當時陸軍的面目煥然一新，大約在 1700 年步槍和套管刺刀已代替了滑膛槍和長矛，由於取樣奧地利軍隊（輕騎兵）的作法，騎兵出現了多樣化，使用馬匹的步兵由數量不斷增加的龍騎兵組成，而炮兵是一支有自治權的軍隊——皇家炮兵是一支訓練有術的軍隊，它是由一些經過專門訓練的軍官、工程師組成，他們擔負著構築城防工事和指揮圍城的重任，此時埋設地雷的部隊也建立了起來。

至於海軍的組建則是科伯特和他的兒子塞涅雷（Seignelay）的傑作。他們組建了在布萊斯特的軍火庫、土倫的軍火庫，和羅什佛爾軍火庫，還有那支規模龐大的海軍。科伯特建立了分類體制，是後來海軍清查機構的前身，他要這些海軍水手們輪流上皇家艦隊服役，定期地領取軍餉，不讓他們從屬於任何一位特定的軍官，而對國家有認同感。因此法國在很短的時間裡，其海軍便有能力敢和英格蘭、荷蘭海軍抗衡。

五、路易十四發動的戰爭

由於路易十四企圖奪取西屬尼德蘭這塊地方，便迎娶西班牙公主，希

望西班牙將此地當嫁妝嫁過來，但西班牙並不肯，因此路易十四以西班牙公主有權繼承地為由，於 1667 年發動了一場「遺產轉移戰爭」（War of Devolution，1667～1668 年），但遇到由荷蘭的威廉三世聯合英、瑞典等三國的抵制。

後來路易十四與查理二世的密約，讓法國於 1672 年發動荷蘭戰爭，這使得威廉三世聯合奧地利與西班牙的哈布斯堡家族、勃蘭登堡、丹麥組成同盟，讓法國不得不放棄荷蘭，不過它也從西班牙手中獲得一塊地，讓它的勢力伸到瑞士的邊境。

接著，他將目標放在亞爾薩斯與洛林，1681 年他派兵占領斯特拉斯堡（Strassburg），雖然他的行為引起日耳曼諸公國的抗議，但由於法國與日耳曼諸公國中的一些國家有外交上的往來，且奧地利的哈布斯堡家族必須先處理土耳其的問題，因此這問題並沒有處理，而法國也沒浪費機會，一步一步地侵蝕西部。

1686 年所有反法聯盟以荷蘭的威廉為首，組成奧古斯堡聯盟（The League of Augsburg）準備對抗法國，1688 年「奧古斯堡戰爭」（War of the League of Augusburg，1689～1697 年）爆發了。這場戰爭對法國來說並沒有得到利益，因為這時威廉三世成為英格蘭的君王，使得英國也加入此聯盟之中，讓法國的海軍受到英與荷的壓制，至於陸戰方面，法國雖有獲勝，但對方也沒投降，最後雙方只有簽訂合約，維持戰前的原狀。

1702～1713 年路易十四發動了「西班牙王位繼承戰」（War of the Spanish Succession），由於西班牙的查理二世並沒有任何的繼承者，而他所統治的帝國相當的大，不僅只是西班牙而已，還包括其他歐洲的地方、海外的殖民地，因此當他在 1699 年去世前，各方所關心的是誰是繼承者。

當時與查理二世有姻親關係的路易十四、神聖羅馬帝國的皇帝都希望他家的成員占據那個王位，後來法、奧同意瓜分此帝國，將帝國中最大的部分交給查理二世的曾外孫——巴伐利亞親王約瑟夫‧斐迪南（Joseph Ferdinand），只是這孩子在 1699 年去世，使得問題無法解決。

這時路易十四安排使節到馬德里勸查理二世去世前立下遺囑，讓路易十四的孫子安茹的菲力來繼承整個西班牙帝國，而這個帝國是不可分的。

因此當這遺囑於 1700 年時發布出去時，歐洲各國都驚慌了，因為沒有任何一個國家願意看到法國占有這麼大的地方，所以當路易十四答應要執行此遺囑時，威廉三世便於 1701 年組成一個反法大同盟（Grand Alliance，成員有英、神聖羅馬帝國、荷蘭、普魯士等）。

1702 年西班牙王位繼承戰爆發，這是一場相當漫長的戰爭，是一場有關歐洲各國勢力的戰爭。不過這場戰爭在 1711 年神聖羅馬帝國的皇帝去世時，出現了必須重新評估戰爭是否繼續的問題。這是因為當時的神聖羅馬帝國的繼承者就是當時準備繼承西班牙帝國的查理六世，因此人們現在重新評估是否要重現查理五世的局勢。

很快地，出現了和解的聲浪，這時準備以重新分配領土的方式來解決此問題。1713 年終於簽訂烏特勒支條約（the Treaty of Utrecht），決定由路易十四的孫子菲力繼位，不過西班牙與法不可以合併。至於奧地利則在《拉斯達特和約》（the Treaty of Rastadt）中得到西屬尼德蘭、義大利的一些土地，使奧地利將自己的命運寄託在地中海和北海之中，成了一個強國。

六、藝術風格

在十七世紀的藝術方面出現了一種重要的風格，即所謂的「巴洛克」風格（Baroque），它包含的層面相當的廣，包括繪畫、雕塑、建築與音樂。這種風格是對文藝復興的那種重視對稱、節制與秩序的一種反抗，著重於追求富麗、雄偉與裝飾的華美。

在建築方面的特色，這種巴洛克風格源於羅馬，它除了重視外表的裝飾外，其內部的裝飾更是富麗堂皇，在裝飾上常常會使用金飾、銀飾、明鏡、雕刻與繪畫，最著名的建築物便是凡爾賽宮。至於繪畫上的「巴洛克」風格則著重在新的與突出的構圖方式，使用遠近法與不對稱的構圖方法。

不過就在此時，法國盛行的並非巴洛克風格，而是一種有節制的古典主義風格，這主要是因為巴洛克風格起源於西班牙和奧地利的哈布斯堡王朝，當時的法國正好與它們進行對抗，因此在民族主義的激勵之下，法國的藝術家發展出古典主義。

此外在十八世紀，法國又出現了另一種藝術風格，即洛可可（Rococo）風格。這種風格可說是巴洛克風格的變種，它強調的是一種更典雅更精緻的發展，常會將渦捲的花紋設計在其中，十分講究室內設計的風格。較著名的建築物有路易十五所興建的凡爾賽宮中的小特亞農（Petit Trianon）。

這時期的音樂也十分具有「巴洛克」風格，當時的音樂大都是配合宮廷與教會的需要，重要的作曲家有巴哈（Johann Sebastion Bach，1685～1750 年）、韓德爾（George Frederic Handel，1685～1759 年，著名的作品爲「彌賽曲」〔the Messiah〕）。此外，在當時奏鳴曲、歌劇與交響樂也大有發展，也出現了著名的音樂家，像是奧國的海頓（Franz Joseph Haydn，1732～1809 年）與莫札特（Wolgfang Amadeus Mozart，1714～1789 年），不過到了莫札特時已經有洛可可的風格了。

第六節　十八世紀時的歐洲列強

烏特勒支和約之後的歐洲出現了許多列國，這時的西班牙、荷蘭已經漸漸衰落，普魯士與俄國成爲兩個新興的國家，至於英國、法國與奧地利仍是當時的強國。尤其是英國，它雖然在《烏特勒支和約》獲得的土地並不多，但它獲得了西班牙美洲黑奴的買賣權，與北美洲的殖民地，可說是最大的贏家。不過，十八世紀的歐洲各國都在積極發展殖民貿易，這使得國際間經常發生衝突，因此經常發生戰爭。

一、漢諾威王朝統治下的英國

英國在光榮革命後一直處在法國的威脅之下，當時的路易十四支持的是被趕出英國的詹姆士二世，使他花了將近二十年的時間在與法國作戰，直到 1697 年的《里斯威克條約》（Treaty of Ryseick），路易十四才承認光榮革命的這個英國政權，並免除外患的威脅。

安妮女王（1702～1714 年）時英格蘭與蘇格蘭合併，出現一個「大不列顛聯合王國」（the United Kingdom of Great Britain，1707 年），這個聯合王國的存在是爲了治療與路易十四的戰爭中遺留下來的創傷，與鞏

固一個尚不明確的政治體制，和一個外國人統治下的朝廷。尤其是1714年安妮女王去世時，由於安妮女王沒有繼承者，因此依據《繼承法》規定，必須要一位新教的統治者。因此由漢諾威選帝侯喬治即位為英國國王，即喬治一世（Geoger Ⅰ，1714～1727年），開始了英國的漢諾威王朝。

不過喬治一世既不說也不懂英語，在他的身邊一直都聚集著一群來自日耳曼的隨從。而且他即位為英王後，仍長期羈留在日耳曼，因此英國出現了不一樣的政治生態，讓此時的國會得到許多自主的權力。其實英國的國會早在光榮革命之後便獲得立法與行政大權，它的權力比歐洲任何國家的國會或議會都還大，已經在國王之上，但現在它的權力更大了，因此威廉三世只好與國會議員妥協，開始任用國會中占多數的黨派領袖為行政大臣，出現「內閣制」的雛型。

所謂的「內閣制」便是政府由國會的多數黨領袖，也就是由一位「首相」組成團體來管理，他們主要是對國會負責，而不是對國王負責，從1711年國會議員的任期變成了七年，基本上國會代表國家，不過國王手中握有任免內閣大臣的權力，因此首席內閣大臣，即首相必須隨時向國王提出報告。

這時英國國會中的兩黨分別是托利黨與惠格黨，事實上這兩黨之間的界線相當模糊，他們所爭的並不是對社會的體制，或1689年光榮革命的政治原則，而是個人之間的仇視爭鬥和一些地方上的問題。此時各個黨派內，權力的爭奪不再是國會和國王間的問題，而是國會間各黨派的問題。托利黨是親斯圖亞特王朝，而惠格黨則是支持漢諾威王朝的，因此讓惠格黨在此時獨大。不過當時的托利黨反對戰爭，不喜歡這個政府，一直都希望詹姆士二世的兒子能放棄天主教信仰，能復辟成功。

不過惠格黨人是無法容忍斯圖亞特王朝的復辟，因為他們都是一群大土地貴族、富裕的商人，與不信國教者組成的，復辟成功代表「權利法案」的一切終將結束，而且持有英格蘭銀行股債或貸款給政府的人都將破產，因此惠格黨人決不允許詹姆士三世的回來。

惠格黨領袖羅伯特・華波爾（Robert Walople）可說是英國第一位首相，由於他深得喬治一世與二世的信任，便利用國王回漢諾威的機會，用

獎賞與賄絡的方式控制國會。此外，他還與紐加索（Newcastle）公爵合作，以金錢收買「衰敗市鎮」（Rotton borough）的選區，使他的支持者得以當選為國會議員，以確保他的黨為多數黨。華波爾的貪污是大家有目共睹的，但他並不是只有不好之處，由於他出掌政權時，正好英國經歷了一場股票風暴與金融危機，這讓他致力於安定國內，確保避免對外戰爭的發生，使國家能得到休息。

1711 年南海公司（South Sea Company）做起南美洲與太平洋的生意，並獲得很大的利潤，因此財政部長便決意將國家欠的一部分債務轉嫁到這家公司，讓持國家債券者可以用債券兌換公司的股票。1720 年 8 月一股投機風氣因而被炒起來，股票連漲十倍，到了 9 月當股票持有者要出售時，股市崩盤，公司也破產了。

現在清算工作落到羅伯特‧華波爾頭上，由於他長期在政府職位中處於重要地位，使他獲得人們極大的信任，英格蘭銀行也得到鞏固，成為國家投資的一個好工具，做出妥協達成協議，不過他所做的任何協議，都以穩定國內經濟，有利英國的商業利益為主。

二、法國的攝政王時期

路易十四的逝世，令受到貴族階層和苛捐雜稅壓榨的百姓鬆了一口氣，當時路易十五（Louis XV，1715～1774 年）還不滿五歲，因此由奧爾良公爵（Orleans，1715～1723 年）當攝政王，接著還安排他幾個具有法律地位的私生子，像是曼恩公爵（duc du Maine）和土魯茲的伯爵，作攝政顧問來進行監督，便讓貴族的勢力重新崛起。

在路易十四時代，貴族們曾譴責路易十四助長長袍貴族的發展，指責他將那些金融家們都敕封為貴族，把高級貴族安置在宮廷生活之中，將政府範圍縮小到貴族會議的管理機關，並指責他與一些特定的人來共同管理政府，國務祕書被排斥開了。現在各地的最高法院（Parlements），特別是巴黎的高院，又再度掌權。不過這時的他們宣稱是「自由」的保護者，實際上他們是貴族的特權保護者，而且他們還稱自己有否決國王敕令的權力。由此可知，既得利益者堅決反對進行任何改革時，政府與國家是無法進步的。

　　為了模仿歐洲大陸十分盛行的體制（開明專制），部長被七個顧問所代替：財政、外交、戰爭、海軍、內務、貿易、宗教，這些顧問的職位並沒有白設。像是戰爭顧問部是由威拉爾（Villars）元帥來主持的，他在1716年解散了路易十四的軍隊，對軍隊建立有效的監控制度。至於財政方面，給人的總體印象是不好的，也是這個國家的敗筆。

　　一般來說，貴族已經習慣不納稅或交很少量的稅，國家的所有稅賦幾乎都落到平民身上。雖然政府多次想對貴族徵稅，但在解決貴族徵稅問題上，總是表現出無能為力的態度，因而要搶救法國財政問題的困難變得更艱鉅。這時的財政問題是由諾艾（Noailles）公爵主持的，他拒絕了前任總監察員戴斯馬爾特（Desmaretz）提出的解決辦法，即對三個階級（教士、貴族、平民）進行全面徵稅，相反地，他取消貴族們本來應該繳納的什一稅（在西班牙王位繼承戰爭中路易十五向貴族徵的稅），並取消路易十五對土地、工商業、私人貸款等各項收入的稅賦。

　　由於諾艾公爵對資產階級充滿著傳統的敵意，讓他透過減少資本和利息的方式進一步加強債務問題，並要求國家發行的票券要呈交給核准委員會查核。這項規定讓其中的票券退出流通領域，不過負責查核的司法部門，只是對於那些沒有得到妥善保護的人提起公訴。此外，諾艾公爵屬行節約、盡量讓預算收支達到平衡，與債務服務終止實行，雖讓債務儘管減少，但數目仍然巨大，財政體系的缺陷仍然存在著。

　　政治上的困難，在於反對憲法（Unigenitus）的領袖們已經被釋放了，詹森派的信徒又得以現身說法了，憲法派又遭到了上訴派（Appelants，之所以叫他們上訴派是因為他們要對一切，從憲法到主教會議進行上訴）的攻擊。1718年攝政王在他的前任宗教導師修道院長杜布瓦（Dubois）影響下，他發出一道論旨譴責上訴派，剝奪了詹森教派的發言權，這時杜布瓦野心勃勃地要當紅衣主教。

　　此時凡爾賽被拋棄了，巴黎重新恢復首都的職能，貴族們開始表現不滿，漸漸提出反抗，導致許多問題的出現，但他們所解決的問題卻是很少。由於貴族們的反抗，讓攝政王和杜布瓦院長都決定這項嘗試必須停止，1718年9月24日顧問們被撤銷了，「部長」被恢復了。

　　杜布瓦成為了政府的靈魂，他夢想藉由樞機主教兼任部長的方式，使

權威恢復後變得強而有力。這時陰謀者有的被關進監獄，有的被流放到外地，在布列塔尼的朋卡雷（Pontecallec）由西班牙煽動的起義被平息了，當局開始解除曾參與過西班牙王位繼承戰爭，與進行過防禦戰的那些人的武器。

1720 年發布的敕令重新組建元帥裁判團，取消捐錢買官的制度，這一舉措在過去的體制下是極為罕見的。杜布瓦試圖透過《教義彙編》一書與詹森派達成妥協，但未獲成功。不過杜布瓦在其他方面出現了一些改變，如組織了橋樑公路的建設團體、創建了商業貿易局（1720 年）。然而這個專制體制裡具有代表性的，還有涉及到政府和巴黎的菁英社會中對道德的鬆懈與放任問題，這時的法國被拉進一場財政上的冒險之中，它對於過去的體制產生了巨大的壓力。

三、密西西比股市事件

蘇格蘭人約翰・勞（John Law，1671～1729 年）在倫敦和阿姆斯特丹學會了解決財政問題的驚人本事，因此當他被聯合王國驅逐出境後便到法國巴黎。他在好幾本著作中闡述了自己的觀點，像是 1705 年的《關於貨幣和商業的思考》、1715 年的《國家銀行的計畫》，這些名著都是他定居在巴黎時寫成。

約翰・勞始終是一個重商主義者，曾向攝政王——奧爾良公爵（duke of Orléans）提出發行紙幣，他認為國家的繁榮與富強取決於它的貨幣豐富程度的，並認為最好的貨幣乃是紙幣，「因為紙幣的流通速度是黃金和白銀的三倍，這樣紙幣實際上有了三倍多的流通手段。」於是紙幣必然成為取代金屬貨幣。不過此時紙幣所根據的，不僅僅是國家實際擁有的金屬貨幣量，還可以根據這個信用工具讓人產生的財富和信心。

此外，他還提出，貨幣的發行要由一家擁有股份的，且和商業公司聯繫密切的銀行進行，這種銀行是為大批發商提供信貸，在所有的財政管理方面能取代國家的財政管理，在對外貿易方面它則取代了個人。他的觀念從某種意義上來說，是統治經濟論上的觀點。

1716 年 5 月 2 日約翰・勞從攝政王那裡獲得創建第一家私人存款貼現銀行，銀行創建所需的資本六百萬利弗爾是透過發行價值為五百利弗爾

一股的股票籌集的。當時他利用的是一種將國家債務的一部分轉嫁給銀行的方法，他宣傳購買時只須付四分之一的現金，另外四分之三可用國家債券支付。銀行發行紙幣給股票持有人，這些紙幣是可以見票即兌成爲金屬貨幣。面對著此方法的成功，國家在 1717 年 4 月 10 日接受用紙幣繳納稅款的作法。

同年的 8 月 23 日約翰·勞又得到成立西方公司的許可，這家公司又稱密西西比公司（Mississippi Company），它擁有億元資產，透過發行二十萬股，每股價值五百利弗爾的股票籌集，股票可以用國家在 1716 年發行的債券購買。約翰·勞的主張似乎已經實現了，因爲後來西方公司合併了塞內加爾公司（買賣黑奴）、中國公司、東印度公司和南海公司，之後便改名爲印度公司，享有許多法國殖民地的特權。

1718 年 12 月 4 日之前成立的這間銀行成爲皇家銀行，國家贖回相當多的股份。1719 年約翰·勞得到貨幣和農場地租的控制權，1719 年 10 月皇家銀行成功地將全部的國家收入歸爲自己所有，它同時需承擔起償還國家債務的義務。

1720 年 1 月他得到了財政總監的職位。2 月銀行和公司合而爲一了，爲了獲得進行各項活動所需的資金，他又發行了新的股票，這種股票可以用國家債券購買，亦可以用銀行發行的紙幣購買，這時拿到錢的人被鼓勵繼續購買公司的股票，一股投機熱席捲了商界，巴黎甚至外省的貴族和資產階級也被捲入其中。

這種信貸體制部分建立在開發路易斯安那的基礎上，以此作爲清償公債的方法，因此這是一項需要長期努力的工作。爲了鼓勵人們購買股票，約翰·勞許諾將給眾人以巨額紅利，不久股價果然就開始上漲了，價值爲每股五百利弗爾的股票最後竟然上漲到了一萬八千利弗爾一股，這讓所有手上有一點錢的人，都會飛奔去購買股票，但實際上他只能從資本中取出一部分來支付一部分許諾的紅利。

當股票漲了一段時間後，一些警覺性較強的投資人，如杜維爾尼兄弟（Paris Duverney）和波旁大公便要求即時兌換他們的紙幣和股票，但公司付不出如此龐大的錢，一場貶值活動開始了，並且一圈一圈地向外擴大。

　　約翰‧勞爲了保留住公司只好犧牲銀行，他採取了一些隨意性且互相矛盾的措施，像是使貨幣退出流通領域，強制流通紙幣，再次發行新的公司股票，使流通的十億利弗爾紙幣中有二十萬利弗爾退出流通領域。10月取消了紙幣的市價，恢復了貨幣的支付手段作用，最後到了12月銀行便宣告破產，約翰‧洛也逃亡了。

　　1721～1722年間對這一體制進行了清算，這時銀行不復存在，約翰‧勞的公司也瓦解了，農場稅賃由政府專營，紙幣和股票都呈交給由杜維爾尼（Paris Duverney）所主持的核准委員會（Commission de visa）處置，由他將短期公債變爲長期公債，之前所進行的各項措施，只有印度公司倖存下來。

　　約翰‧勞的這一經濟體系產生的效果不盡相同，約翰‧勞的破產實爲國家信用的破產，雖然國家曾藉此擺脫一部分債務，但這種濫用信用的後果，必然會延緩一家眞正的國家銀行誕生，也推遲了法國對紙幣的使用。不過法國經濟的發展得到了鼓勵，這對港口尤其很有利，洛里昂（Lorient）於是成立了。

　　在巴黎，這一體系引起了對於土地的投機活動，由此產生的社會後果非比尋常，財產的轉移使得原有的一些有錢人破產，同時也產生一些新的暴發戶，這些新變窮的人對於社會道德產生了破壞性的影響。儘管這一體系讓更多人接觸到商業知識，但是絕大多數的貴族和資產階級更偏愛傳統的投資方式，因此這些新的經濟觀念還不足以在他們身上產生一種新的影響。

　　較爲反常的是，攝政王最後選擇了樞機主教兼任部長的這種政府形式，因爲路易十五已經成年被宣布開始親政，他委託樞機主教布瓦洛處理事務，但是此人幾乎是剛受命就去世了，1723年後大權落到波旁公爵（Louis, duc de Bourbon）手上。

四、弗勒里的善後內閣（1726～1743年）

　　路易十五任命波旁公爵擔任主要的部長，他的政府在普里（Prie）侯爵和杜維爾尼的授意下，其所作爲令人失望。首先，在外交上，波旁公爵爲路易十五選擇的婚姻令法國與西班牙關係破裂。原本路易十五的妻子是

一位從小在法國宮廷之中長大的西班牙公主，現在她被用過於年輕作為藉口送回西班牙，波旁公爵選擇一位波蘭公主當法國王后，他要路易十五娶波蘭王斯塔尼斯・萊茲克齊思卡（Stanislas Lesczynski）的女兒，瑪莉・萊茲克齊思卡（Marie Leszczynska）為妻。

宗教上對新教徒的迫害也死灰復燃了，而且財政和貨幣上的困境，也使得國家缺乏安全感的氣氛繼續存在著，而且農場租賃的專營，導致眾多的營私舞弊現象發生。一種針對不動產，以實物形式支付的五十納一稅無法再實行了。雖然杜維爾尼實現了幾項貨幣政策，但國家未從中得到絲毫好處，這時路易十五的前任宗教導師，紅衣主教弗勒里（Fleury）的影響力不斷地擴大，他在 1726 年 6 月驅逐了波旁公爵。

當弗勒里紅衣主教執政時，他已經高齡七十三歲了，他曾經是一個自負的教育者，也曾是一位野心勃勃的高級教士，他看起來十分謹慎且愛好和平，因此維持著和英國的和平，只在 1733 年干預過波蘭王位繼承戰爭、在 1741 年干涉了奧地利的王位繼承戰爭。不過這個內閣也有積極的一面，他在立法方面表現出積極的態度，這時阿蓋索（Aquesseau）大法官想要以取法自然法則的名義簡化習慣法，而且訴訟程序也得到改進，新教徒的葬禮得到了保障。

在財政方面，他將進行總體上的監控職責委託給勒佩勒提埃（Le Pelletier，1672～1730 年），1726 年他實現了兩項重要的改革：第一是，放棄了國家對農場租賃進行專營的體系，重新恢復了招標的制度，將農場包給一些農夫工會，這個工會必須上繳分攤到他們身上的間接稅，這是國王收入的來源，它實際上起著原始的國家銀行的作用。

第二項是，正式放棄對貨幣的控制，這項措施只有在 1726 年 6 月 15 日實行後，才知道它的重要性，這項措施打開了一個長達兩個世紀之久的穩定貨幣的時代（革命時期除外），而且兌換的可靠性使對外和對內貿易受益匪淺。

奧里（Orry）是 1730～1745 年的財政總監，他成功地使得從 1672 年起就失衡的預算重新恢復平衡了。為了做到這些，他採取了一項經濟緊縮的政策──科伯特主義恢復了活力。這項政策使得皇家的加工廠創建了，加工廠的檢查員快速地增加，一些條例和規章得到進一步的明確標

示，只是有些失之過於吹毛求疵，常常會引起阻礙的作用。不過反對入港過橋稅的抗爭重新興起。

　　1738年開始組織安排皇家的傜役，特魯代恩和工程師佩洛奈（Peyronnet）開始道路網工程的建設。關稅保護得以加強，有時甚至會禁止外國織物的進口，而對外貿易並不只是成倍地增長。眾多的港口像是敦克爾克、勒阿弗爾、拉拉羅謝爾、巴約恩（Bayonne），尤其是聖馬羅（Saint-Malo）、南特、波爾多和馬賽都經歷了一個顯著的急速發展。然而1739～1740年的饑荒，以及一場將要擴大的戰爭開始為弗勒里最後的歲月投下了陰影。

五、奧地利王位繼承戰爭

　　1740年普魯士國王腓特烈・威廉一世（Frederick William I）和神聖羅馬帝國皇帝查理六世（Charles VI）相繼去世，前者把普魯士交由腓特烈二世（即腓特烈大帝）管理，後者則把哈布斯堡家族產留給了他的女兒瑪麗・德蕾莎（Maria Theresa）。儘管各權貴對先王頒布的《國事詔書》（Pragmatique Sanction）予以擔保和認可，但瑪麗・德蕾莎的繼承權仍然遭到某些人的異議，其中最主要的爭議者有巴伐利亞選帝侯，威特斯巴克王室（House of Wittelsbach）的查理・亞伯特（Charles Albert），他的妻子就是由於這個《國事詔書》而喪失了繼承權；此外，西班牙的國王與薩克森的選帝侯也都自稱擁有奧地利帝國的繼承權。

　　當時剛繼位的腓特烈二世，要求要擁有西里西亞（Silesia），他對瑪麗・德蕾莎表示，他只要得到此地便保證支持她的繼位與保證她的國家的完整性，但他並沒有得到允許。於是腓特烈二世就於1740年底派兵入侵此地，爆發了奧地利王位繼承戰（War of the Austrian Succession，1740～1742年）。

　　1741年4月在莫爾維茨（Mollwitz）戰役中，腓特烈二世趁奧地利局勢一片混亂之下占領了西里西亞（Silesia）。法國由於長期以來都在與奧地利王室作對抗，因此這時的法國便在此傳統的驅使下，決定插手奧地利王位繼承戰，他支持巴伐利亞選帝侯查理・亞伯特以打擊奧地利。後者在貝爾・伊斯爾元帥的安排下，先後在林茲（Linz）和布拉格住下，宣布

爲奧地利大公，並於 1742 年 2 月在法蘭克福接受加冕而成爲神聖羅馬帝國的皇帝。

　　瑪麗・德蕾莎（Maria Theresa）表現出其充沛過人的精力，當奧地利發生戰爭時，她成功地與匈牙利人達成協議，答應要給他們很大的自治權，以此換取匈牙利人對她的支持與幫忙。接著她與英國進行談判，也得到英國的貸款援助，而且還收復了布拉格。1742 年她與腓特烈二世於柏林簽訂合約，答應將西里西亞割給他。

　　1743 年英國、奧地利和皮埃蒙在沃姆斯（Worms）結成共同反對法國的聯盟，法國繼而向英國宣戰，法國軍隊被迫撤離「奧地利帝國」的領土，歐洲皇家聯軍進逼法國，並威脅梅斯區（Metz）。腓特烈二世深恐奧地利取得勝利，也擔心失去西里西亞地區，於是重新加入與奧地利的戰爭，並且強占布拉格。

　　正當此時，莫里斯・薩克森（Maurice de Saxe）統率一支法國軍隊，在豐特奴瓦戰役（Fontenoy）中戰勝了荷蘭與英國，開始對荷蘭的征服，順利地控制了奧屬尼德蘭。這一年查理・亞伯特去世了，他的兒子與奧締結合約，答應要放棄奧地利的繼承權，因此瑪麗・德蕾莎的丈夫，弗朗索瓦・洛林（Francois de Lorraine）被選舉爲神聖羅馬帝國的皇帝。不過歐陸之外，英國人和法國人也有其他的戰爭在進行，而且大都是英國占上風，路易十五考慮到人民經過連年的戰爭，已經相當疲乏不堪，便於 1748 年簽署了「國王的而非商人的」和約，即《埃克斯・沙佩勒和約》（Traite d'Aix-la-Chapelle），放棄了荷蘭。

　　這場戰爭使多方受益，腓特烈二世保住了西里西亞，菲力（Philippe），即西班牙菲力五世和伊莉莎白・法內茲的兒子則得到了帕爾馬，而皮埃蒙則吞併了諾法爾（Novare），至於奧屬尼德蘭仍歸回奧地利。

六、七年戰爭

　　其實所謂的「七年戰爭」（1756～1763 年）在殖民地部分，包括了亞洲與美洲兩個部分，這一部分是一場與經濟、殖民地的控制，和制海權有關的戰爭。當時的歐洲強國英國與法國從十六世紀末、十七世紀初就在

北美洲、印度進行探險與商業活動，開始積極發展殖民運動。這些殖民運動讓這兩個國家獲得相當大的經濟利益，使得他們急於得到這些地方的貿易主導權，便常出現因殖民地問題與商業競爭的戰爭。

由於英國與法國的政治生態不同，英國的貴族都積極的參與商業活動，他們知道殖民地貿易讓他們獲得相當大的商業活動，因此受到這些貴族控制的國會都願意爲了商業利益，支持對外戰爭。至於法國的貴族是不屑於從事商業活動，法國政府對於發展殖民地並不像英國的熱中，進行大量的投資。此外，英國在當時已經是一個海權國家，而法國則是臨時增建海軍，以求能抵抗英軍的侵略，再加上法國較重視歐陸（在普魯士）的戰爭，因此英國很順利便成爲這場北美洲殖民地的贏家。

至於歐洲大陸部分，導火線主要是普魯士。1756 年普魯士的腓特烈二世要阻止法、奧、俄聯軍瓜分新成立的普魯士王國，便決定進攻薩克森，並在這年的 1 月 16 日與喬治二世簽訂《威斯敏條約》（Traite de Westminister），這讓普魯士只有英國這個盟軍。《威斯敏條約》讓法國、奧地利、瑞典感到不安，因此在 1756 年 5 月 1 日法國和奧地利簽署了第一個《凡爾賽條約》（Traite de Versaillees，透過這個條約相互承認各自的國家主權，這兩個同盟國家相互保證在遭到普魯士軍隊入侵時，提供有限的援助。）於是普魯士與全歐洲國家爲敵。

俄羅斯人也在同時入侵東普魯士地區、瑞典人入侵東波美拉尼亞地區、奧地利奪回西里西亞，另外有一支法蘭西聯軍占領薩克森地區。不過腓特烈二世十分能幹，且普魯士有相當精良的軍隊，讓普魯士也獲得多次的勝利，因此在這年的 11 月 5 日這支軍隊於羅斯巴喬被腓特烈二世徹底擊潰了，同年的 12 月 25 日腓特烈二世也在琉森（Leuthen）擊敗奧地利軍隊。不過在戰爭期間，腓特烈二世是以普魯士的存亡作賭注，因此他多次遇到難題，使普魯士幾乎要滅亡。

還好腓特烈二世憑著天才般的才幹、與霍亨索倫家族的團結合作精神，並利用英國的貸款，和各敵對同盟國缺乏協調的弱點，再加上 1762 年 1 月 5 日俄國沙皇伊莉莎白去世，王位繼承者彼得三世是一個腓特烈二世的仰慕者，因而使俄羅斯改變了陣營，最後還是拯救了普魯士。

這場七年戰爭雖然摧毀了普魯士，但同時也使普魯士成爲受人尊敬的

強國，1763 年的條約，普魯士雖被迫放棄薩克森，但它獲得了奧地利被迫放棄的西里西亞。至於法國因為同時進行了兩場戰場，事實上成了最主要的輸家。1763 年的「巴黎和會」，法國正式將加拿大、路易西安那州（密西西河以東）的地區讓給英國人。

七、瓜分波蘭和俄羅斯的擴張

波蘭的貴族勢力一直都很強大，這些貴族都有一個共通點，就是親外的，他們被分成親法、親俄等派，而他們的國王是由貴族共同推選出來的，因此國王的選舉也受到外人的影響，這讓國王無論多有能力，都無法有所作為。

1763 年波蘭國王奧古斯特三世去世，在俄羅斯軍隊的壓力下，1764 年 9 月波尼亞托維斯基（Stanislaus Poniatowski，1732～1798 年）被選為波蘭國王。接著在 1768 年 2 月的條約中，波蘭成了俄羅斯的一個保護國，這讓波蘭出現「酒吧聯合會」（La Confederation de Bar）的反抗活動，不過很快就被凱薩琳二世（Catherine II）的軍隊鎮壓下去了。

舒阿瑟（Choiseul）想透過聳惠蘇丹來對俄羅斯人宣戰以此拯救波蘭，但是俄羅斯人很快就侵入克里米亞地區、摩拉維亞和瓦拉齊亞的羅馬尼亞親王的領地，奧爾羅夫（Orlov）的艦隊駛入地中海，把軍隊運至莫萊（Moree）登陸，1770 年 3 月 6 日在斯特奇梅（Tscheme）擊潰了土耳其艦隊。

這時腓特烈二世和約瑟夫二世對俄羅斯軍隊的步步進逼很不安，他們十分擔心東歐的均勢會遭破壞，於是先後進行了兩次會晤。此時，腓特烈二世向凱薩琳二世建議瓜分波蘭，目的是要保障土耳其的完整，但這個解決方法使瑪麗‧德蕾莎大為光火，不過她還是妥協了，因為她在 1771 年 7 月與土耳其簽訂了同盟條約。

凱薩琳二世為了能騰出手來瓜分波蘭，宣布放棄對巴爾幹半島的征服行動，因為如此便可以得到一大片富饒的波蘭土地，1772 年對波蘭的第一次瓜分，腓特烈二世得到了與東普魯士接壤的大片波蘭內陸地區，不過並不包括但澤這座城市內的「但澤走廊」（couloir de Dantzig，有九十萬居民）。至於凱薩琳二世，則使俄羅斯的邊界向西推進了許多

（得到一百六十萬居民）；而奧地利則獲得了加利西東部地區（Galicie orientale）和小波蘭（Petite Pologne，得到了二百三十萬居民）。

這次的瓜分讓波蘭的民族意識興起，讓波蘭國王波尼亞托維斯基（Poniatowski）利用 1788 年土俄戰爭時積極建設國家，企圖讓國家更加強盛，成為一個真正獨立的國家。只是 1792 年土俄戰爭結束後，凱薩琳二世於隔一年立即與普魯士瓜分波蘭，這時的波蘭只剩下一小塊土地。1795 年俄、普、奧三國進行第三次瓜分波蘭，從此波蘭王國消失不見。

當時的俄羅斯不僅是往西發展，它們還將目光朝向南邊的土耳其，凱薩琳二世希望她的國家也能有地中海的出口，以方便她在近東的軍事活動，因此她於 1768 年對土耳其發動戰爭。當時的土耳其帝國已經是一個相當衰落的國家，當然抵不過俄羅斯的軍事行動，1774 年 7 月就強迫土耳其蘇丹簽定《庫特處克・卡依那德斯條約》（Traite de Koutchouk-Kainardji）。《庫特處克・卡依那德斯條約》讓俄羅斯取得了通向黑海的通道，並取得對克里米亞地區真正保護權，以及使用土耳其所有港口的權力，而且還在巴爾幹半島地區充當東正教保護人的角色。俄羅斯向奧地利提供幫助，結果使奧地利取得了比科維尼亞（Bukovine）。

由於巴爾幹半島各民族的基督徒的覺醒，土耳其的進一步衰弱下去，這使得凱薩琳二世向約瑟夫二世提出了一個瓜分計畫，即「希臘計畫」（1782 年），該計畫包括建立達西亞王國（即羅馬尼亞）和一個希臘附庸國。此外計畫中還提出了有利於俄羅斯及奧地利的領土瓜分方案，並打算對法國（埃及）以及普魯士進行一定的補償，但是法國及英國對此並不感興趣，相反地使該計畫停頓了，俄羅斯只好於 1783 年，先吞併克里米亞地區。

1787 年凱薩琳二世和約瑟夫二世本想再找機會重新拋出該計畫，但此時土耳其人和瑞典人先後對俄羅斯發動了進攻，於是在摩達維亞、瓦拉亞和塞維亞（Serbie）亦都發生多起起義。1789 年蘇佛羅夫（Souvroov）的俄羅斯人以及奧地利人取得了巨大的勝利，但是反對約瑟夫二世改革的騷亂已蔓延到荷蘭和匈牙利。

約瑟夫二世死後，利奧波爾德二世為了確保他的王位，就與腓特烈二世較親近，並與土耳其人簽訂了「錫托瓦和約」（La paix de Sistova，

1791 年 8 月），將貝爾格勒與土耳其的波斯尼亞北部的土地進行交換。
1792 年 1 月凱薩琳二世在雅西（Iassy）與土耳其簽訂了類似條約，獲取
了奧得薩（Odessa）地區。

這幾次戰爭把人們的注意力從法國的各大事件上引開，向人們提出了
「東方」的問題，人們從此再也不能忽視巴爾幹半島上某些基督教民族嚮
往自由的呼聲，以及土耳其帝國衰弱這一事實。英國和法國希望土耳其帝
國能維持其領土的完整性，因為他們害怕俄羅斯人會對地中海地區及亞洲
地區有所企圖。在他們的眼中，埃及成了一個關鍵的戰略要地，因為它是
地中海貿易的中樞，又是去往印度的便捷通道。

第七節　科學革命

十七世紀一直都被認為是一個天才的世紀，這時候常會有一些人，像
是伽利略、笛卡兒等提出一些不同於從前的觀念。雖然這些觀念依我們現
在人看來並不科學，但我們必須知道，知識是需要累積的，因此必須要有
這樣的思想出現後，才能創造出十七世紀的革命新觀念。

一、科學思想的覺醒

在十六世紀之前，歐洲人對之前的知識深信不已，因此他們仍十分相
信托勒密的宇宙觀（在他的宇宙觀中天體是一個同心圓，地球是所有天體
的中心，所有的星球都繞著地球而運動。）但在地理大發現之後，許多從
前所認為的事，現在都被懷疑，而且人們對於抽象、不實用的知識也都感
到懷疑，最著名的便是蒙田（Michel de Montaigne，1533～1592 年）。

蒙田對任何知識都抱持著「我知道什麼？」（Que sais-je？）與「什
麼都不知道」（Nothing）的答案，這為以後的不信教者揭示一種無目標
的懷疑狀態，在這種狀態中，西方學術思想險些陷入困境。不過當時的人
們對任何可能的知識開始產生懷疑，因此他們將化學、煉金術、天文學或
占星學等知識，認為是任何可能研究自然的途徑。有一些富裕的業餘愛好
者開始興建實驗室，並觀察星球運行的軌跡，如此科學實踐變得十分受人
尊重。

　　此外，法蘭西派的神祕主義者在這時提出他們的辯駁，大多數學者還是希望在他們自己的領域——即哲學與科學領域——來戰勝不信教。像笛卡兒帶來了一種頗為理性的方法，為那些尋找以通用的科學來保衛基督教信仰的人，提供資助，而英國的法蘭西斯‧培根也提出另一種理性的方法來重建這個世界的知識。

　　笛卡兒（René Descartes，1596～1650 年）善於利用數學，他提倡的是「演繹法」，試圖透過數學推理重新構築宇宙學說系統，尋求科學的一些原則，不過儘管如此，神祕主義的觀點從來就沒有消失過。因此他在 1637 年出版的法文《方法論》（*Discourse on Method*）中提出他的觀點，以此來推展有系統的懷疑原則。

　　笛卡兒將不信教者的懷疑轉化為有條理的懷疑，用來為行動做準備，並將所有已接受的結論都否定掉。首先他將基本知識都恢復到一種簡單，對自身存在的事實的確認上——即「我思故我在」（I think,therefore I am.），接著從本來存在的觀點中演繹出另外一些觀點，正如上帝的觀點證明了上帝本身的存在。如此創造出所謂的「笛卡兒二元論」（Cartesian Dualism）。

　　在笛卡兒二元論中提到，上帝創造出宇宙中兩個實體，一為「思維的實體」，即「心」（mimd）和物質（matter），另一為「延伸的本體」，即心以外的客觀物體。而心是屬於人類的，因此除了心以外的物體都占滿了宇宙，完全是根據物理法規創造出來的。由於他的「笛卡兒二元論」思想，使得物質世界基本上是能夠測量的，笛卡兒研究分析幾何學，與費爾馬同時發現了這個物理學中最有效的工具。

　　笛卡兒主義在某個上帝承認的領域中帶來自由意識的斷言，牽涉了一種調整行動以適應理性的努力，人的幸福即在於完成他認為最好的事情，這也導致了一種行動上的寬厚大度，繼而引發了激情的勝利。笛卡兒的理論並沒有立即獲得成功，但在 1660 年之後，人們開始認為它使人重新獲得對上帝、對理性與科學的信念。

　　至於法蘭西斯‧培根（Sir Francis Bacon，1561～1626 年）則提倡「歸納法」，在他的《新工具》（*New Instrument Novum Organum*，1620 年寫成，此書是他的大巨著《大更新》（*Instauratio Magna*）中的一本）中

提到，我們對任何的知識都必須放棄從前的觀點，必須經過觀察與研究後才能接受。不過培根的缺點在於，他無法了解數學的重要性。儘管如此，到了 1620 年左右的科學，已經從關於因果關係的形而上學和美學的論證中擺脫出來。

二、科學革命的發生

當學者開始對亞里斯多德和托勒密學說理論提出質疑時，他們也只能將諸如哥白尼（Nichlas Copernicus）的「太陽中心說」（heliocentric theory）和喬達・布魯諾的「宇宙無限說」這樣的天才性預見，當成取而代之的學說。雖然這些學說只能作為假設提出，但為了擺脫這種局面必須進行一種以推理論證為形式的變革，這就出現了「十七世紀二十年代的奇蹟」。

在哥白尼（Nichlas Copernicus，1473～1543 年）的時代，一般人都認為地球是宇宙的中心，但哥白尼接受新柏拉圖主義的假說──運動比靜止更接近神性，太陽為宇宙的中心，支配著環繞著它運轉的行星──認為地球和其他的行星是繞著太陽以同心圓的方式在運行，並以數學來演練此一觀念。不過哥白尼的天體體系仍不完美，而且他也無法說服人們接受他所說的，「地球並非靜止不動的，而是繞著太陽在運轉的。」這一切有待十七世紀時的伽利略與克卜勒來證明。

由於從中世紀以來，人們一直將運動的起源歸因於一種稱為「原動力」的「力」，當時的學者們都關注於物理學和形而上學所涉及的問題。為使數學能應用到物理學中，學者們認為有必要將它加以簡化，關於這方面，在 1585 年出版《算術》的西蒙・史蒂文（Simon Stevin，1620年）做出了貢獻，而代數的符號體系以及最早的三角函數表和代數表也在1600 年左右公布。因此，史蒂文便利用這數學原理發現了「力」的合成原理、連通器原理，以及流體力學原理（透過船體模型），他的這些發現讓克卜勒（Kepler，1571～1630 年）和伽利略能在此基礎上向前邁進了一步。此外，在十七世紀時已經有一些科學家會應用一些新的觀察和計量儀器，來幫助他們進行研究。

伽利略（Calileo Galilei，1564～1642 年）在天體觀測中使用了望遠

鏡，確定了銀河是由許多獨立於我們的太陽系之外的天體聚集而成的，這加強哥白尼的太陽中心說。此外，他還放棄了「原動力」的研究，致力於落體和單擺的研究，尋找物體如何運動的答案，在此他發現了自由落體定律（law of failing bodies）。至於克卜勒則利用蒂肖‧布拉埃（Tycho Brahe，他建立了星象目錄）的天文觀測結果，將其轉化爲數學語言來研究行星運行規律，他發現行星是以橢圓型的軌道繞太陽運行，而其速度會隨距太陽遠近而有所改變。

三、科學家、不信教者和教會

在十六世紀初，大學還保持著國際性特徵，科學家在學術交流中也都還有所保留，但到了十六世紀末時，學者間盛行的挑戰之風帶來了眞正的交流，這時大學便失去其國際性特徵，只具有地區性作用罷了。儘管拉丁語仍是國際科學界的正式語言，越來越多的通信聯繫是利用本國語言進行，埃克斯地區的議會議員佩雷斯克（Peiresc，1637 年）就充當過學術界的「信箱」。

不過，不論是 1660 年還是 1770 年都不是科學發展史上有轉折意義的年份，因爲在這一時期科學史的發展已經成了一個連續的創造過程，它的每一個小階段都是在不同領域內取得的發現串聯而成的，因此那個時候的科學知識是一體的、包羅萬象的。

哲學詞彙可以同時包含精確的科學（指數學、物理等學科）、道德科學和政治科學。因此孟德斯鳩（Montesquieu）常將其主要原則及觀點的獲得，歸功於馬勒伯朗士（Malebranche，1637～1715 年）；而喬治‧布豐（George Buffon，1707～1788 年）則將其歸功於萊布尼茲（Leibnitz）。共同的文化遺產把各國知識聯合起來，並從中產生許多學者，這樣形成了人們所說的歐洲科學界。另外一些激烈的大辯論使這個科學界更加充滿了活力，其中最著名的辯論是由笛卡兒（René Descartes）和牛頓（Isaac Newton，1642～1727 年）兩人引發的大辯論。

不過當時大多數人都認爲，科學與形而上學是緊密相聯的。雖然科學精神的覺醒所帶來的理性主義發展並沒有動搖大部分學者的信念，但他卻爲那些被稱爲不信教者提供了理論依據。像是《自然之謎》（Secrets de *la nature*，1616 年）一書的作者瓦尼尼（Vanini，他最後在土魯斯被判處焚刑），與斯賓諾沙（Baruch Spinoza，1632～1677 年）的獨特神學思想──「宇宙即神論」（Pantheism）便被人們認為是無神論，而進行多方的指責。

不信教者們在某種程度上，引起教會對科學起了懷疑。然而羅馬教會並沒有拋棄科學所提供的那些實用方面，正因為如此 1582 年教皇格里高里十三世（Gregoire XIII）就請人編了一部取名為《格里高里曆法》的特殊曆法，以適應太陽運動的準確性。這部曆法很快就被天主教國家所採用，更在 1700 年被信仰新教的德國，以及在 1752 年被英格蘭接受。

儘管如此，教會還是對可能傷害到上帝的宗教思想提出嚴厲的批判，所以當伽利略強調哥白尼學說時，發現哥白尼學說與聖經舊約的中心思想觀念發生衝突後，便讓哥白尼學說體系在 1616 年遭到教廷聖職嚴厲的批判，並勸伽利略放棄這個學說。雖然伽利略表面上屈服於教廷，但不久後又公開地堅持「地球並非是宇宙的中心，且並非停止不動」的觀點，讓教廷聖職在 1633 年強迫他簽下公開放棄的一紙聲明。伽利略一案讓我們看到，阻止科學家前進的障礙仍然是舊約全書一類的文字。

不過雖如此，但當時有文化、有知識的公眾仍是文明的業餘愛好者，由於他們對科學的關注，使他們在宗教的沉思、良心的審檢、自我控制能力的訓練、人類情感的分析和風格的研究上花的時間減少了，而花更多的時間在於對自然的觀察和哲學思考，因此科學知識並沒有因此受到嚴重的阻撓。

四、實驗發展

笛卡兒為精確的科學配置了一件必不可少的工具──數學，並且傳播了宇宙機械論觀念，從而取代亞里斯多德的學說，以及對萬物有靈的狂熱信仰。毫無疑問，笛卡兒學說賦予了宇宙這麼一個形象：宇宙是一部絕妙的機器，而上帝這個無比高尚的「鐘錶匠」正是透過一系列的撞擊和擠壓操縱著這臺機器的運作。此一觀念在十七世紀末期經由方特內爾（Fontenelle）大力傳播後，到了十八世紀初期，該理論進入學校教育的課程，在馬勒伯朗士（Malebranche）的影響下，笛卡兒主義開始走向科

學的實證主義，把因果關係的研究留給了「上帝的神祕領地」，與此同時他號召學者放棄研究現象時的形而上學的思辯。

然而在對事物的觀察方面，已經取得長足的進步，像是荷蘭人惠更斯（Huyghens）製造了光學儀器，而且於 1667 年在巴黎、1676 年英國的在格林威治（Greenwich）建造了一些大型的天文觀察臺，使得天文觀測有了巨大的進步。此時實驗漸漸地變爲數學不可分割的一個附屬部分，像萊布尼茲（Leibniz）在倡導運動中的物體間存在著作用力（如離心力、地球動力或者是星球間的引力）理論時，就需要使用實驗來證明。

到了牛頓（Isaac Newton，1642～1727 年）時，英國的培根主義與法國的笛卡兒思想已經被融合在一起，牛頓便是一位充分使用他們知識的人。牛頓是一個位虔誠的宗教信徒，也是一位充滿幻想的人，滿腦子的神學思想，他認爲笛卡兒的機械論充滿了無神論的因子，便對笛卡兒的機械論進行批判，企圖透過理性分析方式，重新構造這個世界，並且將他的方法運用到科學的各個不同的領域，爲他自己的世界觀樹立一個合目的性（finalite）。

由於牛頓曾經接受良好的數學教育，也完全贊同笛卡兒對數學的重視，而且他在非常年輕時就被皇家學會所吸收，並且在萊布尼茲（Leibnitz）和貝爾努利兄弟（freres Bernoulli）領導下，進行微積分領域的研究，對數學的進步貢獻出自己的心力。當時的他想將地心重力和星球間的引力進行比較，爲此他以伽利略、克卜勒等有關力學與天文學上成就爲基礎進行研究，最後他的天才想法在 1687 年出版的總結報告《自然哲學的數學原則》（*Principia Mathemctica, Mathemctical Principia of National Philosophy*）中作了說明。

在此書中他提出所有的運動，不論是在地球或在太陽系中，都可以用同樣的數學公式來計算，與相距物體間相互作用力的觀點——萬有引力（Universal Gravitation），而這萬有引力便是他用來解釋爲什麼地球上的物體都是落向地心？接著牛頓的這些觀念就被用來解釋地心重力和潮汐現象。不過這部作品在笛卡兒主義鼎盛時，受到了相當的冷落，大部分法國學者在路易十四戰爭結束之前並沒有眞正承認它。在《自然哲學的數學原則》的第二版中，牛頓爲了維護他的作品，他對自己的想法作了更爲詳

盡的闡述。儘管牛頓對事物起因探討的反對態度不如馬勒伯朗士那麼堅決，但他主張繼續實驗。

五、各國科學院的出現

在十七世紀的後半期，由於創建了許多科學院，以及各國國王還有公眾輿論對此表現出了興趣，學術界獲得了巨大的發展。這時也有一些不斷擴大的科學家俱樂部出現，像是羅馬的林塞學院（I Academia dei Lincei，1603 年）、巴黎的馬蘭‧梅爾塞納教授（Marin Mersenne）等團體，這個團體也就是後來著名法蘭西科學院（Accdemie des Sciences，1666 年成立）的核心。

位於義大利佛羅倫斯的眾科學院搖籃——西蒙多科學院（I'Accademis del Cimento，1657～1667 年）也是以出版學術報告的形式來相互交流經驗。這時的義大利事實上也與在 1648 年產生於巴黎，並得到皇室療護的學術會議一樣，出現了一些學者的集會。

1666 年在巴黎成立「科學院」之後，科伯特為它制定了章程，並將它置於國家的監督之下。它負責的業務包括研究國家向其提出的問題、管理發明專利證書的審核與簽發等事宜，因而獲得國家不計其數的物質援助。至於成立於 1662 年的倫敦皇家學會（La Royal Society de Londres）一直都是一個私立的機構，不過它同樣是一個重要的科學研究機構。

在十八世紀許多國家皆以巴黎的科學院為榜樣，紛紛在它們的國家中成立科學院，像是柏林（1710 年）、聖彼得堡（1724 年）、斯德哥爾摩（1739 年）等都相繼出現由國家成立的科學院。這時政府會將一些重要的工作和使命交給科學院的成員，例如繪製法國地圖的工作交給了卡西尼（Cassini），還有一些諸如在祕魯、拉波尼亞（Laponie）和好望角（Cap de Bonne-Experance）測量地球子午線的使命（1736～1737 年），各國君王也都競相招納最為傑出的專家學者。

由於科學家們常常對同樣的問題進行關注，因此這些科學團體常會有一些不定期的期刊，這些期刊除了讓科學家們進行發表，更是成為科學家們吸收各種最新科學知識的方法。因為科學家專注的幾乎都是同樣的問題，便出現同一個問題有好多科學家進行研究，正因為如此，像旋轉線

（轉動輪子上的釘所能運動的軌跡）問題便勞動了許多學者，如梅爾塞納、伽利略、羅貝爾瓦拉（Roberval）、托里切利（Torricelli）、笛卡兒（Descartes）、費爾馬（Fermat）、惠更斯（Huyghens）等等，其中巴斯卡找到了最好的解決方法。

此外，也出現了一些向大眾教授的課程，例如 1734 年在巴黎諾雷（Nollet）的公共課程，就因為它當場演試一些實驗，因而吸引了許多的人。而且，一些普及科學知識的書刊也大量增多，如修道院長普魯希（Pluche）的《大自然界的景觀》（*Les spectacles de la nature*，1732年）。更有一些大學者，如伏爾泰等人，就在圖書館附近建立了一個自然科學論著收藏室，或是一個物理研究所。

當時正好出現每一百二十年才發生一次的水星（Venus）和太陽相合的機會，因此歐洲各國政府抓住共同商討測量太陽到地球的距離的大計，並於 1761 年和 1769 年，各個科學院紛紛開會討論。的確在那個時代科學研究的器材還是相當有限，除了天文和地理研究以外，其他研究也不需要太多的資產，所以科學研究能一直成為業餘愛好者從事的領域。

在十八世紀初期，熱愛科學的精神已廣泛傳播開來，除了國家的一些舉措外，學術界的刊物也產生了巨大的影響，像是法蘭西學院的《學者報》（Journal des Savants，1665 年），以及英國皇家學會的《哲學學報》（Philosophical transactions）。這些刊物與期刊大都還是使用拉丁語，雖然不可能完全被法語與英語取代，但拉丁語還是漸漸地被棄而不用。

六、科學的急速發展

在十七世紀科學的每個領域幾乎都在持續的發展進步，數學這項工具由於萊布尼茲和牛頓的繼承者補充與發展，使它更加的充實與完整，而且微積分學的發展，更促成了曲線和彈道的精確測量，增加了砲兵的使用；而理性機械論的發展，也大大促使物理的進步。至於天文學方面，雖然牛頓的思想激起許多大論戰，同樣尚待證實，但已經有一些學者尤其是法國學者，在觀測眾多不同現象時，紛紛運用這些觀點。

此時電仍未脫離「神祕之境」，具有神祕色彩。英國人格雷（Grey）

於 1729 年證明了電具有傳導性，發現有些物質無法導電。而法國人費伊（Fay）提出了電和閃電的相似性，1749 年美國人富蘭克林（Benjamin Franklin）在暴風雨中利用風箏導電，將萊頓瓶（Leyden jar）充滿電，因而推斷電和閃電是一樣的，因而發明了避雷針。與此同時修道院院長諾雷開始進行電的實驗，反映了當時對電這種現象的研究已經非常盛行了。

　　不過自然科學在很長的時間內一直停留在定性觀測的範圍內。在化學領域內，研究的主流是，對決定機體內所有相互作用的化學反應的共同因素進行研究。德國人斯塔爾（Stahl）宣稱他已經在一種未被察覺的液體中發現這個共同的因素，這種因素即是燃素。只是這是一條錯誤的道路，它在該世紀所剩的三分之一時光中，嚴重拖滯了這門科學的發展。直到十八世紀後半，氧氣的發現，人們才知道燃燒並不是之前所認為的，是由任何神祕的因素造成的，因而推翻了燃素說，讓人們能了解基本的化學反應。

　　地質學也開始向觀測這一領域開放，人們考察一些岩洞或研究火山現象。丹麥人斯特儂（Stenon）透過對托斯坎尼（Toscane）地層的分析推測，發現該地區是沉積作用形成的地層，此外他還按照時代順序對化石進行分類。至於醫學也有重大的發現，威廉・哈威（William Harvey）大約在 1615～1618 年對於血液循環的研究有相當充分的了解，因而在 1628 年出版了《論心臟與血液運動》（*On the Movement of the Heart and Harvey*）。

　　1680 年荷蘭人李文胡克（Antony van Leeuwenhoek，1632～1723 年）製造出顯微鏡，因而讓他發現細菌。由於顯微鏡的問世使人們對活組織也開始進行研究，像是馬爾皮奇（Malpighi）發現植物也是有性別的，而且證明植物的葉子有著如人類的肺一樣的功能。李文虎克（Van Leeuwenhoek）發現哺乳動物的卵子、人類的精液。

　　在動物的分類方面，人們一直沿用亞里斯多德的分類法，直到瑞典人林內（Linne）在 1735 年首次出版的《大自然的體系》（*Systeme de la nature*）一書中改進了這些分類法，他的分類法迄今仍被大家所使用。在「林內分類法」中，他把自然物體分為三界，即動物、植物、礦物，其下又分為綱、屬、種。

七、科學革命時的政治理論

　　科學革命時正好是歐洲君主專制的發展時期，當時並沒有任何一部作品是替專制主義進行辯護的重要著作，不過我們卻能在更早一些的著作，像是李希留的《政治遺囑》或是霍布斯（Hobbes，1588～1679 年）的著作中找到一些蛛絲馬跡，此外當時笛卡兒主義的迅速發展也使人們的思想傾向於一種有理性的政治秩序。

　　笛卡兒所認為的「政治」允許有多種不同的解釋方式，像是有條理的懷疑，既不守舊也非革命。不過他實際上表現出相當謹慎的態度，像是尊重權力、法律、政治和宗教習慣，在一般規則之外的責任造成哲人與君王道德倫理上的差別。至於霍布斯是斯圖亞特的信徒，由於受到內戰的影響，使他成為鼓吹專制政權最具代表的人物，他留下了一批豐富的著作，其中《巨獸》（Leviathan，1651 年）一書最為出色。前面提到李希留的「遺囑」是一種「政治藝術」，霍布斯則正好相反，他要建立一種政治科學。

　　霍布斯信奉的哲學是理性主義，他的政治觀點是積極的，他並不主張對君主體制的忠誠，而是擁護一種絕對權力的忠誠，即公眾福利的唯一有效保證。國家對霍布斯來說就是一個人，應該由唯一一個能得到大家同意的人來代表，分權是不足取的，國家存在的目的是統治人民，因而有權踐踏每個人的自由和財產。霍布斯於是給專制主義提供了一種加強作用，他的理論為 1660 年的復辟提供了幫助，同時也培養了英格蘭人的政治要求。

　　就這樣，當路易十四「執掌政權」和查理二世復辟了君主制時，西歐還沒有完全戰勝十七世紀的專制政體危機，但專制政體卻聚集了這種古典文化的諸多因素，這也給專制政體帶來某種意義上的統一和極大的自信。再者，專制政體也不再被自身的局限所封閉，它贏得了海洋，與遠離歐洲的世界中許多大國建立了關係，它同時也開始構築海外的新歐洲，最後它為自己的利益展開了對全世界財富的開發。

第八節　啓蒙運動與開明專制

　　十八世紀的歐洲社會沿著科學革命時期所走的方向，整個歐洲社會文明被進步觀所支配，人們相信隨著時間的過去，人們的生活會越來越好，便對人的問題進行研究，因爲人們現在要以科學的方法來研究人的問題，探討國家興敗的原因。這時的政治是世俗的，君主們已經拋棄過去那種君權神授的觀念，但對於宗教，則採取寬容的態度，以理性的方式來管理國家，對過去的事務都感到厭惡，因此他們講求革新。對於國家，他們已經不像路易十四一樣，將它視爲自己的財產，而是將它當成全民所有的，認爲它是由許多官員共同掌管的，因此這時的君主大都稱自己是「國家的第一僕人」。

一、哲學家

　　傳播啓蒙思想者被稱爲「哲學家」（Philosophe），這群人並非哲學家，而是一群學者、文學家。他們通常是一群通俗作家，企圖利用科學的知識與方法來解釋發生在現實世界的事物，並做修復文本、編年史，以及編百科全書的工作等，使啓蒙觀念得以傳播。

　　由於他們寫作的對象是大眾，所以他們並不會使用難以理解的方式來談，有時他們也會使用故事或戲劇的方式來談他們的觀念，因此出現了像是杜普隆（Anquetil Duperron）利用傳說，與他在 1762 年帶回來的一些古波斯文和梵文手稿，寫成了一本《古代東方史》。伏爾泰也在 1756 年發表了《國家精神似風俗論》一書，這本書是他依據 1748 龐貝（Pompei）挖掘的成果寫成的；而溫克爾曼（Winckelmann）在他的《古代藝術史》中描繪出了藝術興趣與愛好的演變。

　　在十八世紀時，巴黎這個啓蒙運動的中心，常會舉辦一些名人與社交文人的聚會，像這樣的地方我們稱它爲「沙龍」，這些沙龍都是由女士主持的。大約從 1750 年之後的二十五年，巴黎最著名的沙龍是由一位喬芙蘭（Geoffrin）主持的，她除了晚宴招待這些藝術家與文人之外，還會給予他們經濟上的援助與引薦他們認識一些上流社會的人，因此這些哲學家們都很喜歡參加這類的沙龍活動，讓許多的思想在這些沙龍中誕生。

　　此時所有的哲學家幾乎都在進行一些社會改革的動作，他們認為任何的組織應該都是為了追求幸福而存在的，因此對快樂的追求也是合情合理的，社會亦要求尊重這些自然的權利，要求寬容以及施行慈善事業，唯有如此人們才可能得到更好的保證，才有可能追求幸福。不過這時的哲學家並不是民主主義者，但他們都是支持發展教育事業的人，並認為法律應該要溫和一些，而且它的作用應該只侷限於保護社會。關於這點在義大利人貝加里亞（Cesre Beccaria，1738～1794 年）所著的《論罪與刑》（*On Crimes and Punishment*，1764 年）中表述出來。

　　就在笛卡兒主義大行其道之際，這系統遭受到洛克（Locke，1632～1704 年）的衝擊。笛卡兒認為觀念是天賦的，但洛克在他的一篇關於〈人的知性〉（Essay Concerning Human Understanding，1690 年）的文章中明確指出：人的觀念來自於人的感覺，我們所有的知識都來自於經驗。

　　洛克認為人的大腦在剛出生時是一塊白板，上面完全沒有東西，直到嬰兒開始能夠感知外在世界，大腦才開始儲存東西。像這樣的理論，讓當時的啟蒙哲學家有「環境決定一切」的想法，這讓笛卡兒的思想體系開始崩潰，因此到了十八世紀時，笛卡兒主義只剩下了方法、條理化、系統化的懷疑法，與對「明顯事實」的追求，數學工具至上的觀念，以及包含了絕對決定論的宇宙機械論觀點。

　　由於奴隸制度的廢除、經濟自由、財產保護、宗教寬容等，都是在啟蒙時代社會上最為流行的思想。因此哲學家也開始將他們的情感從籠罩它的原始野蠻重擔中解脫出來，並把它引向理念的光明。所以 1760 年時，啟蒙時代的哲學便成為菁英階層中一種真正的信仰，這種信仰自有它的哲學理論。像是在 1750～1764 年間出現的百科全書派便將伏爾泰在 1764 年出版的《哲學詞典》奉為圭臬。

　　這本書的理念使得大多數哲學家趨向於「自然神論」（Deism），這些自然神論者認為，上帝是存在的，但祂創立世界後，便透過自然法則來統治世界，祈求祂改變進程是徒勞無功的。由於這時的人們開始揚棄超自然的世界觀，他們不再畏懼上帝，將祂視為一個宇宙的智者，認為上帝在創造宇宙這個大鐘錶後，便讓它依它的方式去運行，上帝並不會去干涉任何有關人的活動。

此外此時也開始出現多神論者，如拉梅特里（La Mettrie）在 1747 年出版的《人－機器》、埃爾維蒂斯（Helevetius）在 1758 年出版的《論精神》、多爾巴克（d'Holback）在 1770 年出版的《自然系統》書中，都對世上的一切用物質的擁有來解釋。由於哲學家的信念掘鬆了啓示宗教的基礎，動搖了教會的權威和君權神授的君主制度，鋪平了「極權專制」的道路，只是在這些問題上，哲學家們的觀點似乎也都不一致。

二、法國著名的哲學家

由於當時受過教育的人增加了，人們渴望得到最新的資訊，使得報章雜誌、百科全書與各種不同類型的書籍數量也增加了。因此政府便對各類出版品樹立起「審查制度」，希望以此阻止那些會影響讀者對國家看法的出版品。這樣的審查制度在西班牙與法國相當嚴格，因此就出現像伏爾泰與狄德羅這樣不再攻擊特定事務，而是攻擊很籠統的事情的作家。

狄德羅（Diderot，1713～1784 年）最著名的作品《百科全書》（*Encyclopedia*）就是在此情況下完成的。由於當時的法律禁止作家對國家、教會進行批評，但狄德羅是一個對當時的宗教極爲不滿的人，年輕時的他就曾因批評宗教而被關進牢中，所以他在書中是以委婉的方式將他對宗教的不滿表現出來。至於腓特烈大帝的朋友——伏爾泰（Voltrire，1694～1778 年），他出生於一個富裕的中產階級，曾經挖苦過一位貴族，而被放逐到英國，他在英國住過三年，對洛克與牛頓的思想完全臣服。不過他對政治的關心不如他對宗教的關心，他十分反對宗教的控制，他認爲宗教迷信是造成宗教迫害的原因，因此十分痛恨。

孟德斯鳩（Montesquieu，1689～1775 年）則是將維科（Vico）的政治社會學發揚光大的人，在他的《法意》（*The Spirit of Laws*，1748 年）中提出，不同的歷史、宗教、傳統皆會對政府機構產生影響，因而影響到政治體制。一個好的政治制度通常都會適應自然環境與社會條件，因此君主專制政體適合於熱帶氣候與大的疆域，共和政體則適於小國家，君主立憲則適於像法國這樣的國家。他認爲英國的政治制度融合了君主貴族與民主政治，是最好的政治制度，不過爲了怕政府最後流於暴虐，他主張三權分立（行政、立法、司法）。

盧梭（Jean-Jacues Rousseau，1712～1778 年）是一位出身於日內瓦的小資產階級家庭，他是一個極敏感又富於幻想的人，卻不是循規蹈矩的人。最初他是醜聞攻擊的對象，然而當他去世時卻受到了無比的敬仰，他是一位先知，民主思想的信徒，在法國大革命期間他的思想也充分展現出來。

1750 年盧梭以他的《論科學與藝術》聞名於世，在這本書中，他支持了人的本性是善良的，只是它爲文明所腐蝕的觀點，因此他提倡回到自然。1778 年他在出版的《一個孤獨的旅遊者的夢想》中，讚頌在田野中散步漫遊，向大眾介紹以前瑞士詩人，像是阿萊（Haller）與日斯內（Gessner）曾經遊覽過的山脈，他以接近自然的農民爲榮，稱頌純樸的生活。

盧梭確信本性的可靠，主張把兒童與社會隔離開來，讓他們自己領受自然經驗。他宣揚一種小說家們曾經流露出的多愁善感情懷，這種思想在他的《愛彌兒》（Emile，1762 年）一書中表現出來，這使他獲得狄德羅（Denis Diderot，1713～1784 年）這樣的哲學家支持。另外在其作品《親愛的洛綺思及信仰聲明》中，他重新恢復了對宗教的感情。他相當崇尚自然教，這是一個沒有教條沒有崇拜，沒有懲罰的全民宗教，它對形成國民精神和維護人格品質是必不可少的。

盧梭擅用熟悉的題材表達其卓越的思想，並賦予了它們一種不同的靈感，使得它們能反擊那些哲人。此外對自然的特殊控制是否僅是爲了把它聖神化？慈善事業是否因爲同情而行善？重農學派是否是爲了造就一些具有農業狂的人？……等等這些問題也爲盧梭的個人主義開闢了道路。

另一方面，盧梭爲了塡補古典主義和「啓蒙時代」之間的空無思想，他透過講道者式的雄辯風格，又一次詮釋了雄辯術和抒情文體裁，在那些仍然鍾情於宗教習俗中的人們間，他重新喚起對宗教的感情。盧梭的這些思想打動了那些新近受智識生活所鼓舞的人們，他們在十八世紀教育進步的環境下成倍的增長，熱忱地接受他的感情哲學和政治哲學體系。此外「社會菁英」（貴族和上流資產階級）也被他感傷的思潮所征服，人們毫不懷疑他的政治主張的實際意義，革命者反革命者都被盧梭所折服，而他也喚醒了浪漫的一代。

三、其他的哲學家

當人們爲了政治結構付出努力的同時，經濟方面法國出現了一個重農學派（Physiocrats），這個學派的學者與政府有密切的往來，像克奈與杜哥都是法國的重要官員。重農學派的教條是個人主義的，它要求政治自由和經濟自由（自由放任），堅持認爲社會的不平等是一條自然法則。此學派的創始者是克奈（Quesnay），他是路易十五的醫生，是一位大地主和《經濟卷》一書（1758年）的作者。克奈把決定論的理論帶到現實經濟中來使用，肯定農業認爲只有農業才能出產眞正的產品，而工業則局限於物質的轉換中。他認爲對社會最有用的人是地主和那些大量開發荒地的農場主，在自然法則中，財產和自由是必不可少的，國家應該對人們的財產和自由加以保證，因此對生產的束縛、貨物流通和對食品的消費控制，都應該被取消。

杜哥（Jacques Turgot，1727～1781年）則是第一個表達出「鐵的工資定律」看法的人，他是路易十六任命的第一位財相。爲了維持最低的成本，他認爲工資應該僅能保證勞動者的生存即可，最好的國家應該是那些參與統治最少的國家。至於他的「天意國家」概念正是舊制度的概念，它代替了「警察國家」，其唯一的目的只是在於保證失序、財產，以及個人自由和經濟自由。其他重農學派經濟學家把他們老師的思想靈活變通，像是古爾內（Gournay）將其理論推廣到了工業，杜哥則把這些思想帶到了行政管理部門。

英國在當時出現了自由放任經濟學派，此學派的重要人物是英國的亞當・史密（Adam Smith，1723～1790年），它可說是十九世紀自由主義的眞正奠基者。亞當・史密的《國富論》（*The Wealth of Nation*，1776年）一書被視爲自由放任經濟學派的經典。他反對重商主義，認爲競爭和自由市場是一隻看不見的手，它會自然地調整財富的分配，因此政府不該干涉。

至於形上學方面則爲轟轟烈烈的心理論戰提供了場所，當柏克萊（Berkeley）對洛克的天賦思想提出反對時，孔蒂拉克（Condillac）在他的感覺論述中使它們轉變了意義，所以學者不應僅是推斷，而是要實質的

分析。從這一方面來看，休姆（David Hume，1711～1776 年）在他的《人類理解的哲學散論》（An Enquiry Concerning Human Undersyanding，1742 年）中確認只有經驗才能教育我們，我們無法清楚的知道哪些，所謂的「知識」與現實世界的真理相符合，因此我們必須根據事情的始末來決定應該採取什麼行動。

康德（Immanuel Kant，1724～1804 年）走得更為遙遠一些，他堅信我們無法認識世界的本來面目，而是僅僅能夠認識它對我們所顯現出來的，因而認為形而上學是不可確知的，科學雖然只是具有實踐的意義但很真實。他在《純粹理性批判》（*The Critique of Pure Reason*，1781 年）和《實踐理性批判》（*The Critique of Practical Reason*，1790 年）書中批判了以休姆為代表的懷疑論。

四、開明專制的君主

啟蒙運動的君主制我們一般都稱之為「開明專制」，它通常都是發生在那些新近成立但尚未統一的國家之中，與資產階級的力量相當弱的國家中，因此國王治國時可以依靠那些可能接受啟蒙思想的貴族，這樣的國家以普魯士與俄羅斯最為明顯。

普魯士的腓特烈二世（Frederick Ⅱ，1740～1786 年）又被稱為腓特烈大帝（Frederick the Great），他一直認為：國家並非是國王所有物，而是由一群高級的政府官僚與國王共管的，而國王只是這些官僚的主管罷了，因而自稱是「國家的第一公僕」。腓特烈二世認為要改造這個國家很簡單，因為這國家的教會（路德教派）長期附屬於國家之下的、中產階級者數量很少，且貴族的力量大都被削弱了，因此他便致力於國家改造的工作之中。

腓特烈二世再也不召集他的大臣們共議國事，而是以內閣命令的形式通知他們去執行，他從各省有名望的人中去挑選組成的政府特派員網絡漸漸發展起來，他們兼管財政、經濟以及軍隊事務。

不過，他一即位便利用他父親遺留下來的那支強大的軍隊，發動占領西里西亞的戰爭與「七年戰爭」，為此他必須維持他與貴族間的密切關係，因此他在他的政府體系中使用了相當多的貴族。此外，他還進行許多

改革，像是廢除了許多國家不合理、殘酷的法律，提倡科學造林、鼓勵種植從英國引進苜蓿等新作物與獎勵農業，並將上萬人移民至西里西亞進行開墾等，但這些都在自己的王畿上進行的，並沒有推展到全國，其因在於他不希望因此破壞他與那些社會經濟集團者的關係。

奧地利的瑪麗‧德蕾莎（Maria Tereasa，1740～1780 年）一即位便遭遇到幾乎使她帝國分解的「奧地利王位繼承戰爭」，這使得她必須擴大軍隊，增加稅收，使軍隊現代化、職業化，讓她有力量對抗歐洲其他強國。接著，她的政府中出現了一批官僚以取代貴族的地位，方便她執行中央集權制，這群官僚便是所謂的哲學家。為了增加稅收，她還於 1775 年成立一個包含波希米亞、摩拉維亞、奧地利的關稅同盟。

1765 年到 1780 年這段期間，她與她的兒子約瑟夫二世（Joseph Ⅱ）共治，他們此時推行了相當多的社會改革。而約瑟夫二世所推行的改革措施比她還徹底，更能表現出「開明專制君主」的特質。

約瑟夫二世的改革雖然是為人民著想，但他的改革卻引起貴族、地主與教會不滿，而且他為了能多方面管理這個多種族的國家，還企圖將日耳曼語當成國家的單一語言，因而引起其他民族的反抗。所以當他去世時，各地便紛紛興起反抗他的暴動，雖然繼位者能幹，但他在位只有短短的兩年時間就去世了，而奧地利的改革也隨之結束。

一提到俄羅斯的開明專制君主時，第一個就會想到凱薩琳二世（Catherine Ⅱ，1762～1796 年），她十分熱中於對哲學家的贊助，因此她與伏爾泰、狄德羅之間有往來，她之所以要這樣做，目的在於希望這贏得開明君主的好聲望，而她自己也立志要成為一位開明君主。

由於凱薩琳二世是日耳曼人不是俄羅斯人，因此她知道她的政府必須要得到貴族們的支持，便安排貴族們在她的政府之中，並給予他們相當多的特權，也因為她對貴族們妥協讓她在內政上的成就相當的有限。不過她相當勤於政事，因此她也進行了一些改革，像是編纂法律、宗教寬容、強化國家組織，與改革農奴制度。

不過農奴制度的改革隨著 1773 年的一場被稱為「蒲戈契夫」（Pougatchev）的農民暴動被取消了，之後凱薩琳二世為了預防農奴再起叛亂，就給予地主更多的權力，讓他們加強對農民的控制。

第九節　近代歐洲社會的轉變

　　從十六世紀時西班牙的海外擴張開始，到十八世紀後半，歐洲成為世界貿易中心，整個歐洲社會都跟著這個經濟變化而有所改變。而且在十七世紀之後，整個衛生條件的注意，醫藥技術的進步，讓許多之前的流行病，如熱病、紫癲不再像過去那樣，會引起大屠殺一樣的效果了。不過，轉變通常都是需要一段時間，慢慢地才能完成，因此這時的人們往往是處在新、舊制度之中無所適從。

一、人口的變化

　　從前舊的人口統計制度中的死亡率往往是受到饑荒、瘟疫和戰爭不斷出現的影響，可是十七世紀末的人口統計上出現了一個奇怪的現象，那就是當時的人口並未受到出生率、死亡率這些人口因素重大變化的影響。其實從十七世紀末鼠疫的流行便逐漸減少，雖然在 1649 年的塞維亞（Seville）、1664 年的阿姆斯特丹、1650 年的倫敦都曾發生過鼠疫，但由於當局採取嚴格隔離措施，有效地限制了疫區的範圍。

　　而且從十七世紀末，由於衛生條件的注意，醫藥的進步，出現了因流行病造成的死亡人數則少得多。這時人們最大的敵人在於飢荒與戰爭，這是當時農民所生產的糧食，通常只夠農民繳稅後維持生活下一年度的糧食量，並沒有多餘的部分可以收藏。而戰爭的發生，會讓農民無法下田耕作，這樣一來便發生普遍性的糧食歉收，這種危機通常是每隔一段時間便會發生一次，它便是人口成長的最大危機。

　　在 1740～1741 年之間曾發生一次嚴重的糧食歉收危機，此外在之前從 1693～1720 之年也發生的三次饑荒（1693～1694 年、1709～1710 年、1719～1720 年，由此可知飢荒通常是每隔十年便發生一次），因而產生的一批「空腹階層」，這群人主要是由成人構成，他們的出現使得勞動力匱乏。不過這一事實卻有利於工資的提高，結果引起了生活水準的提高，這似乎起到了一種對人口進行篩選的作用。

　　除此之外，戰爭是另外對人口產生影響的一種形式，還好當時軍隊的紀律更加嚴明，減少了它在戰場以外的地區進行過屠殺和肆虐。1714～

1742 年的西部，大體上是處於和平時期，只不過短暫了點，因為局部性的戰爭很快又出現了，馬上就打破這和平的氣氛。

然而，變化在各地所採取的方式都不盡相同，如果說法國的人口在路易十四的統治時期有所下降的話——許多歷史學家都持此種觀點——那麼它在 1740 年時就已經恢復了，而且人口還有開始上升的趨勢。

英國的人口在十七世紀曾經上升了大約 25%，不過在 1700～1720 年間，由於出生率的下降，與死亡率的上升，英國同樣也經歷了一次人口危機。還好在 1720～1740 年間危機漸漸減除了，它的影響也減弱了，居民的數量才開始有少許的增長，不過增長的速度緩慢，對此人們的解釋是由於死亡率的居高不下，和酒精的濫用。

在此我們有必要注意的是，1710 年在英國發生的危機，並沒有完全消除英國人口出生率過多的現象，在此地的出生率有時會隨著小麥的價格而有所變化。有時當小麥的價格下降時，英國的人口便會減少，但當小麥價格上升時，英國的人口就會增多。這是一種全新的現象，它表明了收成的好壞，已經不再像過去那樣對人口起著決定性的作用。

在斯堪地那維亞半島上，竟然出現人口增長的趨勢，儘管結束於 1720 年的戰爭只是一個暫時性的，但這裡的人口還是不斷地出現增長，只是這個擴張的速度不再像前一個世紀那樣迅速。在地中海地區的人口同樣也出現了增長的情況，西班牙在 1717～1768 年期間淨增了二百萬人口（總共為七百至九百萬居民），尤其是在加泰隆尼亞地區和亞拉岡地區增長最多。

在義大利地區人口的增長也是因地區而異，像是皮埃蒙（Piemont）地區人口增加的就較多，而兩西西里地區就稍微少了一些，其他地區增長就更少了。至於日耳曼地區，由於三十年戰爭導致人口的減少，因此現在的這裡正在恢復當中，而且主要是烏爾特姆堡（Wurtemberg）地區和波美拉尼亞持續地進行。總體來說，德國東部的人口的增長要快於西部人口的增長，增長的密度也是各不相同的。

在哈布斯堡帝國，也可以發現同樣的趨勢，由於匈牙利進行的殖民，使得它的人口增長超過了帝國其他地區。而俄羅斯在 1719～1721 年和1743～1747 年進行過兩次人口普查，發現增長了 20%，這是因為俄羅斯

的領土擴張，使得它們也同樣在進行殖民活動，尤其是在東部和北部那些的地區人口的增長更爲明顯。

二、人口增加後的各國情況

肖諾（P.Chaunu）在 1620 年指出的那種每平方公里擁有四十個居民的地區，已經從北方擴展到了英國和義大利。現在柏林、華沙、布達佩斯和聖彼得堡的附近也出現了一些每平方公里超過二十個居民這樣如此密度的居民點。不過在西班牙與上述這些地方相比，因爲除了馬德里外，其他的中心城市人煙還是十分的稀少。

雖然每個國家的城市都趨向於膨脹，然而在英格蘭和伊比利半島上除了倫敦（六十萬人口）、馬德里、里斯本以外，沒有一個城市的人口達到五萬。不過義大利的確是一個擁有大城市的國家，如那不勒斯、羅馬就是；法國也是一個擁有相當多大城市的國家，它除了巴黎（五十萬人口）外，還有幾個城市人口也是相當的多，像是圖倫（Toulon）便是。

至於普魯士的柏林和奧地利的布拉格人口也超過了五萬，尤其是柏林，由於普魯士的統治者開發它與漢堡（Hamburg）等地間的運河，使得它成爲貿易的中心，在加上它是行政的中心，因而人口急速上漲。在波蘭的城市也有所擴大，但在匈牙利並沒有什麼擴大。在 1730 年，莫斯科的人口達到了十三萬八千人，聖彼得堡也達到了六萬八千人。

不過當時城市裡結婚年齡普遍提高，男子平均是二十七或二十八歲，而女子則到二十五歲左右，因此出生率相較來說要低一些，但非婚姻所生子女的出生率則在增加，另外城市人口的死亡率相較來說也更高，這主要是發生於新來的移民身上。

在西方，人口已經不再隨著宗教、政治、軍事形式的變化進行集體性的遷移行動，人口遷移以一種更爲個體化的形式進行著，最爲流行的一種形式是農民的成群移居（做散工、奴僕……）。此外，隨著軍隊的發展與遷移，使得在和平時期有的地方一度達到每一百個居民中就有一個是軍人，像是在普魯士即是。而那些不按時返回部隊，以及離開部隊開小差的情況都與服役一樣會導致人口的流動。

歐洲的人口在總體上的大量增加是發生在一個相對和平的時機，與地

區性的生活水準提高，尤其是發生在 1725～1730 年間的政治經濟形式上的逆轉，這些因素導致了市場的加速發展。但是在充滿災難的十七世紀和充滿繁榮的十八世紀之間，並沒有一條分異線，在各個不同的國家裡，轉折點並不是在同一時刻出現，但它們都分布在 1695～1730 年的這段時期。

這個時期在總體上有兩個特徵：第一是，國際間的交流的發展進步，至少是有些國家出現了國家對市場的組織，這些組織是國家的職能得以增強，和同一國家內部省際之間的聯繫增多的結果。第二是，對於具有異國風情的產品和手工業品需求的增加，這時出現了一個對於手工業產品進行召喚的市場，這使得各種不同形式的貿易都從中受益。

三、交通網路的興建

在十七世紀時由於公路無人管理經營，公路保養工作進行與否完全要依靠地方政府，而且當時的道路不發達、公路狹窄到處都有坑洞、橋樑也很缺乏（其數目少於河流上可涉水而過的地方）。這種種因素使得人們的旅行速度無法加快，讓物品往往容易損壞，因此最經常採用的路線是，有輔助作用的水路，這讓國家市場形成遇到一些阻礙。

不過有一些國家，開始醞釀使用公路的計畫，在這一點上，法國走在前面。科伯特毫不含糊地提出了國家對於交通事業政策的核心原則，主要的道路為從巴黎開始，通向邊界和主要港口。但經濟界人士並沒有抱著如此大的願望，其因主要是由於財力匱乏，果然這一政策無法完全實現。在 1740 年之前，只是做了一些細節的改進工作，至於皇家的橋樑、道路的行政管理機構則是在 1680～1754 年之間才慢慢地建立了起來。

不過在這短期間奧里（Orry）和特盧代恩（Trudaine）的努力起了重要的作用，像是在 1680 年為皇家修路的徭役就開始在某些地方出現了，而且從 1720 年開始，這種徭役就被大範圍的採用，1738 年甚至還被立法確定下來。

除了公路外，水路交通也得到了一定程度上的改善，不過運河仍然還非常有限，最重要的運河是連接巴黎與盧瓦河的運河，以及連接索姆省與埃納（Aisne）河間的運河，而在 1681 年開通的雙海運河（Deux-Mers）是一條很受限制的交通線。至於英國的公路則要在 1746 年後才得到了較

周到的照顧，但是它的航海網路在歐洲卻是最好的。

　　人們還是對交通充滿了渴望，那種乘載十五個人的公共馬車取代了十七世紀的那種只能乘載不到一半人數的重型馬車，至於供兩人或是三人乘坐的郵車，雖然在速度上要快些，但在價格上則太貴了，並非一般人能夠負擔。尤其是當馬車運輸得到了保證，農民便開始透過這一行得到一份補充的收入。

　　除了在最好的公路上，四輪運輸和有活動擋板的兩輪載重車，載重量都不超過一噸，但在法國仍然起著相當重要的作用。河流上絕大多數的船隻噸位均不超過七十噸，只是在一些特別繁忙的航線上，才會有達到一百五十噸頓位的船隻，通常水路運輸需要十天到三十天。

　　至於公路的速度則較為緩慢，在一般的道路，馬車每天通常只能行走四十至五十公里，但在一些較繁忙的大路線，如在巴黎至盧昂、巴黎至里昂這樣的公路上，速度可以達到每天八十公里。此外，郵車所走的路線仍然很少，但郵政運輸已經不斷地增長，儘管那些入港過橋稅已經被削減了一些，但交通運輸的費用依舊昂貴。

　　由於有些地區和國家的道路開始發展，使得穀物和葡萄酒被送往大西洋沿岸的出口港，至於一些呢料、布料和絲織物被運往里昂和馬賽，還有運到英國的煤也都利用這些道路運到大西洋沿岸的港口，使得這些產品的貿易開始步入正軌。雖然當時很多地方上還存在著集市，但其中有些集市，已經具有國際性的意義，像是波凱爾（Beaucaire）、美因河畔的法蘭克福（Francfort-sur-le-Main）、奧德河畔的法蘭克福（Fancfort-sur-l'Oder），尤其是中歐的第一個集市萊比錫（Leipzig）。

四、殖民貿易的發展對歐洲社會的影響

　　在進行一連串的海外殖民地擴展之後，英、法便在這些殖民地中獲得經濟利益。尤其是英國的經濟更是依靠殖民地，因此在 1651 年、1660 年國會通過《航海法》（Navigation Act），規定所有由殖民地輸往母國的物品都應改由英國船隻運送。

　　到了十八世紀時，歐洲人控制了世界幾條重要的商業路線，這些商業路線幾乎都以三角形的方式發展出來的。在這些商業航線中，以聯繫歐

洲與美洲的西線最為重要，這是因為這條路線主要是因為西印度的糖業工業，與將非洲的奴隸送到加勒比海大農場充當勞力而發展出來的。英國在此就建立了相當多的三角形西線商路。

　　英、法與殖民地的商業活動中主要都是一些農產品交易，而這些農產品中以糖和煙草是最有價值的，為此英國還在《航海法》中特別規定，禁止殖民地直接將它出口，必須運回英國後才能出口。此外，它們也積極參與伊比利半島的商業活動，讓它們在南美的商業活動中賺取相當多的金銀貴重金屬貨幣。為了鼓勵商業活動，人們制定了許多經貿措施，其中最著名的是 1786 年的英法合約。在此合約中，法國減少了英國紡織品、毛皮、五金製品的稅率，而英國則減少法國葡萄酒、白酒等稅率。

　　市場的需求刺激了生產，而生產則又反過來刺激了原材料的需求。養羊業、養蠶業，以及黃麻和亞麻種植業，在一切允許其生長的地方都得到發展。通常的情況下，國家的產品數量是不夠的，法國不得不從伊比利半利進口羊毛，有時甚至還從中東和德國進口羊毛，它還需要從西班牙和義大利進口絲物。英國，棉花進口的高潮出現了，但在歐洲大陸上，這種紡織業要到 1740 年之後，地位才重要起來。

　　隨著殖民商業的發展，歐洲很少發生飢荒，這時的歐洲各國國內市場性質改變了。這是因為殖民地經濟就像是母國經濟的強勁興奮劑，有助於母國經濟的發展，而國家的生產也因此而受到鼓舞。因此到了十八世紀，這些母國，尤其是英國便出現因為需求量大於工人數量的增長，必須尋找新技術之事，因而出現工業革命的火花。

五、工業生產的進步、技術的急速發展

　　工業在經濟中只不過是一個有限的部門，在農業部門，傳統的力量從來就沒被削弱過，除了在英國、荷蘭和瑞典的幾個地區之外，工業很少得到了專業化分工。在歐洲大陸上，工業通常因為地理上的關係，呈現出一種分散狀態，這是因為它們受到材料或動力所牽制，如以木材作為燃料，像會讓冶鐵業、玻璃製造業，造紙業、製革業受到對於水的需求所影響。而紡織業就受到來自鄉村的勞動力需求的影響。

　　當時的工業活動中還存在著行會體制，這制度在歐洲大陸上，尤其

是在法國從未中止過，它還得到了科伯特的鼓動（如 1673 年的敕令），那些在利益上與這種體制息息相關的人，對於這種體制也全力支持。但在一些關鍵部門（紡織業）和引導性的工業部門（冶鐵業）裡，國家的訂購──如製作軍服用的呢料、軍火──往往要求生產必須相對地集中，因而企業體制得到了推廣，從這點來看，英國始終處於領先的地位。

在某些地區木材缺乏，而礦石在地表淺層也很難找到，因此德國的採礦工藝得到了推廣，在法國，人們對於採礦業有著巨大的熱情，這導致了 1744 年敕令的出現，它規定將地下資源的開採與地上財產的分離，它為國家保留了出讓地下資源開採的權利，由此採礦企業的集中進一步得到了推動。當時的英國將煤炭當作燃料，因此法國的里夫德吉埃（Rive-de-Gier）的煤炭開採越來越多，英國開始從大陸上進口。鐵礦石和鑄鐵塊都成為了國際貿易中的強手貨，用煤炭熔鐵的方法已經在大陸上為人熟知，並得到了推廣。

然而，在眾多的工業行為中，工業生產由於對於人力的依靠，還有所有利用水力的工廠受到水力資源的困擾，使得工業生產受到限制，工業產出很少，而質量也是良莠不齊。科伯特曾建議成立「科學院」（L'Academie des Sciences），以便將學者的新發現應用在工藝技術上，而「國立機器、工藝物館」（Conservatoire des Machines, Arts, et Metiers）則成為傳授技術知識的地方，此外工業間諜這種行為得到了鼓勵。

在十七世紀後期的英、法，尤其是法國，紡織得到了進一步的完善。織襪業源於英國，但在歐洲大陸得到了推廣，不過在十八世紀初，英國的工藝技術已經超越法國，發明者往往是工匠中的工程師，這些人在英國比在法國更能得到尊重，因為法國學者經常是以輕蔑的眼神看待工匠。

在《烏特勒支支條約》簽訂後，一些技工來到英國，因此很多的工業技術都只存在於英國，像是由達爾比（Darby）首創的焦炭熔鐵技術也只在英國境內流傳，雖然這樣的發明還不夠完善，而且還要經過一個世紀，才能有從熔物中輕易地將鐵提取出來的技術，但這一個世紀中除了英國之外，並沒有任何一個地方有此技術。隨著 1733 年約翰・凱伊（John Kay）發明飛梭（fly shuttle）之後開啓了所謂的大發明的時代，它使人們能夠在更少的時間內，組建更大的機器，同時還能夠節省勞動力。

　　不過法國在 1673 年的敕令，將企業的權利局限住，但這並未影響到原始的卡特爾壟斷的出現，例如在路易十四統治下，法國要點公司（la Compagnie des Points de France）它擁有分散在各地的二萬工人。而集體性質的企業、合股企業，以及資本公司開始在十七世紀的工業領域裡不斷蔓延。就是這樣，儘管工業革命尚未在英國開始，一種新式的經濟頭腦已經在這個國家扎下根，而使這種新的思想傳播到歐洲大陸所需的諸多條件都已具備。

六、農業革命的出現

　　十七世紀的歐洲雖然商業十分的發達，但這時的經濟活動主要還是在農業生產方面，這時大部分地區農業生產仍依傳統的方式在進行，因此這時大部分地區都屬於敞田制（open fields，每個人的田都是由不同的地塊組成，且都是不相連的田地，人們根本不可能有自己完整的一塊田存在，此外還有一個大家都可以共用的「公共的」草地和牧地。）在這種田制下，農民必須採用輪耕，因此產量並不高，且十分的浪費，所以它的特徵便是毫無效率。

　　不過英國早在十六世紀就開始採用「圈田制」（enclosure），在這種制度中，取消了原本分割農地的界線、公共草地與林地，擴大了可被利用土地的面積，只是這種作法便傷害小農的利益。而且從光榮革命之後，土地貴族與地主為了他們自己的利益會藉由控制國會來立法改變土地的制度，像是國會通過的「圈地法規」（Enclosure Acts），允許地主圈住舊公地或空地，進行大規模的耕作。

　　當資本主義農業企業家發現圈田制的利益後，就越來越無法忍受敞田制的無效率，因此從十八世紀開始，英國便大規模進行圈田運動，進行所謂的「科學種田」（scientific farming）。此時他們開始種植一些較不會傷害地利的植物，改善土壤的植物，像是紫花苜蓿、豆類等，如此就不會有需要休耕的土地。

　　紫花苜蓿、苜蓿等植物除了可當成人類的食物外，還可以當成牲畜的飼料，這讓地主再也不需公共牧場了，而將公共牧場改成自己使用的地，這樣更傷害到小農的利益，使小農無法生存，便出現一群從鄉村解放的人

力，這爲工業提供了新的勞動力。

　　除了紫花苜蓿、苜蓿等植物的引進，在十八世紀還從美洲引進玉蜀黍與馬鈴薯這兩種作物。由於這兩種作物可以在環境不好的地上生長，像玉蜀黍只要是陽光充足、氣候乾燥的地區便能生長，因此義大利與東南歐有許多地方都種植玉蜀黍。至於馬鈴薯則是生長在貧瘠、濕冷的地區，這讓日耳曼北部地區、愛爾蘭與英格蘭種了不少馬鈴薯。由於這兩種作物爲窮人提供了充足的糧食，解除了歐洲飢荒的問題。

　　由於「科學種田」的關係，出現了許多從鄉村解放的人力，因此出現了農村製造業，讓企業主利用這種家庭加工制度，將許多的製造商品，像是紡織業都是在農村中進行生產，以滿足他們的需求，爲他們獲得一大筆利潤。這種制度也讓農村工人有一筆額外的收入，被視爲避開貧窮的方法，而且農民們可以依自己的時間，來調整做家庭加工的時間，並不會妨礙他們的農忙，因此在歐洲許多地方都盛行。

七、工業革命

　　在十八世紀「工業革命」確實有很深遠的影響，但舊的工具與方法並沒有馬上被取代，因此 1793 年的英國還不是一個完全的工業社會，雖然瓦特（Watt）的單動式機器的專利證書也已獲得了二十年，卡特懷特（Cartwright）的技術在 1787 年也開始奠定基礎，但當時大多數的製造業仍然是使用水力作爲能源。

　　然而革新的領域在英國整個國民經濟中也僅占一個微小的部分，但每個英國人都被財富和貿易迷惑了，其情況就像在法國，殖民商業的利潤往往投資於土地或是公債上，而不是去承擔一些事物風險。最後是因爲發明與創造思想的廣泛傳播，才在十八世紀起了很大的作用。

　　其實工業革命是在非常有限的技術和理論之下完成的，雖然英國在 1740 年已經走上技術革新的道路（達爾比的焦炭熔鑄術和約翰‧凱伊的飛梭已經出現），只是效果十分有限，他們現在仍繼續在摸索，大多數的發明家都不是商人。在面對這些發明時，各方皆有不同的看法，如工業家在面對這些新發明時都緘默不語，因爲他們都很擔心要拿出資本去冒險的投資，去購買一些還沒有經過檢驗的機器。至於工人們害怕新的發明將使

他們失去工作，因而他們有時從事搗毀機器的活動。

　　英國的工業革命起於紡織業，而棉紡織工業是一項新型工業，它不那麼的傳統，因此它也是最快速採用機器化的一種工業。這一時期機器的出現是不可逆轉的一件事，當發生危機時，機器成為了人們唯一的解決途徑。然而，每個新發明的出現通常是具有連鎖性的，會引起一次新的不平衡，如飛梭加速了布匹的生產，同時對紡紗的需求也提升了，使得企業要對紡紗機進行研究探索與更新紡紗工廠。

　　1767年黑格拉弗（Hargreves）發明貞妮紡織機（Spinning jenny），這是一種複合的紡車，可以同時訪出十六支紗，他之所以會發明貞妮紡織機，是因為十八世紀初約翰・凱伊（John Kay）發明了飛梭，加快織布的時間，讓黑格拉弗因而想提高紡紗的時間。

　　1768年阿爾克懷特（Arkwright）發明了水力紡紗機，特別是1778年克隆頓（Crompton）發明的走錠精紡機（spinning mule），把紡線速度提高了八十倍，並加強紡線的強度，解決了妨礙紡織業發展的問題，這讓繰絲廠在織造方面得到領先的地位，最後導致卡特懷特（Cattwright）動力織布機的發明。

　　此時家庭作坊的分散也帶來不便之處，像是原料的分配、運輸的過程、製成品的收集、商品的轉向等都讓人覺得不便，而且新的機器體積十分的龐大且需要動力，無法再像從前一樣放在紡織工人家中，隨著蒸氣動力的使用，廠房便設在企業主認為合適的地方，因此工廠制度便逐漸發展起來。

　　由於對木材的需求越來越大，使得木材短缺，人們就將目光轉向煤，因此為了開採煤，1712年紐科曼（Thomas Newcomen）便發明一種用來排煤層的蒸汽機。然而這種蒸汽機十分耗燃料，以至於它只能被用於煤礦之中，對當時的經濟意義並不大。直到1763年格拉斯哥大學（Glasgow）的一名技工瓦特（Jame Warr）改良紐科曼的蒸汽機後，才使得蒸汽機得以被廣泛使用。

　　由於這些機器的製造也刺激了冶金業的發展，只不過進步甚微。因此到了1750年漢茲曼（Huntsman）煉造出熔爐鋼，到1784年奧尼翁（Onions）和科爾特（Cort）才找到攪煉的方法，使得人們能夠生產大量

的熔化鋼，這是英國冶金工業快速發展的基礎。不過在 1780 年左右，它的產量仍不超過法國的一半，從十八世紀末開始，英國人又投入新的方面，他們建築了一些鋼鐵大橋。這一時期煤的用途也擴展了，煤用於工業的，就像家用爐子一樣的眾多，採煤數量於 1770 年也達到了六百萬噸。

英國內部的政治革命及長時間的戰爭，雖導致各地區經濟停頓，但也由於英國的工業革命關係，帶動 1780 年到 1790 年間棉紡織工業的發展，更刺激當時人口的成長。因此我們可以發現，在 1781 年時英國人口已達到了一千三百萬人，到了 1831 年時更超過二千四百萬人，這時的紡織業生產指數也由 1770 年的七十六萬噸發展到 1800 年的一百萬噸、1815 年的一百七十五萬噸、1827 年的二百八十八萬噸，到了 1832 年更多達三百六十萬噸。至於煤礦開採從 1800 年一千二百萬噸發展到 1830 年的二千二百五十萬噸，僅大不列顛地區，第二產業在 1831 年占就業人口的 40%。

然而，經濟發展是在 1830 年才開始突飛猛進，其因與政府獎勵的發明和許多其他的事物有很大的關係，其成就更是驚人，這可從 1820～1828 年的十年間就有一千四百個十二項發明申請專利，1830～1839 年間則有二千四百五十二項，1840～1849 年之間更達到四千五百八十一項發明專利的申請可以證明。

其實早在十八世紀，英國便有機車與鐵軌的出現，不過在 1815 年史蒂文生（George Stephenson，1781～1848 年）發明的火車頭便讓火車有了實際的價值，更標誌著新運輸方式決定性的勝利。這讓英國在修築鐵路方面也比法國早二十多年，而且到了 1825 年底，英國已有四百五十到六百公里長的鐵路。1850 年前後的這段時期，英國的鐵路已有五千、六千公里，由此可知發展是十分的迅速，而且鐵路的發展也帶動了勞動人口和資金的流動，使得英國的經濟發展更加的蓬勃。1850 年時，英國煤礦開採達到五千萬噸，生鐵產量超過二百萬噸。

十八世紀末製造廠逐漸集中在那些最有活力與生命力的城市裡，像曼徹斯特（Manchester），它的居民就從 1730 年的九千人上升到 1790 年的五萬人。事實上，這些工業上的「起航」也僅是 1785 年「工業革命」的序幕。

在法國由於對傳統特定技術的重視，與原料產地、市場的限制，使這些有傳統特定技術的地方成為工業中心，像是法國的法蘭德斯和諾曼地便成為呢絨紡織業中心。除了紡織業之外，由於交通的不便與原材料的缺乏，使得工業地點受到有無河流及森林的支配。而城市作坊中出產的產品，受到由農村的手工業者所控制。

後來歐洲各國的政府對發展工業進行直接的干預，像是 1764 年法國的礦產部建立了，便全力發展工業。然而從 1750 年開始，被「經濟學家」所鼓動的個人主義也開始凸顯出來，他們對經濟的控制也越來越強烈，並要求經濟自由。國內市場也持續在發展，尤其是棉織品的上色布非常的流行，它們傳播到一般的中產階級群眾中，1787 年製造品在法國出口商品中的地位非常重要（從一半到四分之三），法國需要的紡織品和礦產品，由於對森林的保護也引起了木材的匱乏。十八世紀中葉，玻璃工業、化學工業、煉糖工業，也使煤的使用量大增，這使得法國不得不從英國進口煤。

親英有助於「科技意識」的覺醒，這也鼓勵法國接受工業方面的訊息，並採用新式技術。部分法國人也從英國帶回了機器和技術。1746 年霍克爾（Holker）避難於盧昂，他是「英國技術」中最優秀的人。

此外法國人在工業間諜方面領先了一步，英國在 1763～1770 年這段期間，對於這種工業間諜的提防較為鬆懈，使得法國的一些工業使團被派往英國。一些英國的技術人員也紛紛被請到法國，因此在諾曼地、拉昂、布魯日（Bourges）、聖艾提安（Saint-Etienne）等地，「英國的殖民地」建立起來，這些地方主要從事羊毛紡織業和棉紡織業。

此時法國人也開始對機械產生了好感，從 1742 年開始，沃岡松（Vaucanson）革新了絲織工廠的工具，蒙哥費耶（Montgolfier）兄弟改革了造紙工業的工具，這些改良使得產品無論在數量上還是在質量上都提高了。但是，從 1740 年開始，革新遇到了工人反對機器的運動，工人對機器的破壞在 1788～1789 年之間最為嚴重。

十八世紀的法國工業還不能改變社會，然而工業公司成倍地增長，也都是由於有了金融家——克里佐（勒克勒佐）鋼鐵廠（Creusot）、外國人（尤其是瑞士人）和上層貴族的參與。從 1762 年開始，在聖古邦

（Saint-Gobain）的股東大會上，貴族占了多數地位。雖然如此，工業集中的程度仍然很低，在尼代爾布羅恩（Niederbronn）的特里齊（Dietrich）工廠一共僱用九百一十八人，但只有一百四十八人在車間裡工作，其餘的人則是由礦工、伐木工、車夫等人組成。在礦場—— 1789 年在昂贊（Anzin）的礦井中就有四千人工作——和紡織業中——在儒依－若孔（Jouy-en-Josas）的奧貝坎普夫（Oberkampf）車間中有人百名僱員——集中的程度也較高一些。

　　在西歐以外的地方，工業發展狀況也很不平衡，這一點非常類似於我們在法國所看到的情況。在歐洲，人們能夠清楚地發現部分國家的工廠坐落於城市，或在城市的周圍，以及那些由領主所建立起的地方。但擁有礦產和河流，對於工廠的集中亦是非常有利的因素。

八、工業革命造成的社會劇變

　　由於經濟進步也改善很多人的生活條件與促進醫藥的進步，便使得人口急劇的增加，人們湧向城市到工廠工作，但城裡的住房和衛生條件通常也比較簡陋，工人居住於貧民區，這地區的環境更為惡劣。此外，工人的工作時間通常都十分的長，一般來說，一個工人一天要工作長達十四、十五小時，但工資只有每週三先令而已，且工作環境也十分不好。再加上，亞當‧斯密（Adam Smith）鼓吹產業分工的好處——他主張把生產過程分成一系列簡單的動作使任何人都能夠勝任——這使得工廠僱用大量的婦女和兒童，因為他們的薪資相當的微薄，因而造成社會及嚴重的問題。（他並沒有預見僱用婦女、兒童可能成為現代工業最明顯的弊端，尤其在紡織業和煤炭業最為嚴重。）同時，在這個時期出現國家干預企業活動越少越好的絕對經濟自由主義，這種思想也改變過去長久以來的傳統經濟政策觀點。

　　工業革命之後，造成社會貧富差距越來越大，尤其在自由經濟的政策下，為資本家開拓一個廣大的空間，他們努力壓榨工人階級來增加他的財富，因此便有一群社會主義者提出反對私有財產和平均分配利潤的主張。其中最有名的社會主義者有法國的聖西蒙（Comte de Saint-Simon，1760～1825 年）、傅立葉（Francois Marie Charles Fourier，1772～1837

年）、路易‧布朗（Louis Blanc，1811～1882 年），以及英國人歐文（Rober Owen，1771～1858 年）。

這些社會主義者努力倡導理想合作社會的各種措施，使每個人都能分享其共同努力的成果。像歐文，他主張建立合作社，在那裡有住宅、醫院、教堂、學校等，人們的報酬，是按其實際工作時間來計算的，並統一給予的。為了實現他的這個理念，他還跑到美國的印第安那州的新和諧（New Harmony）建立合作社區，但未能成功。

到 1848 年時，英國的貧窮者和富人之間的矛盾也越演越烈，最後導致貧富間的衝突，衝突的引爆者是工業無產階級者。還好從 1850 年到 1870 年，工人階級的生活環境有顯著改善；過去工人零星的、劇烈的騷動也變得有組織、有條理。由於經濟發展沒有減緩，英國也順其自然地吸收整個工業革命的成果。

不過這場矛盾成為馬克思研究主題，馬克思（Karl Marx，1818～1883 年）根據他的朋友恩格斯（Friedrich Engels，1820～1895 年）對英國工人階級生活的慘狀描述，開始他的理論研究。在 1848 年兩人共同發表了《共產主義宣言》（*Communist Manifesto*），到了 1867 年馬克思又發表了《資本論》（*Das Kapital*）。在這些書中，我們可以很清楚的發現馬克思深受黑格爾的辨證哲學和費爾巴克的觀念影響。馬克思的思想被馬克思注意者所繼承，最後到了二十世紀初，被共產主義所使用，主張推翻資本階級社會的政治與社會，建立無產階級專政。

結論

法國是十八世紀啟蒙運動哲學的發源地，由於 1783 年的冰島拉卡吉加爾火山噴發後的「夏天氣候產生巨變」，幾年來收成不佳（*麵包價格也因此上漲*），因此在 1789 年經歷了一場革命。貴族和神職人員對人民的權威不斷下降，儘管發生了恐怖的暴行，但它仍然是一個傳播民主思想和歐洲共和國思想的場所。

法國大革命（1789-1799 年）不僅結束了法國的絕對君主制和舊政權，而且在整個歐洲引起了震驚。其他歐洲君主制受到威脅，從 1792 年

起，法國和歐洲其他國家之間爆發了戰爭。

　　室內網球場的宣言本身就是一場革命，因爲它不考慮國王的意見。法國革命的軍事勝利，以及後來的拿破崙（1799-1815 年）的軍事勝利，導致了法國征服或統治歐洲大部分地區，他在這些國家廢除了舊政權，沒收了教會的財產，強加了法國民法典和度量衡制度的使用。

　　各國對法國的反對不僅受到貴族反革命情緒的滋養。在 1806 年受辱的德國人中，或在長期游擊隊解放自己的國家的西班牙人中，流行了民族主義（1808-1813 年）：這種民族主義將成爲直到 1945 年歐洲國際關係史的基礎。拿破崙的擴張主義限制了奧地利在德國的影響力，並從地圖上抹去了神聖羅馬帝國。法國最終被所有歐洲聯盟（1812-1815 年）擊敗，幾乎失去了所有征服土地，並且根據《維也納條約》（1815 年）建立了新的歐洲地圖，以利於普魯士，奧地利和俄羅斯。

　　工業革命始於 1780 年，始於英國，技術的進步（鋼鐵，蒸汽機，鐵路）使得開採煤礦能源變得無限可能（因爲它代表著數百萬年的積累），是可再生能源（人類，牲畜，風和河流以及航海和工廠）。1830 年擴展到法國、比利時和瑞典，1850 年擴展延伸到德國和奧地利，1880 年擴展到瑞士和義大利，1900 年擴展到俄羅斯。歐洲覆蓋煤礦、高爐、紡紗、鐵路、電報線路。同時，農業革命也在發生，這場革命爲迅速增長的人口提供了食物（「十九世紀歐洲人口翻了一番，但法國除外）。農村人口外流正在推動強勁的城市增長。工人階級在長期的悲慘和剝削中成長，社會主義思想正在出現。然而，隨著工會制度的發展，工人的條件正在緩慢改善。衛生方面的進步也可以感受到：它們根除了瘟疫（早在 1720 年）和霍亂（大約在 1900 年）。肺結核繼續肆虐，直到 1940 年代末，終於被青黴素的使用所控制。在整個歷史中，歐洲經歷了許多饑荒：第二次世界大戰期間，西歐和東歐羅馬尼亞發生了饑荒；1946-1947 年，蘇聯發生了最後一次致命的饑荒。

　　從 1815 年到 1914 年的十九世紀是漫長的世紀，沒有涉及歐洲所有大國的戰爭：衝突是局部的。1815 年，在組成神聖同盟（俄普奧）的俄羅斯，普魯士，尤其是在奧地利的梅特涅領導下取得了勝利。但是，這種勝利並不能阻止法國大革命的思想在軍隊，文人和資產階級之間傳播，因

此，根據喬治‧杜比（Georges Duby）的觀點，深刻的變化影響到歐洲的集體特徵：歐洲在十九世紀初，仍然由宗教和君主統治界定從屬關係。他們作爲一個稱爲「民族」的語言、文化和歷史群體的成員迅速發展，因此他們被稱爲「德國民族」、「義大利民族」或「法蘭西民族」的成員，而不是普魯士人、巴伐利亞人、奧地利人、皮埃蒙特人。托斯卡尼或法國國王。事實上，即使在 1815 年，絕對君主制並沒有在任何地方得到恢復：憲政君主制仍然存在於西歐、斯堪的納維亞和多瑙河公國。在那不勒斯、德國、莫爾達瓦、西班牙和瓦拉奇出現了 1820 年和 1821 年的自由運動，但它們卻被「神聖聯盟」鎮壓；只有希臘人的起義才導致他們在 1829 年脫離鄂圖曼帝國。在 1830 年的革命浪潮之後，比利時人獲得了獨立，但波蘭和義大利的革命卻被俄國人和奧地利人壓制。1848 年的「人民之春」看到德國、義大利、匈牙利和羅馬尼亞的自由和民族運動，但從次年起，奧地利和俄羅斯軍隊恢復了舊秩序。1859 年法國對奧地利的干預使義大利在薩丁尼亞—皮埃蒙特國王（伊曼紐二世）周圍開始了統一，義大利於 1870 年基本完成統一。1859 年，莫爾達瓦共和國和瓦拉奇共和國聯盟成立了羅馬尼亞。普魯士通過戰爭實現了德國的統一：他在薩多瓦戰役（Sadowa）對奧地利的勝利（1866 年）和對法國（1871 年）的勝利使他得以建立了德意志帝國。奧地利在薩多瓦戰役的失敗使匈牙利能夠在 1867 年妥協產生奧地利—匈牙利（奧匈帝國）。

　　鄂圖曼帝國因失敗而逐漸失去了在東南歐的領土。1804-1813 年的塞爾維亞起義是巴爾幹地區第一次眞正的反對鄂圖曼帝國的民族起義，它預示著巴爾幹地區的民族時代（1789 年法國大革命的典型思想），這將促使希臘人和保加利亞人效仿塞爾維亞的榜樣。當時人們認爲這是一個基督教解放運動，本著浪漫的精神，我們將看到拉馬丁和雨果支持塞爾維亞人反對鄂圖曼帝國。雨果甚至寫一篇歐洲團結的演講，呼籲建立歐洲聯盟，以拯救仍在鄂圖曼帝國佔領下的遭受大規模屠殺的塞爾維亞人，現在，該演講被認爲是歐洲理念的創舉之一。

　　早在 1912 年，在第一次巴爾幹戰爭之後，鄂圖曼帝國只保留了歐洲伊斯坦堡周圍地區。四個巴爾幹國家不能使其邊界與國家的擴張相吻合，因爲這些國家在大片領土上混雜在一起。此外，它們還被大國影響並被利

用。這導致了第二次巴爾幹戰爭，這場戰爭解決了這一問題，同時使奧地利和匈牙利人民的挫折情緒更加嚴重。俄羅斯支持南部斯拉夫人，塞爾維亞希望國家能重新統一。在其領土野心中受阻的奧匈帝國祇能向南方蔓延：它佔領了波斯尼亞－黑塞哥維那（1878 年），最終吞併了它（1908 年），並支持阿爾巴尼亞人和保加利亞，後者向塞爾維亞提出馬其頓權利要求。

美國於 1783 年獨立後，隨即在 1820 年對英國、西班牙及葡萄牙殖民地進行戰爭，除了英國控制著大部分印度，加拿大，澳大利亞和南非以及荷蘭擁有印度尼西亞（荷屬東印度）之外，之後歐洲人就不再擁有很多殖民地。法國於 1830 年開始征服阿爾及利亞，這重新激發了殖民主義的征服。

因此，十九世紀末，歐洲帝國主義開始在非洲、亞洲和大洋洲建立第二個殖民帝國。1885 年，在柏林殖民問題會議上，「爲了土著人民的道德和物質福祉」，歐洲列強製定了規則。由於任何新的征服都必須徵得其他大國的準予，因此競爭開始了，殖民化進程也加速了：正是「尖頂競速」在歐洲大國之間造成了摩擦，法國與英國之間在東非的法紹達（Fachoda）事件（1898 年）。英、法和德國之間在北非摩洛哥丹吉爾（1905 年）和阿加迪爾危機（1911 年）。

在 1914 年，歐洲在其最高點佔據著世界的主導地位，歐洲國家控制的累積領土（包括西伯利亞的俄羅斯）占世界空間的 66%，占世界人口的 60%。列寧寫道，帝國主義是「資本主義的最高階段」，這意味著歐洲共產黨至少在第二次世界大戰之前將加入反殖民鬥爭。

在第一次世界大戰之後，在獨立運動試圖獲得承認的時候，法國、英國，以及在較小程度上比利時和日本共同擁有德國殖民地和鄂圖曼帝國的阿拉伯領土。只有埃及在 1922 年獲得某種獨立，這是其 1919 年革命的結果。

1929 年的世界經濟危機導致歐洲人通過「帝國優先」政策，並壓制其殖民地獨立運動。然而獨立運動卻變得越來越緊迫。特別是在印度和馬格里布（非洲西北部一地區）。

第四章
現代史

第一節　法國大革命

　　路易十六是法國君主統治最後一位具權威的國王，1774年他繼承王位時是那麼名副眾望的，他本人也深受人道主義的影響，宣稱：他愛人民，歷史是沒有理由拒絕他這個宣布的。因此在他統治初期，曾對行政體系的變革即做過長期的努力，且獲得貴族階層及藝文界的熱烈支持。然而在不到二十年的時間，他就被送上斷頭臺。何以路易十六會被送上斷頭臺，這樣的悲劇在其統治的前十五年間，難道沒有絲毫的警訊嗎？

一、法國的危機

　　當時的法國社會被稱為「舊秩序」，社會是有階級的存在，每個人都有自己所屬的階級，第一階級即是教士，第二階級為貴族，第三階級便是占社會大多數的工商業者與農民。這三個階級以第三階級的農民最慘，他們的人數雖然很多，但卻是最貧困的一群，沒有參政權且必須負擔國家大部分的稅負。

　　不過有一點必須要知道，每個階級內的份子並不是享受同樣的特權，像是教士階級中享有特權的教士都是一些高級教士與修道院院長，他們拿走教會收入的大部分，一般教區的教士生活也和平民一樣的清苦。至於貴族階級也不是那麼的和諧，它被分成穿袍貴族（是一群利用錢購買爵位的貴族）與佩劍貴族（是一群封建時代就存在的貴族）。佩劍貴族瞧不起穿袍貴族，他們希望能將穿袍貴族的人數控制住，因而引起這階級的不和，這些佩劍貴族對法國大革命有很大的影響力。

　　此外，法國在經過長期的經濟發展，出現了一批中產階級，這些人擁有相當豐富的知識，他們大都是政府的官員、大金融家，與大商人。這群人十分厭惡那些享有特權的貴族階級，與貴族們傲慢的態度，因為這些會讓他們有一種受到屈辱的感覺。而且原本富裕的第三階級成員可以利用購

買或是婚姻的關係，讓自己的地位上升成爲貴族，但是大約在 1780 年貴
族們便將此管道關閉，使這些富裕的第三階級無法享受特權，因而引起他
們的不滿。

促成革命最重要的因素便是財政問題，財政問題一直都深擾法國當
局，這可說是革命的導火線。雖然從李希留時代便開始致力於財政改革，
但都未能成功。到了十八世紀，法國參加一連串的對外戰爭，幾乎將國庫
耗盡，而且此時的法國又很不幸地遇到一連串的天災，使農產歉收，讓財
政更加地吃緊，使問題更加嚴重。因而讓原本不想召開三級會議的路易
十六，現在想要藉由召開三級會議的方式來解決急需解決的財政問題，因
而引發法國大革命。

其實當時的法國並不是一個相當窮困的國家，而且戰債問題是當時每
個國家普遍存在的問題，但法國政府竟然會對它束手無策，最主要是因爲
它的財政部門，法國並沒有健全的稅賦制度與會計制度。對此我們可以好
好加以討論，革命前的法國並沒有合理的稅制，所有的稅賦都落在平民的
頭上，貴族與教士卻巧立名目免稅，而且「包稅制度」讓徵收而來的稅，
很多都沒有繳入國庫，因而造成財政吃緊。至於會計制度方面，這個國家
更不健全，因爲它並沒有政府的會計人員，因此政府無法準確的了解國家
的資產與負債，讓法國政府最後破產。

再者，啓蒙運動起源於法國，哲學家們的思想成爲推動法國大革命的
重要思想根據，像是伏爾泰、孟德斯鳩、盧梭與洛克的政治思想，都對當
時社會情況不滿的中產階級與貴族們有極大的吸引力，當時的法國對這個
革命有一句名諺：「都是伏爾泰的錯，都是盧梭的錯。」

盧梭（Jean-Jacques Rousseau，1712～1778 年）是一位見解獨特的
政治哲學家，他的政治主張表現在《論人類不平等的根源》（*Discourse
on Inequality Among Men*，1755 年），在書中他攻擊社會的基礎，尤其
是對財產方面的爭執，事實上這是出自於新教的政治體系，即新教徒們主
張的國家主權。在《民約論》（*Social Contract*，1762 年）中，他提到，
統治者與人民之間有一種「契約」，這契約不僅是一種政治契約，更是一
個社會契約，一個有組織的社會就是建立在這種契約之上。此外，盧梭還
認爲「主權」是不可分割的，是神聖、不可侵犯的，當社會國家建立後，

主權即屬於人民全體。

二、革命的發生

　　1788 年法國由於天災，讓農作物收成不佳，人們憂慮即將發生的饑荒問題，心中充滿不確定感，社會似乎瀰漫著不平靜的氣息，使得軍隊不得不離開駐防地，去維持地方秩序，防止飢餓的農民搶劫，以確保糧食的運送。至於城市，也由於農業僱主普遍的貧困，英國生產質優而價廉的工業產品傾銷，讓他們的經濟更加的困苦，因而社會瀰漫著一股低迷的氣氛，當人們處在這樣的氛圍中，自然會有一些不安和不滿。

　　因此路易十六決定於 1789 年 5 月召開三級會議，希望在會議中能解決這些財政上的問題，但這時的各階層都希望能藉此為自己爭取一些權利。例如大多數貴族和高級神職人員都希望利用這次機會爭得一席之地，當然他們不願也不會放棄任何的特權、榮譽和財產，他們最大的希望便是控制政權，將全國性的三級會議變成像英國的國會一樣，成為國家最高權力機構。

　　至於中產階級和下層神職人員的主要訴求卻是取消貴族和高級神職人員的特權，一部分自由貴族也支持中產階級這一要求。雖然中產階級的代表在數量上得以維持多數，但也只有在不按等級為單位投票表決時。只是三級會議的投票方式是以一個階級為一個單位，讓他們無法在此占上風，這也使得享有特權的人一直成為多數。因此開會前就出現「如何投票的問題」，對於這個主題各方有不同的意見，國王已經無法完全控制議會。這時法國新當選的議會代表，在三級會議上力陳國家大政方針，並嘗試調整過去的政策，現在第三階級主張共同集會，希望能以個人為單位進行投票。路易十六接受貴族的建議，還是主張原本的方式，這讓路易十六失去原本支持他的第三階級，而讓第三階級與少數的貴族、教士從三級會議中出走。

　　1789 年 6 月 17 日這些出走的議員將三級議會改為「國民議會」（National Assembly），並邀其他階級代表參加。當時政府決定要關閉會場，6 月 20 日他們便到附近的網球場簽署一份「網球場誓言」（Oath of the Tennis Court），改稱為制憲議會，宣稱只有在取得實際的成果後，

他們才要散會，否則將持續召開制憲會議。6 月 27 日，路易十六只好承認制憲議會，並要其他階層加入開會，但同時又派軍隊集中在凡爾賽宮附近。

這時各大城市出現的動亂越來越激烈了，在巴黎地區的中產階級整日惶恐不安，他們擔心國王會與貴族合作，反對制憲會議，進行反革命政變，便武裝暴動，於七月十四日攻占了巴士底（Bastille）監獄，組織一個公民委員會，國王在無計可施之下，便接受這一情勢。

與此同時外省地區由於盜匪的猖獗，影響到人們的安寧生活，儘管強盜事件僅發生在森林區附近，但也足以引起人們的心裡更加不安，讓法國瀰漫在恐懼不安的氣氛中，出現所謂的「大恐慌」（Great Fear）時期。為此人們組織具有自發性的國民自衛隊，後來又擴充到城市自衛隊，並竭盡全力建立全國性的國民自衛隊（National Guard）。因此，在王室軍隊之外又出現一支由國民自發性所組成的軍隊，但這支軍隊改變了法國的政治生態。

危急的局勢似乎對那些王室的擁護者產生不小的心理影響，他們從 1789 年 7 月份起迅速地移往國外，並追隨已逃往國外的王室成員，這一切的騷亂後來也都在國民議會裡得到了回響。國民議會在 8 月 4 日深夜召開會議，他們在會議上宣布全面改造法國過去的社會階級制度，法國人民在法律之前應該人人平等。所有的階級特權和封建權力應當無償或得到一些補償後立即廢除，諸如取消行會的壟斷，解除領主給予佃農、貧農的奴隸枷鎖，此時封建制度終告廢除。

事實上諾曼地地區很早就已經廢除上述提及的不合理情事，不過這一時期法國的政治改革已經超過歐洲任何一個國家的改革成果，並進一步體現孟德斯鳩、伏爾泰和盧梭等政治思想家行政精神體系的理念，以及制憲會議的完成。接著便在 8 月 27 日制訂「人權宣言」（Declaration of the Right of Man），這個宣言的出現代表法國革命精神的成就。

三、國民會議時期（1789～1791年）

這時各專門委員會大多由法學界人士組成，第三階級的平民此時也把保護自己利益的任務交給他們負責，而各專門委員會也確實極力實現他們

的改革措施。1791 年所頒布的憲法闡明建立有限王權的君主世襲制度的立憲政體，這個政體採取三權分立，行政權是由法國國王所主持，立法權則是由立法議會來執行，司法方面則建立陪審制度。

而這個議會委員是由有選舉權的公民（當時把人分為積極公民與消極公民，只有積極公民——指的是能繳交三天以上的直接稅公民——才有選舉權）所選出。這些選民都以個人的名義向國家納稅，不過他們也無法直接選出國會議員，他們必須先選出選舉人，接著由這些選舉人來選出國會議員。

為了避免專制的中央集權統治，地方政府獲得重整，法國被分成八十三個平等的區，每一個區實際上也是一個地方政府的行政領域，然而它與各省和各市鎮的權力高度的分離，一個區同時也是金融和司法的區域，區內司法機關是由審判階級制度和省刑事法院，以及區內的安全司法部門組成，一個區甚至也是一個宗教勢力的範圍。這些變革措施基本上有利於政府接近民眾，而且司法和行政部門的人員亦經常更替，因為他們也都由選舉產生。

由於政府廢除就業的特權，因此司法人員的受賄也和經濟問題有密切的關連。司法或行政人員必須根據任職時間的長短和職務的高低，來償還不同金額的欠債，使得這個時期正式任職的行政和司法人員，發揮很好的吸金作用，因此經濟上明顯地好轉。

聶凱爾（Necker）曾樂觀的認為，假設納稅人皆以愛國稅名義繳納他們收入的四分之一，法國的經濟和財政困難便可以迎刃而解，但是聶凱爾這種樂觀想法不可能實現，因為人們納稅時都隱瞞財產數量，而且享有特權的人和一般平民在財富的隱瞞上沒有多大差別。

人民這時的經濟生活受到過去的政經危機和革命動亂影響，使法國的形勢變得更加不穩定。在如此的不景氣中，人們被迫不得不取消按自己意願而從事的職業，即所謂的行會制度，導致手工業者的失業人數急劇增加。革命的動亂不安，更使得法國海關的豐厚利益也受影響。

為了解決經濟（公債）的問題，國民會議將苗頭轉向教會的財產，國民會議希望利用教會財產當作發行紙幣的擔保，以解決通貨膨脹的問題。其實是奧圖（Autun）主教提出一個解決問題辦法，把各地區教士的財產

交由國家管理。他的建議目的是爲了要取消什一稅和教會的封建特權，然而他可能過於低估教會的確切收入，認爲以這些財產換取國家付給教會的薪金，還是有利可圖。

法國財政的緊急情況，使得法國政府出售大批從前教會的土地，但政府要求買主必須付現金，且這些土地都是大塊的出售，這使得能夠購買的買主成爲少數的對象，包括貴族、有錢的市民以及不斷增加資產的大地主，更由於中間商的投機，很可能導致這些財產的貶值，然而也因此增加中產階級的數量。

1790 年 7 月「教士公民組織法」（Civil Constitution of the Clergy）制定了，這個組織法是由制憲會議委員爲天主教神職人員所制定的組織法規。在此法中，教士受到政府控制，是由政府支薪，而且不管是主教還是一般教士都由人民選出。此外，在此法中還將各區選舉的主教席位減少到五十個，這讓通向主教職位的教士人數又減少一半，而政府給付教士的薪金也僅能餬口，致使教士的生活日益惡化。因此教士被迫採取收費的方式進行禮拜儀式，這一切都使神職人員從過去所享有的特權生活跌入谷底。

不過現在社會日趨混亂，政府無法解決這些日益嚴重的社會混亂，促使各省的國民義勇軍更加堅定地維護各地區統一的決心，這些地區的新貴與主教也由於戰爭、婚姻和從舊制度下的王公貴族那裡繼承財產，因而決定聯合起來。

上述的「教士公民組織法」雖然有不同的分歧意見，然而也使各地區的勢力結盟，並嘗試新的政治制度。但這一時期所籌組的新政府在國王出逃期間遭受沉重的打擊，法國王室成員所乘坐的車輛在即將到達洛林地區時，竟出人意料地停留在瓦雷納（Varennes）被抓回來，路易十六的逃亡注定這個新政府的失敗。

當初革命的發生是爲了解決政府財政上的問題，但到了 1792 年法國人民的生活並沒有變得好轉，政府所施行的經濟政策讓物價持續的上漲，人們現在開始對這個政府失望了。而國王的逃走，使得溫和主義政策開始瓦解，此也鼓舞了反對溫和主義的陣營，致使溫和主義更陷入困境，尤其是有些貴族依據自己的理論把國王當作囚犯論處。

雖然雅各賓黨人（Jacobin Club，他們大都是中產階級）認爲，國王

應該有責任批准某些維護新秩序的法案，依據這個時期法國的新憲法，法王還是法國的統治者，因此國王理應還有一定的權力。但流亡在外的貴族企圖摧毀當時的新憲法，以恢復舊有的制度，而且他們也因國內的政局多變而深感不安，擔心國內緊張局勢的擴大對他們日後產生影響，為此一些王公大臣首先把注意力放在路易十六和平民之間的衝突上，他們希望利用法國內部的困境，以解除他們的不安全感。

四、對外戰爭與第二革命（1792年）

選舉期間，由於國王突然逃走，給予選民自由表達意願的條件。此時沒有一名制憲會議的成員自願列入七百四十五名立法議會議員的名單內，因為這些立法議會議員是一個沒有實權的職位，但他們必須處理越來越棘手的政治局勢。同時，羅馬教皇擔心法國政府按常規對教士的糾紛干預，因此經長時間的考慮後，終於決定禁止「教會公民組織法」，該法過去的確為不滿現實的人們提供無法替代的政治活動場所，此外對教皇所屬的領地是否併入，法國也進行全體公民的表決，然而法國顯然沒有補償 1791 年 3 月 10 日羅馬教皇在敕書中支持法國新憲法之後所造成的損失。

此時期爆發革命的法國與鄰國之間的關係也驟然緊張，例如東北部地區很多居民自認為屬於法國，但還沒有被鄰國承認，國民議會就命令法軍將領解散所有占領地區的原有政府，沒收政府和教會的財產，廢除什一稅、打獵權、封建稅捐等，並建立臨時政府。

這突如其來的財政金融改革對鄰國構成相當大的威脅和不安，讓原本就厭惡法國革命的歐洲各國專制君主，更想聯合圍攻法國，再加上此時的法國又以宣傳革命的方式來向歐洲各國挑戰，更使各國決定採取行動。此外逃亡在外的法國貴族為避免受到法國大革命的迫害，紛紛在國外定居下來，並與各國貴族聯繫，來反對法國的革命。

不過歐洲各國的統治者剛開始面對法國的局勢，並未採取積極的態度，事實上幾世紀以來法國君主政體，早已提供了革命的先決條件，而歐洲各國在這一時期也正好處被其內部問題所困擾的時候，因此像是俄國的凱薩琳女皇（Catherine），根本無意和西歐發生瓜葛。至於波蘭由於長期的動盪不安，正試圖重建國家，而法國的革命正可以作為榜樣，並防止領

土被瓜分的命運。至於英國，它只對有利可圖的貿易協定十分重視，它只想到盡量增加與法國所簽的協定法規內容。他們有一些僑民被吸引到法國芒什省（Manche）從事貿易活動，像很多富人一樣，他們用其特有的物品交換土地。另一些專制君主則是冷眼地觀看路易十六所面臨的困境，並鼓勵充滿暴力的美洲殖民地反對其宗主國。

　　當時法國王后瑪莉・安敦妮（Marie Antoinette）還曾要求其兄奧地利國王利奧波爾德二世（Leopold II）協助，不過利奧波爾德二世正忙著與腓特烈二世、凱薩琳女皇瓜分波蘭，便請她自己調適以順應法蘭西的情勢。至於西班牙和那不勒斯王國雖然曾透過《家族條約》與凡爾賽的波旁王朝成員結盟，但由於當時這兩個國家和皮埃蒙特（Piémont）國王財政上都很困難，因此也不願意捲入法國的糾紛。

　　路易十六與其家人出逃瓦稜鎮（Varennes）失敗之後，法國的政局一片混亂，國王也失去行動自由，形同囚犯。這才讓奧皇利奧波爾德二世與普魯士國王腓特烈二世在皮爾尼茲（Pillnitz）舉行會議，會後由普、奧聯合發表一項名為「皮爾尼茲宣言」（Declaration of Pillnitz）。在此宣言中法國國王的處境成為歐洲各國共同關切的事情，因此提到「法王應恢復他的完全自由，如果國王與王后遭到傷害，普、奧兩國在必要時準備以武力達成這項目標。」這項聲明最後損害的是路易十六的聲譽，也激起法國人民對普奧兩國的憤慨。

　　這時的國民會議由雅各賓黨中的激進黨吉戎特派（Girondists）所控制，這是一群主戰者，他們認為戰爭可以將革命思想傳到世界各地，並結合當地的革命勢力，推翻原本的政府，如此法國的革命才會成功。此外，路易十六也渴望戰爭的發生，因為路易十六希望能藉此恢復對法國政治的控制。1792 年奧皇利奧波爾德二世過世，由他的兒子佛蘭西斯二世繼位，他一即位便表現出對法國革命干涉企圖，因此戰爭似乎是勢在必行。

　　國民議會的成員較具有同情心的溫和派者認為，戰爭會使革命的果實被摧毀，但戰爭已是不可避免的。雖然當時的國民議會明確阻止法國對匈牙利和波希米亞宣戰，並希望能不把整個普魯士都捲入戰爭之中。但隨後國民議會一致決議對普、奧干涉法國革命的行為採取強硬政策，使得這溫和的政策也明顯地減弱，1792 年 4 月法國立法會議決定向奧、普聯盟宣戰。

對普、奧聯盟的戰爭中，一些逃亡到國外的法國王室貴族追隨普魯士國王威廉二世的軍隊，在布倫瑞克公爵（Duke of Brunswick）指揮下，逐漸進逼法國本土，法國在戰爭中明顯處於劣勢。奧地利的軍隊也迅速地擊敗法國北方前線的守軍，軍事失利使得巴黎輿論譁然，並引起極大的騷動。當時通信的落後使國民議會的命令遲遲無法傳達，也無法撤銷原來的命令，前線作戰的法軍由於組織不良、訓練不精，武器陋劣等種種因素，也因而屢遭敗北。

巴黎市民在這種軍事失利，看到王后身邊的人毫不掩飾對奧地利的期望，與路易十六的猶豫時，讓國王更加失去民心，這時人民開始相信國王和王后與敵人祕密勾結。再加上雅各賓黨中的激烈份子，像是羅伯斯比（Maximillien Robespierre，1758～1794 年）與丹敦（Georges Jacques Danyon，1759～1794 年）等的鼓動，於是發動遊行示威，並辱罵國王與王后，因此而埋下他們被處決的命運。

1792 年 8 月 10 日，城市工人居住的地區藉著來自馬賽和其他地區的新兵支持起而叛亂，他們攻占杜勒里宮（Tuileries），並瓦解瑞士守備隊的抵抗。此外曾經積極參與起義戰鬥的巴黎公社也被國民議會承認，因此一個革命的市政府在巴黎建立，其政策比國民議會更為激進，不久之後它篡奪國民議會的權利，並廢除 1791 年的憲法，選出國民公會（National Convention），以及監禁國王路易十六及其家人，開啓第二次的革命與九月大屠殺。整個巴黎籠罩在無政府與恐怖的氣氛之中，這時狂熱份子認為應該先肅清內部的敵人，才能對外作戰，因此他們從監獄中拖出上千位政治犯進行審判，並立即判他們死刑，結果，在九月間就有一千一百人被處死。

五、恐怖時期與督政府時期

國民公會當時對於如何處置路易十六之事爭執不下，雖然國民公會的成員大都是激進份子，且大都要求要廢除君主制，與處死路易十六，不過吉戎特派企圖解救國王。1792 年 12 月路易十六被冠上「叛國」交付審判，最後他以一票之差（三百六十票對三百六十一票）被判死刑，1793 年 1 月被送上斷頭臺。

　　這時的革命已經出現了弒君的行動，讓歐洲各國無法再像從前採取觀望的態度，1793 年 2 月英、荷、西、德、奧組成一個大同盟（第一反法聯盟）對法作戰，這時國民公會決定徵召所有的男性服役。爲了能團結國內資源，贏得對外作戰，羅伯斯比（Robespierre）便選出十二名議員，組成「公共安全委員會」（Committe of Public Safety，簡稱公安委員會）來主持這個政府。

　　爲了要贏得對外的戰爭，1793 年 8 月國民公會通過普遍徵兵制，結果出現全國皆兵，爲整個國家而戰的局面。使得這時的法國擁有相當多的兵力，和最大的作戰潛力，讓公安委員會有充裕的兵源可以使用。此外，國民公會也重視經濟與宗教問題，在經濟問題上，他們爲了阻止生活費持續的上漲，就阻止物價上漲；宗教上則試圖以理性崇拜的方式來取代基督教。

　　爲了鎮壓反革命份子，實行了眾所皆知的「恐怖統治」（Reign of Terror，1792～1795 年），雖然這時的法國因爲這個普遍徵兵制的關係，讓他們逐漸在軍事上獲勝，但這個軍事上的勝利卻讓恐怖統治失去藉口了，人們對公安委員會是又懼又怕，沒人願意繼續在恐怖統治之下生活。而且在 1793～1794 年間，也有一些雅各賓成員步上斷頭臺，因此國民公會的成員發現已經無法再忍受羅伯斯比的專制，便於 1794 年將羅伯斯比送上斷頭臺，這天正好是革命曆的熱月 9 日（Thermidor 9）。

　　羅伯斯比被處死之後，便出現所謂的熱月反動（Thermidorian Reaction）。這時留在國民公會的多屬溫和派份子（即是保守的資產階級），他們被稱爲「熱月份子」（Thermidorians），他們最重要的作爲便是決定放棄 1791 年的憲法，制定 1795 年憲法。這部憲法恢復了間接選舉和財產限制，因此代表著中產階級又重新控制政權（不過這群中產階級並非 1789 年之前的貴族，而是一群新興的資本家）。

　　由於 1795 年憲法限制了國家的行政權，而是由一個選出的五人委員會來承擔，這五人委員會被稱爲「督政府」（Directory），因此從 1795～1799 年這段期間被稱爲督政府時期。1797 年國會進行選舉，此時右派的保皇勢力有再度復興的形勢，這是原本的共和黨人與弒君者（原羅伯斯比支持者）無法忍受之事，他們便成爲所謂的左派，逐漸成爲無產階

級者，政府受到左右兩派的攻擊，政局並不穩定。

　　此外，從 1792 年以來法國就一直進行對外戰爭，1795 年法國雖然突破第一聯盟但仍繼續與英、奧等國作戰，這給拿破崙一個崛起的機會。1797 年奧國也被法國擊敗退出聯盟，使得第一反法聯盟瓦解。因此在隔年，英國便與俄國、奧地利、西班牙、葡萄牙、那不勒斯共組第二反法聯盟，稍稍控制住拿破崙。1799 年拿破崙從埃及祕密返回法國發動政變，推翻督政府組成臨時政府，並制定 1799 年憲法，依此憲法拿破崙為第一執政。由於這個政變發於革命曆二月（霧月），因而稱為「霧月政變」（Coup d'etat of Brumaire）。

六、執政府時期與拿破崙帝國時期

　　1799～1804 年時的拿破崙以「第一執政」的名義進行統治，接著他將他的職位延長為終身職，1804 年他利用人民對他的愛戴，宣布成為「法國人的皇帝」，自稱為拿破崙一世，建立法蘭西帝國。當時他為了確保他權力的合法性，便制定一部新的憲法，交付全民公投。接著他又頒布成年男子普選，不過他是利用間接選舉的方式，將政治權力集中在企業家與專門職業者手上，但這些人無法提出法律，他們只能進行同不同意的投票，實際上政府的權威是建立在他個人的權威上，他在這個國家行中央集權制。

　　他執政時將法國從 1789 年以來的動亂結束，強調他的政府要「職業開放，唯才是用」，這讓每個人必須依照自己的能力去獲得工作，舊貴族子弟便無法再依靠家族勢力獲得工作。如此讓能力的培養成為一項重要的工作，所以他大力推動教育，讓許多受過教育的年輕人能擔任政府中職務。此外，拿破崙也進行法典的編纂，他最大的成就便是完成了一部有系統的、最著名的《拿破崙法典》（Code Naopléon），這是一部進步的法典，它確保全法國人都享有同樣的權利，在法律之前一律平等。

　　除了內政外，拿破崙也相當重視對外的關係，當時第二反法聯盟仍持續對法進行戰爭，1802 年拿破崙便利用外交手腕離間第二反法聯盟成員，使得俄、奧的離開，造成這個聯盟的瓦解。不過這個和平並沒維持很久，1803 年英、法又再度交戰，1805 年英、俄、奧等國再度組成聯盟，

成為第三聯盟，這時拿破崙馬上集結他的大軍與第三聯盟對抗。

　　拿破崙在歐陸方面是攻無不勝，使歐陸各國都臣服於他，但他在對英方面卻吃下敗戰，於是他在 1806 年實行「大陸政策」（Continental System），對英採取經濟戰的方式，禁止英國的貨物輸入大陸各國，希望以此讓英妥協。只是他沒想到這個「大陸政策」並沒有傷害到英國，因為英國反而加強殖民地的經濟貿易，反而使得歐陸各港口貿易陷入停滯的狀態，造成走私貿易的發達，讓歐陸各國對法產生不滿。

　　不過 1808～1813 年的半島戰爭是造成他失敗的開始，1808 年他讓他的哥哥約瑟夫（Joesph）成為西班牙的國王，並企圖讓革命思想在西班牙發芽、結果，因而引起人民的反抗。當初西班牙以游擊戰的方式將法國的軍隊牽制在此五年，讓拿破崙無法有效地調度他的軍隊，再加上英軍的幫忙，這讓全歐洲又興起對付拿破崙的想法，且在戰爭結束時，西、葡早已落入英國人的控制之中。

　　由於俄國長期以來一直都依賴西歐的產品，拿破崙的「大陸政策」讓俄無法得到它需要的物資，使俄國的經濟陷入危機之中，1810 年俄國沙皇決定不理會拿破崙的「大陸政策」，向英國表示善意。俄沙皇的舉動當然引起拿破崙的不滿，便於 1812 年的春天派兵征伐俄國，6 月法軍進入俄國。

　　拿破崙認為他可以用速戰的方式很快就解決這件事，但俄國採取的是避免與法軍作戰的方式，以堅壁清野的方式撤退。雖然 9 月時拿破崙便輕易地占領莫斯科，但他沒想到在他進入莫斯科的第一個晚上，整個城市竟然發生火災，讓他獲得的是一座空城。而且他也沒想到，他在此地滯留的一個多月，最後竟是他失敗的主因，因為俄羅斯的冬天比任何地方都早都冷。當拿破崙在 10 月底決定撤退時，他的大軍早已飽受嚴寒、飢饉、疾病之苦，導致前進的步伐緩慢，現在他的大軍又受到俄國游擊隊的侵襲，讓他的軍隊幾乎全軍覆沒。

　　當拿破崙征俄失敗之事傳開後，讓反法的國家又燃起希望。1813 年俄、普、英、奧等國再度組成反法聯軍，發動所謂的「解放戰爭」（war of liberation）。這年 10 月的萊比錫（Leipzig）之役將拿破崙徹底擊敗，聯軍在隔年的 3 月攻陷巴黎，迫使拿破崙無條件投降，並將他流放到厄爾

巴（Elba）島，法國則由波旁王朝的路易十八進行統治。

第二節 在「自由主義」思潮下的法國

　　此時的歐洲是一個保守主義抬頭的時期，這時主事者都是舊秩序下的貴族，他們深受法國革命與拿破崙戰爭之苦，急於想恢復革命前的歐洲狀況與舊秩序下的制度，這些政治家相信，只要各國是在均勢的基礎上，便能使歐洲維持長久的和平。1815年時期的法國人民渴望和平，這時波旁王朝依靠擺脫拿破崙的舊部屬建立起來，路易十八很快速地建立君主政體。

一、維也納會議

　　拿破崙戰爭結束後，因爲拿破崙帝國將原本的歐洲政治版圖打散了，出現政治重整的問題，爲此歐洲列強決定召開維也納會議（Congress of Vienna）解決這些問題。1814年9月維也納會議召開了，幾乎所有的歐洲國家都派代表出席會議，不過會議的主要代表人物爲奧國的首相梅特涅（Clemenz von Metternich，1773～1859年）、英國外相加斯里拉（Castlereagh，1769～1822年）、俄皇亞歷山大一世（Alexander Ⅰ，1777～1825年）、普魯士首相哈登堡（August von Hardenberg，1750～1822年）、法國外相塔里蘭（Talleyrand-Perigord，1754～1838年），其中以梅特涅最具影響力。

　　維也納會議的目的是在建立「歐洲均勢」，使歐洲各國避免受到某一強國的支配，至於這會議的最高指導原則，則經由會議的主要代表人物討論後決定的，最後採用「正統原則」（Principle of Legitimacy）與「補償原則」（Principle of Compensation）來處理。

　　所謂的「正統原則」是由法國外相塔里蘭發明的，他希望能藉此解決法國的政治問題，與保障法國的利益，讓法國不致於成爲這個會議的犧牲者，不過這觀念很快就被梅特涅所利用。在「正統原則」下，歐洲各國在革命前的王朝是需要恢復的，因此路易十八的波旁王朝屬於正統，所以恢復是合理的。也由於此原則，歐洲必須恢復1789年之前的政治與地理的

狀態。至於「補償原則」則是指給予那些願意在重建歐洲秩序與領土畫分時，放棄部分領土與主權的列強國家一些補償。像是奧地利此時讓出奧屬尼德蘭給荷蘭，因而將義大利的倫巴底－威尼西亞（Lombardy-Venetia）等地給它作爲補償。

由於拿破崙時期將整個歐洲地圖大大的打亂，使得這個會議必須要重畫歐洲地圖，不過列強在重畫歐洲地圖時，是以 1805 年的列強擁有的土地爲準，配合了補償原則做決定，並沒有考慮到民族問題、人民意願，而是將注意力放在維持列強均勢上，因此出現了將奧屬尼德蘭給荷蘭的局面。

此外拿破崙時期對德意志改造得最徹底，他在此地建立一個「日耳曼邦聯」（The German Confederation），現在會議決定在此建立一個由奧國領導的德意志邦聯（German Confederation），這是一個組織鬆散的邦聯，不過在這個邦聯中的每個邦國都是獨立自主的國家，如有任何的事務都交給邦聯會議負責，但每個邦國都有否決權，因此邦聯會議並不能做任何的決定，最後淪爲普、奧競爭之地。

當時最棘手的問題是波蘭與薩克森尼（Saxony），因爲俄國沙皇亞歷山大一世企圖占領整個波蘭，在此地建立一個君主立憲的國家，讓自己成爲這個國家的君主，因而希望普、奧放棄它們在之前所瓜分的土地。對於俄國沙皇的這個提案普魯士願意接受，不過他要薩克森尼作爲補償。至於奧地利則十分反對，因爲梅特涅認爲這樣會使這兩國的實力大爲增加，破壞均勢的局面，對歐洲事務造成影響，而且也會對奧地利的利益大爲影響。

還好英國是支持奧國的，英國也不希望這時的歐洲又出現一個強大的勢力，它希望歐洲要維持一個均勢的局面，以確保它的利益與海軍的優勢。因此這會議的列強（英、奧、普、俄）分成兩個集團，雙方爭執不下，讓法國有機可趁，終於加入四強之中，而於 1815 年與英、奧組成防禦同盟，迫使普、俄打消念頭。

不過在簽定維也納會議的條約前，拿破崙逃回巴黎再度稱帝，這段時間被稱爲「百日復辟」（Hundred Day），這讓原本幾乎決裂的英、奧、普、俄又再度聯合，1815 年 6 月雙方於比利時的滑鐵盧（Waterloo）交

戰，此役拿破崙失敗了，最後歐洲列強將他放逐到南大西洋上的聖赫勒拿島（Saint Helena）。

　　拿破崙的百日復辟讓歐洲列強決定要用武力保護歐洲不再受到革命的侵犯，因此英、奧、普、俄在1815年簽定第二次巴黎條約時，便簽定「四國同盟」（Quadruple Alliance），一致同意防止拿破崙重回法國與維持維也納協定的任何決定。

二、法國的復辟王朝

　　根據維也納會議的正統原則，法國在政治上由路易十六的幼弟——路易十八即位，使得波旁王朝復辟了。根據1814年的憲法，路易十八行使的是有限制的王權，不過他是個非常謹慎、自私、善猜忌、沒有魅力的老人，他雖然大力捍衛舊體制，非常注重君王的尊嚴，由於他曾飽受流亡之苦，因此知道如何妥協，肯定既定事實，並順從事實，接受立憲政體。

　　根據「1814年憲章」行政權在國王手中，依憲法規定這個國家是由他和大臣部長、親近的臣子、外省仕紳或重新歸附的過去帝國官員共同治理的，這些高官要員都依附國王，不過國王有時會為了實現必要的政治措施，而把他們當成犧牲品。至於立法權則屬於議會，議會是由兩個議院組成，貴族議院設在盧森堡宮，成員由國王任命，且可以世襲；眾議院每五年由納稅的選民選舉一次（三十歲以上的公民，納一千法郎的直接選舉稅），他們的被選舉資格是四十歲以上，擁有至少三千法郎的財產，至於選舉權也是有財產與年齡的限制（1830年以前法國大約有三千萬人，但選舉人口最多卻只有十萬人）

　　當時議會的功能是通過法律和國家預算，但政體中沒有任何國會代表，只是憲章的實施卻詳細指出代議政體的運作情形。憲章的主要原則包含承認公共自由財產權的保障，即使對於以往國家財產的買主，法律並不能從該朝代復辟追溯到舊政體的復辟時代。不過路易十八在位沒多久便發生了「百日復辟」，1815年被放逐到厄爾巴島的拿破崙逃回巴黎，路易十八知道後便急忙逃跑，後來是在威靈頓與布魯克聯軍下才迎回路易十八，而有第二次復辟。

　　隨著憲章的產生也出現許多政治傾向，因此也出現一批極右派的王權

者，他們是一群最忠誠於波旁王朝者與極端保皇主義者，這些人死心塌地投靠國王的弟弟阿圖瓦（Artois）伯爵，他們譴責憲章限制國王的權力，促使國王取消憲章。此外，還有一群投靠大地主的人，他們主要是貴族或以前的移民，在帝國時代是祕密社團的成員領導，這群人在西部地區的農村、南部的手工業者及店主中影響很大。1815 年 8 月這些極端份子主導第一場選舉，推動清肅運動，即所謂的「白色恐怖」（White terror），進而反對舊革命者和拿破崙主義者。因此納伊（Ney）將軍被判處死刑，並有一批人遭到流放，大約七萬人左右被逮捕。反革命學說得到傳統哲學及反平等主義者德波納（Louis de Bonald）的強調，並由許多報章和作家廣為宣傳。

在「白色恐怖」時期國會進行改選，結果卻選出一群比國王還要保皇的國會議員。這時眾議院極端派首領卻宣布對政府具有監督的權力，同時放寬選舉範圍（降低選舉納稅額及實行兩級選舉），其因在於懷疑這些資產階級備受革命思想同化，因此目的在於減少資產階級的選票。

不過路易十八是一個對君主立憲制充滿信心的人，他反對所有的暴力革命及極端行為，否認自己擁有絕對的權力，贊成成立一個選舉權限於擁有財產的兩院制議會的政府。因此 1815 年選舉出來的國會議員與路易十八相當的不合，路易十八在隔年便將這個「無以倫比的國會」解散了，另行國會選舉。新選出來的國會中庸份子較多，多屬於空論派（doctrinaire），此後國王與國會間有了較協調的關係。

此後政府在他們的推動下引進一些改革，將政府機構舊政治生態套進當時的局勢，不過 1817 年 2 月 8 日的萊內法令（La loi Lainé）卻支持眾議院的議員直接由選民選出，且同意逐步廢除選舉納稅制度，更規定今後議會每五年改選一次，這種種制度的改變，都使那些部長深感不安。接著在 1818 年 3 月投票通過的聖・西爾（Gouvion-Saint-Gyr）軍事法，更制定進展的規章，來除去各階級貴族所有的特權，並確保以抽籤的方式替換。最後在 1819 年通過塞爾（Serre）法案，給予政體更大的新聞自由。此後，法國政治生活將選舉和新聞媒體兩者的關係變得更加緊密，也同時有兩種方式可以表達公眾輿論。

三、復辟王朝時的社會、經濟發展

　　當時法國的經濟疲軟不振，為了使經濟力提升，乃採取重商主義的政策，政府依靠高關稅以及推行保護主義，繼續發展經濟貿易。然而，此種經濟政策卻迫使市場價格飆漲，工業原料成本也隨之高漲，它對於工商業上層階級而言，帶來了巨額的利潤，但對中產階級則影響很大。此外，由於抬高了生產價格，因而也增加法國商品外銷的困難。

　　此外法國的交通不便導致市場機能喪失，例如 1829 年在三萬七千二百五十二個市鎮中，就有三萬五千五百個市鎮沒有郵局，主要交通工具是公共驛站，當時從巴黎到拉昂的路程需要兩天的時間，而水路交通也不夠完備。1821 年 5 月法國建立了第一條鐵路，從聖太田（Saint-Etienne）到安德雷佐（Andrezieux），全長共十八公里。

　　在 1815 年的維也納會議中，法國廢除了奴隸制度，這對馬賽和旺代（Wendel）地區的船主利益造成很大的損失，因而海上交通和貿易的吸引力大不如前。在過去的一段時期（十八世紀），李希留大主教曾經從烏克蘭進口小麥，一百年之後即 1816 年時的法國，又因農業歉收的關係，所以現在開始要從烏克蘭進口小麥。現在這個事件卻使馬賽的船主產生新的希望，他們力圖恢復往日的船運業，並開始籌資建造大型海輪。

　　復辟時期的法國仍保持古老陳舊工業結構。到了查理十世時期各省議會向他提議恢復享有特權的行會組織，而這些行會是在舊制度下嚴重束縛法國經濟發展的兇手。此外不少鍛爐和高爐因木炭和礦石缺乏，每年只開爐幾個星期，工人們也只得離鄉背井，另謀生計。不過到了十八世紀末，法國資本主義的發展已經獲得比較顯著的成就。法國工業在 1812 年羊毛用量為三千五百萬公斤，1829 年增加到五千萬公斤；棉花用量從 1812 年的一千零三十萬公斤增加到 1829 年的三千五百萬公斤；1827 年棉紡織工廠的各個企業共擁有工人八十萬人，棉紡企業擁有紡機三百六十萬臺，棉織企業有織機二十八萬臺，紡織品的產值在 1815 年為四千萬法郎，到 1830 年增加到八千萬法郎。

　　技術的進步促進了工業生產的發展，1818 年法國開始仿效英國用焦炭煉生鐵和熟鐵，到 1825 年法國生產的鐵已有三分之一是用焦炭熔煉

的。總體而論，法國的工業化卻比英國慢得多，僅有印刷術和奢侈品製造得到長足的發展。

其實，法國工業化緩慢的原因主要是，分散日趨嚴重的小農經濟所造成，小農經濟阻礙著人口的迅速增加，使很大一部分人口滯留在農村裡。當時法國鄉村的勞動力低廉，促使許多手工業工廠去向鄉村工匠訂貨，且政府又實行保護主義關稅政策，使法國工業品喪失競爭力。由於銷路不足，銀行家不敢冒險投資手工業，實業家擔心不景氣，政府機關也不希望增加工廠工人的數目，因此就以少生產，依靠關稅保護，只求滿足國內有限的需求為宗旨，因而使工業革命的進展緩慢。

到了1830年後，君主立憲制逐漸成為議會制，當時舊的商業經濟體制在更先進的商業形式下已經衰退，同時貴族政治的權勢開始衰微，而且經過長時期的拿破崙政權，到了1815年之後法國出現了浪漫主義的熱潮，它同時更新了語言、靈感和感覺。但這種運動只影響少數人，大多數法國人仍生活在過去的節奏中。

四、法國七月革命與其對歐洲的影響

1824年路易十八去世，繼位的查理十世（Charles X，1824～1830年）是一個極端的保守派份子，他相當迷信君權神授的思想，無法接受類似英國的立憲君主制度，希望能將古老的習慣恢復過來，因此又重新允諾教會接管教育。接著他在1825年強迫國會通過「賠償法」（Law of Indemnity），目的希望議會同意在革命期間貴族喪失土地的賠償，此舉引起工商人士與農民的不滿。

此外，他的內閣相當保守，經常與下院的議員發生衝突，查理十世的解決方案便是解散國會，重新舉行國會選舉，只是他沒想到選出來的議員比之前的更加具有自由意識，因此查理十世便在1830年7月頒布「七月詔令」（July Ordinances），將中產階級的上層人士排擠出政治圈外。

查理十世的任何政策都在想盡各種辦法限制人民的權利，因此引起中產階級份子帶領發動一次革命，結果在1830年7月出現了一個屬於富有的中產階級政權，即是「七月革命」，出現一個由奧爾良公爵路易‧腓力（Louis Philippe duc d'Orleans，1773～1850年）取代查理十世的政府。

　　法國的一個動作很快就會引起大的連漪，1830 年的革命果然在歐洲引起一些騷動。這次影響的地方幾乎是全歐洲，不過只有比利時革命成功。維也納會議時比利時在補償原則之下，不顧它與荷蘭在語言、民族、宗教上有很大的不同，還是讓它成為荷蘭的一份子，因而引起這國家人民的不滿。因此 1830 年的革命讓比利時的布魯塞爾也發生革命，革命是由這裡的學生發端，起來反抗荷蘭人的統治，讓荷蘭人的統治趨於瓦解。1831 年比利時的國王出現了，薩克森－科堡（Saxe-Coburg）的利奧波爾德（Leopold）成為比利時的國王利奧波爾德一世（Leopold Ⅰ）。這個革命原本普、俄、奧要進行干涉，但由於英、法的支持終於在 1831 年獲得承認。

　　英國雖然沒有發生革命，不過在此地也出現了改革的呼聲。在英國，國會是由上、下院組成的，上院是貴族院，由世襲的貴族產生；下院則是經由選舉產生的，不過貴族可以藉各種可能的方式和控制選舉的方式控制下院，因此下院實際上利用選舉產生的只有三分之一席位，其他的則是由行政官員指派，或是由少數大地主級行會選出來的。

　　當時下院代表的城鎮是在 1688 年之前所設立的，這些城鎮大都是屬於南部農村的城鎮，只是經過一百多年的社會變遷，這些農業城許多都已經失去重要性，或已經不存在，成為所謂的「衰敗城鎮」（Rotten Boroughs），但它們仍占據下院席位。而北方的新城鎮幾乎都是工業革命之後出現的新城鎮，如曼徹斯特（Manchester）、利茲（Leeds）、伯明罕（Birmingham）等，這些城鎮在國家的經濟上越來越有影響力，只是它們都沒有任何的代表，因而出現所謂下院席位分配不公平的現象。

　　不過當時的首相是托利黨的威靈頓公爵，他是保守主義者，他與其他的國會議員一樣認為英國的狀況已經相當好了，根本不需要改革，不過受到法國七月革命的影響，改革聲浪變大，逼得威靈頓必須辭職。1832 年格雷（Grey）伯爵與惠格黨組閣，開始進行國會改革，因而通過 1832 年改革法案。

　　在 1832 年國會改革法案中，有一項是降低選舉人的資格，讓當時具有資格的選民從五十萬人增加到八十萬人，讓政權落入中產階級者手中，還廢除衰敗城鎮，將空出的名額交給新興的工業城鎮。從此英國進入改

革的時代，如 1833 年通過「工廠法」（Factory law），禁止使用童工，並規定一天工作時數；接著又在 1834 年國會更通過「濟貧法」（poor law），不過最大的成就是在 1846 年將「穀物法」（Corn Law）的廢除，這代表中產階級的獲勝，也代表地主勢力的衰退。

　　由於這次改革是以和平方式完成，顯示出政治改革可以不需經過流血便可完成。此後，英國的兩黨為保守黨（托利黨）與自由黨（惠格黨），保守黨代表土地貴族與國會，自由黨則變成工商代表，代表工業與城市。雙方在政治上形成平衡的狀態，發展出妥協調和之道。

五、七月王國的建立與崩潰

　　七月王國（July Monarchy）成立後，法國出現了類似英國的議會君主制度，不過這個國家掌握在資產階級的手中，因此國家的任何政策都是為資產階級的利益所制定的。所以這時出現了一個不同於傳統的貴族、教士的有產階級，這些人的勢力還會因政在法國發生的工業革命而更受到加強。這時的主要政治家為吉佐（Francois Guizot，1787～1874 年）。

　　不過七月王國的統治出現了危機，此危機是來自於經濟、政治、社會心理等多方面局勢的匯合。首先是政治方面的危機，當時與英國聯盟的中斷，並向梅特涅（Metternich）靠攏加深民族的特性，這也加深反對吉佐內閣的人民情緒。由於七月王國是一個資產份子的政權，在財產的限制下，只有工商業者與地主才有投票權，當人民要求進一步擴大選舉權時，吉佐內閣拒絕改革開放，給的答案竟是「你只要有錢就能有選舉權」，這讓人民十分的不滿。再加上眾議院中的對手和無能的議員透過輿論媒體開始向全國宣傳，他們除了在小資產階級、城市平民中對政府的激烈批評，也宣傳他們的政治制度，這種對政治體制的批評在輿論界引起很大的影響。

　　吉佐為了維持國會的多數黨地位，便開始操縱選舉，利用賄絡，使這個政府與一連串的醜聞或牽連高級官員被指控的事件（像兩個前任部長：泰斯特〔Teste〕和古比埃爾〔Cubières〕被指控貪污，另有一些人被指控犯了謀殺罪。）尤其是貪污的案件一直到 1846 年的選舉時，又被反對派的媒體誇張報導，在巴黎引起極大的影響，正像托克維爾（Tocquevill）

描繪的那樣「全國人民都被這起醜聞激怒，使他們認為代議制度不過是一個純粹的政治機器，用來控制特殊利益的工具。」這些統治階層者受到這次道德淪喪事件的衝擊，也懷疑自己的權力是否已動搖。

至於經濟方面的危機發生在 1845 年馬鈴薯的歉收，以及 1846 年的穀物歉收，導致麵包價格大幅上漲。糧價的上漲影響到紡織業，使人們的工資降低，喪失了購買力，紡織業面臨全面的崩潰。而危機也致使流動資金不足，信貸不足，修築鐵路的計畫不得不暫時停頓，這就影響到新興的冶金工業和採礦業。1847 年冶金產業值下降下了三分之一，採礦業下降 20%，商業額比產值下降更嚴重，七十萬名工人失業，物價上漲，對貧困家庭造成極大困難，因此連生活用品也送進當舖。一部分工商業者由於貸不到貸款利潤減少，因而怨聲載道起來，這時政府的財政赤字高達二億五千八百萬法郎，占正常收入的 20%。

經濟危機帶來社會和政治雙重危機，危機也引起了工人與農民的騷動，街上的搶劫經常發生，麵包店被搶，富裕地主因囤積糧食而被殺害，饑民夜間常在農場出現，此種狀況使人憶起 1789 年的「大恐慌」。

這時政府受到嚴厲的譴責，當權者的政策被指控應對危機負全部的責任，賴德律‧洛蘭（Ledru-Rollin）在 1847 年議會中就國王開幕詞進行辯論時，發表演說指出「應歸咎於這個沉重地壓在我們頭上十六年之久的制度！」一個議員問政府，七年來做了什麼時，發現答案竟然是「沒有，沒有，什麼也沒有做！」這時統治階層的內部開始發生分裂，官方的意識形態——自由主義，和它的「不干涉」政策也受到攻擊，以致發生了動搖。

然而無論是路易‧腓力還是吉佐似乎都未意識到王朝的末日即將來到，現在經濟危機、社會危機與政治危機的結合，將一切不滿社會、反對政府的力量都匯集在一起，包括一部分中產階級、廣大的群眾。當政治民主的正常管道被完全堵塞時，人們也只能訴諸武裝革命。總之，1847 年的一切癥象表明七月王朝已經面臨到與 1789 年相類似的嚴重危機時期，它也預示著革命的來到。

六、法國二月革命與臨時政府

路易‧腓力和他的內閣顯然低估對手，從 1848 年初宴會運動便蓬

勃發展，參加者皆抨擊政府，號召改革，不過吉佐內閣並不接受反而下令嚴加禁止。這時出現了一些激進改革者，像是共和派的領導者拉馬丁（Lamartin）、路易・布朗（Louis Blanc）這樣不願接受任何妥協的人，他們充分利用現況形勢，策劃 1848 年 2 月 22 日的遊行。

　　當政府企圖要禁止這個遊行時，已有大量的巴黎群眾、工人、學生等在廣場上，因此便發展成衝突。2 月 23 日巴黎市中心首次築起街頭防禦工事，不過這時的事態並不嚴重；但在 23 日夜間到 24 日的這段時間衝突引起槍殺，示威的群眾將屍體裝上車，舉著火把遊行，這陰森森的場面爆發了起義，部分軍隊和起義者站在一起。24 日早晨，國民自衛軍甚至噓斥國王，群眾這時高喊「共和萬歲」，路易・腓力由於受到驚嚇，也由於對事態發展無能為力，中午時就放棄了王位。

　　共和派達到目的，拉馬丁（Lamartin）和幾個共和派者已經取得政權，不過他們不得不接受社會主義者的代表，這群人於 2 月 25 日在巴黎市政廳宣布成立共和（第二共和，1848～1852 年），成立臨時政府，法國出現所謂的「二月革命」。

　　從共和建立開始到巴黎公社，有三種力量的鬥爭構成法國歷史發展路線頗為明顯。第一種是激進黨反對派，他們認為這些大資產階級並不熱心於共和政體，因此決心不計一切代價（甚至包括屠殺）來阻止社會革命；第二種為共和派，這群人是從政治角度考量，他們認為全國普選、選舉、議會制度一定能解決主要的困難；第三種是社會主義者，他們要求更長遠的目標，他們希望以政治民主的方式建立社會民主的新結構。路易・拿破崙（Louis Napoleon Bonaparte）的機伶與機遇在於他這三方面各取其一，組成自己的計畫，考慮建立秩序，保持全國普選，希望改善工人條件。

　　臨時政府成員有已經八十一歲的厄爾省老杜邦（Dupont），他代表 1789 年的大革命，1848 年的人們希望繼承這一光榮的傳統，同時也想拋棄它專政、流血和武裝的面目。除了老杜邦之外，內閣成員還有學者阿爾貝特（Albert）、克雷米厄（Crémieux）、加尼埃（Carnier）、帕吉（Pages）和勒德律・洛蘭（Ledru Rollin）。

　　至於社會主義者路易・布朗（Louis Blanc）是以其於 1839 年出版的小冊子《勞動組織》（L'Organization du Travail）聞名，此書之後又再

版了好幾次。他在這本書中十分讚揚「國家工廠制度」，他認爲由政府依行業組成合作社，讓失業的人們能在此合作社中工作，並給他們工資，但當合作社沒工作給他們時，則給他們少量的錢生活。因而他鼓勵政府建立國家工廠制度來解決失業問題，但隨著失業人口的增加，大量的失業人口湧向國家工廠，但這地方並無法收容這麼多的失業人口，因而造成國家財政的一大負擔，造成社會的不安。

到了五月底，政府爲了阻止新的巴黎居民再進入國家工廠，使得成千上萬名巴黎的群衆喪失了維持基本開銷的能力，便將一些年輕（十八到二十五歲）的工人送進軍隊，或要他們離開巴黎到外省去，這樣的行動終於讓人們再度走上街頭抗議。6 月 23 日到 26 日發生了所謂的「血腥的六月日」，巴黎街頭再度爆發抗爭，過程十分的激烈，許多人遭逮補，他們被流放到阿爾及利亞，路易‧布朗逃到英國。

1848 年年底「第二共和憲法」出現了，在此規定成年男子普選，總統任期爲四年，不得連任，總統是由成年男子普選出來。現在人民對共和派失望，而將希望轉到路易‧拿破崙的身上。路易‧拿破崙之所以崛起，其實與他的身世有很大的關係，他是拿破崙一世的姪子，當時的法國在經過波旁王朝平庸的統治之後，十分懷念拿破崙一世輝煌的成就，因此當時的法國人將他們對拿破崙一世的懷念轉移到他身上。

七、路易‧拿破崙的勝利與失敗

根據「第二共和憲法」總統任期爲四年且不得連任，路易‧拿破崙自然不會乖乖接受，因此當他任期快結束時，便決定發動一次政變。路易‧拿破崙在他第一任總統任期內，結交一批精明能幹、毫無顧慮而又地位顯赫的朋友，包括同父異母的兄弟莫爾內（Monay）、他的預算調配官弗勒里（Fleury）、戰爭部長聖‧阿爾諾（Saint-Arnaud）將軍，這些人自然是他政變的好幫手。

政變過程迅速，1851 年 12 月 2 日凌晨的布告公布解散國民議會，逮捕政敵，包括共和黨領袖、保皇軍人等，如多數派領導人梯耶爾、卡芬雅克、拉莫里西埃（Lamoricière）、尙加爾涅，接著他恢復普選制度，並草擬新憲法。

　　不過政變遇到抵抗，有一些議員在人們騷動的情況下不能做出明確、果斷的決定，他們的反對是合法的，只是力微勢弱，因而出現更全面、強烈的反抗，不過這些反抗最後都被鎮壓。接著他進行公民投票，結果是很明顯地，呈現支持政變的局勢：贊成票有七百三十三萬九千二百一十六票，反對票有六十四萬六千七百三十七票，棄權的票約有二百萬票。

　　他透過無情的鎮壓來鞏固地位，這個「不被賞識的窩囊廢」突然成為主宰事態的指揮官，並希望繼續為之。全國有三十二個省被他的軍隊包圍，二萬六千八百一十四人被捕，二百三十九人被遣送到圭亞那，九百六十人被放逐，六百四十人被勒令遠離法國，四千五百五十九人被拘禁在阿爾及利亞，五千五百三十二人被驅逐到阿爾及利亞。

　　1852 年初新憲法完成，這時總統任期改為十年，且國家大權掌握在總統手中，路易・拿破崙自然成為第二屆總統。只不過路易・拿破崙的目的是成為與他叔叔拿破崙一樣的皇帝，因此這年年底他又準備利用全民公投的方式改變政體，將第二共和改為第二帝國。

　　這時的歐洲各國政府認為，應該少修改憲法而使之成為建立帝國的法律，它們因而阻止其變化；但法國的部分輿論卻衷心希望這一變化，在以「帝國就是和平」安撫各列強後，帝國在 1852 年透過全民公投的方式，終以七百八十二萬四千票贊成，二十五萬三千票反對，二百多萬票棄權通過。終於在 12 月 4 日標誌著拿破崙三世時代出現了，路易・拿破崙這時自稱拿破崙三世，法國又出現一位皇帝。

　　拿破崙三世的帝國採納一些 1848 年的精神，主張全國普選、協助義大利，以及自由貿易。帝國的政治是專制的，經濟方面可說相當的成功，他鼓勵工商，全面發展經濟，並改善工人的生活環境，將工人的合作社合法化，同時提升國際貿易，使國家經濟出現繁榮的景象，但在外交上的策略卻使得他的帝國滅亡。

　　拿破崙三世的外交政策主要是追求拿破崙第一帝國時的光榮，這時他相當積極地參與各地的民族主義運動與殖民地的活動，這讓他無法避免戰爭。1854 年他與英國一起參與克里米亞戰爭後，便開始一連串的戰爭外交。不過拿破崙三世在初期的外交政策是成功的，但對義戰爭讓他在國際上處境漸漸被孤立，對德的外交策略竟是他失敗的主因。因為當普法戰爭

爆發後，法國根本不是擁有訓練有素的普軍的對手，因此戰爭只經歷兩個月就讓法國投降。

　　1870 年 9 月 4 日色當（Sedan）失敗的消息傳來，巴黎發生暴動，終於推翻第二帝國，宣布建立共和政體。1871 年 2 月 8 日普法戰爭還在繼續的同時，法國當局便號召一場以和平為目的的選舉，最後選出奧爾良派的梯耶爾（Adolphe Thiers）由他出來領導新政府，這場選舉最後選出的議員以保守份子居多，其中又以保皇份子為主。

　　這時的保皇份子分成三派：正統論（the Legitimists）擁護者，這派是支持波旁王朝的，因此擁護深受神學思想影響的尚包爾（Chanbord）伯爵，他們大都是舊貴族。另一派是奧爾良派（the Orleanists），這派支持的是路易·菲力的孫子巴黎伯爵，組成份子大都是有自由思想的貴族等。第三派便是所謂的帝制派（the Imperialists），他們是一群支持拿破崙家族者。

　　不過巴黎是共和派的大本營，因此巴黎民眾對這次的國會選舉結果並不滿意，這些激進的共和主義者便組成巴黎公社（Paris Commune）來抗命，當時梯耶爾便決定派兵鎮壓巴黎公社，於是巴黎又經歷一場血腥的鎮壓，這場鎮壓讓巴黎損失相當大。經過這場血腥鎮壓後，人們對由奧爾良派的梯耶爾領導的新政府逐漸反感，使得共和主義者得利。

　　現在保皇派逐漸覺得受到威脅，這讓他們聯合起來罷免梯耶爾，選出另一位保皇份子馬克麥洪（MacMahon）為總統，不過保皇派堅持無法合作，讓他們早已失去他們的政治地位，這使得馬克麥洪只好向人民低頭，與共和派組成內閣，從此法國便進入漫長的第三共和時期。

第三節　十九世紀的民主政治發展

　　十九世紀中葉之後，由於經歷了工業革命的開展，這時幾個較工業化的國家人口增加、城市興起，民眾的力量越來越大，漸漸地出現了一些改革的聲浪。像是英國在 1832 年的改革代表的是一種新的思想的勝利，不過這次的改革並無法完全滿足當時激進派的希望，因而有接下來的改革運動。至於美國也因工業革命在南北發生兩種不同的經濟生態，而出現了國

家危機，這一切一切都需要領導者智慧的運用。

一、1867年的國會改革法案與其之後

從 1832～1867 年之間，英國的政治仍持續進行一些改革政策，這段時間的前期是屬於保守黨組閣，當時的閣魁為比爾（Peel），他一直都很想進行一次大規模的經濟改革計畫，因此從 1842 年開始，他便著手進行。1845～1846 年間發生嚴重的農業危機，讓愛爾蘭發生飢荒，比爾就決定取消「穀物稅」，只是他沒想到此政策竟然讓他們落到下野的命運，成為在野黨，這時保守黨也分裂了。

直到當迪斯雷里（Disraeli，1804～1881 年）擔任黨魁時，他便積極的重建保守黨，使這個政黨得到民眾的認可，將它變成一個現代化的政黨。1867 年時內閣的主要人物為迪斯雷里，他雖是保守黨分子，但他認為改革是勢在必行之路，因而推動 1867 年的「第二次改革法案」（Second Reform Act）。

此法案讓選舉人數增加，它規定凡在城市有住所者皆有選舉權，租戶如果每年付租金十磅以上得享有；至於地方鄉野，則是讓每年付十二磅的自由佃戶與擁有年產五鎊價值土地者皆有選舉權。這規定使城市中的工人階級都有投票權了，迪斯雷里原本是希望藉由此法案來獲得廣大工人支持，但他卻不幸的在 1868 年的國會大選中落敗，讓自由黨的格拉史東（Gladstone，1809～1898 年）得到組閣的機會。

1868 年到 1880 年間的英國政壇，成為格拉史東（Gladstone）與迪斯雷里（Disraeli）兩人間的鬥爭場所。這兩位極具才能的國會議員有完全不同的特質：格拉史東是一位利物浦商人兒子，堅強而莊重，是大原則的狂熱捍衛者；迪斯雷里脆弱，愛嘲弄，常用東方式的想像力來粉飾其保守的實用主義。他們之間激烈的鬥爭吸引全國的注意力，但其作用遠遠超過奇聞軼事。

1868 年至 1874 年是由格拉史東的自由黨執政，1874 年至 1880 年則由迪斯雷里的保守黨執政。雖然這兩政黨有各自重視的地方，像是在對外及殖民地政策方面持對立狀態，至於在內政的問題上保持著一致的立場，因此在 1884 年國會又通過另一項選舉法，在此它讓二百萬名農人得到選

舉權，增加了 40% 的選民。

一般來說，自由黨與保守黨的目標，都是爭取的工人的支持。因此在 1866 年便通過「工廠法」，規定兒童不得在有五十個以上的工人的場所中工作；至於 1874～1878 年通過的「工廠法」，則規定所有的工人每週工作不得超過五十六個半小時，星期六下午放假，並且增加國定假日等。

此外，在教育方面的改革，國會決定國家必須負起五歲到十歲兒童的責任。格拉史東在 1870 年通過的「教育法規」（Education Act）有些像 1833 年的法國吉佐（Juizot）法律，它考慮到今後每個兒童都要接受初級教育。因而很自然也就允許兩種主要類型的學校並存：國教學校及非國教學校。不過在改革開始後不久，初等教育便於 1880 年成為義務教育，1891 年則改為免費義務教育。

這時期另一個事件即是工會法的發展。從 1825 年開始，英國的工會即享有被寬容特權，然而卻易受法律變化的擺弄。在這種體制下，較大的技工組織成立強大的工會，並於 1868 年首次以「聯合貿易大會」（Congres des Trade Unions）的名義舉行大會。1871 年的法律賦予這些工會合法身分，1875 年的法律允許成立「和平」罷工糾察隊。

但是，英國的農業自 1875 年起遭到打擊，包括一連串的收成減產，還有當時因美國降低農產價格所帶來的競爭與衝擊。另一方面，英國和比利時又是歐洲當時唯一不徵收小麥關稅的國家，1846 年，當迪斯雷里的上司比爾（Robert Peel）取得小麥關稅時，迪斯雷里立即採取反對的態度，因此破壞保守黨的團結。此時農業危機仍存在，只是迪斯雷里執政時期，並沒有考慮過相應措施。1867 年的普選，將同樣的重擔推到工人及市民身上，他決定維持麵包的廉價，且任何政黨不得違背其意志。這使我們明白制約兩黨的基礎，不僅是政治的而且是經濟的自由主義原則，這在以後已是無可爭議的事實。

二、工黨的建立

英國與其他國家一樣，也有馬克思社會主義組織，但創立於 1884 年的社會民主聯盟這時還只是一個沒有影響力的小團體，既不被當局認可，亦不被英式思想所接納，他們是由少數知識份子組成。不過以西德尼

（Sydnev）和韋伯（Webb）爲首的法比安團體（Société fabienne）卻很有影響力，特別是著名的文人如蕭伯納（Bernard Shaw）及威爾斯（H. G. Wells）加入後，這個團體更負盛名。堅決反對馬克思主義的法比安派主張，透過漸進的改革方式，來改革實現實用的社會主義，他們的國家主張甚至具有帝國主義色彩的想法，並與保守黨主張相近。

　　社會主義思想意識的脆弱與工會運動的強大形成對比。據統計，1895 年英國有一百五十萬名工會會員，不過從 1868 年開始，每年就有三分之二的會員被推派代表參加「貿易聯盟大會」（Congres des Trade Unions），但這些工會會員並沒有成立任何聯盟，每個工會追求對己有利的政治合作關係，從事政治活動的這些工會領導人在自由黨範圍內發揮其實質的作用。而且從 1890 年代起便出現了許多反工會活動的反動，因而出現反工會團體的雇主協會。

　　因此自 1888 年起，工會中就有一些積極份子如哈第（Keir Hardie）便致力在工會中成立一個純粹工人階級，且具社會主義色彩的第三大政黨。他們從「貿易聯合大會」中獲得一些主要選票，但這些選票後來並沒有太大的作用。另外，統一保守黨政府，在尙布蘭的推動下，也關注工人的改革。

　　大的工會組織對社會主義表示明顯的敵意，一項有利於生產方式的社會主義化提案，在 1894 年的選舉中，結果以六十一人反對，二百一十九名代表同意下通過。1895 年，這項提案在工會代表中，只有十八萬六千票同意，但有六十萬七千票的反對，而遭挫敗。

　　這時，強大的工會引起雇主不安，他們也成立自己的組織。工會在社會衝突中多次獲勝，於是他們在 1900 年成立「勞動代表委員會」，由工會主義者及社會主義者聯合組成，實際上這些人只是工會成員中的少數，他們必須抑制因 1901 年的司法決議而引起的衝動，決議規定工會成員在罷工中如有不法行爲須負民事責任。1902 年兩名具工人身分的特定候選人在局部選舉中獲勝，而自由黨並沒有在以上兩種情況中推派候選人。

　　從此以後，工會立即與自由黨結成聯盟，對付保護主義復辟的威脅。1906 年的選舉中，五十名工人當選，但其中一部分人在自由黨內成立工人團體，二十九人組織完全獨立的「工黨」，因此只有「工黨」是明確建

立的政黨。

這個最早獨創的政黨在歐洲獨樹一幟，其成員主要是爲了工會而隸屬於工黨，如此一來，黨便直接隸屬於工會。起初個人（非工人社會主義者）很難被接受入黨。因此，這是一個階級政黨，甚至不是建立在任何理論上的政黨，它對社會主義的態度則模稜兩可。

三、美利堅合眾國的成長

工業革命在美國的南北出現不同的經濟需求，由於南方一直都是英國原材料的供應區，它的大農地需要大量的勞動力，黑奴便成爲他們的對象，不過北方各州工業正在蓬勃的發展，因而抵制黑奴，認爲奴隸制度有違獨立宣言。1789 年黑人奴隸制仍在美國南方一些州實行，憲法將這個問題交給各州司法部門解決，但明文保障「不自由」州擁有在聯邦土地上追緝逃奴的權利。這表示說，北方人士雖不贊成奴隸制度，不過他們無法忍受的是奴隸制度擴散到北方，對於存在於南方各省之事卻能忍受。

不過奴隸制度的問題最後仍是美國內戰的主因，這是因爲當時的美國正在努力擴展它的領土，進行西拓運動，由於這項向西發展的熱潮，讓美國這時增加了許多新的州。不過爲保證奴隸制州和非奴隸制州之間的平衡與維持美國統一，雙方簽訂不少默許協定，做必要的妥協，願意在自由州與畜奴州的建立上保持平衡。

1819 年，阿拉巴馬州加入聯邦以後，南北雙方各有十一個州。儘管北方這時人口較多，從而擁有相對多數的眾議院席位，但更主要的是，南北方在參議院擁有平等的地位。那時關於接納密蘇里州加入聯邦的問題，北方的眾議員提議在新州採取取消奴隸制的措施，這一舉動非常出人意料，以至於傑佛遜把它看成一場聯邦黨意欲打破共和黨統一的行動。

在當時爲此問題經過多次激烈的辯論之後，提議總算有比較重要的結果：地處北緯 36 度 30 分以北的西部領土上，奴隸制將從此被禁止。這一結果在 1820 年之後的美國，北方在往後能占絕對優勢。

但事件將朝一個意外的方向發展，隨後二十五年的日子中，西進政策似乎不再進行，聯邦接納新州的過程幾乎停滯（除了 1836 年保留奴隸制的阿肯色州和 1837 年無奴隸制的密西根州的加入）。之所以會造成此

情況，有好幾個原因：首先是位於密西西比河以北地區的大平原長久以來都無人居留，也不適於耕作，墾荒者在此地找不到他們所需木材。另一方面，就算穿越這麼廣大的空間到達太平洋沿岸是件很有吸引力的事，但這事是要付出巨大苦痛作為代價，有時是整車隊的消失，如 1846 年唐納帶領的那個車隊一樣。

與此同時，紡織工業尤其是英國的紡織業迅猛發展，對棉花需求大增，使美國南部棉花產量從 1789 年的二百萬磅增長到 1830 年的三億二仟萬磅，到了 1850 年為十億磅，1860 年更為二十三億磅，使得那時棉花所帶來的產值占美國出口的三分之二，讓南方經濟更加依賴黑奴。因此富產棉花的土地這時越過密西西比河，一直延伸到墨西哥的德克薩斯，美國在此的開墾發展始於 1823 年。

至於北方的工業則出現一個與南方絕然不同的形式，其經濟最初主要建立在漁業和海洋貿易上，而且北方的礦藏豐富，讓它的工業化越來越迅速，因而出現一個工業化的社會。在當時有大量的愛爾蘭人和德國人移入，使得北方人口也迅速增長，改變總人口的特徵，像是在 1820 年北方大約有五百多萬人口，南方是四百五十萬；到 1840 年時，北方人口已經接近一千萬，但南方卻只有六百三十萬。

現在北方大西洋沿岸的經濟實力也顯示出來，這吸引西部各州的注意，尤其在 1825 年伊莉湖運河通航與鐵路很快的發展後，得益於交通使得西北人口一下子增多，經濟上也得到大西洋東北部的帶動，連接南方的密西西比河航路也使它受到南方的推動。1844 年當選的總統波爾克（Polk）開始著手進行南北間差異的問題，也因此解決了幾個區域間可能造成的癱瘓狀態，他為此提出一個為各方所贊成的擴張計畫。由於當時的南方早已蠢蠢欲動，準備大大地擴張，他意識到德克薩斯日後可能歸併於南方，因此他隨即許諾北方將會讓俄勒岡州加入，以此來取得北方州的歡心（俄勒岡是太平洋沿岸的一塊廣大領土，邊界未確定，同時為美國人、英國人甚至俄國人所垂涎）。

1846 年南方果然發動墨西哥戰爭，美軍踩上墨西哥的土地，獲得墨西哥的德克薩斯（Texas，不過此地從 1836 年起便進行脫離墨西哥的獨立，只是在當時美國早陷入南北平衡的議論當中，並沒有被美國接納）、

新墨西哥與加州。1848 年的「瓜達盧佩伊達爾戈鎮條約」使美國確定現在的南疆和北疆，而俄勒岡的疆界也在 1846 年得到確定。那時，人潮蜂擁至西部，尤其是湧往 1848 年發現金礦的加利福尼亞，因此連接太平洋沿岸地區與聯邦其他部分，即穿越整個大陸的鐵路的修建，又爲南北雙方的敵對增添一個新賭注。

四、南北戰爭和重建時期

大約在 1830 年，奴隸制度成爲政治和道德問題，並隱沒其他的矛盾。北方以威廉姆·加里森（William Garrison）爲代表，發起一場取締運動；至於南方則出現一系列的奴隸制辯護詞，如托馬斯（Thomas R. Dew）發行的小冊子。由於南北的觀點對立非常清新，以致教會也分成南派和北派。

現在向太平洋西進之事非但未解決矛盾，反而使之激化。1845 年佛羅里達（Florida）和 1850 年德克薩斯（Texas）作爲保留奴隸制的州加入聯邦，至於愛荷華（Iowa）在 1846 年、威斯康辛（Wisconsin）於 1848 年成爲無奴隸制的州加入聯邦。1850 年關於加利福尼亞（位於 36°30' 限度之南），竟然是以自由州加入聯邦引起激烈的爭論，這使得南北雙方的政治平衡第一次被打破。

這時整個人口和經濟的發展使得北方越來越具優勢，反對奴隸制的傾向顯示在 1852 年斯托夫人（Mrs. Beecher-stowe）出版的《湯姆叔叔的小屋》（*Uncle Tom's Cabin*）對奴隸制的殘暴表現得非常透徹，引起極大的迴響。所以 1850 年國會雖通過一個追緝逃奴的嚴厲法令，但在北方卻出現了一連串幫助黑奴逃脫的組織，就是「地下鐵道」。

不過使天秤發生傾斜的決定性因素是因爲大批墾荒者。當時，政治上的墾荒者一直聚集在南方民主黨內，與自由黨（Whig Party）作對，捍衛農民利益，而惠格黨則是維護東北工商業；但即使在西部，奴隸制的存在與否決定著社會的類型：奴隸制的存在使南方有大產業形成，從中產生一個等級森嚴的社會，這與西北部自由墾荒者本性中的平等觀念完全相反。

然而讓墾荒者感到威脅的是，來自於 1857 年最高法院對史考特案件（Dried Scott Case）的判決：一個奴隸主可以到任何自由州安家，奴隸

卻不能因此而得到解放。這事使得自由黨崩潰，讓西北方出現了「自由土地黨」和「共和黨」，目的在於要求加入美國聯邦的新州領土上禁止奴隸制的擴張。共和黨的主要人物林肯（Lincoln），他是堅決反對奴隸制度的人，因此 1860 年他當選總統時南方十一州決定與聯邦分離，建立一個新的邦聯。

分裂的州只有五百五十萬名白人，北方卻有一千九百萬，人數上是如此懸殊，問題看來應該很快就能解決。以分裂作為解決辦法，南方人很激動地同意，北方許多人也認為可以接受，包括一些堅決反對奴隸制的人。

不過南方想要不需經過軍事行動就取得勝利，顯然是不可能，現在軍事活動只須讓北方氣餒，使其接受分裂即可。戰爭爆發的賭注是聯邦的維持與否，戰爭的勝利依靠林肯總統的毅力和韌性，也靠西部各州對新興美國的眷戀，因為美國的存在才使它們存在，在美國之外它們什麼都不是。

我們不在此講述各次軍事行動的細節。戰爭持續長達四年之久，因為雙方的一切都得臨時安排：士兵和軍官、武器、戰術和策略。北方的進攻行動主要在西部的密西西比河和阿帕拉契山脈（les Appalachia）之間進行。這些進攻逐漸把「新邦聯」一分為二並使之不斷縮小，雖然如此，後者仍在抵抗。

從 1863 年 11 月起這場戰爭只限於大西洋沿岸各州，在這場具有轉折意義的運動中，東部也發生一些著名的流血戰役——牛奔河戰役（Bull Run）、七天戰役（Bastille des Sept Jours）、安提塔姆戰役（Antietam）、弗雷德里克斯堡戰役（Fredericksburg）、錢瑟勒斯維爾戰役（Chancellors Ville），與蓋茨堡戰役（Gettysburg）。這些戰役最終都只產生了很有限的影響，1865 年 4 月最後一支南方軍隊在兩支火力夾擊下投降，但在 4 月 14 日林肯卻在大獲全勝之中被人暗殺。

美國聯邦從此不可分裂，戰爭勝利者的主要目標達到，奴隸制在 1862 年 9 月 23 日宣布廢除，1863 年，發表給予黑奴自由的宣言（Emancipation Proclamation），與其說是事先策劃的目的，不如說是戰爭影響的必然結果。不過戰爭勝利並不表示美國從此就安定了，它還要經過十二年混亂的政治鬥爭，才有一個正常的形勢，這就是所謂的「重建時期」（1865～1877 年）。

　　基本問題是，曾主張分裂的各州在什麼條件下才能重歸聯邦，或找回他們所有的權利。一些人如林肯及其後任的強森（Johnson）實際上只滿足於讓分裂州承認聯邦的不可分離性及廢除奴隸制，其他人主要是國會的大多數，則提出更嚴厲的條件。起初，總統的意志得以執行，不過1865年8月到1866年，南方各州急急忙忙地對各自的新憲法投票，它們的領導人又換成曾引導他們走向分裂的那批人，南方各州還發布「黑人法典」，此法典使過去的奴隸仍低人一等，並被強迫從事勞役工作。

　　這種態度在北方引起強烈反應，1868年2月提出憲法第十四修正案，對總統強森進行強烈的指責，最後於1869年3月通過的第十五修正案，在此宣稱：美國公民的選舉權不能被美利堅合眾國或其任何一州因爲種族、膚色或其他任何帶奴役性質的條件否認或限制，至此黑人的投票權獲得保障。

　　爲了把這些新原則付諸實施，聯邦政府在南方實行一種軍事政體，幾年內南方各州中不少都建立起外來因素很多的政府，通常被貶抑地稱作「提包客」（Carpet-Braggers）。北方大多數人認爲這有悖於一個聯邦國家的傳統和原則而感到厭煩，不過南方的白人則依靠暴力和恐嚇再度掌權，三K黨（le Kuklux-klan）就在當時形成，此外他們還巧妙地運用詭計繞過第十五修正案，剝奪黑人的政治權利，使他們處於次等的社會地位。大型農場的經濟被摧毀，但是期望在全美建立自由平等的社會仍是一個夢想。

第四節　民族主義下的義大利與德國的統一

　　義大利與德國是具有悠久歷史的古老國度，拿破崙時代這兩個國家都曾臣服於拿破崙之下，原本屬於神聖羅馬帝國的德國在1806年時變成萊茵邦聯（Confederation of the Rhine），至於義大利則是分成好幾個國家。在維也納會議這兩個國家的命運並沒有變好，它們還是受到外來勢力——奧地利的哈布斯堡王朝的控制，因此整個十九世紀這兩個國家所致力的便是所謂的民族運動，它們的目的便是脫離奧地利的哈布斯堡王朝的控制，建立一個自己的國家。

一、德意志聯邦時期

日耳曼這地方在維也納會議後，出現一個由奧地利與普魯士共同組成的德意志聯邦（German Confederation），這是一個由三十九邦共同組成的一個鬆散邦聯，操控這個聯邦的是奧地利皇帝，它的出現妨礙了德意志的統一。這個聯邦曾於法蘭克福設立一個聯邦議會，不過它只是一個沒有實質力量的機構，因此這時的議會成為奧地利與普魯士角逐之地，讓德意志只是一個地理名詞。

此時的德意志雖與自由思想背道而行，但當時所流行的民族觀念仍在這地方的大學傳播著，因此在柏林大學出現了赫德的民族精神與黑格爾的辯證哲學，更出現著名的民族史學家蘭克，更有許多大學生組成大學社團，稱之為「學生聯盟」，致力於喚起人們民族意識的工作。

1817 年在瓦特堡（Wartburg）舉行紀念馬丁路德宗教改革三百年紀念，學生們聆聽愛國教授們令人激奮的演講後，便舉行遊行焚燒反動的書籍。到了 1819 年學生們刺殺了日耳曼作家柯茲布（Kotzebue）與拿梭（Nassau）地方行政首長，這時梅特涅在波希米亞的卡爾斯巴（Carlsbad）召集邦聯會議，取得普魯士國王腓特烈·威廉三世（Frederick William Ⅲ，1770～1840 年）的支持後，便採取鎮壓措施，並加強對大學的管制，與嚴格檢查各種出版品。

不過此時在經濟方面有極重大的發展，這是因為受到工業革命影響的地區在面臨英國工業品的競爭時，讓這些地方的中產階級呼籲要取消境內的關稅，成立統一的德意志市場。而且當時的民族經濟學家李斯特（Frederick List）提出，德意志的經濟統一可成為政治統一的先驅，他的說法被普魯士統治者接受，使得普魯士於 1818 年開始致力於「關稅同盟」（將奧國排除在外）的運動，終於在 1844 年完成。

1830 年的巴黎革命傳來時給自由主義者帶來希望，革命暴動雖讓薩克森、黑森、布倫瑞克、漢諾威等地實行立憲制度，但奧地利與普魯士並沒受到影響，因此很快革命活動便平息了，雖然如此但民族情感正默默地在普魯士人心中發芽、茁壯。至於 1848 年的法國二月革命發生後，德意志也受到革命的波及，這時的國王為腓特烈·威廉四世（1840～1861

年），他是一位支持梅特涅的國王。現在連奧匈帝國都發生革命，他在驚嚇之餘便允許人民選出制憲會議。接著各邦革命運動的自由份子就在法蘭克福集會，準備以直接選舉與普選的方式選出國民大會，並由此國民大會制定一部適用於全德意志地區的憲法。

　　只是這個會議遇到一個極大的難題，那就是這個德意志國家是否要加入奧地利？奧地利雖然是這個德意志聯邦的領導者，但日耳曼人只占這國家人口中的少數，因此對於是否加入奧地利的問題便出現了所謂的「大德意志」派（含奧地利）與「小德意志」派（不含奧地利），兩派對此問題爭論不休。

　　當時奧地利宣稱哈布斯堡國家內各地區是不可分割的，因此大德意志派的理論是不可能實現的，最後是由小德意志派獲勝，於是在 1849 年的法蘭克福憲法將國王這個位子交給腓特烈·威廉四世。腓特烈·威廉四世雖然對這個位子十分心動，但奧地利不允許一個龐大的日耳曼國家在它的旁邊出現，因此它便邀俄國一起派兵撲滅這些反對勢力，腓特烈·威廉四世得知後，便在奧地利的淫威下拒絕接受，這讓法蘭克福集會最後以失敗收場。

二、奧普衝突

　　1850 年後奧地利曾設法打進關稅同盟卻遭到失敗，接著它企圖使南部諸邦國脫離關稅同盟，但又被普魯士加以阻撓。普魯士倚仗自己與關稅同盟成員邦國的經濟聯繫，以及與奧地利金融危機呈鮮明對比的繁榮景象，保證自己對德意志地區的經濟霸權。在德意志聯邦（Germanic Confederation）的組織問題上，奧地利幾次提出由它領導的方案，但遭普魯士極力的反對拒絕與其合作，這都使得這些方案無法實行。

　　1861 年腓特烈·威廉四世去世，繼位者為他的弟弟威廉一世（William Ⅰ，1861～1888 年），他是一個十分有作為的國王，因此即位後第一件事便是改革軍隊，只是當時的各種預算都掌握在國會手中，國會多次反對擴軍計畫，讓威廉一世十分的生氣，便邀請俾斯麥當他的首相，並允許他可以不理會國會放手一搏。

　　俾斯麥（Otto Eduard Leopold von Bismarck，1815～1898 年）掌握

柏林實權後，便以「鐵血政策」進行他的德意志統一計畫。他的看法是奧地利是阻擾德意志統一的最大障礙，因此奧普爭端必定會發生，而且也需速戰速決，因此他做好進行戰爭的準備，並伺機發動戰爭。

俾斯麥爲了要建立一個完整的德意志國家，第一步他決定利用丹麥，因此在1864年以丹麥與普魯士之間的兩個小公國（什列斯威與豪斯敦）爲由，引起丹麥戰爭（The Danish War），目的在設法解決奧地利在德的地位。戰爭結束後，普魯士與奧地利分別管轄什列斯威（Schleswig）與豪斯敦（Holstien）公爵領地，當時奧地利並沒注意到自己管轄的是一個與它們不相連的豪斯敦，現在它們必須越過普魯士來統治豪斯敦，這給俾斯麥一個製造普奧衝突的機會。

在製造普奧衝突之前，俾斯麥爲了避免國際的干涉，他分別與法國、義大利簽定條約，他要求法國如果它在戰時保持中立，戰後將可能得到盧森堡；至於義大利，他要求義大利參戰，戰後可收回威尼西亞。當這一切就緒後，普魯士於1866年4月提出透過全民投票選舉，向議會提出徹底改革邦聯的要求，此方案奧地利無法接受，雙方便開始動員。接著在6月時，普魯士又以奧地利派兵占領豪斯敦爲由，便引發戰爭。

不過當戰爭爆發時，大部分邦國站在奧地利那一邊，即使普魯士內部，俾斯麥也僅得到幾個大貴族與軍事將領的支持，因此他得費九牛二虎之力說服國王、保守黨人以及工商界人士，只是這些人出於不同的動機，更希望和平而不是戰爭。還好普魯士軍隊的優越性很快地解決德意志的統一問題，這便是所謂的「七週戰爭」（the Seven Weeks）。1866年8月所簽定的布拉格和平條約，將奧地利排除出德意志帝國，取消德意志邦聯（Germanic Confederation），普魯士可以按自己的意願，組織在它領導下的美因河以北的諸邦國，稱爲「北德意志聯邦」（North German Confederation）。

三、北德意志聯邦

雖然國王與傳統主義者因憂心歷史合法性大表反對，但俾斯麥仍設法吞併好幾個邦國，如漢諾威王國、赫西－加塞爾（Hesse-Cassel）公國、拿紹公國（Nassau）與法蘭克福自由市，此外什列斯威與豪斯敦也全歸普

魯士。這使得普魯士一下增加七萬六千平方公里的領土與四百五十萬的人口，它得到一大群的人民與領土，美因河以北的諸邦國與它組成北德意志邦聯（North German Confederation）。

1867年的「憲法」是由俾斯麥設計的，它是統一主義理想（聯邦政權，擁有總統、普魯士王，和由首相領導的政府，上下兩院阻成的國會掌握軍隊、外交、貨幣、海關）、地方主義（各邦國仍保有自己的政府、行政機構、重大的立法權，其代表組成柏林的聯邦參議院〔Federal Council〕）、自由主義思想（全民投票選舉產生帝國參議院〔Reichstag〕、制定法律與政府預算）、王室特權（首相由總統任命，只對總統一人負責）四者的結合體。

公眾輿論與政治界對俾斯麥政策採用的手段及其後果褒貶不一，一些傳統的保守主義份子仍依戀普魯士的傳統，本來就居少數的天主教徒在失去奧地利的支持與影響後，更加勢單力薄；民主愛國主義者一直高呼建立一個人民的德國，代替某個家族統治的德國，這三派都對俾斯麥政府持敵對態度。

不過俾斯麥這時得到一些保守主義份子（高級官員、外交官、大銀行家）及眾多的中產階級代表（工商界及民族主義知識份子）支持。前者成立自由保守黨，後者成立自由民族黨，並接受俾斯麥的折衷措施。這兩個政黨都寄望於俾斯麥實現德意志的統一與繁榮強大。

根據布拉格條約，位於美因河以南的邦國必須組成一個聯邦，然後與北德意志聯邦聯盟，不過這些南部邦國相互間差別太大很難統一，他們間的共通之處僅是對普魯士的不信任與強烈的地方主義而已。而且法國並不希望見到在他的身邊有一個統一的強國，因此拿破崙三世對於南部邦國的獨立運動表示支持，這似乎使得這些邦國的態度更為強硬，讓普魯士統一偉業的實現變得遙遙無期，所以俾斯麥發現要統一整個國家就必須教訓法國這個破壞者。

當法國政府提出要「盧森堡」時，普魯士人民極為憤慨，且反應十分強烈，這清楚的表明，和法國打一仗可以將全體人民團結到民族問題上去，實現德意志的統一，因此俾斯麥又在找機會挑釁法國。現在機會終於來了，1868年西班牙發生革命成立臨時政府，霍亨索倫（Hohenzollern）

家族是新君的候選人之一，俾斯麥這時想辦法要霍亨索倫親王成為西班牙的新君王，希望以此挑釁法國，果然當局對此事的反應十分的激烈，還要求普王答應不讓霍亨索倫家族的成員去接受此王位，因而引發危機，這危機不可避免地導致戰爭。

事實表明這場戰爭很順乎民意，並得到廣泛支持，民族情感的高漲與軍事作戰中勝利帶來的狂喜，德國在色當一役將拿破崙三世俘虜了。這是一個難得的機會，決不能錯過，俾斯麥希望通過此戰績與其他邦國君主協商，實現「由上層統一」的構想。但他還得對付來自要求召開德意志國會會議的自由派人士的壓力，以及制伏與之對抗的巴伐利亞與符騰堡君主，與勸說擔心普魯士會在新的帝國內瓦解的威廉一世。經過艱苦的談判之後，1871 年 1 月，德意志帝國（German Empire）宣告成立，是北方德意志聯邦與南部諸邦國的簡單聯合體。

四、俾斯麥時期的德意志帝國

普魯士實現統一後並沒有使德國的地方主義消失，這些地方主義是在宗教及歷史之基礎上形成的，它們有自己的法律及地方特色，它們在其經濟、社會結構，以及政治理念方面都與其他地區有著極大的差異。

俾斯麥時期（1871～1890 年）每個德國人都參與由他所建立的帝國，但又盼望在自己的傳統範圍中，過著地方性的生活。由於擔心普魯士的霸權主義，德國中部及南部邦國都努力保護自己的自治權，同時普魯士也害怕自己在帝國中消失。就這樣，俾斯麥支持德國北部聯邦——在二十二個君主國家及三個自由的城邦中——擁有自己的制度，這些制度為貴族階級提供政治上的機會，當然這些地方也須授予國家某些權限，如外交事務、軍事、海關、貨幣等。

在聯邦的等級上，帝國的議院（Reichstag）是經由人民普選產生，即國家代表大會，它與代表各邦君主的聯邦參議院（Bundesrat）平分國會權力。不過帝國國會對於帝國政府，沒有任何的限制作用，因為帝國政府要聽從首相命令。因此兩個議會之間的合作，或普魯士政府及帝國政府之間關係等問題，一直到 1918 年都沒有獲得解決。

由於俾斯麥的觀念既保守又頑固，他依靠大多數人統治國家，卻不

與各派別發生關係，是這個議會制公開的敵人。初期他依靠「民族同盟」自由黨人（the Free Party）進行，這是一個大資本家和中產階級的組織，其中有幾位是工業界和金融界的領袖，他們都加入貴族派系。由於此派系與俾斯麥的統一理念相符合，因而他們從東普魯士容克（貴族地主）（Junkers）所控制的傳統保守黨中分離出來。

除了在政治統一和經濟上有所進步外，在這段自由時期的關注點是反對天主教會，俾斯麥擔心天主教勢力將會影響帝國的統一。因為在梵蒂岡的號召下，天主教會將會成為國中之國，而梵蒂岡對新帝國懷有敵意。特別是德國的天主教徒所組成的政黨──中央黨（the Center Party）在面對有權有勢的東普魯士，它是個人權力的捍衛者，也是反對集權的地方本位主義者，是更危險的對手。由於中央黨可以依靠教士和天主教聯盟的力量，所以被視為危險的對手。

俾斯麥的施政措施無論內外目的都在保持帝國的團結，只要有任何會妨礙帝國統一團結的勢力出現，他都會盡其所能的排除，因此當他發現天主教勢力將不利於國家的統一時，便於 1872 年發起被稱做「文化戰鬥」（Kulturkampf）的政策（1873 年的法令，成為專門用於對付那些教士因拒絕順從而施加他們身上的刑事措施）。此政策是試圖使德國天主教會置於國家的嚴密監視下，並且切斷教會與羅馬的聯繫，藉機消滅中央黨。但由於教士和德國天主教徒的頑強抵抗，使得這目標並沒有達到。1878 年俾斯麥吸取失敗的教訓，與教皇拉昂十三世（Leon XIII）會談，才使這一危機緩和了下來。

「文化戰鬥」的結果與首相的施政方針一致，自由黨與法律相悖離。此時出現新聞、軍費及對社會黨人的鎮壓問題，這一切皆成為導致俾斯麥與自由黨斷絕關係的根源。此外，關稅改革問題也使他激怒自由民主黨，後來他組成一個支持絕對保守的政治派系；此包括對司法及行政體系的整肅，對教育制度的管理，特別是對社會黨人的鎮壓。

此時拉薩爾（Lassalle）主義和馬克思主義的社會主義者又重新於 1875 年的哥達（Gotha）大會上團結在一起，並成立社會民主黨（the Social Democrats）。這個黨有堅強的組織陣容，且展開活躍的宣傳，1877 年的大選它們獲得了五十多萬張選票，讓俾斯麥大為恐慌。其實社

會民主黨的壯大可說是工業革命造成的，由於工業革命使得這一時期的工人人數迅速增加，再加上因經濟危機所引起的不滿情緒，也是社會民主黨選舉獲勝的原因。

資本家與俾斯麥都擔心社會衝突加深，他們都認為社會民主黨人是國家與社會基礎的威脅，因此俾斯麥將激進分子對皇帝進行兩次（5月與6月）的謀殺所引發的社會不安，歸罪於社會民主黨人，便解散國會，重新進行選舉。並於1878年7月10日制定鎮壓社會民主黨人的法規，但這些法規最後還是失去其作用，因為社會民主黨的追隨者使其組織繼續擴大。

俾斯麥的政治才能是大家有目共睹的，為他贏得相當多的榮譽，由於威廉一世的信賴，讓他能夠長期隨心所欲地統治這個國家，只是當1888年威廉二世登基後，一切都改變了，威廉二世無法容忍俾斯麥對他的控制，他想要掌握更大的權力，因而企圖擺脫俾斯麥。1889年與1890年的國會大選，社會黨員獲得大勝，這給威廉二世擺脫俾斯麥一個好機會，因為這代表俾斯麥之前的政策是失敗的，威廉二世有理由不去支持他，因此俾斯麥在得不到皇帝的支持之下，他無法再施展他的政治手腕，只好離職。

五、義大利復興的序幕

在義大利還處於農業狀態時，光明的專制（我們稱它為光明派）就在十八世紀後期為舊制度帶來具體的改變。在哈布斯堡或波旁家族的統治下，農業生產及技術幾乎沒有什麼改善，也無法提升農民的人口，農民絲毫不能從自己的職業得到好處，反而要痛苦地忍受大地主貪得無厭的需求，農民因而出現潛在的不滿情緒。不過當時的社會及經濟都處於閉鎖之中（教會國家，熱那亞或威尼斯），改革者皮埃蒙特極為謹慎，因此在西方文化和古老的南方之間，很難想像這種不平衡會帶來什麼樣的後果。

法國大革命爆發時，光明派的改革企圖遭到挫敗，隨著戰爭及外國的干涉，義大利從中得知法國人民抗爭的新方法，然而那些惶恐不安的君主卻下令停止改革。拿破崙在經歷1796年的義大利戰爭後，將整個義大利高地占領，鼓動此地的共和黨人發起革命，因此革命熱潮瀰漫全義大利，並在此地制定一個模仿法國共和三年的憲法，與建立一個革命議

會，同時廢除古老的貴族制度，即將西斯巴達諾（Cispadane）共和國，改為內高盧（Cisaalpine）、利古里亞（Ligurienne）、羅馬及帕特諾珀（Parthenopeenne），以三色旗為他們的國旗。

首席執政（拿破崙）和君主政治在義大利引起了注意，且與當時的時局相呼應。這個政權在國家統一的進程中被視為一個階級，它是以其中央集權的能力受到重視；這是一個受法國啟示而建立的中央集權立法，它的特徵是貴族掌握行政權。他們進行城市規劃的工程，開通道路，改進港口，使義大利第一次平等地處於法律和公正之前，他們投進羅馬帝國軍隊的懷抱，使義大利人在日常生活有新的體驗。

總之，這法語化制度已經引起知識份子，如費斯加羅（Foscolo）的回應，他們歡迎由革命和法國皇帝帶來的國家統一，同樣也讚揚義大利和平的特徵，但是這種和平的特徵與民族思想的發展相結合，應當在傾覆法國的統治後繼續存在。

在 1815 年 6 月 9 日的維也納會議最終條款所遵循正統的原則之下，對義大利而言，表示那些曾被剝奪財產、被趕出皇宮的君主——薩丁尼亞・皮得蒙（Sardinia-Piedmont）的薩伏衣（Savoy）王室、教皇國，與那不勒斯王國皆可以重新復位。

不過依據補償原則，奧地利可以把它的霸權延伸到半島的中央，直接掌控倫巴底－威尼西亞（Lombardy-Venetia）、特爾恩頓（Trentin）和伊斯特利（Istrie），並控制托斯卡尼（Tuscany）大公國和莫德納（Modene）公國。此外透過其他君主進行控制的有，由瑪麗・路易絲管轄的帕爾馬（Parma）公國，呂克公國（Lucques）與西班牙公主重歸於好，她的表兄斐迪南四世（Ferdinand VI）曾企圖恢復西西里王國。還有透過在費拉拉（Ferrara）及拉維納（Ravenne）駐軍，奧地利的影響在各省及公使團中蔓延。

薩伏依王室的維克多・伊曼紐爾一世（Victor Emmanucel I）在皮埃蒙特重新建立熱那亞舊共和國，此地是唯一的義大利王朝，因此成為義大利走向統一國家的出發點。舊制度的立法，至少發生部分作用，此時貴族及教士（特別是耶穌會會士）重新發揮影響，尤其是在莫德納、教皇國和皮埃蒙特，反動的貴族受到麥斯特（Maistre）的約瑟夫（Teseph）啟示。

不過當時的中產階級滿腔熱情地追求法國的思想意識，因此熱那亞共和國十分反對傳統主義和杜林（Turin）的貴族。

王朝復辟在整個君主統治中央集權立法和行政的過程中，表現得較爲穩重，這些君主有能力爲政權服務，而這個政權又往往有十八世紀光明改革派（illuminisme）的精神。這就是西西里島上人們追求的雅各賓思想及人們想廢除的某種社會變革。

六、復興運動

義大利的復興時期並沒有出現任何反對派，這時的義大利想要復興羅馬時代與文藝復興時期所享有的那種領導地位。此後具有民族意識的中產階級便選擇以祕密結社——像燒炭黨（Carbonari）——的方式進行活動，在半島上發展。

這些團體的目的（他們來自中等資產階級和軍隊，其一部分追求在法國占領下的相對自由主義，一部分追求拿破崙時期生動的軍事生活）是推翻剛剛復興的體制，並沿著法國大革命的路線，以統一民主的義大利取代這個剛剛復興的體制。不過，燒炭黨人並未與人民深入接觸，所以只能在分隔狀態下的義大利單獨進行活動，彼此間並沒有統一的協調，這些行動最多只是引起國外的報導，從而達到破壞的目的。

當時有許多有志之士都追隨馬志尼（Mazzini），致力於共和政體的追求。馬志尼原本也是燒炭黨黨員，後來他認爲燒炭黨所進行的活動太過於暴力，便組成一支「青年義大利黨」繼續他的革命運動。不過除了像馬志尼這樣的革命派之外，大部分持溫和派的民族主義鼓吹者都希望建立一個以薩丁尼亞王國爲基礎的君主立憲政體，因此復興運動在加富爾（Camillo di Cavour，1810～1861 年）的領導下進行，加富爾在 1852 年被任命爲首相。

義大利的復興運動是在幾次國際戰爭中進行的，首先在 1855 年加富爾將義大利帶進克里米亞戰爭，目的在讓義大利問題呈現在國際舞臺上，希望以此得到英、法等大國的同情。因此在 1858 年時，他便與法王拿破崙三世（Napoleon Ⅲ）進行晤談，準備開啓與奧地利的戰爭。1859 年義法聯軍對奧的戰爭爆發，但在征服倫巴底之後，法軍突然撤退，因此這次

戰爭義大利只收復了北部義大利地區，中部的教皇國與南部的那不勒斯王國仍存在。

至於南部兩西西里王國則是由加里波的（Giuseppe Garibaldi，1807～1882年）率領「紅衫軍」（red shiets）從波旁王朝的統治中解放出來的，接著他攻下那不勒斯，將整個南義大利全部統一。雖然加里波的是一個共和份子，但他不願見到義大利的分裂，最後將此地送給薩丁尼亞王國。

薩丁尼亞的國王維克多‧伊曼紐爾二世（Victor Emmanucel II）在1861年正式成為一位義大利國王，這時的義大利只剩下威尼西亞和羅馬還未加入，因此1866年的「七週戰爭」發生後，義大利便依之前與普魯士的條約加入戰爭，戰後普魯士果然依條約將威尼西亞給義大利。到此為止整個義大利只剩下羅馬還未解決，1870年普法戰爭的爆發正好給義大利一個機會，當法國失敗後，義大利便趁機進入羅馬，並於1871年正式定都於羅馬。

七、復興時期的文化與經濟活動

其實復興運動是在法國王朝復辟之後表現在復興文化的運動上，它於十八世紀改良主義的浪潮中往下扎根。然而，教士及貴族強烈批評光明派和法國大革命的原則，他們在政治和宗教領域中過分吹噓教皇的職權，於是一場在中產階級知識份子中的運動便展開，同時此運動從宗教評議會（Conciliatore）發展到米蘭，從安塔露琪亞（Antalogia）發展到佛羅倫斯。

這些雜誌的編寫人員並無任何主義信仰，只關心一些具體問題，如農業生產的改善、工業的發展、鐵路的開發及儲蓄銀行等等。對於這些問題，他們努力提供可行之道：「他們現實的經驗的確為民族意識的覺醒有所貢獻。」歷史也是文藝復興的一個領地，歷史學家，像是岡都（Cantu）、托亞（Troya）、巴爾保（Balbo）都關心義大利的過去。歷史小說方面出名的作家有蓋拉茲（Guerrazzi）和達澤格李奧（d'Azeglio）。文學家有萊奧巴爾蒂（Leopardi）、吉于斯蒂（Giusti）、伯利高（Pellico），曼佐尼（Manzoni）等認為托斯卡尼方言就是他們的民族語言。最後是音樂，羅西尼（Rossini）和威爾第（Verdi）把義大利

人民的獨立、自由的靈感表現在舞臺上。

至於經濟方面，義大利起步要比西歐其他國家晚一些，但同樣經歷經濟的變革，並表現在生產和交換上。這些經濟變革都是資本主義國家中資產階級所嚮往的，且發生在 1830 年到 1840 年半島統一的過程中。

農業是主要活力，但農業發展的條件卻不成熟，因為它的產量不穩定，因此，要重視這微薄的產糧地及艱苦的開墾者，應當把三分之一的力量用於農作物種植，特別是糧食和葡萄方面；另外三分之一用來植樹造林和修整牧場，因為森林和牧場並沒有好好被管理，常遭火災和野獸的毀壞。十二分之一用於特殊作物種植（油橄欖、稻米和人工草料），七分之一用於開墾荒地，也就是說在三十萬平方公里的土地上，開墾出二十八萬一千平方公里的土地。

不過在倫巴底（Lombardy）、埃米利（Emilie）、托斯卡尼（Tuscany）及坎帕尼亞（Campanie）這些富裕地區的農村間，到底會生產些什麼東西呢？其實在法國占領時期，中產階級賺不少錢，憑藉這個成就，他們想增加土地收入，因此便試圖進行有效的農業改革。不過這時的農民數目也有所增長，1860 年每十三個居民中就有一個農民，而且土地的抵押債務情況也十分嚴重，債務抵押上升到平均產量的 12%，在南方達到 15%，除了西西里外，農業無產階級的條件十分惡劣。

工業方面的起步也比較慢，製造業都是利用外國，像是來自英國、德國、瑞士，甚至是法國的資金。雖然這時的人們看到許多公司成立，有保險公司、商業公司、工業公司、鐵路公司等，但經濟與關稅的法規不同卻常常限制新企業。在此應當注意的是，義大利中產階級對國內的商業票據和貼現票據的懷疑，因為貨幣幾乎都是金屬。

最後就是各國及技術方面的等級都不同，因為生產資料及能源方面的來源也不平均。如果我們將這些國家依序排列，會發現第一位是倫巴底，然後是那不勒斯、托斯卡尼和皮埃蒙特，當其他教會國家仍實行陳舊的經濟制度時，威尼斯的經濟卻出現蕭條的景象。

在經濟領域中，紡織工業最重要，冶金工業也在缺鐵短煤的日子中艱難地發展。信貸機構自 1840 年以後即發展很多儲蓄所、保險公司及銀行等，北部國家皮埃蒙特、倫巴底、威尼斯和托斯卡尼是率先實行信貸制

度的地區。爲了實現先進的交易方式，信息交換問題在1830～1840年愈炒愈熱，但一個半島被分隔成許多小的國家，這對半島的經濟來說十分不利。

　　這些問題迫使中產階級從政治的角度來思考經濟問題，建立廣泛的經濟領域在他們看來是自身利益發展的條件，他們設想由資本家階級掌握政權的聯合制義大利。這就是爲什麼那些大地主擔任這場民族運動核心的原因，在他們當中，有的人自願做這一時期的政治人物，並準備統一的工作。對他們而言，發展鐵路、取消關稅障礙、進一步實施自由交易（自由交易帶來許多新的思想）都是義大利繁榮昌盛的基本條件，這些在法國和英國都已經被證實了。

第五節　十九世紀的奧地利與俄羅斯

　　奧地利帝國並非單一民族的帝國，境內有日耳曼人、馬札兒人，與占多數的各種斯拉夫民族，是一個多種族的國家。在帝國內有些地方只有一個民族，有些地方卻居住著相當多種族，因此不時發生衝突，而且在這個民族主義高漲的時代，常會有革命的發生。至於俄羅斯帝國在十九世紀時仍處在專制政治之中，雖然在十九世紀初時便有改革的計畫，但所有的改革計畫最後被認爲對傳統秩序造成極大的威脅，便無疾而終，因此到二十世紀時沙皇仍不受到任何法規限制。

一、1848年的革命與1867年的妥協

　　法國二月革命的消息傳到奧地利也在此引起軒然大波，奧地利境內最多的少數民族——馬札兒人起來鬧革命，他們要求匈牙利這時也要成立一個自由政府。革命宣言由科蘇特（Kossuth）在國會中發表之後，大學生、工人便在街上築起障礙物準備起義。

　　面對這次的起義，政府屈服，軍隊撤退，梅特涅最後被迫辭職，奧皇斐迪南一世（Ferdinand I）只好答應頒布憲法，建立立憲政權。不過這樣並無法使民眾滿意，暴動仍持續下去，因此到了8月23日國家衛隊進行鎮壓，在制憲議會中國王還得到斯拉夫民族的支持，因而擊敗那些要求

制定民主政權，制定中央集權憲法的自由份子。

　　不過這次革命在布拉格奧皇做出讓步，國會通過制憲法案，匈牙利擁有言論、出版及宗教方面的自由，這時的匈牙利除了接受奧皇爲他們名義上的國王之外，他們在其他方面形同獨立。不過在這個新的王國之中有一些斯拉夫民族，這些斯拉夫民族也學習它，紛紛起來鬧革命。就這樣在1848年5月在布拉格也發生暴動，奧皇趁機恢復對這城市的控制權，收回之前允許的承諾，匈牙利又再度回歸奧地利政府。

　　1866年普奧戰爭之後，奧地利被逐出德意志邦聯，這使它的地位大大的受損，帝國內各民族都紛紛出來要求建立一個聯邦國家，各歷史與各民族都希望能受到保護，且能自由發展，因此帝國出現重整的必要。而且這時匈牙利人提出建立一個「二元帝國」的論點，此論點最後被奧地利政府所接受，因而在1867年出現一個「妥協憲法」，將帝國改爲兩個主權國家的聯合體，即奧匈二元帝國（the Dual Monarchy of Austria-Hungary）。

　　這個聯合體仍共同擁護哈布斯堡的統治者爲君主，不過它們有各自的政府，兩國互不干涉，不過它們有三個共同的部門（外交部、國防、財政），與一個國會（國會輪流在維也納與布達佩斯開會），只是每當國會開會時都只進行表決，並不進行討論，因爲所有的討論都是採取分開集會討論的方式，各自投票，最後再相互交換意見。

　　其實，在這個民族主義時代，哈布斯堡王朝最基本的課題，是如何因應由民族情感所引發的難題。民族主義者並不希望摧毀這個帝國，這時候的匈牙利其實只有一小部分的激進派者夢想建立一個完全獨立的匈牙利，大部分的匈牙利人都只是要求要立憲自治而已，並不想與維也納政府脫離關係。

　　然而，哈布斯堡政府並不怠慢，它不斷地想一切新措施來安撫匈牙利分裂的思潮，只是一直都沒有產生效果。這時候的統治者多年來的觀念是中央集權，並以日耳曼語言及日耳曼習慣來統治這個國家，因而受到非日耳曼民族的厭惡，特別是馬札兒人，因此馬札兒人便一直在帝國內追求它們所要的民族觀念。

二、第一次世界大戰前夕的奧匈帝國

　　長期以來對一個沒落帝國的描述，通常解體是在所難免的。現代史學家總反對這一點，並認爲凝聚的因素（如朝代的聲譽、軍隊和行政能力的強大、教會的影響、經濟繁榮、創立文明的發展等）還是很穩固，並朝更加現代化的社會經濟形式發展。

　　確實在許多地區，還存在著落後的農業經濟，許多非常貧困的農民必須離鄉背井；但是工業化與城市化正發展迅速，中產階級戰勝貴族，大量有組織的工人階級開始在公眾生活中發揮作用，而這些發展首當其衝的是過時的貴族，他們很快地便在經濟、政治層面中失利。相反地，城市文明以知識的充分發展顯示極度的輝煌，此外藝術與科學的興盛亦不僅限於維也納，它包括了每個地區的民族文化。

　　然而，帝國內的種種因素，使議會所訂定的二元制也越來越無法適應時代潮流，因爲此二元制乃建立在奧匈帝國對其他民族的統治基礎上，然而帝國內的多數民族斯拉夫民族並沒得到重視，因此改革已勢在必行，以自治國家聯邦爲基礎，許多改革方案亦紛紛出現。1871年奧帝佛朗索瓦·約瑟夫一世（Francis Joseph Ⅰ）原本計畫前往布拉格，給予波希米亞一個與匈牙利相等的地位，使二元帝國成爲三元帝國（Triple Monarchy），但受到各方的反對，便改變想法，使得斯拉夫民族十分的失望。

　　由於佛朗索瓦·斐迪南（Francis Ferdinand）一直都主張建立一個三元帝國，因此人們寄望繼位的王儲，斐迪南大公能組織一群來自不同國籍的理論家，來反對二元制及匈牙利的特權，就在佛朗索瓦·約瑟夫及其舊部屬讓位之際，人們對種種方案議論紛紛。如果沒有戰爭，那帝國是會向新形式發展或維持現狀？這個問題至今還有爭論。

　　在這個時期，強硬的民族主義者及分離主義者只有在中產階級知識份子中受到擁護，大多數的人們還是希望奧匈帝國維持現狀，只要帝國政府採取平等的聯邦形式，他們仍願意留在帝國內。然而這種觀點似乎與佛朗索瓦·斐迪南的想法不符，斐迪南遵從君主制原則，他認爲這是國家的基準，如果考慮聯邦制或三聯制（組成斯拉夫南部王國）以緩和民族問題，

他就需藉由軍隊的加強，來提高對君主的效忠；同時他也不掩飾對基督教
社會黨、保守黨及高級教士的同情心。但他的這些想法則與斯拉夫民族主
義和社會主義者的觀念相抵觸，後者希望能在自由與民主的基礎上建立多
民族國家。

　　另一方面，奧匈帝國被義大利和德國所排擠，爲了重新鞏固其強勢
地位，它將目標轉向東南歐。但自從奧匈帝國與德意志帝國建立良好關係
後，它在經濟、政治、意識形態上受到德的影響越來越大，它就像德意志
帝國主義的工具。然而斯拉夫人比奧地利的日耳曼人更致力於日耳曼主義
的觀點，這就是爲什麼在捷克、波蘭、塞爾維亞等地區，提倡分離主義者
對貴族政治統治下的奧匈帝國，產生懷疑的原因。這也同樣爲什麼俄國人
會唆使塞爾維亞王國鼓動南斯拉夫的暴亂，並散播大塞爾維亞的思想，最
後導致了奧地利決定對塞爾維亞備戰之因。

三、農奴的解放

　　十九世紀中的俄國仍是一個農業國家，他們大都是農民，這些農民幾
乎沒受到任何自由主義思潮的感染，也因此專制政治才能維持下去。不過
1861 年沙皇亞歷山大二世曾一度要解放農奴，但後來出現一種妥協的方
式，即是農奴獲得人身自由後，亦分配得有土地；地主則得到債券補償，
農民則是分四十九期償還。此外，改革也擴大了俄國村社（mir）的權力，
因爲一切土地都歸村社，村社有權根據家庭的需要定期重新分配土地，並
擁有從前貴族所擁有的權力。

　　現在亞歷山大二世（Alexander II）發現，隨著農奴制度的廢除而來
的並不是政治的穩定，而是社會與經濟的更大變革，這一切一切都不是他
預料之中的事，因爲沙皇一心想要的是維護君主專制制度。由於農民必須
按年償還土地的補償和稅負，所以需要長期背負著負債，而且這時的俄國
最重要的財政改革並沒進行，造成此時國家重要的稅負仍落在廣大的農民
身上，壓得農民快喘不過氣來，因此解放農奴與土地改革並未產生很大的
效果，反而使他們的不滿情緒越來越高漲，便經常發生搶劫、兇殺、放火
等事件，使得農業生產遭到嚴重的破壞。

　　不過農民騷動越厲害，他們的處境就會更加的惡化，因爲這時的貴族

要收回農民原本已經擁有的使用收益權的土地，而且農民還必須償還欠貴族的實物徭役和現金，因此生活更加困苦。現在貴族的經濟越來越糟糕，這讓他們越來越需要透過地產獲得更多的利益，而且在俄國還有一個觀念，那就是「自由勞動可以創造出更多的財富」。

此外，社會的重大改革也影響到官僚主義，越來越多人感受到制衡的力量，1864 年各地成立諮議局，其組成份子爲土地貴族們、村社農民，與城市居民選舉代表，由於選舉方式相當的複雜，讓貴族們占有重要的地位。不過地方諮議局的權力非常有限，他們的活動受到嚴密的監視，但它還是公民立法創議權的唯一場所。

改革到了後期也步上恐怖的手段，這時出現一些極端的份子決定利用政治性的暗殺方式，來獲得革命志士的加入。因此他們認爲唯有暗殺掉亞歷山大二世才是唯一的解決辦法，1881 年他們果然達到目的，將亞歷山大二世炸死，這讓俄羅斯又走上專制保守的階段。

四、民族主義運動

沙皇統治時期的俄國，包括歐洲境內部分，長期以來就是一個多民族的國家，從信仰天主教或新教的西方人，如波蘭人和日耳曼人，到眾多來自亞洲的伊斯蘭民族。在君主專制制度下，任何事情原則上都是不重要的，因爲對沙皇個人及其王朝的忠誠，就能夠在臣民中形成強烈的道德約束。

十九世紀的民族運動在歐洲其他地區具有自由主義的色彩，現在影響到整個俄國，這些民族運動以各種形式在原則問題上相互矛盾且相互對立。首先，各少數民族已經意識到他們之間存在的差別，因此俄國像其他國家一樣，至少在文化方面各民族還存在著彼此間差異性。

對於波蘭人而言，民族運動總是具有政治色彩，這種政治色彩在1831 年和 1863 年的兩次騷亂中表現突出。確切地說，沒有人模仿波蘭人的作法，但是卻引起沙皇統治的強烈反感，尤其是亞歷山大三世（Alexander III，1845～1894 年）爲了使每個地方都使用俄語，並在可能的情況下接受東正教信仰，更全面採取俄羅斯化措施，這只是希望在俄國各民族的統一中從政治上找到新的合法性。

　　新的合法性削弱舊法的影響力，不僅體現在抽象的原則方面，也表現在更加具體的方法上。對屈服於沙皇天生追求和平的芬蘭人而言，從他們的人格受到損害之日起，就在首都附近提供避難場所給革命者。而且剛進入二十世紀時，俄國就進入動盪的年代，沙皇當權者一有機會就煽動平民敵視猶太人，平民屠殺猶太人卻得到警察的寬容，顯然這使俄國平民無視社會秩序和法律。

　　沙皇帝國時代的俄國導致這樣結果，與歐洲其他斯拉夫人團結一致的思想有關。現在利用種族因素反對法國 1789 年前舊制度下的國家政權，成為俄國的外交工具，後來成為主要趨勢的「泛斯拉夫主義」是件能產生正反效果的武器，尤其是在掌控獨裁政治時更具危險性，因此泛斯拉夫主義成為俄國從十九世紀延伸到二十世紀的外交傳統。

　　由於俄國一直以斯拉夫民族的大哥自居，因此多數斯拉夫民族居住的巴爾幹半島便成為一個隨時都會爆發衝突的地方。1876 年至 1878 年間，保加利亞起來反對土耳其，遭到土耳其的鎮壓，於是俄國為保加利亞的利益而挑起歐洲的爭端，向土耳其宣戰，並於 1878 年攻下伊斯坦堡，使得土耳其要求停戰，並答應簽訂「聖斯特法諾條約」（Treaty of San Stefano），不過此條約引起英（認為這條約會使俄國的勢力進入地中海，危及其「帝國的生命線」）、奧（怕會影響其境內的斯拉夫民族）不滿，於是在 1878 年由俾斯麥召開柏林會議，以此取代「聖斯特法諾條約」，讓斯拉夫民族的勢力受到打壓。1905 年革命後，泛斯拉夫主義變本加厲成為潮流，儘管有一些明智的官僚，試圖平撫戰爭創傷和重整恢復中的政治制度，但在 1914 年斯拉夫主義已經是不可阻擋的熱潮。

第六節　宗教運動與社會主義運動

　　舊體制的崩潰，歐洲啟蒙運動的勝利，使人產生一種不該有的錯覺，法國大革命所憑藉的政治信仰與社會義務影響到英國國教徒對宗教產生的不信任感。此時因循同樣的宗教習俗，也僅改變其某些特徵，現在基督信仰者已經對他們的宗教產生懷疑，對於多數遵循宗教習俗的人，革命使他們的信仰產生根本的轉變，因此人們要求強有力地振興宗教。雖然在十九

世紀的哲學觀念對宗教起了一個很大的影響，但對一般的百姓而言，因工業革命所產生的社會問題才是他們所在意的，讓各種社會主義的思潮如雨後春筍般出現，在此我們不得不注意馬克思的社會主義思想。

一、教會

這場宗教復興運動應歸功於流亡的宗教作家，一些歐洲貴族對其祖國的宗教及信仰戀戀不捨，例如夏多布里昂（Chateaubriand）、波那德（L. de Bonald）、麥斯特（J. de Maistre），還有拉梅（F. de Lame），這些本該留在法國的宗教作家們，卻流亡海外。

倫敦修道院院長凱倫（Carron）以及德國的流亡作品亦產生巨大影響，此也促進萊茵河以外的轉變。1800 年明斯特（Munster）俱樂部最活躍的人物斯托貝爾伯爵（Comte Stolberg）、1808 年科隆大教堂，以及塞勒日爾（F. Schlegel）的哲學對抽象理性的感悟，使思想界也越來越傾向於感覺，即直覺，這種傾向於藝術的創造與新的社會意識，使歐洲在啓蒙運動之後新的歐洲天主教確立了基礎。

此時的傳教士較爲活躍，他們爲了在廢墟上崛起，積極地從事學校教育和講道方面的工作。在巴伐利亞、西發利亞（Westphalie）及賽勒（Sailer）地區教士也隨之跟進，在法國一些新教徒和牧師也同時參與復興行列，而維也納的維安內（J. M. Vianney）牧師也貢獻一己之力，這一切都表明人們要振興宗教大業的決心。

從德國到巴黎人們開始重視宗教教育，特別是波德里（M. Borderies）以及他的弟子杜邦魯（Dupanloup），他們積極講授基督教義與教理。由於受到法國大革命的衝擊以及拿破崙對基督教派的不了解，（拿破崙僅知道基督教友會及其他三個傳教修會，像是遣使會、聖心會和外國的傳教會）使得這些宗教團體只能在暗中自發地重建基督教會，以滿足人們的需要。

在拿破崙當政期間，各地區建立許多教友會，如拉梅奈（Jean Marie de Laminas）建立的波勞麥爾教友會（les Freres de Ploermel）也在此時開始運行，同時有些地方的宗教教育團體和慈善機構也相繼成立。法國的耶穌會在經過克勞瑞委埃爾（Clorivière）的努力之下，於法國大革命結

束前，也在法國將耶穌會重建起來，其成員在 1850 年間有六千人，其中有一千人在遠處傳教。

此外 1830 年以後，一些以修士爲主的公會組織也很活躍，像是拉科戴爾（P. Lacordaire）領導的道明修會，蓋蘭傑（Guéranger）的聖本篤會，格瑞搖（Gratry）的第二奧拉托利會（Oratoire），以及在馬賽新成立由馬茲諾德（Mazenod）所領導的教會、阿勒宗（Alzon）神父所建立的聖母升天會、拉昂的聖－依和內傳教會等。而詹森（Janson）神父更讓法國的教會組織得以復興（據統計，到了 1905 年法國的修士和修女的數量是俗間神父人數的三倍）。

由於這些教會與修會的努力，到十九世紀結束時，在天主教復興旗幟下所進行的內部傳道活動達到了顛峰，而此股熱情也從當時實具成效的法國農村向外傳播。英格蘭由於其位置的得天獨厚，因而聖公會是最先受到影響的。而德國及瑞士的許多傳教團體也同時受到聖心會利伯馬（P. Libermann）和約瑟夫（Joseph）修女會創始人雅夫瑞（M. Javouhey）的影響，他們積極向全體基督徒傳教佈道。此外，1822 年雅瑞可（Pauline Jaricot）在拉昂創立教義傳播會，1843 年福賓‧詹森（Forbin-Janson）主教創立聖童會（Saint Enfance）再再都表示，天主教也開始清除以前的障礙，在天主教有效地傳道中，法國步入前列。

二、宗教思想

神學及世俗文化雖然不能與教士復興宗教的熱情相比，但在二十世紀初期，人們仍然熱中於在神學院講授第戎神學或拉昂神學的那些過時論著。十九世紀時期所反映的天主教教士精神的追求，此時已成爲陳腔濫調，需要徹底的修改。

二十世紀初在德國的大學裡充滿著強烈的宗教復興精神，這裡的天主教神學家雪雷馬歇（Schleiermacher）及哲學家塞勒日爾（Schelegel）受到其鄰校新教改革的影響，使得他們與柏林的關係也更趨緊密而友好。此外在杜賓根地區（Tubingen）出現了所謂的「聖經考證」（Biblical criticism）學派，有一批學者，像是史特斯（David Friedrich Strauss，1808～1874 年）及威渥森（Julius Wellhausen，1844～1918 年）等人，

他們運用了蘭克（Leopold von Ranke，1795～1886 年）提倡的史學方法來研究聖經。因此在此地已出現了反對史特斯（Strauss）及波爾（Baur）的理性歷史主義，且在 1819 年成立了天主教大學。

很快地，這種宗教熱忱也引起著名教士莫勒（Moehler）的反響，此時萊茵河沿岸和巴伐利亞地區也已經成爲歐洲宗教思想及出版中心，這裡充滿各式各樣的教派，例如梅楊斯（Mayence）及喬瑞（Goerres）教派，慕尼黑教派、巴德（Baader）信徒教派、多林格（Doellinger）神父派等等。由此可知，二十世紀初期德國的宗教運動可以說是遠遠地超過法國。丹麥籍出版家愛克斯坦（Eckstein）男爵於 1826～1829 年創辦《天主教》雜誌和《日爾貝（Gerbet）與薩里尼（Salinis）神父之天主教回憶錄》，透過彼此間的聯繫，德、法兩國的天主教徒與新教徒之間的交流亦更趨密切，從 1824 年開始，德國特別是慕尼黑有許多宗教及非宗教界的人士確立起自己的聲望。

不過我們並不能因此說法國的知識份子沒有大力推動這次宗教運動，因爲早在 1802 年法國里昂地區的哲學家巴郎士（Ballanche）書中，便已提及基督教的眞諦，而且法國的學者波納爾（Bonald）和麥斯特（Maistre）所著的《論意識與文學的關係》就是最佳的證明。此外拉梅奈（Lamennais）在他的《法國教會狀況沉思》中揭示自 1808 年以來教士思想的領域，至於他的《論宗教的差異》也在歐洲引起極大的轟動。而龔斯坦（Constant）更用三十年的時間完成他的學術鉅著《論宗教》一書，此書於 1829 年正式出版。

三、教育、政治與出版品

由於宗教思想上的一致，德、法兩國思想家乃相互地影響。他們對十八世紀所有基督教方面的新理論、新學科，以及對基督教使命、教會及教皇職位等皆有新的闡述。此時人們在浪漫主義的背景下，他們的「永恆的情感」使藝術價值得以復興。法國的里若（Rio）和蒙塔朗貝爾（Ch. De Montalembert）的《聖女艾麗薩貝》（Saint Elisabeth）作品向人們展示，中世紀考古學及教士生活的神祕面紗。他們要求寓於社會傳統的感性認識，取代十八世紀的抽象理性認識，最後強調宗教的社會功能及宗教啓

示，在百年進程中的歷史變化。

這一時期啓蒙精神和宗教傳統並存著，而慈善思想與理性主義問題在十九世紀神學中亦占有極重要的地位。在梵蒂岡第一次主教會議上，由路易‧貝丹（Louis Bautain）在德國斯特拉斯堡起草的《信仰論》即已確定德國天啓論教派的關係，而在此之前，德國波昂（Born）的海爾梅（Hermes）所倡導的理性主義與維也納的甘澤（Gúnther）（1857 年被判刑）一直相互對立。此時在法國的爭論導致多種派別的產生，像傳統主義、強硬派（教皇絕對權力主義）和自由主義（屬於聖‧絮爾皮斯（Saint-Sulpice）的法國教會自主派）。

儘管存在諸多分歧，但不影響優秀的教士們興辦高等教育的熱情。在法國地區，拉梅奈在拉雪內（La Chênaie）創建了聖‧皮埃爾教會（Saint-Pierre），1830 年以後，他的弟子在呂黎（Juilly）對其教會的宗旨進行了修改。在波丹（Bautain）的聖‧路易教會也吸引了一批傑出的教士，這些人後來都名垂法國宗教史冊裡。

二十世紀之後，由教士創辦的新教神學院以及高等教育機構亦使辦學風氣得以興盛，例如巴黎大主教的卡姆斯（Carmes）修會，拉維利（Lavigerie）的龐達慕松（Pont-à-Monsoon）修會，拉昂的波那爾（Bonald）主教所辦的查爾特勒（Chartreul）修會。米涅（Migne）和蓋朗瑞（Guéranger）神父，他們靠社會捐助出版了《希臘及拉丁教父著作全集》，這本書使得埃杜瓦（Edouard）和普瓦提埃（Poitiers）地區的修士們獲益匪淺。

這時羅馬禮拜儀式的恢復，也在聖‧本篤修會的宗教著作中尋找淵源。不過人們在天主教信仰上還須忍受神祕化的發展，例如聖母崇拜（le Culte du Sacré-Coeur），即面對罪惡世界而對傷悲的聖母的愛戴。此外，對天主教的信奉也以繪畫作品提供了主題，其影響面很廣，特別是在天主教文學領域這一方面。

由於宗教復興的第三種方式非常新穎，即在俗教徒加入保護教會的利益，而這種方式在法國也常在慈善及教育的作品中表現最為突出，而且教會在十九世紀的表現也有其理想性的一面。1830 年後由貝利（Emmanuel-Joseph Bailly）和奧查那（Ozanam）創辦的保羅協會，以及默蘭（Melun）

創辦的艾克薩維爾（Xavier）協會等，都是都市社會天主教主義形成的因素，此也導致教會社會理論的出現。

在政治領域方面，首先與其發生密切關係的是自由運動，1829年英國頒布「天主教徒自由法令」後，比利時的梅洛德（M. de Mérode）、愛爾蘭的奧克耐爾（D.O'Connell）等人就是自由運動的支持者。接著在法國，蒙塔朗貝爾（Montalembert）於1845年召集了一些天主教徒，成立宗教自由保護委員會，其目的是要使中學的自由教育受到法律的保護。1830年7月日爾貝（Gerbet）和拉梅耐以「上帝與自由」爲主題創辦了《未來》雜誌，而這也促使其協會成員重新投入自由運動中。

事實上，歷史領域方面的出版品表現也同樣突出，在德國與比利時，有關天主教精神或理論方面作品的出版是相當活躍。在法國方面，與《未來》齊名的是1829年創辦的《通訊者》雜誌，與後來由天主教大學所辦的《歐洲雜誌》目的都是一樣的，皆在給法國的大學補充精神上的食糧。1835年比利時人在魯汶（Louvain）亦辦相關方面的雜誌，1840年代以後也正是出版路易·弗約（Louis Veuillot）等人的作品，使得1840年代後期的雜誌出版一直被大學所壟斷。

十九世紀由於俗教徒不斷地發表作品，使大學及出版業蓬勃發展，而且王室的世俗化及教皇威權的解體不僅使天主教創作空間更廣，讓世俗國王對教皇的支持也越來越薄弱。

四、教皇的態度

公元1800年新當選的教皇——庇護七世（Pius VII）德高望重，對當時的運動也十分了解。法國大革命危機後，他根據與拿破崙在1801年7月15日所簽署的新政教協議精神，調整了和法國的關係。新協議內容爲，天主教不再爲國教，但還是法國的主要宗教。1808年2月拿破崙的軍隊開始占領教皇的領地，使得教權與王權的關係也開始惡化，教皇庇護七世（Pius VII）最後被因在楓丹白露（Fontainebleau）。

事實上從法國大革命與拿破崙失勢後，羅馬教會的復興更受到歐洲各國（包含新教國家）的支持，於是教廷的地位又告重建。而教會對於宗教復興和內部組織的發展也十分努力：當庇護七世返回羅馬之後，教廷就成

立新的機構。教會宣布廢除 1773 年由克萊蒙十四世（Clément XIV）創立的耶穌會，教皇把主要注意力放在教廷「傳信部」（Mission），其職能是負責與北歐、東歐、布列塔尼半島和北美洲維持良好的關係；格里高里十六世更是積極推動傳教，他設立了七十個主教。此外，羅馬教廷利用國際政治關係擴張其影響力，將其勢力從地中海區域、到鄂圖曼帝國一直到遠東。

1846 年庇護九世（Pius IX）繼任羅馬教皇，他傾向於加強與保衛教會體制，因此當天主教思想受到挑戰時，他便以各種通論來駁斥，像是在 1854 年中他提出「聖母馬利亞是因聖靈懷胎說」，1864 年他又發表了〈謬見摘錄〉（Syllabus Errors）。接著在 1869 年的宗教會議中還提出「教皇無謬誤論」（papal infallibility），在此他強調教皇所做的任何有關「信仰與道德」方面的判斷是無誤的。其實庇護九世的態度之所以如此的強硬，與阿爾卑斯山南邊宗教崇拜的蔓延有關，更和國家的統一而出現的反教權傾向的自由思想意識有關。

不過之後繼位的李奧十三世（Leo XIII）雖然也進行改革，但態度較為溫和，因此這時的羅馬天主教中出現了較和諧、寬鬆的氣氛。不過他的溫和態度只在某個社會運動上，像是支持改善勞工階級生活的運動，至於教義方面他可是一點也不讓步。

五、第一國際

第一國際（The Frist International）的出現，有其歷史的地位。如果說，十九世紀的歐洲社會越來越脫離貴族階級的話，即標示舊體制的結束，但這並不意味自我為中心或自我封閉的時代開始，而是表示它擁有共同的自由思想，反對現存國家及領土限制的國際運動，並試圖採取某種行動。

正如馬志尼（Mazzini）在《年輕的歐洲》（*Jeune Europe*）一書中闡述的一樣，1848 年的義大利革命影響，不僅將各種運動匯合，更將它們牢牢地聯結在一起。同時，由於政治流亡者的數量增加，也就加強了流亡者的國際聯繫，如德國的馬克思（Karl Marx，1818～1883 年）、俄國的埃爾森（Herzen）從十九世紀初就聚集在倫敦，並在此地度過大部分時

光,成就他們的社會主義理論。

1862年的倫敦國際博覽會期間,英、法兩國工會幹部達成協議,以「國際勞工協會」為聯繫組織機構。當時的倫敦「貿易委員會」支持在1848年革命失敗後仍繼續活動的歐洲大陸「激進主義」,這個組織與馬志尼(Mazzini)、加里波底(Garibaldi)的支持者保持聯繫,並對倫敦的政治流亡者表示歡迎,在這期間法國的工人也給予專門合作與協助,然而絕大部分的英國工會幹部們傾向於政治活動。1867年的改革法案讓英國部分工人獲得選舉權,同時工會也獲得法律上的承認,並取消了老闆與工人之間不平等法規,不過此時的第一國際也僅是個人的聚會,並非原來即存在的組織、政黨或工會。

1864年「國際勞工協會」(the International Workingmen's Association)終於在英國的倫敦出現,它簡稱為「國際」(the International),是那些反對資本主義社會的社會主義者依《資本論》(Capital)來設立的,由馬克思坐鎮這裡掌控一切情勢。當時這一組織的言論很激進,但並沒有什麼特別現象,雖然它的總部設在倫敦,不過由於舉辦年會時需要大量的財政支持,因此受到旅費的昂貴加上第一國際的財政短絀的影響,他們必須在各個不同城市舉行年會,這使某些活動份子例如馬克思等,不得不經常遷移以節省開支,而每次大會的代表也總是需要經過激烈討論後才能決定人選。

這組織宣稱其目的就是實現國際無產階級的聯合,推翻資本主義和廢除私有制,因此馬克思為第一國際制定規章時,強調工人要奪取政權,如此才能永遠脫離他們所受的工業奴役,但他並沒有提到生產資料的社會化,僅對生產的合作性及其限制闡述。

這種保留說明了當時構成組織基本成員的英法工會幹部的需求,特別是法國人,他們受到蒲魯東主義極深的影響(蒲魯東〔Proudhon〕,1809~1865年,認為一個社會如果能給每個人享受到自由與信用,就能確保這個社會經濟的公平,如此的社會可以防止資源獨占,保證每個勤奮的公民都能享受到他甜美的果實);換言之,他們仍緊緊依戀著私有財產,認為這是個人,或更確切地說,是家庭乃至於國家獨立的基礎,因而他們傾向於合作與互助。不過他們對資產階級的政治人物深表懷疑,尤

其對左派極度不信任，因此在 1866 年的第一國際大會上，他們也提出了一些具體的建議但未被採納，當時的第一國際僅吸收體力勞動者作爲其會員。

1868 年的布魯塞爾大會在共產主義上邁出了一大步，大會宣布：反對蒲魯東思想，包括礦山、露天採礦場及通訊等（鐵路、運河、電報等）在內的財產，皆歸地方集體所有。至於手工業，則仍繼續強調生產的合作性，但不採用資本主義方式。

1870 年第一國際在法國獲得廣大民眾的支持，特別是在巴黎、里昂、馬賽、布雷斯特（Brest）設立了許多部門，這時的第一國際吸收了許多無技術工人成爲會員，而這些成員們期待革命風暴的再次到來，他們熱切希望共和暴動，推翻第二帝國。而且當時由托蘭（Tolain）領導的蒲魯東勢力在法國消退了，取而代之的是歐仁（Eugène）、瓦蘭（Varlin）。歐仁是聯邦派，反對共產制度，但他對手工業、其他工業的看法與蒲魯東相去甚遠，他所強調的是參與合作與群體工會主義。

不過普法戰爭打亂預先的設想，因爲當法國戰敗巴黎失陷後，法國人便在此地建立一個保守的共和國政府，當時巴黎市政府喪失行政管理後，政權則落入國民自衛軍委員會手中，這個委員會的成員政治立場大都極爲激進，他們組成巴黎公社（The Paris Commune），只是沒想到這巴黎公社竟是瓦解第一國際的主因。

當巴黎公社成立後，馬克思還特地宣稱它是工人階級通向解放之路必經的一個過渡性政府。事實上，巴黎公社大部分是繼承 1792 年法國大革命的傳統，定期舉辦國會選舉，但大多數都是由激進的雅各賓黨人（Jacobins）和布朗基主義者（Blanquistes）當選，也有一些社會主義者──不過在九十二個席位中，只有十七席與第一國際有關係。

因此我們不能就這樣認爲，巴黎公社的活動是由第一國際領導，而且當時各種政治思想紛紛出現，只是沒有一種思想能夠眞正禁得起考驗。此外市民對自治和地方分權極端嚮往，對市鎮或組成聯邦地區也是如此，此與巴枯寧的思想相聯繫，而這一切的作爲都超過馬克思的影響。

但巴黎公社的失敗卻給第一國際帶來沉重的打擊，因爲在法國的往後十年內，工人運動的主要領袖皆遭到鎮壓；至於英國的工會運動自 1867

年取得勝利後（選舉的擴大，老闆與工人關係法案的轉變，工會得到承認），已和勞工拉大距離，並與那些極力宣揚暴力的組織分道揚鑣。一般而言，1867 年危機後，第一國際繼續擴大的工人運動也超出當時相對允許的範圍。因此到了 1872 年巴黎公社的失敗也讓馬克思承認失敗，便將第一國際總部遷到美國，到了 1876 年第一國際正式解散。

六、巴枯寧與馬克思的鬥爭

巴枯寧（Bakunin，1814～1876 年）是一位無政府主義者，他在巴黎公社的出現明顯地標示出第一國際進入黑暗期，因為他的思想較為極端，且某些觀念與馬克思不合，最後竟造成第一國際的分裂。對於這位俄國革命家，我們僅知道，他從流放地西伯利亞逃出之後途經倫敦，在那兒他認識了馬克思。

1864 年他定居在那不勒斯，並籌劃發動農民運動，特別對義大利南部的貧苦農民進行宣傳，後來他加入了「自由與和平聯盟」，試圖讓這個組織與第一國際緊密合作，但受挫之後他就與朋友直接加入第一國際，並在 1869 年巴爾（Bâle）大會上發揮其影響力。

其實巴枯寧與馬克思對立的理由是多方面的。首先是，兩人性格上的矛盾，馬克思是德國人，做事有條理而且非常嚴謹，堅持不懈，持之以恆，講究實際，他與家人都是頗有道德的人。巴枯寧則是俄國的大莊園主，性格十足的放蕩不羈，且易感情用事，不講道德，對朋友忠實，但卻不守信用。例如巴枯寧曾答應馬克思，將他的《資本論》第一卷譯成俄文，卻遲遲不肯動筆，而馬克思卻一向對懶惰深惡痛絕。

其次，巴枯寧敵視一切的政權，他認為「國家」是對社會造成大傷害的主因，而非社會主義認為的資本主義，馬克思則認為，加強中央集權至少在革命完成前是必要的。然而巴枯寧並不是不適應社會生活，也不是反社會生活的人，相反地，他相信人類天生的社會本能，在他所設想的自由社會裡，每個鄰居都能自發地組成小團體一起勞作，並互相合作，這些團體按照自己的願望結邦聯社，但不設立統治機構。因此他認為最好的社會是由各個地方共同體組成的鬆散的聯邦，反對在第一國際中實行的集體管理。

再者，巴枯寧及其擁護者大都來自俄國、義大利南部、西班牙等國，這些國家經濟落後，都是一些以農業、手工業為主的國家，因此適合小團體。馬克思生長在萊茵河地區，定居在倫敦，很重視遠距離的經濟關係。他的決定性獨創思維即是完全接受工業化，但此時有許多社會主義者也為工業化中的人其努力而悲哀。在馬克思看來，十九世紀的國家僅允許在小範圍內集體管理，而國際勞工組織才是完成工業化唯一的方式。但那些容易吸收革命因素的落後國家，其本身的問題則始終存在。

巴枯寧的這些觀點對馬克思而言是一種反叛，因而造成這兩個人的鬥爭，而他們的鬥爭更成為第一國際爭論的焦點，最後於 1872 年馬克思將巴枯寧逐出第一國際，從此便造成第一國際分裂，1873 年對立的兩派在日內瓦舉行兩次相互攻訐的大會，讓馬克思主義的大會不存在。這些跟隨巴枯寧的無政府主義份子，在 1881 年時企圖建立一個只屬於他們的第一國際，只是沒有結果。

七、第二國際

人們習於認定，第二國際（The Second International）於 1889 年誕生，不過它實際成立於 1900 年，它是在社會主義及工人團體已出現的基礎上建立起來的，是典型的聯邦制及同盟制。由於第二國際本來就是以成為一個世界性的政黨為目的，因此在它的下面設有分支機構，所以在這年亦成立國際社會主義者代表大會與常務祕書處。不過後來證明這一切都只是一個夢想而已，因為國際社會主義者的代表大會並沒有第一國際委員會那麼有權力，因而他們試圖制定第二國際統一的成員國設想也未能實現。

此外，在這個代表大會中，每個國家的社會主義政黨最多指派兩名代表，在大會投票中最多也只有兩票，但由於大會所決定的事對往後有極大的發展，因此反對派特別是主辦國的反對派，往往會根據實際需要，安插一些虛設代表，以此來達到控制操縱大會的目的。不過儘管如此，任何政黨無論組織多麼強大，人數有多麼多，皆不能夠一手操縱第二國際。

在二十世紀初第二國際發生的第一場大爭論，全都圍繞在策略與教條等複雜的問題上，也就是出現一群將馬克思主義進行修正的人，我們稱他們為改良主義或修正主義（Revisionists）者，這群人認為應該以和平與

漸進的方式來實現社會主義，並承認國家利益與責任。在當時的社會主義
中以修正主義派占優勢，這也使得教條主義派（Purists，顧名思義他們是
嚴格的馬克思主義遵守者，以革命為自許，認為應該建立一個大同世界）
加強他們的攻勢，因此在第一次世界大戰之前，社會主義運動一直都處於
分裂的狀態，而且還備受無政府主義與工聯主義的種種威脅。

　　不過在當時西方國家中農民問題也是第二國際的主要分歧。這個時期
歐洲大多數國家，除了英國之外，農村還是很重要，甚至占優勢。一個政
黨如果要以選舉方式為其獲得權力的根源，它就面臨了在議會中是否獲得
多數或決定性的席位的問題，最起碼也要獲得一部分農民的選票。

　　因此蓋斯德派（Guesde，法國社會主義空論派）從 1893 年起便毫不
遲疑地對農民進行宣傳。至於德國南部受沃爾馬爾（Bavarois Vollmar）
的影響，許多社會主義者提倡保護農民的財產，但卻遭到空談理論派
（doctrinaires），特別是考茨基（Karl Kautsky，1854～1938 年，他是教
條派）的反對。因為考茨基認為這種政策背棄了馬克思主義原則，「農民
的無產化難道不是資本主義集中的必要因素，或為社會主義革命創造條件
嗎？」

　　為了回擊考茨基的論調，修正主義的理論家伯恩斯坦（Edouard
Bernstein，1850～1932 年）撰寫批評文章。據他觀察，社會主義者事實
上已放棄「千禧年」（Millénariste）的觀念，他們期待在短期內實現革命
的果實，因而需要合法鬥爭的策略，並保證獲得工會的支持。伯恩斯坦認
為，這種策略意味著歷史「進化論」的觀念，對現實經濟的分析也沒有擺
脫危機的迫近感，資本主義所呈現的繁榮景象，相對地也使勞動者的生活
水準提高，而他所認為的生產資料集中的所有制概念，也被股份公司所打
破，商業股票分散在眾人手中。由上可知伯恩斯坦的思想與馬克思主義越
來越背道而馳，而且當時有許多社會主義者接受他的觀點，並成為必要的
理論基礎。

　　不過自 1899 年德國社會民主黨開始批判伯恩斯坦的觀點，但沒有指
責其本人，1904 年的第二國際大會討論伯恩斯坦問題，德國社會民主黨
為伯恩斯坦保留了名譽，饒勒斯（Jules Jaures）對此提出批評。另外旺戴
韋德（Vandervelde）在大會上提議緩和對修正主義的批判，大會因此產

生分歧，最後決定號召各國社會主義者統一，同時反對德國政黨中已經形成的修正主義傾向。

1905 年戰爭問題已列入外交緊張關係的主要問題，並且是第二國際後三屆大會的主要內容。1907 年在德國斯圖加特所召開的大會上亦展開一場大規模的辯論。蓋斯德（Guesde，1845～1922 年）認爲既然戰爭是資本主義矛盾的正常結果，由此不需要發動一次特殊的運動來反對軍國主義，也許它能導致工人階級轉向社會主義革命的眞正目標。

蓋斯德的思想體系主要還是第二國際的體系，他的論據充滿無可辯駁的邏輯，最後的辯論沒有結果，此也說明了當時會員們成見之深，亦泯滅對革命前景的展望。面對戰爭的威脅迫近，埃爾韋（Hervé）、瓦朗特（Vaillant）、饒勒斯（Jules Jaures）等皆暗示發動總罷工的可能性，甚至暴動，但德國人對此絲毫不考慮。

在哥本哈根大會上又舊話重提，大會緊緊圍繞瓦朗特（Vaillant）和阿爾迪（Hardie）的建議來進行討論，他們兩人建議在戰爭期間發動一場船舶及運輸業方面的大罷工。這個主意早在第一國際時期就已被提出，但馬克思對此持懷疑的態度，而這種意見也與德國及奧地利社會民主黨的要求相去甚遠，後二者擔心，實行大罷工爲政府製造口實鎮壓他們的組織。

社會主義及工會組織在 1914 年對反戰所表現出的無能，令很多人認爲這是第二國際的敗筆。1914 年 8 月確實有許多希望都破滅了，但如果我們冷靜地分析當時大會的爭論與決議就會發現，這些希望都不是建立在堅實的基礎上。事實上，如果第二國際的主要政黨眞的已強大到能阻止1914 年的戰爭行爲，它們早就奪權了，但事實卻是相反。

第七節　第一次世界大戰前的國際局勢與第一次世界大戰

十九世紀末二十世紀初的歐洲衝突是國際社會關心的焦點，當時的歐洲問題受到斯拉夫民族與日耳曼民族引導。1907 年到 1914 年，歐洲受到四次危機的困擾，政府和人民面臨的局勢嚴峻而緊張，尤其是在 1907 年

時，歐洲的列強形成兩大集團——三國同盟、三國協約，而這兩大集團間的相互懷疑與對立，加速雙方軍備競賽，這種種衝突最後在 1914 年引爆第一次世界大戰。

一、三國同盟與三國協約

俾斯麥在普法戰後十分擔心法國的報復，便決定將法國孤立，因此他在 1872 年便安排德皇威廉一世與奧皇約瑟夫一世、俄皇亞歷山大二世於柏林會晤，並於隔年簽訂「三帝同盟」（Dreikaiserbund）。不過當時的俄國積極地向外擴展，使得俾斯麥覺得俄國並不可靠，因此在 1878 年的柏林會議中，俾斯麥便決定選擇奧國爲他的夥伴，並於 1879 年德、奧簽定兩國同盟（The Dual Alluance），這一盟約關鍵在俄國，其內容提到如遭受攻擊始生效。

不過德國並不是因此就放棄俄國這個國家，俾斯麥還是緊緊捉住它，因此在 1881 年德、奧、俄三國又簽訂三帝同盟（League of the Three Emperors）。這年義大利也因爲與法國在突尼斯（Tunisia）發生衝突，便加入德、奧的兩國同盟集團，於是兩國同盟便成三國同盟（The Triple Alliance）。至於三帝同盟則因巴爾幹問題無法繼續維持，便於 1887 年結束。

1890 年俾斯麥所建立的外交體系崩潰了，俄國正式離開此體系，因而給法國一個突破外交重圍的機會，法國便向俄國示好，於是在 1893 年法、俄同盟（The France－Russian Alliance）出現。雖然這兩國在思想或制度上十分的不同，但在戰略與經濟的考量下，兩國還是決定合作，從此法國擺脫孤立的地位，德國則出現被包圍之勢。

不過德國並沒因此而驚恐，因爲當時英國還處於中立的態度，而且英國與法國在埃及的衝突，還有和俄國在地中海的摩擦，再再都使它比較偏向三國同盟。不過到了 1890 年代末期英國發現德國的海軍優勢後，讓它心存擔憂，便對德提出縮減海軍數量的建議，但德國不但沒有接受，還決定再建造二十八艘戰艦，使得德國的海軍艦隊數量提高了兩倍，因此當英國維多利亞女王去世後，英、德的互動終告結束。

這時的英國決定不再繼續「光榮孤立」政策，首先在 1902 年與日本

簽訂「英日同盟」（The Anglo-Japanese Alliance），希望以此制衡俄國在遠東的發展。而且它認為，當它無法與德國達成協議結成聯盟時，就應該好好牽制住它。這時的法國正好以解決兩國殖民地對立的方式，積極地對英國獻殷勤，讓英國願意與法國以談判的方式解決問題，1904 年英國與法國結盟，正式簽訂英、法諒解（the Anglo-French Entente，其內容主要在殖民事務上，法國承認英國在埃及的優勢地位，英國承認法國在摩洛哥的權利）。

英俄兩國在整個十九世紀都處於敵對的狀態之下，直到日俄戰爭時俄國受到重創後，兩國的關係便漸和緩，出現談判的契機，因為對英國來說，俄國已不再有重大的威脅。而且當時俄國的財政出現困境，希望能得到倫敦與巴黎的資助，因而對英國示好；至於英國則對德國的海軍發展十分的不安，認為與俄國、法國合作可以抑制德國的擴張，因此在 1907 年英俄諒解（the Anglo- Russian Entente）終於簽訂。

到了 1907 年時歐洲出現兩大敵對的集團，一為包括德、奧、義的三國同盟，另一為英、法、俄的三國協約。這讓當時的歐洲局勢更加緊張，衝突的白熱化，因而危機不斷的出現，將歐洲帶到世界大戰爭的邊緣。

二、巴爾幹問題與波士尼亞危機

十九世紀的俄國正努力將它的觸角往外伸展，當它的觸角往南伸時正好遇到土耳其衰落之際，因此它自己便以斯拉夫民族的老大哥自居，大唱泛斯拉夫主義（Pan-Slavism），趁機鼓動此地的斯拉夫民族起來獨立。經過俄國的鼓吹讓巴爾幹半島的斯拉夫民族紛紛起來反抗土耳其，便有 1875 年在波斯尼亞（Bosnia）、赫塞哥維納（Herzegovina）的農民起義，與保加利亞的起義之事。

1875 年斯拉夫民族的起義活動遭到土耳其的殘酷鎮壓後，俄國便以支持斯拉夫民族為理由於 1877 年對土耳其宣戰，1878 年土耳其戰敗要求停火，俄國在奧地利的外交壓力，與英國的武力威脅之下答應停戰，雙方簽定「聖斯特法諾條約」（Treaty of San Stefano）。在此和約中，土耳其喪失了巴爾幹半島上許多地方，這裡出現了許多斯拉夫民族的小國，這些小國家名義上是獨立的國家，其實是處於俄國的控制，並讓俄國有一個

地中海的出海港。

此合約的內容批露後，英、奧十分反對，因爲英國認爲這和約會傷害它的帝國生命線，而奧地利則認爲這會讓奧匈帝國境內的斯拉夫民族起來鬧革命，因而要求要修訂合約。爲了解決此衝突，俾斯麥便以「誠實的經紀人」自居，於 1878 年在柏林召開會議，最後以柏林條約取代聖斯特法諾條約。不過這柏林條約的內容對日後的國際局勢影響很大，因爲在此合約中奧地利獲得了波斯尼亞、赫塞哥維納，造成日後發生第一次世界大戰的起源——波士尼亞危機。

到了 1908 年，昏暗籠罩著歐洲地平線，奧匈二元帝國（Dual Monarchy of Austria-Hungary）的新外長阿昂達爾（Count von Aehrenthal，1854～1912 年）打算利用俄國軍事上的衰弱，來加強奧地利在巴爾幹半島的擴張，並切斷塞爾維亞國王皮埃爾一世（Pierre I）毫不掩飾地表現出想統一半島南部斯拉夫人的雄心。

因此阿昂達爾打算兼併波斯尼亞（Bosnia）、赫塞哥維納（Herzegovina），這兩個柏林會議以來一直由奧地利「臨時」接管的地區（這兩個地區的居民大都是塞爾維亞人）。阿昂達爾評估俄國不可能進行軍事冒險，但他認爲有必要謹慎處理俄國的態度，因此阿昂達爾於 1908 年 9 月在波希米亞的布克勞（Buchlau）與俄國外相依斯沃爾斯基（Isvolsky）會面，並以奧地利對俄國在海峽問題上給予極大的支持爲誘餌，換取俄國同意奧地利兼併波斯尼亞、赫塞哥維納。

只是當俄國還在考慮時，奧地利政府便於 1908 年 10 月 5 日片面宣布兼併這兩個地方，俄國外相在十分錯愕之下，便提出開放這兩個海峽的要求，只是這個要求並沒有得到英國的同意，並讓俄國有深受欺騙的感覺。因此當塞爾維亞境內出現反奧運動時，俄國便加以支持，使奧軍嚴正以待，讓戰爭有一觸即發的感覺，產生了所謂的「波斯尼亞危機」。

不過，英國雖然嚴加譴責奧國的行動，但它只是口頭譴責，並告誡奧、俄要適度，反對它們採取軍事措施，而巴黎卻有意迴避，認爲俄國的「根本」利益與此並無關係。阿昂達爾判斷形勢對其極爲有利，他要求塞爾維亞承認奧對波斯尼亞的兼併，並放棄一切與奧地利對立的政策。這時貝爾格勒方面同意第一個要求，但拒絕接受第二個，因此在 1909 年 3 月

19 日維也納向塞爾維亞下最後通牒。3 月 22 日俄國也接到德國的最後通牒，要求俄國放棄對塞爾維亞的支持，後來沙皇感到力不從心，在發現軍備的不足的情況下，勸塞爾維亞讓步，塞爾維亞在失去俄國的支持後，便於 3 月 31 日在奧地利的要求下妥協。

總之，俄國之所以沒有提出抗議，是因爲法、英拒絕捅巴爾幹這個馬蜂窩，俄軍也正處於重新調整階段，無力支持強硬的政策。因此 1908～1909 年之間危機的發展雖與 1914 年夏天的危機相較，其機制相同，但藉口與結論卻大相逕庭。

不過這場危機的總結，並非如表面所看到的對奧、德是有利的，因爲三國聯盟（Triple Allance，成員有奧、德、義）之後又經歷了新的困難——義大利不滿於被擱置在危機的一邊，著手與俄靠攏——爲了中止義大利的行動（於 1909 年和俄國簽定拉康尼基〔Rocconigi〕密約），阿昂達爾被迫於 1909 年 12 月 19 日對義大利許諾，如果奧地利在巴爾幹獲得新的好處，義大利將會得到補償。相反地，俄國在到巴黎之後，開始衡量與法國聯盟的重要性，並決定在巴爾幹進行報復，因此法、俄聯盟的問題不再被提出討論。

三、軍備競賽

摩洛哥蘇丹深感來自阿爾及利亞的法國壓力越來越大，因此他們想引入德國的力量對抗法國，1905 年德國首相布婁（Bulow）勸德皇前往摩洛哥的丹吉爾（Tangier）。但法國卻採取無視德國的態度，讓德國政府決定採取摩洛哥獨立的保護者姿態予以杯葛。

那時法國正好發生德雷福斯事件（the Dreyfus Affair），讓德國政府覺得機不可失，德皇便到摩洛哥使得局勢緊張起來，出現第一次摩洛哥危機。爲此便在 1906 年召開國際會議討論摩洛哥事件，來解決此危機，會議中義大利終於暴露出它對三國同盟的不滿（並沒有如德國所認爲的支持它），因此德國並未得到它所想的，反而讓法國得到維持摩洛哥和阿爾及利亞邊界的警察權，至於摩洛哥則由西班牙與法國共同維持。

自從 1909 年開始，法、德就在摩洛哥進行經濟合作，儘管法、德兩國簽訂合約進行合作，但它們之間並不是從此相安無事，反而是在摩洛哥

摩擦仍不斷。1911 年摩洛哥首府菲斯（Fez）發生暴動，法國派兵進駐之事，德國十分反感，認爲法國的行動違反之前會議所協議之事，表現出十分不滿。1911 年 7 月 1 日，德國炮鑑龐戴爾（Panther）進入阿加迪爾（Agadir）港口，這一舉動便造成第二次摩洛哥危機。

法國議會主席約瑟夫·卡約（Joseph Caillaut）極力避免戰爭發生，並表明有可行的方案內容。不過法國的善意在柏林還要求法屬剛果的全部讓與時，卡約和法國政府拒絕了，他們的拒絕受到倫敦的支持，因爲英國害怕德國會因此得到大西洋沿岸的港口，因此它讓柏林知道，它有一種不惜一切以武力支持法國的決心。德國在這種威脅下退讓，經過艱難的談判與法國向德國施加財政壓力後，1911 年 11 月 4 日兩國達成一項協議。柏林同意法國在摩洛哥建立保護國制度，以換取讓與剛果的一部分地區。

總之，德國在 1910～1912 年間的威脅，及所使用的手段大都是爲鞏固三國同盟，這種狀況的結果使新的歐洲衝突更難以解決。但是 1912 年和 1913 年的巴爾幹（Balkan）局勢更加惡劣，使奧、俄的對立加深。不過危機的後果是嚴峻的，柏林的行動方式引起俄國，特別是英國擔心，後者從沒這麼深入地加強其軍事措施的檢查，並使之成爲必要。德對英的部署已有所警覺，於是在 1912 年極力尋求與英國緩和關係，因此 2 月英國同意派遣軍事大臣海爾達納爵士（Lord Haldane，1856～1928 年）至柏林，兩國就海上軍備的限制等問題進行談判。

不過英國一直都很注意它在海軍上的擴充，而且早在 1898 年，它便制定了「兩強標準」，規定它們的海軍實力一定要超越第二強的百分之十。因此在加快建造大型戰艦的速度上，德國在 1906～1907 年時，決定用四年時間建造十二艘裝甲戰艦；針對德國的計畫，英國當然予以反擊，1909 年英國動工建造八艘裝甲戰艦。1912 年，德國宣布新的計畫目的在阻撓英國擴軍，爲了換取減緩實施海上計畫，並要求英國承諾不侵略和維持中立，這與英、法協約的和諧剛好相反，便被英國拒絕。因此 1912 年3 月 22 日，海爾達納的使命受挫、失敗，又重新開始海上軍備競賽。

四、巴爾幹戰爭

1911 年義大利突然對土耳其發動的黎波里戰爭（Tripolitan War），

占領土耳其的黎波里和塞里迦那（Cyrenaica），土耳其的戰敗在巴爾幹半島上引起一場嚴重的政治危機，因為對巴爾幹地區的國家而言，這也解決了靠土耳其與馬其頓之間的問題。此外，俄國決定支持1912年3月和6月由塞爾維亞、保加利亞、希臘組成的巴爾幹聯盟。法國雖然反對任何導致戰爭危險的行為，但由於巴爾幹談判的拖累，它的異議為時已晚，1912年10月巴爾幹聯盟向土耳其發動進攻，土耳其在所有戰場上節節敗退，在歐陸上只剩下君士坦丁堡，因而要求要停戰。

停戰協議在倫敦召開，此時塞爾維亞要求將其勢力伸向亞得里亞海，立即引起了奧地利的反對，奧地利開始軍事動員，俄國自認為是斯拉夫民族的大哥，因而也接著動員，戰爭一觸即發。後來經過英國極力調解，才使沙皇和塞爾維亞放棄過分的野心。

不過在倫敦會議期間聯盟內部因戰利品分贓發生武裝衝突，其中以保加利亞要求最甚，它要最大最好的一份，因此發生第二次巴爾幹戰爭。在這場爭奪中，奧地利偏向於保加利亞，俄國、土耳其、羅馬尼亞、希臘則傾向於塞爾維亞，為此進行一個半月的短期戰爭。

結果奧地利在遭到柏林的壓力與羅馬的斥責後，不得不放棄有利於保加利亞的軍事干涉，使得保加利亞戰敗，1913年8月10日在羅馬尼亞的布加勒斯特（Bucarest）簽定和約，此和約對土耳其放棄的領土進行重新瓜分。在這個合約，奧地利妥協了，讓塞爾維亞大肆擴張領土，以及出現有利於俄國的巴爾幹均勢的政策。此時德國本身已喪失在土耳其的影響力，德國對局勢的發展也表示憂心。

「戰火中的巴爾幹」局勢比以往更加危險，敵對聯盟之間內部的加強，包括1912年的法、俄軍事條約、1913年的法、英、奧、義海上協議。1913年10月奧、塞新危機期間，德國對奧地利所提供的無保留援助，這一切越來越排除尋求私解的可能性，1914年6月28日奧地利皇儲斐迪南（Ferdinand）大公在塞拉耶佛（Sarajevo）的悲劇之所以變成歐洲的悲劇，最主要的原因在於，這次尋求和解的意願明顯不足，或許這是1914年夏天危機爆發的根本原因。

1890～1914年的四分之一世紀裡，歐洲經歷從俾斯麥體制、對立聯盟到戰爭的過程。變化的原因確實很複雜，需從各國政府的政治、外交處

境、國家領袖的決定、群體心理的影響，以及民族、經濟、財政利益的衝突諸方面進行分析。然而，各國政府政治藍圖的相互對立只能產生危機，無論對立集團之間的利益怎樣衝突，他們不會接受歐洲大戰的危機來維持衝突的局面。相反地，安全及實力均衡的理由還是主要的關鍵，德國強大海軍的存在所代表的威脅，從而決定英尋求同盟及對戰爭危險的思考；而擔心民族運動帶給奧國國力無可挽救的損害，也導致維也納想用武力解決問題。

值得注意的是，1914 年的危機產生於巴爾幹，這個地方是歐洲從 1871 到 1914 年唯一引人注目的領土與政治不穩定地帶。確實，經濟與財政利益加重國際關係的氣候，但同樣也起反作用，較之於最後束縛於經濟突飛猛進的國家民族主義政治，他們偏好於建立在國防合作基礎上的經濟發展。目前的歷史認知似乎是，1871～1914 年國際關係發展中的決定作用應該是政治的對立，特別是大戰發動中的政治對立。

五、1914 年的危機

奧地利王儲斐迪南大公（Francis Ferdinand）一直都是三元帝國的支持者，他認為如果能在這個帝國內建立一個繁榮富裕的斯拉夫民族國家，那將比塞爾維亞更能吸引其他斯拉夫民族，因而使塞爾維亞當局十分的不高興。1914 年 6 月 28 日斐迪南大公到波士尼亞視察時遭到塞爾維亞民族運動者刺殺，揭開了 1914 年的危機，7 月 28 日奧地利與塞爾維亞開戰，宣告第一次世界大戰開始。

其實奧地利與塞爾維亞之間的問題一直都存在，且十分的嚴重，經濟問題是次要的，塞爾維亞使得奧地利在巴爾幹半島的政治擴張受阻是最主要的問題。對於奧地利來說，這是一個極大的危險且真實地存在，更何況人們對 1912 年和 1913 年的巴爾幹危機至今仍記憶猶新。但力量的懸殊不允許塞爾維亞在與強大的鄰國發生嚴重危機時，採取強硬的不妥協態度。

不過塞爾維亞背後有同為斯拉斯民族的俄國支持，於是 1914 年 7 月當奧地利指責它是塞拉耶佛（Sarajevo）事件的同謀，並在 23 日發出最後通牒時，塞爾維亞也只是禮貌性地向維也納發出和解的訊息，它知道它的答覆並不會得到奧地利政府的滿意。果然，奧地利政府不為所動，並於

28 日向其宣戰，而將問題擴大到全歐洲。

　　聖彼得堡對塞爾維亞的支持出於俄國的政治野心、宗教的憂慮，以及對自己威信的問題，此時經濟方面的利益尚未顯示出來。然而 1908 年當奧地利入侵波斯尼亞（Bosnia）和赫塞哥維納（Herzegovina）時，俄國在巴爾幹半島上的影響便遭受沉重的打擊，因此它不太可能允許在 1914 年類似的情況再度出現。而且曾經被日本人重創的俄國海軍已經進行局部重建了，並且能夠在歐洲從事軍事活動，再者 1908 年曾認為與俄國根本利益無關的法國，因為擔心失去法俄聯盟的價值，這次似乎決定不再拋棄盟國，決心支持俄國的決定，因而可以確定的是俄國不會像 1908 年時那樣行事。

　　但是當俄國有反應時，英國卻在 7 月 26 日提出了調解，其實這個調解是能夠避免這場戰爭的發生，但為什麼奧匈帝國在衝突擴大之前毫不退卻呢？其實德國的支持是主要的理由。德國認為如果雙重君主體制在民族運動的推動下崩潰，那麼德國在歐洲歷史上，將再次處於衰落的位置。它能面對這一退步嗎？而且在面對英、法、俄三國協約，而再度被孤立時，不管是在軍事還是經濟上，它該如何繼續發揮獨一的政治作用呢？

　　對於柏林而言，保持強而有力的奧匈帝國是攸關生死的大事，然而德國未曾料到如要有一個偉大的勝利，將必須強有力地支持奧地利打開通往東邊的道路，並滿足它的政治野心，實現其在巴爾幹及中東地區的經濟企圖，只是德國在當時並不想利用戰爭來實現它向東擴展的野心。因此，當它面對奧地利受到政治威脅時，才感覺到有發生戰爭的危險。

　　事實上，面對來自於巴爾幹地區的爭端，法國和英國將如何採取行動？它們在塞爾維亞既沒有重要的政治利益，也沒有可觀的經濟利益，因此決定它們的態度亦僅有總體上的政治因素考量。如果俄國將其自身的利益看作與塞爾維亞事務密不可分，那麼法國能夠逃避聯盟的責任嗎？

　　對法國而言，聯盟的任一方勢力的削弱，都將使它的安全受到威脅，使歐洲的權力均衡受到破壞，因此聯盟如果崩潰的話，那對它來說就更糟，因為那將使它在軍事上脫離聯盟而孤立，且在面對德國的威脅時，只能依靠英國，這恰是英國軍隊所期待的，後者一直存有它在衝突中支持法國的假設。此外，普安卡雷（Paincare）剛剛結束對沙皇的訪問，這是一

個重要的象徵。法國雖以自身的利益來考慮，不過它最終還是支持俄國，法國統治者爲何寧可冒著與聯盟戰爭的危險，而不考慮今後不戰而降，或是單獨作戰的可能？面對一連串安全策略、民族存亡的考量後，隨之而來的是財政與經濟的利益，但就算當時法德雙方能締結友好關係，上述的問題也只能擺在次位。

　　至於英國，它的情形則完全是另外一回事。德國固然是一個令人生畏的經濟對手，但德國的金融市場仍然很弱。再者，經濟關係並不容忽視，英國不正是德國工業產品的最好買主嗎？經濟和金融領域是最禁不起戰爭的侵害，而這時的英國在乎的是它海上霸主地位與經濟和金融領域，現在有最新裝備的德國海軍威脅到的是這兩個領域與英國的安全，使得英國的海上霸主地位動搖。因此1914年德國軍隊對法、俄取得勝利的話，那倫敦政府能夠接受嗎？對大英帝國來說它似乎是自拿破崙以來的最大威脅。現在德國軍隊侵襲盧森堡和比利時，使得這些威脅更爲具體，因此大英帝國所做的選擇似乎可以得到解釋。

　　1914年夏天的危機，乃受到安全的考慮及各種力量平衡等因素的支配，也正是這些因素決定了各國政府的決策。任何時候，經濟力量都不是首先考慮的因素，只有在下定決心之後，才能夠考慮人們希望在戰爭中，而且還必須是取勝的戰爭中獲得好處，心理的、政治的或是宗教的反戰力量，最終表現出遠不如預料的國際主義，卻更顯得民族主義或現實主義。

六、戰爭

　　1914年7月28日至8月4日這幾天，幾個國家相繼宣戰。參謀本部清楚地意識到即將落在他們肩上的責任，需要本國政府採取必要的措施，以進行必要的動員，並實現他們的軍事計畫。而這些國家總體計畫的失敗，及戰壕到處出現，形成1914年戰爭開始時的狀況。

　　由於領土遼闊，運輸方式有限，俄國從7月30日起開始總動員。根據1913年軍事協定的條款規定，俄國軍隊（一百一十個步兵師及四十個騎兵師）應從戰爭的第二個星期起介入。爲了顯示它的努力，俄國不待動員完畢，便於1914年8月17日進軍東普魯士，並於8月20日在岡比嫩（Gumbinnen）讓幾支德國軍隊陷於混亂。不過德國最高指揮部馬上就任

命兩位新的將領——興登堡（Hindenlung）和魯登道夫（Ludendorff），讓他們合作來防止東普魯士被更深入地入侵。這兩位新將領的能力遠遠勝過俄國的參謀本部，而且當時的俄國在還沒做好充分的準備就動員，也沒有很好的作戰計畫，因此在塔能堡（Tannenberg）、馬祖里湖區（Mazures）、薩松諾夫（Samsonov），以及萊寧坎普（Rennenkampf）之役都使俄國軍隊喪失戰鬥力。

　　至於西線，德國準備進行逆時鐘方向的作戰計畫，依據希利芬（Schlieffen）伯爵的計畫，與摩爾特克（Moltke）對此計畫的修改，原本的目的是想在戰爭開始的幾個星期內，對法軍取得決定性的勝利，為了實現這一野心，德國人特別將所有部隊的七分之五的力量集中在右翼。1914 年 8 月 4 日德國進攻比利時，至 20 日比利時被占領，接著很快又取得沙勒羅瓦（Charleroi）的勝利，德國最高指揮部認為勝利唾手可得，因而在 8 月 18 日至 20 日便在洛林地區與法國軍隊對峙，這時英國的遠征軍已經與法國會合了，這對法軍而言是一個大好消息，讓擔任法國參謀總長的霞飛將軍（Joseph Jacques Cesaire Joffre）決定在東線實施「第十七作戰計畫」（Plan XVII）。

　　但戰事並不如霞飛將軍所預期的那樣，霞飛將軍低估了德軍右翼的實力，現在他在法國的邊界失利了，法國軍隊在這場戰役中不斷地退卻，這在在都迫使他必須改變部隊總體部署。八月底德軍已經到達巴黎附近了，這時小毛奇認為勝利在望，便派遣一些西線的部隊到東線去，支援東線的戰爭，如此便使得德國與法國軍隊左翼之間的力量均衡。霞飛將軍在 9 月 4 日時突然察覺到德國第一軍在行進中突然轉向東南方，並與第二軍失去聯繫，而且法軍在巴黎軍區的總司令加利埃尼（Gallieni）將他的部隊投入與德軍克魯克（Kluck）的部隊戰鬥，輕易暴露出其右側翼的弱點。

　　這讓霞飛將軍做了最後的決定，莫努里（Mannoury）的部隊開始採取行動，趁德軍在馬恩河（the Marne River）地區出現弱勢之際，便展開馬恩河地區的戰役，也意味著大反攻的開始。馬恩河戰役在一週之內協約國取得稍許的勝利，使得德國軍隊撤退到馬恩河附近，此役讓德國的計畫破滅，可說是協約國決定性的勝利。

　　德國原本認為戰爭會很快就結束了，現在這種想法可說是一種幻想，

在經過馬恩河戰役後，戰爭的性質改變了，德國將原本的逆時針作戰計畫改成據點戰，且雙方部隊再經過一連串的試探性戰役，像是在 10 月 18 日至 30 日的耶瑟（Yser）戰役，和 10 月 30 日至 11 月 15 日的伊普雷戰役後，戰線相對穩定，這時各自構築戰壕，出現了所謂的「壕溝戰」（Trench Warefare），但還沒有人完全估計到新的形勢及它所維持的時間。

此外，東部戰線的大規模移動戰，使人們希望西部戰線的穩定只是暫時現象。事實上，俄國軍隊與德意志－奧地利聯軍在 1914 年底以前，共發生三次大規模戰鬥，包括 8 月 23 日至 9 月 21 日的利沃夫（Lublin-Lwow）戰役，它迫使奧地利－德意志軍隊後撤，並使俄國攻占加利西亞（Galicie）。至於 10 月 4 日至 28 日的伊凡科沃－華沙（Ivangorod-Varsovie）戰役，讓奧地利－德意志軍隊先進後退，而 11 月 11 日至 12 月 13 日的羅茲（Lods）戰役，德國人最後取得勝利，但卻因為軍隊數量的不足，沒能乘勝追擊，戰線就此穩定。

義大利的中立使同盟國極為失望，不過土耳其在 10 月加入同盟國的陣營，土耳其的加入對於協約國來說，形成極大的威脅。東線原本一開始是居次要位置，現在東線的活動對於法國和英國來說是有利的，因為它影響到德國必須將軍力分成兩部分。西部陣線已經形成僵持，不過在德國使用無限制潛水艇的政策下，導致美國的參戰，協約國由於有它加入，再加上海路的通暢和國際市場向他們打開大門，與殖民地在這次戰爭中提供的許多協助，使得協約國實力增加了許多，大戰最後在 1918 年結束。

七、大戰的後果

我們在這裡描述大戰所帶來的影響，當然是大戰帶給人類在社會、精神、道德等方面的巨大影響，但在這裡我們只研究大戰帶來的經濟影響。大戰首先造成的是物資上的巨大消耗和破壞，我們可以在賠款委員會（Reparations Commission）的條約裡找到細節，再度將這些損害的總數字表現出來並沒有什麼意義，這些數字背後的問題才是真正難以解決的，除非這些損失只是局部性的。

雖然不易解釋，但我們還是提出一個對經濟破壞很重要很重要的因素，就是戰爭性質的改變，武器的發展，使得戰爭帶來的損失極大，並且

將時間拖長，使得各國需要龐大的物資來供應戰爭的需求，讓這個戰爭成為一種消耗戰（war of attrition）。這在生產能力不同的國家裡，產生或多或少的影響，除了美國以外，歐洲處在一種其他工業生產都停止的環境中，甚至開始向歐洲以外的國家購買它以前生產的東西，因此海外有一些新興國家趁此機會迅速發展自己的工業。

除了暫時的經濟問題外，戰後經濟更是一個很大的問題，而且還是第一次世界大戰後一個嚴肅的問題，因為當時的貨幣和金融體制的混亂與關稅閉壘情況增多。兩大資本主義國家法國和英國必須面對這虧損的交易差額，雖然它們也建立一種平衡的措施，但許多國家賣給這兩國的比他們買的更多，而貨幣混亂也造成貿易的虧損。此外，美國為了保護自己的工業，便於 1922 年通過關稅法規，再加上新興的國家也都建立自己的關稅體系，因而使得國際貿易難行。

此外，戰後的所有交戰國貨幣都出現問題，除了美國外，各國貨幣與黃金本位分開，有的貨幣甚至失去價值，因此在 1924 年到 1926 年之間，所有的貨幣都和黃金作比較，此後再也沒有恢復原來傳統的黃金本位。由於貨幣的不穩定持續了相當長的時間，這使得企業追求的是利潤，而不是貨幣的穩定性，他們從貨幣貶值的國家中，逃避到能提供保護的國家，建立了一個浮動，且不穩定的資本主義貨幣體制。

再者便是通貨膨脹與物價的高漲，由於戰時的經濟出現的是需求的總量遠遠不能與生產的數量相比，因而出現物資短缺、充分就業與通貨膨脹的現象。這時人們無法銷售一些傳統的商品，而是參與在一種抑制不住的發展中，這種發展不是趕時髦或奢華的行為，對於新工業的發展，戰爭的爆發當然不會有生產過剩的狀況。

然而和平條約也使得一些大國在世界經濟中的地位改變了。由於戰爭發生在歐洲，當這些老牌的經濟大國正在努力的打戰時，美國成為在背後支持這些戰爭國物資的地方，讓美國從債務國變成債權國，不久之後英國和法國也成為了債務人，因此戰後的美國與歐洲經濟地位也改變了。

這時的局勢更加地嚴峻，不過貨幣穩定的美國沒有感受到威脅，因此它便成為流動資本的避難所，這些現象使得世界許多地區經濟萎縮日漸貧困，讓美國的利益急速增加。此外，美國也給予他國貸款金額，以達到某

種平衡，而那些貸款，當貨幣嚴重混亂或不穩定時可以隨時取出。

八、戰後和約與國際聯盟

　　戰後最重要的和平條約即是巴黎和會之後簽定的巴黎和約，此和會的主導權落在英、法、美、義、日五國，不過主要操縱者為美國總統威爾遜（Woodrow Wilson）、英國首相勞合‧喬治（David Lloyed George）、法國總理克里蒙梭（Georges Clemenceau）。當時美國總統威爾遜提出「十四點原則」（the Fourteen Points），希望能將它當成最高指導原則，只是這個和會受到戰時的密約、各交戰國的戰略與經濟利益來考量，並非是一個公平理性的和會。

　　1919 年巴黎和會最重要的是討論對德的和約，也就是凡爾賽和約的簽訂，不過在制定這個條約時，德國並不在場，因此這條約出現許多的問題。像是當時的法國在乎的是它的安全問題，並不管德國的感受，它企圖將萊茵地區分割出來，建立一個德、法之間的緩衝國，還好並沒獲得英、美的同意，最後只是將此地區由英、美、法共同占領十五年，並解除此地的武力，不過亞爾薩斯與洛林歸法。

　　在東部德國損失大量的土地，因為在此和約中，它割出大量的土地讓波蘭復國，將上西里西亞歸還波蘭，至於但澤則因為德人居多，因而讓它成為自由市，並設立一個波蘭走廊，使波蘭與但澤之間有所聯繫，這條波蘭走廊便是日後德波衝突的原因之一，而且這讓德國在領土、經濟與人口上有相當大的損失。

　　此外，德國必須承擔它無法承擔的戰債賠償（英、法兩國向德國要求的是一個天文數字的賠款，這個賠款不是任何一個國家能負擔得起），因而使德國日後成為世界問題所在，戰債問題成為開啟第二次世界大戰的關鍵。至於對其他戰敗國和約的簽定並不像對德的和約一樣的嚴苛，這些和約大都是以民族自決為目標來制定的。

　　不過凡爾賽和約最大的問題便是各國未能真正執行這些條款，其最主要的原因便是美國拒絕簽此和約。這是因為美國對巴黎和會的失望，便決定以後不再涉足歐洲的漩渦，於是參議院拒絕批准凡爾賽和約，讓美國又回到孤立主義的態度上。而且在 1920 年的總統大選，則由共和黨的哈定

（Warren G. Harding）當選，此後直到1932年羅斯福當選總統之前，一直都是由共和黨者當選總統，讓美國的政治生態起了變化。

經過四年多的大戰，各國都希望戰後能出現一個維持國際秩序的組織，而且美國總統威爾遜在他的「十四點原則」中的最後一項還提出，要創立一個國際組織。當時威爾遜爲了使他所提倡的國聯被戰勝國接受，他不得不放棄許多堅持，因此戰後的各國條約中都將「國際聯盟」放入，成爲這些和約中的重要部份。

國聯於1920年成立的，它的出現是以促進國際合作，和達成國際和平與安全爲目的，組織結構有大會、理事會、祕書處等。不過當國聯成立時，美國正因爲孤立主義政策的關係並沒加入國聯，使得國聯並無法眞正發揮它的效能，不能發揮它制裁的作用。因此日本在1931年侵略中國滿洲，義大利於1936年入侵衣索比亞，德國在1938年佔據捷克等，都無視國聯的存在，讓國聯的作用等於零。

第八節　兩次世界大戰間的歐洲局勢

第一次世界大戰讓歐洲大部分地區損失慘重，也讓歐洲人越來越懷疑自己從前篤信的「進步」觀念，因爲戰爭讓他們耗盡財力，讓他們變得相當窮困。戰後歐洲各國的民主政治正因戰爭帶來的經濟不景氣，處於衰落的階段，而且在二〇年代末期出現的經濟大恐慌更是雪上加霜，讓這時的國際政治出現一種極權主義（Totalitarian），它的出現對二十世紀的歐洲甚至是世界造成的影響是無法言語的。

一、1929年的經濟危機

人們對1929年的經濟危機有許多爭論，但經濟學界的爭論多於歷史學界，這裡我們無法闡述所有關於這一論題的論證，因此只提出關鍵問題來討論。首先要研究的是，在危機發生期間也曾熱烈討論過的問題：1929年的危機是周期性的嗎？還是說這次危機是由一種特殊的因素，在一確定環境中引起？關於第一點我們要留給專門的經濟學家去研究，至於第二點就屬於歷史學家的研究範疇。

沒有關於周期性危機的理論，我們可以從黃金價格的變動來了解危機的特性，黃金價格下跌後又猛漲，這是處於一種經濟活動很自然的背景中。周期性的危機如果處在貨幣或黃金價格持續下跌的情況下，危機就會變本加厲。從 1914 年起，在主要的大國裡，價格在金價開放的貨幣領域裡被取消，1919 年以後內部價格迅速回升是有力的證明，雖然根據一些觀察家的說法，世界金價還是有下跌的趨勢，但金價的趨勢到底是什麼樣的呢？在這段持續的時期內，我們可以拿美國價格與世界價格相比較。在 1921 年之後，美國的金融業又不乏成功地阻止價格的進一步惡化。

從 1919 年到 1929 年這十年的美國，是一段繁榮的十年。美國的工業產量幾乎增加了兩倍，汽車工業在此時更是蓬勃的發展，鋼鐵工業也增產了 60% 等。總之此時出現的是一切都欣欣向榮的景象，這讓許多人醉心追求迅速致富的方法，因此股票市場的投機風氣日盛，雖然當時已經有一些經濟學者為此景象提出了警告，但並沒有人願意理會，大家都沉浸於發財夢之中。

1929 年 10 月，經濟危機像晴天霹靂般的爆發，雖然這經濟變化的跡象在那年的夏天就出現了，但在當時有些經濟學家認為他們找到使經濟持續繁榮的祕方，因而造成一場可怕的經濟危機發生，而它所帶來的後果至少到 1933 年都沒有停止。現在股市崩盤了，連帶的使美國經濟發展所依賴的信貸機構也全面崩潰，直接影響的便是美國各企業面臨破產的危機。

我們只能用數據來陳述後果的嚴重性。首先是交易所危機，交易所的股票下降到原始價格的十分之一。所有的價格都下跌了，原料價格下降一半，成品價格下跌 30%，連冶金業和汽車製造業的生產也下降了五分之四。這所有的一切使得國家財政收入減少一半，幾乎所有人在不同程度上都受到危機的牽連。而在此危機中遭受打擊最嚴重的是薪資階層，因為他們大部分人失去了工作；據估計，到 1932 年底，失業人數達一千五百萬人，而且沒有國家救濟制度。還有欠債的農場也很慘，他們付不起債務，被迫離開土地，1932 年大約有二百萬人在田野上徘徊遊蕩。

此外，我們也不能避免考慮到精神創痛的因素。1929 年時美國人的先輩一直都擁有不向艱難生活讓步的原則，他們全都靠希望來支撐自己。但在 1929 年，整整一世代的人確信無疑的東西，卻一下子消失殆盡，尤

其各大公司獲取利潤的能力突然全部崩潰。最糟糕的是整個 1920 年代國家都投入股票之中，人們將所有的資金全拿去購買股票，忽略活絡工商業的重要，造成工商業萎縮，忽視專家的警告，現在股票崩盤了，不知道能做什麼。而胡佛（Hoover）總統雖然盡了最大努力，還是被他的學說構思搞垮了，最後也一籌莫展。

而且美國股市崩盤後，美國便不再輸出資金，這影響到歐洲，因為戰後的歐洲一直向美國貸款進行重建，現在美國急速抽回資金當然造成這些國家蒙受損失，進而影響到整個歐洲的經濟，這時全世界有大量的人口處於失業的狀態，像是德國則有六百萬、英國有三百萬的失業人口。

二、羅斯福

在這種條件下，1932 年的選舉會在政治上帶來的大轉折，就變得不足為奇了。從 1920 年以來，基於對威爾遜和歐洲的反抗，國家對外實行的是孤立主義，由共和黨人掌管了政權，這時期美國呈現的是前所未有的繁榮，整個國家的政策是與金錢勢力結合起來。不過在 1932 年的危機，使民主黨人成為國會的多數派，總統是羅斯福。

羅斯福是二十世紀最引人注目的知名人士之一，只有他連任美國四屆總統，之後美國憲法已做了限制，因此不再有這種情形發生。他在國家最困難的情況下掌握國家大權，實施一些深得民心的措施，因此他使得很多人，甚至是他身邊的合作者效忠於他，並狂熱地追隨他。

就像所有受愛戴和讚揚的人一樣，羅斯福經常會被一些流言所包圍，歷史學家對他的批評也越來越多。首先指出的是政府機構的混亂，將類似的任務委託給不同的人，這就不可能不引起相互間的敵對爭執。人們注意到這些不是毫無理由的，因為他的政策並不協調。由於政策要隨當時的情況而變，但他卻很少投入分析，因而無法察覺到這些政策間的不相容性。

此外，人們更提出證明說他還沒找到對付經濟危機的辦法，更深入一點的說法，有些人不認為他具有政治家的辨別力，並把他當作是馬基維利（Machiavel）的信徒；另一些人指出他的「改革」所展示的觀點，思想上有著膚淺、習慣性和傳統的特點。不過羅斯福在政治上投注太多，對在成功的路上而言或許也是個冒險。人們忽略他的開放思想和樂觀主義，這

樣的性格使他得以嘗試許多解決的辦法，他具有許多優點可以與截然不同的人一起工作，並讓他們愛戴他，最後透過電臺「圍爐閒談」的節目，和每一個美國人建立一種直接的關係，給他們希望和行動的興趣。

三、新政

如果羅斯福的新政（New Deal）在歷史上留名，此新政策定義也較模糊，主因在於無法解釋它的成文政策，這不是一個完整的體系。事實上，近代史家把它區分為二個階段。

屬於第一階段的新政（1933～1934 年）是最主要的革新措施，目的在救濟與復興經濟。長期以來人們誤認為它就是新政的主要部分，但從經濟觀點來看，在這些新措施裡，我們不能將美元的貶值也算進去，因為美元的貶值是由於在 1933 年 4 月廢除黃金本位制的關係，而且在 1934 年 1 月便規定「黃金儲備法規」（Gold Reserve Act），使得美元與黃金之間也訂定了新的比價，因此這次的美元貶值是因為羅斯福進行的一系列改革措施，所引起過去從沒有出現過的現象。

羅斯福過去曾希望能以國際條約來進行貨幣調整，但在 1933 年 7 月英國經濟會議上被否決，從此美國就像其他國家一樣，只尋找解決自身經濟的辦法，而不再關心國外經濟的後果。但除了這種依形勢而定的指示外，新政還特別引起總統「智囊團」裡具有經濟專長議員們的注意，尤其是塔格威爾（Rexford G Tugwell）議員。

新政的三項措施可以概括這段時期所有的經濟問題，例如在「農業的調整」方面，制定「農業調整條例」（Agricultural Asjustment Act），竭力透過減產提升農業價格，努力使某些產品符合國際標準，並設立「農業調整局」（Agricultural Asjustment Administration）。

而「全國工業復興總署」這項計畫很值得注意，它中斷了反對托拉斯（企業聯合）保護個人發展的美國人傳統。事實上「全國工業復興總署」試圖建立藉由經濟生活來協商的組織，參與者包括：企業老闆、被反壟斷法解僱的人，還有工會工人和消費者，這些人以後都受到法律的保護。

最後是「田納西流域管理區」（Tennessee Valley Authority：TVA），它是另外一個新嘗試，就是在公眾權力保護下對各種利益協商活

動的嘗試，但另一個極受限制的客觀現實，是要利用最好的河流資源系統來灌漑，保護土地，以及發展電力生產。

第二階段（1935～1939 年）此時是以社會安全為主，由於這些年以前，主要是在機構組織裡進行改革，不過當這些改革碰到困難時，和反對勢力越來越多時，想要停止這越來越讓人難以忍受的境況時也為時已晚，因此人們便決定今後約束自己的抱負，以解決當務之急。根據另一些人的看法，緊急補救措施從羅斯福執政時便開始，不過被認為是臨時性的辦法，當進行的制度被制定下來時，便成為「福利國家」的基礎，這種國家福利流行於自第二次世界大戰以來的工業發達國家中。

兩條措施可以概括政府政策的主體：一方面是，花費五十億美元用於失業救濟工作，數字是空前的，對於國家預算是否平衡的情況，羅斯福則從未透露過，而且這也引起了眾多嚴重的問題，然而，和英國模式相反的是，這些救濟主要是以公共勞動的形式為主體。另一方面，1935 年 8 月15 日的「社會安全法案」（Social Security Act）是按照社會保險內容編排的，不僅是失業保險，還有老年保險、健康保險和意外傷害保險。美國雖因起步較晚而落後於早就實行社會福利的國家，不過此法的實施卻也迎頭趕上，甚至展現出更多的就業機會。

四、德國的危機與納粹上臺

戰後的德國是由一群社會主義者、天主教中間黨與自由民主份子組成的聯合政府，這個政府實行的是聯邦共和制，被稱為威瑪共和，它制定了一部憲法，即是「威瑪憲法」（Weimar Constitution）。由於這個威瑪共和的建立並沒有很強大的民意基礎，而且在它所領導下的德國在戰後竟成為英法等國擺佈的對象，再加上凡爾賽和約給德國人的屈辱感，讓這個政權長期以來都受到左派與右派的攻擊。

美國華爾街股票下跌，代表一場世界性的危機開始，德國也受到巨大的震動，因為它的經濟基礎是很脆弱的；它的繁榮是依靠公眾財政體系以及銀行在國外貸款的（主要是向美國貸款）大企業造成的。1930 年不穩定局勢加劇，造成許多企業破產，更讓人驚慌的是交易所股票的暴跌，和大量的倒閉事件，加上資本的外流和馬克貶值，使局勢更加惡化。

　　爲了避免重蹈通貨膨脹年代的覆轍，政府透過貨幣緊縮政策努力地挽救貨幣價值，而其結果是縮減人民的購買力，更加劇商業的不景氣。財政和交易所的危機使得整個經濟活動呈現癱瘓狀態，而隨後的政策藉由大的企業聯合（爲了限制價格的繼續下跌而減少生產），也延遲了危機的消除，並增加失業人數（1932 年失業人數超過六百萬）。

　　在當時雖然農產品價格有政府的保護，但還是隨世界行情不斷地下跌，使得生產者負債累累。1932 年的夏天局面略有改善，政府竭力使經濟復甦，不過這個危機卻給社會和政治帶來深遠的影響。城市和鄉村失掉工作的勞動者，他們把希望寄託在共產黨，希望透過它們來擺脫貧困局面。至於中產階級，他們又重新來到無產階級的邊緣，因而他們只得向納粹的宣傳讓步。

　　納粹的思想體系包含十九世紀、二十世紀在德國流行的各種思潮，像是社會達爾文主義、日耳曼民族的優越感，崇拜武力、權力意識，與個人專政，並用國家集團來取代階級鬥爭等。不過納粹份子把這些思想更加極端化，並採用獨斷的方式處理，其最後目的是爲了使德意志更強大。這些思想最早出現在十九世紀，在第一次大戰後得以恢復和發展，是因爲戰爭後的貧困和危機使得反民主主義、反議會制度和民族主義重新復出。

　　希特勒（Adolf Hitler，1889～1945 年）是民族主義和反猶太主義（anti-Semitism）的代表，他知道只有透過控制群眾才能實現其野心，第一次世界大戰後他加入德國國家社會主義政黨（National Socialist German Workers'Party，簡稱納粹），在此他與其他不滿威瑪共和的人一起譴責德國政府。1921 年，他已經完全掌控此政黨，1923 年希特勒在慕尼黑發動一場軍事政變，企圖推翻政府，不過失敗了，最後以希特勒被捕入獄收場。

　　在 1928 年期間，納粹黨的七萬二千六百名黨員在選舉中僅得到九十萬張的選票，社會黨指責希特勒，說他爲了贏得大資本家的支持，放棄反資本主義（anti-Capitalism）的計畫。但是經濟危機的來臨帶給納粹份子一種不可抵拒的活力，除了教會外，貴族階級和軍隊將領、工人群眾，以及所有充滿不滿情緒的人，都因爲這個經濟大恐慌帶來破產與失業而支持希特勒，並認爲他有能力使德國走出困境，帶來嶄新的繁榮景況。

　　因此他又重新準備一次奪權的計畫，他透過組織以恐嚇和宣傳的方法使納粹活動進一步發展。這時沒有加入希特勒思想體系的那些領導階級，在希特勒的活動中看到他們可以利用的力量，因此就同意幫助他發展金融事業和進行宣傳工作；對於大資產階段來說，其目的是消除經濟上的危機，對於保守派來說，是為了想重新獲得他們在 1918 年放棄的權力。

　　1932 年納粹黨贏得了選舉，獲得選票一千三百八十萬張，二百三十席，成為國會的最大黨，1933 年的大選後，更得到司法部的認可，德國總統興登堡邀請希特勒組閣。面對這種潮流，沒有任何一個組織能抵抗得住，大資產階級開始分裂，左派份子和工人群眾已經被社會主義和共產主義份子之間的對抗弄得不知所措。

五、希特勒時代的德國（1933～1939年）

　　希特勒透過合法的途徑（經由選舉方式）登上權力寶座後，就像納粹意識形態的定義，一步步建立起他的極權制度。當國會通過「授權法」（Enabling Act）賦予他全權掌政四年的立法權之後，希特勒就瓦解了敵對的力量，尤其在興登堡去世後，他便全面地控制警察、法院、政府機構，將總統權力與總理權力結合在一起，並頒布特別法令逮捕共產黨和社會黨領袖。此外，他解散工會、企業協會、政治聯盟和一些政黨，因此在 1933 年 7 月之後只剩下納粹黨為唯一合法的政黨。

　　為了消滅反對力量，從 1934 年 6 月開始他便進行血腥的掃蕩，即所謂的「屠刀下的黑夜」（night of long knifes），他下令處決任何一位會妨礙他們行動者，粉碎反對他的任何組織，此外希特勒還與國家防衛隊保持相當緊密的合作關係，使防衛隊一直留在後備軍中。

　　德國原本是一個聯邦型的國家，各州享有各自的自治權，現在省長的產生，希特勒是以任命的方式，取代從前選舉的方式，並將議會取消掉，使德國變成一個中央集權制國家。希特勒仰仗大眾的凝聚力，坐擁極大的權力，他以宣傳方式創造偉大國家領導人形象的迷思，以個人崇拜造就其權力顛峰。他對不同階層的人具有吸引力，而這些階層又隸屬於納粹統治下的眾多協會成員，納粹將國家變成一個階級分明的網路，他們控制著新聞、教育、知識和藝術生活。

此外，他命令希姆萊（Himmler）和海德希斯（Heydrich）組織國家祕密警察，即是蓋世太保（Gestapo），他們是一群握有生殺大權的警察，可以為所欲為無視法律的存在，他們把人囚禁在集中營，而集中營是根據法令對犯人實行預防性監禁的地方。這些蓋世太保最早的對象是共產黨人、社會黨人、工會會員，之後他們又利用民族主義為號召，有計畫地將迫害的對象轉向猶太人。

在宣傳反猶方面，納粹的宣傳也從未停止過，他們透過利用大眾傳媒來指責猶太人必須對德國所有的弊病負責，因此強迫他們離開德國，讓他們過一種不可思議的生活。並在《紐倫堡法規》（Nurembery Laws）中明確指出，德國的公民指的是一群日耳曼人或與日耳曼人有家族血統的人，因而取消猶太人的公民權，禁止他們工作、擔任公職，並拘捕他們對他們施以嚴刑峻罰。希特勒對猶太人的迫害，致使愛因斯坦（Albert Einstein）遠離德國。

納粹對反對黨領袖的迫害，進行的恐怖活動，與宣傳活動越演越烈，使得大部分共產黨和社會黨領袖不是流亡國外就是被捕入獄，新成立的祕密組織在蓋世太保的追捕下也沒有維持多久。那些具有保守傾向的反對黨派，聚集在哥德勒（Goerdeler）附近，他們把希望全部寄託在國家軍隊上面。許多有識之士已經預想到希特勒的政治陰謀有可能發動世界大戰，這場戰爭對德國來說將是個災難，但提到反對已經穩固政權的問題上，他們卻猶豫不決，他們喜歡制定計畫，而不願意去實施這些計畫。

起初納粹黨制定一條反資本主義計畫，並熱中於新基礎上的經濟生活，把私人利益置於集體所有制之下，主張聯合不同的階級以達到加強權力的目的。這時的納粹宣稱在「屠刀下的黑夜中」一切都已解決，生產方式已經留給私有者，國家此時建立起來的是狹隘的經濟制度。公司由在職部門重新組合，並受官僚機構支配和管轄。

此外，還依照同盟國中的義大利的經濟制度，將雇主與薪資階級都由「勞動共同市場」中的人事部門統一管理、編制，宣告其目的是要消除階級間的爭鬥。事實上則是把工人納入國家社會主義秩序之中，從而避免罷工運動，或減少罷工次數。經由這些經濟政策的推行，讓原本也是經濟大恐慌下受害嚴重的德國，現在國家經濟稍有進步，在第一個四年計畫，

便使失業人數減少，因此德國到 1936 年時失業人口已經由原本的六百萬降到一百萬人。況且，隨著軍隊、警察、納粹黨和官僚機構的效率提高，使得二百萬人長期都有工作，這一成就是由於大型公共建設的興建所造成的。

此時納粹也以工業重新德國武裝軍隊，因爲國家財政是由匯票制度保證，匯票由國家銀行貼現的，因爲市場經濟是由強大的中央政府計畫支持的，因此它並不會影響市場經濟的可動搖性。從 1936 年開始希特勒執行此計畫，它保證經濟變革的實施並爲戰爭作準備。分配原料和國家輔助政策將德國變成重工業和軍工產業的擁有者，對於那些在保衛國家上無法使用的產品，都被勒令停止或延緩進口。

雖然外匯缺少，但還是要設法從國外買進貨物，德國擁有「清澈協議」和「以貨易貨」的貿易方式。爲了保證在戰爭發生下，經濟仍具有獨立性，德國在發展農業和加強化學工業方面用力不少，經過實行多種措施，國家政權已備好一場在常規戰爭時期便足夠的軍需物質基礎，但是沉重的物價只有強加在人民的頭上了。

六、戰後的義大利與法西斯主義的起源

法西斯主義（Fascism）結合群眾運動、民族主義、反社會主義和反自由主義，它的起源基本上要追溯到十九世紀末歐洲的意識危機。在相當的知識水準上，人們重新把承襲制度和 1789 年自由革命思想拿來探討，並拒絕接受唯物論和實證主義思想，而回到生命的本能和衝動的立場上，人們狂熱地崇尚武力、暴力和戰爭，像尼采、麥斯特等人就相當排斥民主和社會主義，他們狂熱地追求民族思想。

第一次大戰後不久，首批法西斯份子在中產階級之間漸露頭角，他們一度害怕集體主義，因此追求極左傾向，主要活躍份子是退伍軍人和失業的公務人員。他們難以適應城市生活因而迷失了方向，在那些具攻擊性的組織裡，他們的行動獨斷專橫並藉此來發洩。隨後他們表現出反革命類型的派別，並在義大利發跡，當他們得到重工業經濟的支持後，即在 1920 年發起占領廠房的罷工運動。

由於戰後經濟社會的混亂，使得許多人覺得秩序、財產受到威脅，人

們認爲議會制度並沒有深入義大利，對私有企業的資本主義喪失信心，加上當時的政府對戰後無法克服的危機負有責任，這種種便促使法西斯黨的興起。

法西斯黨的創始人是墨索里尼（Benito Mussolini），他出身平民，曾擔任小學教員，1900 年曾是社會主義黨黨員，後來在 1902 年因政治因素而移民瑞士，從小即勤奮向學並與祖國的革命環境始終保持聯繫。1904 年返回義大利後，便在佛爾利（Forli）教授法文，並成爲左派的一名鬥士，他替當地報紙撰稿，並在文章中使用措辭強烈的言論抨擊教會和反對軍國主義（當時正爆發利比亞戰爭，1911 年）。

作爲革命社會主義領袖，他很快又在米蘭名爲《前進》（Avanti）的報紙中當主編，並拒絕與資本主義者合作。在 1914 年時他原本保持中立，但是從 10 月開始，他就展開積極的行動，並創建報紙來進行政治活動，鼓吹參戰。《義大利人報》（Il Popolo d'Italia）在一些商人、法國大使館和法國社會黨人的支持下受到歡迎，活躍的革命份子把他帶到馬克思主義者面前。

1915 年墨索里尼被驅逐，後來他在一次射擊中受傷，爲了戰爭他重振精神，並且再次用報紙來進行鬥爭。停戰的第二天，他受到孤立，之後便於 1919 年 3 月創立「戰鬥的義大利法西斯」，這個組織混雜著一些 1915 年的左翼參戰派、無政府主義者和一些突擊隊人（Arditi，由退伍軍人組成，身著黑衫）。

1920 年 8 月他的組織開始蓬勃發展。此時義大利的經濟與社會的問題相當嚴重，社會出現極度的不安，讓法西斯的領導階級決定保持中立，爲了要保證必要的力量，他們也醞釀新的革命企圖。後來法西斯突擊隊組成，即斯卡德爾（Squadre），由於有公凡達斯特亞（Confindustria）在經濟上的援助，警察的遲鈍，司法機關的脆弱，法西斯黨開始進行懲罰性的襲擊。這時社會黨、共產黨，以及工會組織均遭到破壞，會員甚至遭到迫害和謀殺，工人階級也不知所措，只好擁護法西斯黨。1921 年 11 月，墨索里尼擁有七百萬名成員的國家法西斯黨（Partito Nazionale Fascista），1922 年 8 月出現了由左翼組織發起大規模罷工，不過很快就被法西斯用武力粉碎了。1922 年分裂的左派試圖在法國軍隊之後，再對

法西斯黨進行反擊，但並沒有成功。

1922 年 10 月法西斯大會（Fascist Congree）在那不勒斯（Naples）舉行，此爲法西斯運動第一次大規模的滲入義大利南部。在大會中墨索里尼公開談革命，對群眾大喊前進羅馬，接著由巴爾波（Balbo）、維希（Vecchi）、波諾（Bono）、比昂奇（Bianqi）四人在大雨中率領法西斯黨人前進羅馬，墨索里尼留在米蘭，並沒有參與這次活動。最後是因爲國王伊曼紐爾三世（Victor Ⅲ）請墨索里尼來羅馬組織新政府，而當時的首相法克塔（Luigi Facta）辭職，薩朗達（Salandra）表態支持墨索里尼，並希望他無條件地掌握大權，法西斯黨才掌權。

七、獨裁統治上臺

國王伊曼紐爾三世（Victor Emmanuel Ⅲ，1900～1946 年）之所以任命墨索里尼籌組新政府，是因爲他希望能像 1915 年那樣來保住他的王位，但他同時還要忍受像是來自軍隊、民族主義者等多方的壓力。墨索里尼就這樣不花一槍一彈就控制住義大利，在當時組成一個聯合內閣。雖然法西斯黨在當時還是少數派，不過墨索里尼除了當首相外，還掌握內政和外交事務，而且政府中的重要部門，像是司法部門、財政部門等也都是由法西斯黨員掌控。

由於他是在合法的基礎上掌握大權，這就是爲什麼他掌握議會卻從未遭到彈劾的原因，他對反對派採取寬容態度，此外他暫時廢除罷工的權力。1923 年在選舉法修改之後，他利用國王的命令解散了國會，並參加大選，1924 年他獲得大多數選票（65% 的選票，三百七十五名議員），從此法西斯黨握有國會的足夠多數，讓墨索里尼得以走上專制之路。

此時社會黨議員馬泰奧蒂（Giacomo Matteotti）由於反對法西斯黨，並揭露法西斯黨的非法暴行，使他不止一次地受到法西斯黨的暴力迫害，他成爲法西斯黨的眼中釘，後來便遭綁架被祕密處死，埋在羅馬附近地區。這事震撼所有的義大利人，大約有一百五十名的國會議員爲此事退出國會，使政府威信受到動搖，這時墨索里尼下令退出國會的議員喪失資格，接著便在 1925 年 1 月 3 日發表聲明說「該是負起責任的時候了」，並開始頒布一連串命令法案，從而宣布法西斯獨裁統治正式登臺，並指出

除了法西斯黨之外，其他的政黨一律解散。

從 1924 年 12 月 31 日法西斯黨內務大臣弗德爾左尼（Federzoni）開始查封反對派的報刊，並逮捕黨內對當局懷有敵意的記者，他們的新領導人法里那斯（Farinacci）的行動很果斷，讓法西斯黨緊緊控制著整個大局。當立法大臣羅果（Rocco）頒布具有獨裁性的法律後，一種新的恐怖統治於焉開始，國會權力被取消，政府官員透過法令來立法，墨索里尼只需對國王負責，最後建立政治警察機構和保衛國家的特別法庭，國家從此是法西斯黨的天下。

八、蘇聯的建立

第一次世界大戰到了尾聲俄國發生了革命，當時的俄國沙皇力量十分的衰落，雖然在戰爭中俄國的工業與農業都保留住，但這工業與農業都是為戰爭而生產的，一般的平民百姓生活極為困苦。而且戰爭讓俄國的運輸業癱瘓，給俄國的冬天帶來物資的極度匱乏，尤其是大城市，因此革命爆發時各地的生活費已經高漲到戰前的 700%。所以此時人們已經隱約可以看到革命的影子，只是這時的革命領導人仍被流放到西伯利亞與國外。

1917 年 2 月在彼得格勒（Petrograd）發生革命，我們一般習慣上稱它為「二月革命」（不過當時是西曆的三月，因此也有人稱它為「三月革命」），這次革命是因為通貨膨脹與糧食極度短缺引起的。它的成功是因為群眾響應與軍隊的支持，並沒有經過周詳的計畫，不過當群眾遊行爆發後，政府機關很快就被街上遊行的人包圍，再加上沙皇的軟弱，使得革命一發不可收拾，結果導致沙皇退位。

二月革命的結果是出現一個臨時政府，這個臨時政府是一個由知識份子與專業人士所支持的政府，而且保證繼續對同盟國作戰，因而獲得英美等國的支持，不過它並沒有實質的力量，所以對莫斯科並沒有實質上的影響力，當時的革命人士較願意跟隨由孟什維克派領導的彼得格勒蘇維埃，信仰修正派的馬克思主義。

不過俄國的政權最後落在列寧的手上，列寧等人是在俄國革命發生之後，由德國政府祕密送回俄國的，他在回到俄國後便以「和平！土地！麵包！」來爭取士兵、農民與工人的支持，並以「一切權力歸蘇維埃」為口

號，因此這年的十月（西曆是十一月）由列寧所領導的布爾什維克派發動革命，因而建立一個蘇維埃社會主義共和國聯邦。

第九節　第二次世界大戰

　　第二次大戰一詞是第一個唯一需用「世界」一詞做定語修飾的詞彙，因為它所涉及的戰場擴展很大，參戰的國家不僅是當時實力強大的歐洲國家而已，連歐洲之外的大國也參加了。戰爭的整體態勢表面上錯綜複雜，實際上是十分的簡明，開始階段，德、日等軸心國主動發起戰爭，且進行的相當順利。不過從 1942 年開始，時局有所轉變，這是一個不可避免的此消彼長的一年，與 1917 年間的形勢變化相比沒有什麼不同，侵略軍隨後筋疲力竭直至滅亡。但是，這一偉大的轉折本身，說明了現代經濟最大限度的動用，及散布在極為廣闊的陸地與海洋力量的集中，有著比他們所取得的明顯戰略結果更為重要的意義。

一、戰前的國際局勢

　　其實第二次大戰之所以會爆發與當時的經濟情況有很大的關係，尤其是三〇年代發生的經濟大蕭條，更讓許多國家以侵略他國作為解決本國經濟問題的方法。像是在 1931 年 9 月日本侵略中國東北的軍事活動就暴露出其緊張氣氛，當時中國訴諸國聯，國聯無力制裁日本，只是要求日本要自覺地停止侵略。1936 年墨索里尼侵略衣索比亞，也是為了解決其國內的經濟問題。

　　凡爾賽條約規定德國裁軍的同時，開了普遍裁軍的先河，當時為了確保歐洲的和平，英法等國決定讓德國的軍隊只剩下雛型，至於英、法等國仍保留其軍隊的全部。但到了 1932 年竟然又出現了裁軍會議，這是一種不尋常的警告。當裁軍會議召開時，德國就提出令其他國家無法迴避的問題，不是其他國家裁軍，就是允許德國擴軍。不過當英美兩國準備接受德國提出的問題時，德國突然在 1932 年採取一連串大量且快速的擴軍行動。在沒有獲得任何新的安全保障交會的情況之下，法國人讓歐洲人見識到德國在重新武裝這一問題上的危機。

　　1933 年希特勒上臺後，做的第一件事便是推翻 1919 年簽訂的所有條約，要在歐洲建立一個德意志帝國，將整個歐洲置於此帝國之下。這時西方國家對於各個侵略行動都採取「綏靖」政策，因此希特勒便利用這機會開始推展他的野心擴張。1933 年秋天希特勒便宣布退出國聯，也撤出裁軍會議。1935 年他以凡爾賽條約讓德國受到屈辱為由，撕毀此和約，並宣布開始進行徵兵制與實行全民軍事訓練。接著他又帶兵進入凡爾賽條約認定的非軍事區——萊茵地區，這一行動表示德國開始它的軍事行動，然而就像墨索里尼侵略衣索比亞一樣，英法等國仍在「綏靖」政策之中，並未對希特勒的舉動採取讓和的反應。

　　1938 年希特勒又利用「民族自決」的方式來掩蓋他的野心，他宣稱要讓所有日耳曼人都併入他的帝國之中，因此他將目標鎖在捷克的蘇臺地區。當希特勒派兵占領此地時，英國、法國兩國希望以和平方式解決此問題，便與義大利與希特勒便在慕尼黑召開會議，只是到最後英國、法國屈服了，他們反而要求捷克將這一大片蘇臺地區送給德國。

　　不過英、法兩國很快就發現他們的讓步只會讓希特勒更加的得寸進尺，因為希特勒是不會就此滿足於只得到蘇臺地區，他很快就想要占領整個捷克。這讓英政府改變政策，對波蘭與每一個即將受到德國威脅的國家提出保證，保證他們將護衛這些國家免受德國的侵略。

二、德國的輝煌勝利

　　1939 年夏季出現一連串的談判，不論是對盟國還是對德國，蘇聯提出的條件之一，就是保障擁有波羅的海沿岸國家的控制權，以保障通往列寧格勒的通道安全和通行自由，此也是彼得大帝以來的傳統政策。同盟國對此保持沉默，不過德國似乎答應它的請求，並願意將愛沙尼亞、拉脫維亞、立陶宛、芬蘭等地變成俄國的「勢力範圍」，於是這年的 8 月德俄簽訂互不侵犯條約。

　　1939 年 3 月開始，德國公開要求收回但澤（Dantzig）與波蘭走廊，因為他認為這是一塊住滿日耳曼人的地方，因此必須回到德國的懷抱。現在波蘭受到威脅，蘇聯的態度相當重要，當德蘇互不侵犯條約的簽定，便表示波蘭將失去蘇聯這個依靠，因此 1939 年 9 月波蘭被希特勒毫不費力

地攻克。當波蘭遭攻克就表示英、法兩國的無能為力，它們無法為盟國提供任何的援助，哪怕是很小的忙都不能幫，更何況是直接對德宣戰。此事不論對歐州中立國家的政治方面，還是對參戰國的心理方面，其影響可說是十分重大。

1939年11月底，蘇聯進攻拒不順從的芬蘭，後者進行了令人意想不到的頑強抵抗。法、英兩國考慮救援芬蘭，同時，他們十分在乎斯堪地那維亞國家的態度，因為挪威有很多的海灣可供德國的潛水艇使用，至於瑞典鋼鐵更是德國的軍事工業賴以存在的原料。因此對於英、法來說，要使德國得不到軍事工業賴以存在的瑞典鋼鐵，與關閉北海的出口的話，就必須對在波羅的海的德國艦隊構成威脅。德國則堅決要保護波羅的海，盡可能保住艦隊在北海擁有一個出海口。於是一場封鎖戰的發生是無法避免了，現在德國不止一次地勝過他的對手，加上地面部隊行動的快速及空軍的效率，1940年4至6月間它成功地挫敗了英國海上霸權，並將手伸向挪威和丹麥，準備展開所謂的「閃電戰」。

希特勒決心盡早解決法國問題，當時對法國防禦能力相當自信的法國軍事領袖們，被他們的自信毫無理由地驅使，他們犯了相當可笑的冒失病，將軍隊帶到一片廣闊的地方，準備去救援比利時和荷蘭，但由於政治因素，使得比、荷兩國卻是在受到德國攻擊後，才同意向法國軍隊提供通道，但這一切都太晚了。

更主要的是，一支在1918年戰爭中表現十分頑強出色的法國軍隊，和一支建立在空軍及坦克共同作戰基礎上的全新戰法的德軍發生了衝突。法國面對這些現代化裝備軍隊的快速攻擊，一開始就暈頭轉向，其失敗是無法挽回的。對於這一點，沒有什麼比統計年表更有說服力，1940年5月10日德國開始進攻西部，5月13日穿過色當，5月21日德國裝甲部隊到達芒什省（瀕英吉利海峽之法國省分）。

從5月27日到6月4日，由於比利時投降，北翼的大部分英、法軍隊退到多佛海峽（Strait of Dover），幾乎丟下全部裝備從敦克爾克（Dunkerque）上船撤退。6月5日，德國將所有的部隊掉過頭來，向殘餘的法國部隊發動進攻，6月10日義大利宣布參戰，同日法國政府放棄巴黎。6月17日法國要求停戰，八天之後德國接受請求。

在六個星期之內，由於面臨現代化武器及裝備現代化軍隊的威脅，一個最爲古老的國家之一，及最穩定的社會瀕臨滅絕的邊緣，此時的德國占領一半的法國，因此當法國投降後，已被分爲兩半的法國進入一個動盪不安的時期，北部直接控制在德國的手中，至於南部則出現一個由貝當主持的維琪（Vichy）政府，不過此政府仍是在德國的控制之下，現在同盟國只剩下英國在苦撐著。

法國投降後希特勒下一個目標便是英國，由於英國與歐洲大陸之間有一個海峽相隔，因此對於如何進攻英國之事，希特勒決定先以空襲的方式，因爲他想以此削弱英國人民的意志，因此從 1940 年 8 月希特勒進行了所謂不列顚之役，對英國進行轟炸。不過他的轟炸行動並沒有獲得決定性的結果，這讓德國被迫放棄轟炸的行動。

接著德國便開始使用潛水艇，準備切斷英國的海上運輸與補給，這讓英國損失慘重，不過英國首相邱吉爾宣布他絕不向納粹投降，這場戰爭英國是無法單獨獲勝的，全靠美國的幫助英國才有獲勝的機會。當戰爭剛爆發時，美國嚴守中立，國會很快就通過「中立法案」，但是當法國投降後，美國總統羅斯福便決定幫助英國，因此在 1941 年國會便通過「租借法案」開始援助英國。

三、義大利及地中海地區

義大利於 1940 年 6 月 10 日參戰，此時義大利已無需冒任何風險，法國現在已經完全崩潰了，因此它的加入對德國來說無濟於事，希特勒只讓義大利占領法國東南部的一小地方。隨著法國 6 月 25 日停戰而來的是在地中海的艦隊及海軍基地的重要性，義大利參與和英國之戰鬥的重要性提高了。

然而是否是因爲它所處的地理位置及其海軍實力，使它沒能阻止英國在地中海的海上運輸呢？不過也由於義大利的出現，迫使英國拉長其運輸線，同樣地也無法控制住蘇伊士運河（在那兒對英國主要石油供應來源——中東——構成威脅？）如果說英國逃脫了這一新的危險，是因爲義大利軍隊的總體效力不高，那墨索里尼所推行的荒膠策略，對希特勒來說，這一南面戰場缺乏切身利益。

　　由於義大利沒能摧毀英國在馬爾他（Malta）的軍事基地，相反地還被英國艦隊重重一擊，特別是在 1940 年 11 月 11、12 日於塔倫特（Tarente，屬於義大利）的那一戰。另外，1940 年 9 月義大利部署在利比亞的部隊進攻駐紮在埃及的英國軍隊，英國為了保護蘇伊士運河，便在 1941 年 1 月派軍隊進行反攻昔蘭尼加（Cyrenaique，利比亞的地名）。在這一期間，墨索里尼為了維護自己的聲望，在 1940 年 10 月 15 日從阿爾巴尼亞出發，向希臘發動進攻，只是他沒想到會遇到希臘人頑強抵抗，甚至攻入了阿爾巴尼亞。

　　在利比亞，希特勒為了支援義大利派遣有「非洲之狐」之稱的隆美爾（Erwin Rommel）部隊前去支援，成功奪回了昔蘭尼加。因此在這一戰線上，雙方有進有退，誰也沒有取得決定性的進展。戰爭一直持續到 1942 年，希特勒決定派部隊進攻希臘，主要是從保加利亞進軍。此時，被迫加入德國體系的南斯拉夫於 1941 年 3 月 27 日發動暴亂，起而反抗德國人，同年 4 月德國人完全占領了南斯拉夫和希臘。在英國保護之下的克里特島，於 1941 年 5 月被一支德國的空降部隊所攻克，這成功既是空前也是絕後的成功。

四、日本及美國的參戰

　　歷時幾年的對華戰爭中，日本已經筋疲力竭，儘管取得了一些勝利，但卻不能徹底地解決問題。它的經濟承受力越來越弱，甚或已近枯竭，然而 1940 年所發生的一連串事件，使得日本能夠任意擺布原本為歐洲殖民地的國家——東南亞地區，如法屬印度支那、英屬馬來西亞、荷屬印度尼西亞等。這些地方恰好提供日本極度缺乏的東西：石油、橡膠甚至是稻米等。日本從 1940 年 9 月加入了德義陣營，當時為了使它的中國對手蔣介石喪失補給線為藉口，它在法屬印度支那獲得許多特權。

　　這段時間裡，美國越來越明確地給予英國在對德作戰方面的支持，經常在大西洋水域為英國船隊進行護航；在德國這邊，它的潛艇毫不猶豫地使用魚雷攻擊美國軍艦，然而不管是羅斯福還是希特勒，似乎不打算直接宣戰。

　　儘管美國在太平洋地區有著傳統的利益，不過它在對日本的政策方面

一開始是十分審慎的，對法屬印度支那的求助是避而不答。在 1941 年 5 月它同意中國享有「租借法案」的優惠政策，美國相信它掌握日本不可或缺的供應品，將會使日本的侵略願望落空。最後在 1941 年 7 月，它凍結了日本在美國的財產及其債權債務，這相當於停止向日本的所有出口。

由於美國的態度是徹底地扼殺日本經濟，因此日本必須採取南進計畫的軍事行動，如此方能依靠積聚的儲備力量生存下去，現在美國的介入是無庸置疑的了，因此在必要時，日本必須徹底癱瘓美國的太平洋艦隊，使其不能參戰。1941 年 12 月 8 日在正式宣戰前的幾個小時，從軍艦起飛的日本飛機，轟炸了美國在夏威夷群島上的珍珠港海軍基地，擊沉七艘巡洋艦及大批其他艦隻，這讓美國的損失極為慘重。

日本精心準備的這一軍事行動，引起世人極大的震驚，因此過了很久之後，人們仍不禁自問：羅斯福總統當時是否已經掌握某些跡象了，只是他沒立即決定採取某些措施，使之最後無法行動呢？他是否是為了利用這點，以期能夠轉移美國輿論，並使他們能夠接受戰爭？我們無需對此權謀想像，我們僅需注意的是，法國在 1940 年、蘇聯在 1941 年都曾如此地遭受突然襲擊，而且同盟國在北非及諾曼地的登陸中，同樣地也使人感到震驚。

日本適時利用它南進計畫所取得的成功，在 1941 年 12 月至 1942 年 1 月間占據了菲律賓群島。1942 年 3 月占領印度尼西亞，特別是爪哇，同時侵犯中立的暹羅國並完全占領馬來西亞，1942 年 2 月 15 日新加坡投降。更遠些，日本人闖入緬甸叢林，最後在 1942 年 3 月日本人在新幾內亞登陸，這裡是向澳大利亞進攻必不可少的據點。澳大利亞能夠守得住嗎？日本人會不會乘勢動搖印度，繼而威脅波斯灣和非洲呢？對此表示擔心的英國人，急忙加強了馬達加斯加基地的防衛，此時該島仍屬於維琪政權。

實際上，日本不能一次就什麼都辦得到，它的能力及手段終究相當有限。最初令人驚訝的勝利，是在與數量和武器裝備都非常弱小的對手作戰時取得的。它本身的生存及它派到四處作戰的冒險軍的生存，取決於伸長幾千公里的海上補給線，對此它已經毫無把握加以保護。

另外，日本雖然有時依靠當地的民族主義者來反對歐洲殖民主義大

國，但由於在當時仍未能掌握歐洲技術，因此無法完全利用被占領地的經濟資源。如此一來，時間一長，當地民族主義者的願望不僅無法實現，有了還被歪曲、利用，這讓日本軍隊在當地的日子也就越來越難過了。

五、歐洲的解放

攻占突尼西亞之後，西方盟國立刻決定將下一次行動的目標鎖定西西里島，這事關地中海通道的暢通無阻，同時也可實施一種直接的威脅，並加速義大利的政治垮臺，儘管這已經在非正式的測試中提前預見了。

實際上，義大利法西斯體制的組織機構，顯然承受不了一場全面戰爭的壓力，這對他們來說負擔顯然太大了。義大利人不再認為他們為夠取勝，或認為勝利只有益於德國優勢的增長，於他們何干？不管怎樣，1943年7月10日到8月16日，英、美兩國部隊攻占西西里。從7月25日開始，墨索里尼遭到政府內高階官員的責難，最後被奪權並被扣押起來，墨索里尼垮臺了，新上任的巴多格里奧（Bodoglio）政府於9月3日與聯軍簽署停戰協定。

1943年9月8日聯軍公布了停戰協定，並進占義大利南部的好幾處地方。德國對此所產生的反應令人感到震驚，他們加強控制那不勒斯和義大利南部地區之外的其他地方，墨索里尼也被德國傘兵部隊救出，並在義大利最北端的薩洛（Salo）建立一個有名無實的法西斯共和國。

此時，法國所參與的聯軍部隊，以極慢的速度向前推進。但義大利半島的地形多山且被山分隔得很細，一點也不適宜進行大規模的運動戰。然而，英國希望利用義大利，從背面襲擊德國（從南面及從巴爾幹半島），但這一次美國堅決要實施他們的計畫，他們十分希望在法國進行決定性的戰役，因此，在義大利只是做做樣子而已，於是登陸之事一拖再拖，直到1944年6月4日聯軍才進入羅馬。

希特勒的失誤便是進攻俄國，因為俄國有一個相當長且嚴寒的多天，在1942年8月份德國軍隊便已經抵達史達林格勒（Stalingrad），但俄國在此城對德實行的是讓德國陷入其中的戰爭，很快的多天就來臨了，希特勒不准部隊撤退，結果德國軍隊整團被俘，讓德軍蒙受極大的損失。

1945年的上半年，聯軍就抵達德國西部邊界，但在他們面前的是兩

個看起來十分嚴峻的障礙，一個是齊格菲（Siegfried-Line）防線，另一個是又深又寬的萊茵河。作爲防線的萊茵河，它同時還是主要工業區的護衛線，加上它的北岸地勢低窪，這也是德國隨時可能利用決堤來作戰的不利因素。相對地，在東面蘇聯卻還離邊界很遠，而且他們並沒有碰到一處地方是德國可以憑藉來堅持到底的障礙，同時首都柏林就在東部邊界附近。

不過史達林還是希望盟國可以在希般開闢第二戰場，讓德軍能夠無法專心進攻蘇聯，因此聯軍便決定在法國諾曼地（Normandy）開闢第二戰場，1944 年 6 月 6 日聯軍於諾曼地登陸成功後，那些最爲清醒並最爲熟悉情況的德國人，特別是軍事領導人，清楚地知道德國即將失敗了。1944 年 7 月 20 日，他們試圖暗殺希特勒以挽救國家，不過失敗了。在他們失敗之後，只剩下極爲狂熱的納粹份子，他們寄望於神祕可怕的新式武器，能夠使他們在最後時刻時來運轉，準備與國家共存亡。

1945 年 1 月份，俄國開始進攻，很快地便到達奧得河（the Oder River），距離柏林四十里的地方。但在南面出乎意料地遭到匈牙利的抵抗，拖延他們的攻勢，直到 3 月底才抵達奧地利邊境。在西面，1945 年 2 月份德國人在萊茵河左岸投入其最後的力量，但由於部隊都就地防守，以致沒有什麼部隊來堅守這條大河。

3 月 7 日聯軍越過萊茵河，在魯爾地區有一塊孤立的陣地德軍繼續抵抗，到了 4 月 18 日，聯軍總司令艾森豪指揮他的先鋒部隊向薩克森推進，但他輕忽了柏林政治位置的重要性，對他來說如何摧毀敵人的部隊比攻佔城市還重要，雖然英國了解攻下柏林所具有的意義，但美國這時已經決定在易北河等待俄軍來會師。同時，在南面第一批到達布拉格的蘇聯軍隊的要求下，艾森豪便命令他的部隊停下。相反地，蘇聯軍隊卻集中所有的力量以便奪取柏林，而希特勒於 1945 年 5 月 5 日在柏林自殺，5 月 8 日他所指定的繼承人簽署「無條件投降書」。

從此之後，德國及其他附庸國全部被敵國的軍隊占領。實在無法想像在這些征服之後會出現更爲全面的軍事災難。但在中歐，則出現了政治空檔，由此而來的一系列問題，將在很大程度上左右戰後的歷史進程。

六、日本的失敗

直到 1943 年初，聯軍才開始對日本進行反攻。這一事實，加上投入使用的物質規模，使得一些人懷疑，羅斯福同意將主要注意力優先放在歐洲戰場上的主張會被他的軍事下屬，尤其是海軍下屬所遵守。

因為美國在太平洋地區擁有幾乎全部軍力，並且是他們決定的全球戰略。一般情況下，他們並不會著手進行奪回被日本完全占據的歐洲殖民地，儘管這些殖民地是日本極為寶貴的原料來源地（從 1941 年開始，日本的軍工生產總量增加兩倍），但他們也僅限於以潛水艇和飛機來威脅這些歐洲殖民地與日本之間的海上運輸。

唯一的例外是在緬甸，在那裡的戰鬥十分危險、困難且重要，因為在那裡，事關重建一條對蔣介石的中國進行補給的運輸線。羅斯福對中國產生許許多多幻想，並同意向其提供相當可觀的援助，但結果卻幾乎一無所獲，因為在此期間，中國共產黨的影響逐漸擴大，他們在中國忙於作戰的情況下，悄悄地擴大他們的地盤。

實際上，人們認為直接向日本發起攻擊的先決條件，是重新奪回菲律賓群島，不過此群島被當成轟炸機的起飛基地這一目的來看，它距離日本群島還是太遠，因此我們不禁要問，這樣選擇的道理何在？是因為麥克阿瑟（Douglas MacArthur）將軍所堅持的戰略關係嗎？難道是因為麥克阿瑟將軍從日本發動進攻開始，就是那一地區的指揮官，因此他曾發誓要打回來？或者認為菲律賓本來就是美國的屬地。不管怎麼說，菲律賓群島成為兩個大規模攻勢的焦點，一個來自南面，在麥克阿瑟將軍的指揮之下；另一個來自東面，由尼米茲（Admiral ChesterW. Nimitz）海軍上將直接指揮。

在南面，美國人首先在 1943 年 6 月至 10 月掃蕩所羅門群島及新幾內亞，這將使他們的澳洲基地免受威脅，從這島嶼開始美軍採取「跳島戰術」（island hopping）進攻日本。在東面，1944 年 6 月美國海軍攻擊馬里亞納群島，並從日本人手裡奪回此島，是役日本的海軍、空軍都遭到沉重的打擊。

1944 年 10 月對菲律賓群島的進攻從位於兩大主要島嶼呂宋和民答那

峨兩大島之間的萊特島開始，日本艦隊在這裡再次受到重創，並被迫撤出戰鬥，然而對菲律賓的全部占領卻沒有在結束戰爭狀態之前完成。事不宜遲，美國人這次開始爭奪非常靠近日本的島嶼，如在 1945 年 2 月占領琉球群島，特別是在 1945 年 4 月攻下沖繩島。儘管日本步兵猛烈的抵抗，但由於缺乏燃料的飛機不再能夠進行絲毫的支援，美國人最後取得勝利。

從 1945 年 3 月開始，美國飛機採用「傳統」的方法，開始對日本主要城市進行狂轟濫炸。但能夠依靠這唯一的方式取得最後的勝利嗎？這一方法在對德作戰時，並沒有顯出具有決定性的作用。此外，日本人進行的是頑強的抵抗，哪怕是毫無希望的抵抗，不禁讓人想一想，當美軍在日本本土登陸後，美國部隊必須付出的極大損失。蘇聯在德國投降三個月之後，即 1945 年 8 月 9 日，才投入反日的戰爭中，他們很快占領中國的東北，但並不是在那裡才能取得最後的勝利。

在 1945 年 7 月 26 日的波茲坦宣言（Potsdam Declaration）中要求日本必須無條件的投降，但日本一直都沒有做出任何的回應，因此美國總統在錯估日本實力後，便決定使用原子彈，8 月 6 日第一顆原子彈落在廣島，8 月 9 日投在長崎，8 月 14 日日本天皇便宣布投降。

七、二次大戰的後果

第二次世界大戰使得世界發生根本的變化，這些變化影響到今日的社會。納粹體制被徹底打敗，它在意識形態上徹底的失敗，以至沒有一個與法西斯主義相接近的運動有任何可能成功的機會。至於「社會主義」這一詞彙中已經混合了許多不同的東西，它的理論或多或少為大多數國家採用，有的作為理論的參考，有的則是付諸實踐。這一如同集中營般極權制的最大結果，在世界上一部分地區引起了深刻的動盪，以至於現在仍然難於明確陳述它的各個方面。

第二次世界大戰同樣導致歐洲衰落，在此我們將不談物質方面的毀滅，因為這方面已經修復。現在我們發現，所有的歐洲大國（蘇聯作為歐亞大陸國家不計在內），一個接著一個地遭到失敗的命運：法國在 1940年、義大利在 1943 年、德國在 1945 年，英國本身表面上是戰勝國，但物質、精神均已耗盡，也由此失掉它在世界上的地位。如果必須指出英國確

切的失敗日期，可以從 1941～1942 年冬季算起，那時日本人幾乎不費吹灰之力就占據大英帝國所擁有的殖民地，而澳洲和紐西蘭則是靠了美國的保護，才得以逃脫這種命運。

列入戰爭後果另外一個極為重要的現象，是殖民地獨立思潮的出現。歐洲國家對他們在海外的租界領地等的統治，一旦它們遇到麻煩時，不能對其提供保護，並有效地保住它們，就失去理論上存在的根據及實際上的理由和意義。此外，當地的民族主義受到德國在中東，特別是日本在遠東的極力鼓動和支持，而且連美國，也持同樣的態度。

取代那些衰落帝國地位的是兩個新大國——美國和蘇聯，今後將主導全世界（從 1945 年開始還應承認第三個大國——中國的潛在實力）。在歐洲本身，蘇聯和美國的前方部隊分別所在的戰線，根據戰爭考慮所確定，成為兩個世界在政治上、經濟上及心理上相互對立的一條邊界線。

兩個世界的對立是否有引起第三次世界大戰的危險？由於第二次世界大戰期間所取得的進步，尤其是毀滅性武器的進步，使得這一危險一直持續到今日。戰後由於美、蘇的冷戰，使得這兩個大國開始生產核武，並擁有核武，帶來我們稱之為「恐怖平衡」的戰略均衡：一場全面戰爭的戰勝國將使它的勝利全然不存在任何意義的危險，這一新論據，完全改變和平與戰爭問題的觀點。

顯而易見的戰爭對於科學技術有極大的推動力量。僅舉一例即可說明這一點，大量的傷殘者，可能還應加上在熱帶及赤道國家進行戰鬥的特殊條件，帶動醫藥、衛生的突飛猛進。這也是——當然不是唯一的——戰後人口爆炸現象出現的原因之一，並導致人類未來的威脅。

第十節　二次世界大戰後的解構和重建

在此我們首先要問：歐洲的文明國家為什麼未能防止戰爭？最簡單的作法是捉拿巫婆，就是指控那些曾經和德國占領軍合作的人。但是，人們很快就看到，用手指點著別人指控他們所犯下的罪惡，並不能回答基本上具有共同價值觀念的文明歐洲，其社會有哪些結構性的衝突、又有哪些文化思想和人的因素導致了長期全面的戰爭？

一、戰後的歐洲

第二次世界大戰結束後，無論是勝利者或失敗者，都面臨著一系列嚴重的問題。在所有的建設都遭破壞後，經濟重建自然是緊迫的問題，但對於精神重建方面，我們也同樣不容忽視。德國不僅再次戰敗，它還有兩個沉重的精神負擔，那就是：在它境內產生的納粹主義和大規模屠殺。在盟國方面，不僅要避免重複凡爾賽和約的情勢及其後果，還要幫助德國恢復在文明歐洲的適當地位，並且要消除戰爭的根源。

第二次世界大戰結束後出現一個嚴重後果是：在歐洲東部和西部之間，形成了看來是永久性的分裂。蘇維埃的俄國自 1917 年革命推翻沙俄帝國後，內部便漸趨鞏固，實力日益強大，經過第二次世界大戰，使其達到實力的頂峰。蘇俄紅軍將其勢力範圍擴充到東歐和中歐的大部地區，推翻了曾和納粹第三帝國合作或出賣本國的那些政府。1945 年時蘇俄在東歐和中歐牢固地立住了腳，建立起一系列衛星國，作為蘇俄和西歐之間的緩衝區。

此外，第二次大戰之後還有一個重要的後果就是，它加快了非殖民化的進程，迫使西歐主要國家——有的擁有殖民帝國已有超過三百年的歷史——承認它們已不再統治整個世界。在世界政治中，美國已成為經濟、科學技術和文化領域的世界強國，美俄在歐洲爭霸，也成了事實。

戰爭的痛苦後果和東西兩大陣營的持續衝突，由於核武器的發展使人有能力造成敵對方面的全面毀滅，這一切迫使許多西方人再次自問：將來的希望和政策究竟是什麼？過去都是各民族國家各自追求各自的目標，但這造成的結果是，導致最終的悲劇發生；現在是否還照著老樣子走下去？抑或至少需要在經濟和軍事政策方面合作呢？在戰後世界面臨的各方面挑戰中，歐洲要想繼續生存下去，除此以外，還有什麼是比這更好的辦法？

為避免民族沙文主義再起的危險，並促進歐洲統一的意識；也同樣是為了抵擋蘇俄帝國的擴張，歐洲的非共產黨國家採取經濟和政治合作，不過軍事合作方針似乎成為最好的解決辦法。於是，西歐依循過去若干世紀的探索道路，緩慢地組成一個共同體。

自十九世紀以來，民族國家觀念在西歐各國日益加強，各國公民在教

育和宣傳中，形成一套過分簡單化的價值觀念——「爲了我的國家，不問它是對是錯。」（My country, right or wrong.）因此要消除狹隘民族主義思想十分的不容易。早在第二次大戰時期，知識界和政治家已經開始痛苦地思索戰後的世界與重建問題。

二、聯合國的誕生

在第二次世界大戰期間與結束後（1939～1945 年），世界上大部分的人民，連美國人在內，都比在 1918 年時更迫切地覺得有一種需要（一種必要的需要）成立一個國際組織，好維持秩序、保護正義、並促進正當的國際關係的形成。新武器的毀滅力量是越來越強了，而其中有一些是根本無法防禦的，在這種情況下，另一次大戰對每個人都可能是最慘的慘劇。這種慘劇既然是由人類的創造力與惡意所造成的，自然也可以由人類的努力與善意來避免。

1945 年 2 月同盟國聚集在雅爾達召開會議，這時參加會議的英、美、俄政治家認爲還是有需要建立一個新的國際組織。1945 年 4 月 25 日當時的戰爭仍繼續在進行，不過全世界約有五十個國家的代表在舊金山聚首一堂，並準備計畫籌備一個永久和平的方案，此即是「舊金山會議」。代表們都希望這個方案能勝過 1919 年在巴黎制定的國際聯盟的方案，美國總統杜魯門在閉會時向各代表說：「諸君已替世界創造了一個保障和平安全，促進人類進步的偉大工作，現在這個世界必須運用它。」

舊金山會議最後決定採用的方案，具體表現在聯合國憲章（United Nation Charter）上。憲章規定聯合國有六個主要的機構：㈠聯合國全體大會（Gonoral Assembly）。㈡安全理事會（Security Council）。㈢經濟社會理事會（Economicaland Social Council）。㈣託管理事會（Trusteeship Council）。㈤國際法庭（International Court of Justice）。㈥祕書處（Secretariat）。

㈠ 聯合國全體大會（Gonoral Assembly）是由全體會員國的代表組成，每個會員國的代表不得超過五人。大會可以討論任何與憲章有關的各種問題，也可以討論任何有關其他聯合國機構的權力和職務的事務。除去安全理事會正在處理的之外，大會可以對任何事項提出建議，投票時各會

員國的代表作爲一個單元，換句話說，每一個會員國只有一個投票權。

　　㈡ 安全理事會（Security Council）是由十一個會員（國家）組成，中國、法國、英國、俄國（蘇聯）與美國是安理會的五個常任理事，其他六個理事是由大會選舉產生的，每名任期兩年，每一個理事只有一個投票權，由一個代表來行使。安全理事會有很大的權力。

　　舉例來說，當安理會認定和平受到了威脅，而經濟和外交的制裁都不足以解除威脅的時候，安理會便可以使用陸海空三軍的兵力來維持或恢復國際間的和平與安全，安理會雖然沒有常備軍隊，但根據憲章規定，某幾個會員國家，在安理會需要時應將兵力供它使用。

　　關於程序問題的提案，在安理會中獲得任何七票便可以通過，但其他問題上這七票中必須包括五票是常任理事的，這個規定，除去某種特殊情形外，使五強保有否決權。

　　㈢ 經濟社會理事會（Economicaland Social Council）一共有十八個理事國，都由大會選舉，每一個理事國派一個代表。經濟社會理事會對經濟、社會、文化、教育，以及其他有關問題從事研究，草擬報告，並向聯合國大會提出建議。它也供給安全理事會所需要的資料，必要時應安全理事會之請，而予以協助。

　　㈣ 託管理事會（Trusteeship Council）是由下面三種會員國組成：⑴ 受託管理託管（殖民）地區的國家；⑵ 五強中未受託管理任何託管區者；⑶ 由大會選任者：其名額以能夠使託管理事會有託管責任者與無託管責任者各占一半爲原則。託管理事會在大會的指導下，謀求受託管國家統治下的殖民地的福利，這些受託國家一般說來和國際聯盟的委任統治國家（Mandatory）一樣。

　　㈤ 國際法庭（International Court of Justice）是聯合國的主要司法機構，也是以往國際聯盟的國際法院的延續，庭址設在荷蘭的海牙（Hague）。國際法庭的法官由大會和安全理事會選舉，聯合國所有會員國都是國際法庭的當然份子，凡聯合國會員如果是當事人之一，都有遵從國際法庭判決的義務。

　　㈥ 祕書處（Secretariat）有一個祕書長，和其他聯合國所必須的辦事人員。祕書處的工作是紛繁而重要的，一般說來祕書處是聯合國各機構的

資料局和聯絡處。

1946 年 1 月召開聯合國全體大會的第一次會議，是在英國倫敦舉行，共有五十一個國家的代表參加，關於聯合國的永久總部的問題，經過全體會員國認眞的考慮後，最後決定在美國的紐約城。鑑於國際聯盟的失敗，聯合國憲章格外加強執行決議的力量。然而因爲五強之中任何一個國家可以行使否決權，聯合國不久就遭遇了很大的障礙。到了 1947 年底，俄國頻頻濫用否決權，使得聯合國幾乎什麼事也都不能做。

三、戰後的重建計畫

戰後經濟合作的構想逐漸成型，首先是舒曼計畫（Schuman Plan）的出現，促使法國、西德與其他的歐洲國家共同經營煤、鐵，並於 1952 年促成歐洲六國（法國、西德、義大利、比利時、荷蘭、盧森堡）簽訂條約，成立歐洲煤鋼共同體（ECSC：European Coal and Steel Community）。1957 年的羅馬條約（Treaty of Rome）則組成了歐洲經濟共同體（EEC：European Economic Community），不過與這趨勢相適應，還需要有一種新的意識形態。但我們發現戰後重建歐洲的主要人物，仍然深受舊思想的束縛，這是不難理解的。

在危機之中，西歐各國的政治領袖如德國的阿德瑙（Konrad Adenauer）、義大利的伽斯貝里（Alcide de Gasperi）、法國的莫內（Jean Monnet）、舒曼（Robert Schuman）和比利時的斯巴克（Paul-Henri Spaak）試圖描繪一個歐洲聯合的藍圖，至少可用它來進行政治討論。然而他們大多數都是天主教徒，因此他們談論歐洲時，並不是只想到不同的國家，還把西歐作爲一個地理和文化的框架，在其中是希臘羅馬古典傳統和基督教思想成爲歐洲文明的主要支柱。就對話這一點看，阿德瑙、舒曼和斯巴克往往用德語自由交談，在他們身上或許還有詩人諾伐里斯的精神，但是從五〇年代起，歐洲的天主教會已經沒有多少帶組織性的政治影響。

自從 1945 年以後，政界人物和歷史學家都追溯兩千年來歐洲的各方面成就，和歷代先進的人物怎樣嚮往一個統一的歐洲。但要想在今日實現古代的憧憬，首先遇到的一個難題就是「怎樣建立一個超國家的權力中

心？」可是一提到「布魯塞爾」成爲未來西歐的中心，聯合的好處便立刻被大家遺忘了。雖然人們對歐洲的實質還講不清楚，但是對一個與民族國家對立的「歐洲理想」卻一致反對，認爲其中包含了危險的思想，不僅僅是它將摧毀民族國家，還認爲它將摧毀民族文化。究竟這種看法有沒有充分的理由呢？

如果從第二次世界大戰後締造「歐洲之夢」那批主要人物的行動來看，建立歐洲煤鋼聯營組織的確主要是爲了恢復本國的經濟。若不這樣做，經濟戰爭和意識形態戰爭很容易再起，因此這一步還是比較容易的。但在走出這一步以後，共同體的權力開始緩慢增長，這時對歐洲一體抱持悲觀態度的人，便極力維護民族國家了。

四、共同體

「共同體」（Community）、「聯營」究竟是什麼意思？它是否只是新老資本家爲控制經濟、社會和政治生活而建立起的一個超級官僚機構，在其中養一批高薪職員？這是新聞媒介常喜歡渲染而公衆最容易接受的一種看法。或者，這是爲了防止新的歐洲大戰不要在歐洲共同體國家的領土上發生的方法？其實，這都是只從消極方面來看問題。

人們常常忘記，正是因爲歐洲聯盟的政策，才使得西班牙和葡萄牙這樣長期處於獨裁統治下的國家，得以在六〇年代和七〇年代和平轉變成比較民主開放的國家。想想在三〇年代，歐洲各國都採取保護關稅政策，最後造成各地的經濟出現危機，因此戰後的自由貿易政策至少拆除了各國之間的關稅壁壘，也有助於消除與歐洲其他部分的文化隔絕。隨著經濟自由，旅行自由，人們的思想交流也逐漸開展，正是這種精神自由促進了西班牙、葡萄牙的政務轉變。

七〇年代初另一個重要問題被一再提出，在歐盟成員國中，經濟發展水平不一，經濟政策管理水平不一，結果落後的國家拖住經濟狀況較好的國家。還有一些希望參加歐盟而經濟更加落後的國家，這是否意味著，經濟狀況好的國家總是在爲落後國揹負重擔？

與此同時，許多觀察家都發現了，現在歐盟的機構已經發展成一個龐大的官僚機制，各國不得不用財政資金來維持這大批歐盟的官僚體系。官

僚體制和民主體制是南轅北轍的兩種體制，除歐盟的行政機構外，還有一個歐洲議會，那也是作用小、費用大的一個機構。到底是因此倒退回到第二次世界大戰前的各國各自為政好呢？還是堅持前進，逐步克服現在的弊病好呢？這都是當時政治家的問題。不過現在看來，歐洲還是繼續在走歐盟的道路。對歐盟抱懷疑態度、反對歐盟各國繼續一體化，謀求保住本國主權的人，則是在步步後退。

在過去若干世紀裡，國家辯解自己存在的理由，總宣稱是為了公眾，是為了促進人民的福利。現在，大眾的福利已經大部分委託給歐洲聯盟了，即便成果還不夠理想，它的最後結果還難以預測，到底已經邁出了一步。另一方面，也有人認為，過去幾十年裡，各國把它們的主權交出一部分之後，倒使自己得以保持較大程度的獨立。

我們還需要提醒自己的一點是：歐洲民族國家的歷史其實並不十分悠久，它是「被造出來的傳統」，並不是碰不得的神物。有意思的一點是：民族國家這個概念事實上並不十分牢固，在它背後隱藏的是更古老的地區文化特性；而正由於歐盟提供的安全保障使得各國內部可以容納不同地區有更大的獨立性。

以德國來說，戰後德國開始重建時，便承認本國各地區的重要性。在西班牙，加泰隆尼亞（Catalonia，西班牙東北省分，巴塞隆那為其首府）正好表明，一個地區的文化會不斷有其獨自的發展。蘇格蘭在英國之內的發展也是這樣。事實上，1997 年的蘇格蘭公民投票，要求有獨立的文化和獨立的政府，這行動至少已經部分廢除二百年前建立的國家體制。一個地區的特性通常包括文化、宗教，特別是自己的語言，這是比政治體制更古老的文化根源，這些根源是要加以保護的，唯有在健康的「地區主義」基礎上才能發展出卓有成效的「普遍主義」。

就目前來說，歐洲聯盟還是比較年輕的一個觀念，歐盟還只是一個遠景、一個夢想，而國家的概念更為古老。到二十世紀末，歐洲文化的實質還沒有一個大家滿意的定義，而從長期的歷史來看，人們還在使用基督教所稱謂的「第二個千年」結束、「第三個千年」開始。對歐洲文化提不出一個簡單的定義，或者也有它的好處，歷史的經驗表明，民族國家或宗教的特性常常被利用來煽動大眾，而這種特性其實只是以文化為基礎才產生

的特性。

五、危險地區與新成立的國家

「的里亞斯德」（Trieste）這個城市在各方的協議後，成為一個自由城，但義大利和南斯拉夫都想把它據為己有，根據條約的規定，它應該由聯合國管轄，不過義大利和南斯拉夫對這個處置辦法都不滿意。

至於巴爾幹這個不祥的半島，過去曾多次是災禍的淵源，如今仍是充滿騷擾不安的地方。希臘北面的邊境上，由希臘共產黨和北方鄰國的游擊隊，嚴重的威脅希臘的和平與安全。經濟的窮困使希臘工作更加困難，英美兩國都在設法援助希臘和土耳其，使他們能保持國家的完整。

猶太人一直把巴勒斯坦看作他們的老家，然而阿拉伯人卻久已形成當地人口的一部份。結果自國聯時，即擔任委任統治的英國，覺得調解雙方糾紛、維持當地和平是非常棘手的事。

1947 年英國退出後，聯合國決定將巴勒斯坦分成兩部分，一部份給阿拉伯人，另一部份給獨立的猶太人，即以色列（Isroal），但是阿、猶雙方對這個畫分都相當的不滿意，流血暴動仍不時在聖地發生。不過 1949 年猶太人與阿拉伯人進行了和平交涉，緩和了巴基斯坦的緊張氣氛，同時也使外國承認獨立民主的以色列共和國，並允許他進入聯合國，不過阿拉伯人與猶太人間經常發生衝突，至今仍成為中東和平的不定時炸彈。

在二次世界大戰的末期，蘇聯利用與日作戰的機會輕易的占領中國東北地區與朝鮮半島北緯三十八度以北的地區，蘇聯在此地拆卸任何機器，掠奪各種物資，利用由日軍那接收的大批武器，交給中共與韓共，因為有蘇聯支持，使得東亞地區的朝鮮與中國在戰後仍舊沒有得到和平，持續在戰爭之中。終於在 1949 年的 10 月中華人民共和國成立，而朝鮮人民共和國也在四年後，即 1953 年成立。

1946 年 7 月 4 日在菲律賓這地方，美國的星條旗自旗竿上徐徐落下，一面三星旗升上緩緩升了上去，表示一個新的共和國已走上了國際舞臺。美國實踐了它三十年的諾言「撤銷在菲律賓群島上的統治，並承認菲律賓獨立」。七千個島嶼和一千八百萬人民注視著這面新國旗，它的三顆星象

徵著三組主要的群島。然而菲律賓並不能說是完全獨立，因爲經濟上它仍需依賴美國，同時美國還在群島上保有海空軍基地。

1947 年 8 月 15 日大不列顛放棄了它對印度這片人煙稠密、面積廣大的土地長期統治。英國國旗雖然給印度人帶來屈辱，但也爲份子複雜歧異的印度減少了許多內亂。多年以來，印度人一面受著甘地等所倡導的民族運動的激發，一面又受著英國人的教育和訓練，終於把統治權收回自己手中。

印度如今分成兩個自由國家——印度教的印度，和回教的巴基斯坦。這並不是說住在印度的人都是印度教徒，在巴基斯坦的人都是回教徒。事實上，很多地區種族與宗教的混雜，和雙方對地界畫分的不滿正預示著衝突將再度發生。印度與巴基斯坦都暫時同意加入大不列顛國協，他們的地位，與加拿大和澳大利亞相等。至於越南的反法暴動與東印度的反荷暴動都促成該地自治政府的成立，不過自治程度高低不一而已。

六、一般的世界問題

世界各國，無論是不是聯合國的會員國，都遭遇到第二次世界大戰和它的餘波加在他們身上的各式各樣的問題，其中有些問題，我們可以簡述如下：

在和約方面，爲了不想再重蹈第一次世界大戰的覆轍，這次關於和約的機構與批准都從緩舉行。但是這種審慎的態度卻因俄國與西方民主國家間日益增加的敵意，而變成無限期的拖延。一直到 1947 年經過無數激辯才締結了對義大利、芬蘭、羅馬尼亞、匈牙利、保加利亞的和約。而對德、對日，和對奧地利的和約都還懸而未決。

在戰犯方面，第二次世界大戰後，在國際法和國際訴訟方面，有一個新的發展，那便是對造成這次大戰有責任的人，以及對戰時犯下慘無人道的暴行的人加以審判、判罪與懲罰。大家認爲對於這種違反人道的罪行，應該予以應得的懲罰，同時也能以儆效尤。

在難民犯方面，成千成萬的人民從受戰爭蹂躪的國家中逃亡，流徙四方。有的在他們逃到的國家裡建立起新的家園，也有的在善待遠人的地方得到一席之地，而開始新的生活，但大部分仍是天涯羈旅，身無分文又無

家可歸。在重建上因戰爭而殘破的區域，復興農業和工業，建立穩定公正的政府都是慈善的大國在戰後一直花錢出力氣在做的工作。

曾經有許多計畫的提出，想使歐洲國家能在大國的指導下合作，但國家多了就意見紛紜，因此計畫往往是適合甲國的，未必就適合乙國的，因此這些計畫也都沒有能完滿的實現。同時無數的人民都因缺乏食物、衣服與住所而啼飢號寒。不過到了1948年，雖然英國仍甚困苦，但西歐的情況已有顯著的改善。

此外，勞工問題在這時仍是一個大問題，此時勞資的衝突仍是繼續不斷。第二次世界大戰期間，在美國與其他的國家，必須物資的生產，因罷工而停頓的情形不一而足，戰後這種事件更是屢見不鮮。英國從1945年起由工黨主政，推行社會主義政策，其成就如何頗有問題的。

當時戰爭的結束靠的就是新式武器原子彈的出現，這一個戰時所發展的可怕新武器，在人們心中注入新的恐怖，也為這個世界增加新的問題。在能促使所有國家下最大決心維繫世界和平的事物裡，原子彈要算上一個，而且是主要的一個，但它是否能做到呢？還要拭目以待。

七、蘇俄的擴張與侵略

大戰結束時，世界的民主國家都急於尋求一個公平而持久的和平，他們希望這個和平是以互相尊重別人自由為基礎，而以聯合國的有效努力為保障。他們不但不為自己謀取領土的擴充，反而把自治政府或完全獨立給予以往他們屬下的人民，他們希望每個國家都能根據民主的原則，來處理自己的事務。

然而很不幸強大的蘇俄在共產獨裁者史達林領導下，採取了相反的政策。他們的政策與過去希特勒、墨索里尼和日本的軍閥所採用的引起第二次世界大戰的侵略政策非常的相像。在戰爭初期的兩年之中（1939～1941年），史達林與希特勒的聯合，使蘇俄得以併吞半個波蘭、三個波羅的海國家——立陶宛、拉脫維亞、愛沙尼亞，還有芬蘭和羅馬尼亞的一些土地。

後來史達林與希特勒決裂，又使蘇俄與英美聯合，結成軍事同盟。於是蘇俄利用共同打擊納粹的這個機會，取得羅斯福與邱吉爾的同意，作更

進一步的擴張。1945 年 2 月盟軍領袖在克里米亞半島上的雅爾達（Yalta）舉行會議。在會議上，史達林獲得了大部分東歐國家的控制權，條件就是它擔保那些國家的政府將是「民主」的。雅爾達會議又授權蘇俄併吞東普魯士，並且占領半個德國。為了「酬勞」它參加對日戰爭，英美又答應給它一些日本的島嶼，同時允許它對中國的東北和韓國北部進行軍事占領。

蘇俄帝國並不以擴充它本身為滿足，它完全沒有實踐它在雅爾達會議上的諾言。它鼓動並資助東歐國家的少數黨（共產黨）去攫取政權，並建立與蘇俄一樣暴戾的獨裁政府，同時還與蘇俄成立密切的同盟。這種衛星政權在 1945 年首先成立於波蘭與南斯拉夫，之後的三年在羅馬尼亞、保加利亞、阿爾巴尼亞、匈牙利和捷克斯拉夫陸續成立，於是半個歐洲都加入了蘇俄與共產黨的掌握。

俄帝國在它的軍事占領區內——德國、奧地利、韓國、中國的東北——也鼓勵共黨的活動。它發動侵略宣傳的工作，攻擊它的戰時盟友。它拖延對德與對日和約的簽訂，支持義大利、法國還有其他地區的共黨活動，而詆毀各地的民主政府。它威脅芬蘭、希臘、土耳其的安全，設法強迫它的戰時盟友讓它獨占柏林，它濫用否決權，幾乎使聯合國的和平工作完全停頓。

到了 1948 年民主國家大感驚恐，並開始採取實際行動來阻止蘇俄的繼續侵略。美國有馬歇爾計畫（Marshall Plan），因為當時馬歇爾將軍為國務卿，此計畫是在他手中出現的，因此這個計畫就用他的名字來命名。計畫的援助國家以歐洲國家為主，他提議撥給自由國家數十億元，成為專門幫助他們自戰爭的損害中復興，這樣可以減少他們淪為共產主義俘虜的危險。

1949 年一個防衛性的軍事同盟——北大西洋公約（North Atlantic Treaty Organization，簡稱「北約組織」NATO）在華盛頓締結。參加的國家共有十二國，有美國、加拿大、法國、義大利、挪威、丹麥、冰島、比利時、盧森堡、葡萄牙、愛爾蘭，它們互相約定。條約中規定如十二國中有任何一國受到侵略，它們便共同抵抗，必要時不惜武力，這個組織的目標是維持和平與安全，重申對聯合國的支持。美國迅即撥出更多款項把它自己和它的歐洲盟國重新武裝起來，保全和平的最穩妥的辦法，似乎就

是停止姑息蘇俄的共黨獨裁者，並且讓他們認清民主國家事強大而且團結的。

當馬歇爾計畫與北大西洋公約在西歐把蘇俄及共黨的威脅擋住時，它們在遠東的勢力卻越來越大。中國共產黨擊敗蔣介石總統領導下的國民政府，在 1949 年它們用武力佔據了中國大半部，它們的作戰成功，一方面是由於蘇俄的積極支援，一方面也由於中國在長期對日戰爭後的貧困。它們不僅威脅了中國本身的獨立發展，同時也威脅四鄰的國家，如韓國、日本、菲律賓。美國並沒有能像援助西歐那樣幫助遠東，中國在第二次世界大戰中艱苦的擊退了日本，使日本投降，但四年後卻變成俄帝侵略的犧牲品，這真是一個人類的大悲劇。

第十一節　戰後的新世界

儘管二戰後出現兩大集團的對立，偶爾會出現一些危機，不過由於經過兩次世界大戰的洗禮，再加上科技的進步，人們這時知道下一場世界大戰的發生可能會成為造成人們滅亡的原因，因此並沒有任何一個國家願意成為和平的破壞者，成為引發世界戰爭的人。戰後不能說從此就沒有戰亂的發生，但這時的人們已經產生的克制力。

一、戰後的美國

自二十世紀五〇年代起，當歐洲正在尋找自己的特性時，歐洲和美國的關係又再一次被提出來。儘管在荷蘭有赫伊津哈（Huizinga），在歐洲其他國家也有一些歷史學家持不同意見，那只是限於知識界的小圈子。在大眾媒介中，新聞界還是極力宣傳美國的成功故事。以電影界來看，自第一次世界大戰後，美國電影便壟斷歐洲市場，而歐洲的電影事業則瀕於崩潰。其實美國電影似乎只是重複報紙的宣傳，人們通常以為「眼見為實」，形象不會撒謊，結果好萊塢的夢工場得以成功地表現出：一個為各種慾望——從消費到情慾——所驅使的世界，怎樣得以實現。

美國在從法西斯統治下的解放西歐戰爭中起了主要作用，這提高了美國在西歐大眾心目中的聲望，但是美國和西歐的關係仍然是個曖昧模糊的

問題。西歐的一小批文化菁英分子一直警告說：美國的消費商品、連同美國的電影電視，給歐洲帶來抹殺靈魂的物質主義，其結果便是歐洲道德和文化上的墮落。但是，大眾還是繼續享用新世界提供的一切。

二十世紀六〇、七〇年代，當美國文化以電影、時裝、搖滾音樂這類商業形式牢固掌握歐洲市場時，許多歐洲人不安地要求：歐洲應當有一個簡明有力的自我概念。法國在反對美國文化影響這方面特別積極。法國對自己的文化特別感到驕傲，他們認為自己是在為歐洲的價值和傳統而戰，號召每個歐洲人都要起來維護歐洲的文明。不過這場運動也有它自身的曖昧之處，因為這些歐洲維護者所要維護的歐洲市場，是 1947 年馬歇爾計畫（Marshall plan）之前便存在的；但無庸諱言，美國通過馬歇爾計畫向歐洲市場提供了巨額金融援助，使歐洲經濟復甦。至於美國這樣做的用意，在利他主義之中當然還有自我利益混雜在一起。

無論人們對這種文化上的反美主義是如何評價的，「美國影響」這股潮流還是阻擋不住。當年哥倫布曾把美洲本地人描繪為——神按自己形象所造的完美的人。從 1920 年代起的好萊塢電影，1950 年代起的宣傳廣告，到 1960 年代出現的玩偶芭比，以及 1980 年代的電視映像，都大力向歐洲人宣傳一種更完美的人——為求體型纖美而厭食，婦女則做各種整容和胸部手術。

歐洲人就像過去所作的那樣，輕鬆地接受美國的飲食方式和時裝式樣，只要是用錢能買到，樣樣都學；美國文學、音樂、電影、電視所傳播的思想也接了過來，有時原封不動，有時稍加改裝。從 1492 年歐洲人到達美洲時起，歐洲文化裡始終有美國的影子。歐洲人心目中的夢想以及它在藝術、建築、文學、音樂的體現都深受美國的影響。如果不懂得美國對歐洲的強大影響——從歐洲人飲食中的馬鈴薯到可可豆，從漢堡包到可口可樂，直到怎樣看待人和世界——就幾乎不可能懂得今日的歐洲和今日的歐洲人。

歐洲人要求對歐洲的實質和特性得出一個明確的定義，以便發動一個文化攻勢，來抵消另一種文化的「邪惡」影響，這件事本身便是反對做出一個定義的最好論證：任何一個文化如果自我封閉，與外界隔絕，便將自行萎縮。但是今日還有很多人試圖為歐洲人的特殊價值觀念制定一個定

義，這些人包括支持歐盟理想的政客和政策制定者。這是因爲他們認爲，歐盟在經濟和軍事合作方面的目標，從 1970 年代到現在已經大體達到了；現在提到日程上來的是政治合作，這使他們感到需要涉及思想文化。參與這場熱烈討論的還有許多知識分子，他們和歐盟，至少並沒有組織上的關係。

今日歐洲人已不熱中於爲歐洲文化奠定一個宗教基礎，許多人認爲，所需要的是一個世俗性質的歐洲文化定義，爲尋找制定這個定義的可用資料，我們需要看看自二十世紀中葉以來的歐洲文化發展。

爲分析當今歐洲文化和它所依賴的結構與假設，我們不需要再像認識遙遠的過去那樣尋找個人提供的資料，因爲個人見解往往難免偏頗。現在由於社會科學及其研究方法的發展和人際溝通的便利，讓研究者在收集資料、處理資料的有利條件上，可以使用大規模社會調查的方法，對國際以至洲際範圍內人們的思想行爲進行調查。

自 1980 年至 1990 年間，進行過一次以《歐洲價值研究》爲題的社會調查。這次調查包括被看作擁有共同的文化歐洲和北美這兩大陸，這項調查爲分析二十世紀末葉歐美文化提供了豐富的內容，當然對於這樣的洲際抽樣調查所得的資料分析和從中引出的結論要十分小心謹慎。

二、戰後的蘇聯

第二次世界大戰的結果，使得極權國家，如德國、日本、義大利等國遭到剷除，兩個老牌資本主義國家英國與法國被削弱，美國躍居世界第一強國地位，這時的蘇聯變成爲唯一可以在軍事上抗衡美國的國家。蘇聯在二次世界大戰期間趁著西方各國忙著戰爭之際，在歐洲、亞洲加速它的赤化行動，因此在戰後歐亞等地出現一批社會主義國家，這群國家以蘇聯馬首是瞻，出現了一個社會主義制度的陣營。

不過這樣的社會主義陣營在史達林死後出現轉變的跡象，由於史達林行的是相當獨裁的手段，當時因冷戰的壓力，使得軍備經費的支出成爲國家財政支出的方向，國家的一切政策都以此爲目標，結果雖讓蘇聯擁有強大的武器，能夠與美國進行軍備競賽，但人民的生活確是相當的痛苦。而且史達林爲了防止政變，採用殘酷的統治，這讓全國上下都人心惶惶。

因此當史達林於 1953 年死後，蘇聯行的是集體統治，國家的主席爲赫魯雪夫（Nikita S. Khrushchev），不過在這段期間（1953～1957 年）的蘇聯政權進行一連串的權力鬥爭，直到 1958 年赫魯雪夫接任總理後，他才眞正極大權於一身。赫魯雪夫上臺後發現史達林時期的經濟政策出現問題，因此對史達林的一些政策提出否定，並進行批判。

在經濟方面，他一改史達林時期的重工業政策，主張以輕工業、消費工業爲主，期望能消除持續的經濟惡化。在政治改革，主要是破除對史達林的個人迷信，強調集體領導原則，平反冤假錯案，爲受迫害者恢復名譽。在與東歐各國的政策上，也由過去的完全控制變成合作，企圖穩定東歐對蘇聯不滿引起的抗暴情勢。不過他沒想到，他企圖破解史達林迷思的努力，卻造成人民思想上的混亂，造成幾年後東歐國家發生脫離蘇聯控制的淵源之一。

不過對赫魯雪夫來說，德國統一將對蘇聯在東歐的勢力範圍產生的不利影響，因此如何維護對東歐的掌握是他所重視的。所以解決「柏林危機」是他對美國態度轉變的主因，爲了使談判能依他的願望進行，他願意與美國總統進行會談。不過美蘇之間關係眞正緩和，則在於古巴危機之後，這是因爲在古巴危機時，他們親身體驗了核戰的可怕，因而出現日後的一連串核子武器禁試條約。

赫魯雪夫並無法像史達林一樣，一直擔任蘇聯的獨裁者，當美蘇關係轉向緩和之際，他便垮臺（1964 年）。不過從此之後，美蘇兩國的領導者都知道，要以談判代替對抗，這讓世界進到一個新境地。

不過在 1960 年代的中蘇關係卻走向一個衝突的環境之中，當時中蘇間爲了一些未定的邊境爭吵不已，這時赫魯雪夫的對外政策被毛澤東譏笑爲修正主義派，蘇聯停止它對中國的援助，撤走它在中國境內的所有設備，雙方的領導者的關係可說降到冰點。

由於中蘇間的衝突與分裂，竟使得東歐共產國家間的關係產生分裂，而且更促使東歐國家有意脫離蘇聯控制的局面。這是因蘇聯在冷戰時期爲了鞏固其在東歐的勢力範圍，便強使東歐各國在內外政策上與他保持一致，讓東歐各國沒有取得眞正獨立自主的地位。當東歐各國發現這時的東西兩大強國出現和解的跡象後，便有脫離蘇聯控制的願望，因此，從

1968 年起，東歐共國便從各種方面進行脫離蘇聯的運動，只是這些運動最後都被蘇聯以武力方式鎮壓做結束（除了羅馬尼亞外，這是因爲羅馬尼亞不像其他國家以政治爲目的，它是以經濟爲手段）。

三、蘇聯的解體

1989～1990 年，東歐局勢發生了激烈的動盪，急轉直下的政局變化，局勢變化之快，令全世界爲之瞠目。在短短一年多的時間裡，東歐的波蘭、匈牙利、民主德國、捷克和斯洛伐克、保加利亞、羅馬尼亞，政權紛紛易手，執政四十多年的共產黨、工人黨或下臺成爲在野黨，或改變了性質。至於阿爾巴尼亞則在 1992 年 3 月在大選失敗後變天，而南斯拉夫則在一年多的內戰後，於 1992 年 4 月最終分裂爲五個獨立的共和國。

東歐各國之所以會發生劇變，其因在於：東歐國家政治與經濟問題嚴重，雖然各國曾進行過經濟改革，但大多都未能突破史達林之前的經濟模式，以致成效不大，經濟發展日趨緩慢，甚至出現滑坡。至於政治上，在高度集中的政治體制下官僚主義的滋生膨脹，進而導致特權和腐敗情況等問題一一浮現，使得人民產生極大的不滿，讓反對派最後能獲得政權。此外，執政者本身已經無能力控制整個局面，對反對派妥協退讓。

伴隨共產黨喪失執政地位，東歐各國的社會制度也發生了根本性的變化，在政治上，實行多黨制爲基礎的議會民主：在經濟上，否定公有制占主導地位，開始實行混合所有制或私有制基礎上的市場經濟，劇變後的東歐各國可說是背離社會主義的方向。

東歐之所以會發生如此的變動，最大的原因在於蘇聯已經無法對它們進行嚴格的控制，主因則因冷戰的結束。1985 年戈巴契夫上臺後，進行一連串的改革政策有關，他試圖通過改革和開放來阻止蘇聯共產主義的退化，因此對東歐的政策也發生了根本性的改變。

由於戈巴契夫發現，蘇聯實行的計畫經濟體制，在與美的抗衡中，漸漸露出敗像，其經濟實力已經無法支撐新一代武器的研製和生產，且再也難以支撐龐大的軍費開支同美國繼續爭霸，不可能在冷戰中保持與西方的均勢，便決定放棄冷戰，謀求與西方的緩和。這一決定便使得原本爲在冷戰時期具有戰略價值的東歐各國失去了其重要性，且在此之後成爲蘇聯的

包袱。因此戈巴契夫決定放鬆對東歐的控制，推動東歐各國的社會主義政黨的改組與蛻變，鼓勵東歐國家的變革，促使東歐各國反對勢力的興起。

戈巴契夫的政策不僅導致東歐各國的瓦解，更促使蘇聯的解體。雖然蘇聯從赫魯雪夫時期以來便一直都有一些改革計畫，但都只是進行一些小幅度的改革，但戈巴契夫卻是從根本進行改革，可說對社會主義價值觀與政治制度徹底的改變，因而對人民的思想產生極大的衝擊。

不過戈巴契夫難道希望蘇聯解體，走向自由之路嗎？其實不然，戈巴契夫之所以會行改革之路，目的還是希望能維持蘇聯在世界上的大國地位。他知道想達到此目的唯一方法，便是扭轉蘇聯經濟發展的頹勢，因此徹底的改革勢在必行，只是他沒想到，為了加速經濟改革成效而施行的政治改革，最後卻造成導致人們思想的嚴重混亂、出現黨派林立，與紛爭不已的局面。

1990 年伴隨蘇共中央決定放棄黨領導地位，實行多黨制後，蘇聯社會的各種矛盾迅速尖銳，局面變得難以控制。1991 年 8 月 19 日蘇共的保守勢力發動了一場政變，軟禁了戈巴契夫，企圖要他收回已經下放給各加盟共和國的權力，同時終止經濟改革，不過這場政變終究是失敗的，反而促使各加盟共和國的獨立。

到了 1991 年底，俄羅斯總統葉爾欽與白俄羅斯、烏克蘭總統在白俄羅斯的首府簽約，成立獨立國家聯合體，通過建立一個類似英國聯邦的架構來取代蘇聯的體系。因此，除了波羅的海三國和格魯吉亞外，其他的加盟共和國紛紛加入，這讓「蘇聯」這時已經名存實亡。1991 年 12 月 25 日，蘇聯總統戈巴契夫宣布辭職，將國家權力移交給俄羅斯總統，第二天蘇聯最高蘇維埃通過最後一項決議，宣布蘇聯停止存在，從此蘇聯正式解體。

四、冷戰之後的世界

解體後的蘇聯是由俄羅斯成為十五個加盟共和國的領導者，當時俄羅斯面臨的是十分嚴峻的政治與經濟問題，可是俄羅斯並沒有一個合理的解決方式，而是盲從地全面西化，企圖以西方的制度來改變自己所面臨的困境，因而引起經濟危機與政治動盪。

　　由於蘇聯的解體被美國視爲一個獨霸世界的好機會，當時的美國爲全球唯一的超級強國，這似乎給予美國自大心態一個機會，美國便乘機以老大的心態在國際舞臺上施威，在國際事務上進行多方的干涉，防止世界再有強權政府的出現，並出現能像美國挑戰的大國，因此在 1991 年便以伊拉克入侵科威特爲由，派出盟軍揮軍攻打伊拉克，接著在八年後的 2003 年，美國又以海珊私藏化學武器意圖不軌爲由，再度攻打伊拉克，並提出解放伊拉克的藉口，雖然這場戰爭的是是非非到今日仍爲大家所談論，在此我們不便多說，只是由此事件便可知美國的心態。

　　其實二十一世紀的國際社會仍延續以民族、宗教、領土、資源等問題所引發的國際爭端與國際衝突爲主，只是這時的問題不僅只在兩大強權間，而是出現恐怖主義、毒品等問題，像是在 2001 年發生在美國紐約的 911 攻擊事件，便是一件因宗教問題引起的恐怖主義行動，使得和平難以維持。雖然當今世界仍存在種種影響和平的因素，人類因而面對許多新的難題與挑戰，不過我們必須深信和平仍是我們所追求的。

結論

　　歐洲主要大國的民族主義和帝國主義促使它們進行軍備競賽和建立兩大對立的軍事聯盟，即奧地利、匈牙利、德國和義大利組成的三方聯盟，以及法國、英國和俄羅斯組成的三方協定。如果法國復仇的願望是奪回德國 1871 年吞併的阿爾薩斯－洛林，那麼，這是另一個引發衝突的國家問題。在塞拉耶佛發生襲擊事件（1914 年 6 月 28 日）之後，奧地利－匈牙利宣佈對塞爾維亞發動戰爭，但戰爭幾乎遍及整個歐洲。（媒體認爲這場衝突是短暫的戰爭，但軍工聯合製造了很長的衝突）。這是一場可怕的屠殺，持續了四年多，因爲第一次世界大戰是一場陣地戰位，一場戰壕戰爭。這導致 900 萬軍人死亡，並使整個一代人深受創傷。正是美國的干涉才使協約國最終戰勝了德國，德國因英國海軍封鎖而受到削弱，而義大利在 1918 年也改變了陣營。

　　「第一次世界大戰」除了造成人員和物質損失外，還激起了一些右翼和左翼的政治運動，並震撼了歐洲：大戰後的和平條約（《凡爾賽條

約》，1919 年）對歐洲領土作了重大改變：德國和俄羅斯失去了領土，
奧匈帝國消失了。許多民族正在獲得獨立（「他們或多或少根據自決權和
威爾遜總統的 14 點意見，波蘭、捷克斯洛伐克、南斯拉夫、波羅的海國
家和芬蘭人民獲得了獨立）。

這場衝突使鄂圖曼青年土耳其政府有機會對亞美尼亞人進行種族滅絕
（1915-1916 年）。

戰爭的另一個主要後果是，俄羅斯帝國於 1917 年 2 月被俄國革命推
翻，但短暫的俄羅斯共和國讓位於歷史上第一個通過恐怖手段永久掌權的
極權主義政權，該政權通過恐怖手段（從 1917 年 10 月開始）長期執政，
並在其基礎上強加了獨裁政權（「正式的共產主義」）。並根據盤大的政
治警察和集中營製度強加了共產專政；另一方面，義大利法西斯奪取政權
（1922 年）是對戰後影響歐洲的革命浪潮的反應。

如果民主在 1918 年專制君主消失後首先取得進展，那麼保守的獨裁
政體或蘇聯的獨裁政體在中歐和東歐幾乎全部建立起來（羅馬尼亞和捷克
斯洛伐克除外，這兩個國家分別於 1938 年 2 月和 1939 年 3 月屈服）。
仇外心理和反猶太主義抬頭，最終變成歧視性法律。1930 年代的全球經
濟危機所造成的衝擊加劇了這一趨勢，這場危機造成了貧困和不安全，造
成了大規模失業。在德國，法國對減輕賠償的頑固態度削弱了民主，1933
年，希特勒上臺，建立了第三帝國，並建立了一個極權制度。在蘇聯，飢
荒造成了 2,623 至 500 萬人的死亡。在漫長的內戰（1936-1939 年）之後，
佛朗哥在西班牙建立了專政。

德國在第一次世界大戰結的失敗將被納粹主義所利用：希特勒想要消
除凡爾賽的「嚴厲的制裁」，並征服「生活的空間」。他首先是一個邊緣
化的窮人煽動者，他在 1923 年一次流產政變後被判入獄。但從 1929 年
起，他有了支持和資金，1933 年當選爲總理：德國民主在幾個月內崩潰，
一個極權國家開始建立。希特勒首先發動了一系列軍事行動，在西方民主
國家沒有作出反應的情況下擴張了德國勢力，而不必與之作戰（1938 年
吞併奧地利，1938 年和 1939 年吞併捷克斯洛伐克西部，梅梅爾領地，然
後，1939 年 9 月 1 日，德國和蘇聯盟軍入侵了波蘭：9 月 3 日，法國和英
國對德國宣戰）。

德國軍隊首先通過「閃電戰」取得了一系列迅速的勝利：征服波蘭（1939 年）、丹麥和挪威（1940 年 4 月）、荷蘭、盧森堡、比利時和法國（1940 年 5 月至 6 月）；南斯拉夫和希臘（1941 年 4 月）。儘管希特勒大規模的空襲英國，但英國仍在繼續獨自抵抗。1941 年 6 月 22 日，希特勒決定進攻蘇聯，這是戰爭的第一個轉捩點（巴巴羅薩行動）（Barbarossa）：英國現在有一個強大的東方盟國，儘管德國在 1941 至 1942 年佔領了大片領土）。第二個轉捩點是，1941 年 12 月 7 日日本人決定攻擊美國：英國殖民帝國的資源和蘇聯的人力，現在又新增了美國工業的生產力。

但是，在這一切協調之前，納粹統治下的整個歐洲都生活在恐怖之中：德國人徵用工業產品，並對平民進行可怕的報復。特別是在《日內瓦公約》未得到執行的東部，數百萬人被驅逐到集中營。納粹推行一項消滅「種族」的政策，他們的理論認為這是「低劣和有害的」：斯拉夫（4200000 波蘭人，1280000 塞爾維亞人，7500000 白俄羅斯人，俄羅斯人和烏克蘭人），羅馬尼亞人（50000 至 220000 人）和猶太人（1942 年起）。納粹正在實施歷史上唯一的工業化種族滅絕，即「最終解決辦法」，這將使將近 600 萬人喪生。但是，納粹德國最終被擊敗：蘇聯在斯大林格勒（1943 年 2 月，戰爭的第三大轉捩點）和庫爾斯克（1943 年 7 月）的勝利，以及英美在北非（1942 年 11 月），義大利（1943 年）和法國（1944 年）的登入。德國於 1945 年 5 月 8 日投降，但由於戰鬥區域，空襲和轟炸範圍的擴大以及驅逐出境，戰爭造成數百萬人（總共約五千萬）死亡，其中許多是平民。

第二次世界大戰的主要政治後果是歐洲被「鐵幕」隔開：整個東歐被紅軍佔領，共產黨強行推行其獨裁統治（「人民民主」）。作為這一分裂的象徵，德國本身被分裂成兩個部分（1949 年德意志聯邦共和國和德意志民主共和國）。面對蘇聯的威脅（華沙公約，1955 年），西方多元民主國家與美國聯合起來（北約，1949 年）。然而，具有諷刺意味的是，雖然歐洲生活在對第三次全球衝突的恐懼中，在核彈的威脅下，但兩個集團之間的「恐怖平衡」卻持續了近半個世紀的穩定，直到 1989-1991 年東歐共產主義政權崩潰。

　　第二次世界大戰摧毀了歐洲，歐洲遭受了巨大的破壞。但是，西歐正在迅速重建，因爲它具有工業潛力，並得到了美國的經濟援助（《馬歇爾計劃》，1947年），在「三十年的輝煌」中，中產階級進入了「消費社會」。歐洲在這三十年的繁榮和社會民主中，社會收穫頗豐，但這種繁榮與南歐（不包括義大利）特別是東歐國家卻扯不上邊，南歐的第一個國家直到從1970年開始獲得相當的生活水平和民主增長，第二個國家則從1990年才開始。

　　歐洲在殖民地人民中喪失了許多威望（他們在兩次世界大戰中與英國和法國一道參加了戰爭，但在殖民地制度中沒有獲得更多的權利）。在1945年至1965年之間，非殖民化主要是在美國和蘇聯的大力支持下，主要是政治上的：在經濟層面上，以前的殖民地由於內部分裂而受到破壞，仍然與舊的大都市緊密相連，並且繼續發展並佔據著大部分資源，特別是採礦和石油。在西歐，歐洲聯盟開始由六個國家的經濟聯盟建立（法國、西德、義大利、比利時、荷蘭及盧森堡）：1951年成立了歐洲煤鋼共同體。特別是1957年《羅馬條約》設立了歐洲經濟共同體。

　　戴高樂將軍執政後（1958年），西德總理艾德諾（Adenauer）與法國戴高樂總統的會晤（1962年7月）。1962年7月8日，蘭斯大主教馬蒂（Marty）在蘭斯大教堂舉行了舉行和解彌撒，該大教堂在第一次世界大戰期間被炸毀。

　　但是早在法德和解之前，其他三個國家（比利時，荷蘭和盧森堡大公國）早在1946年就已經制定了一項聯合計劃。比荷盧三國是歐洲第一個國家聯盟。隨後是歐洲煤鋼共同體ECSC（1951年），其目的是建立事實上的團結，然後是政治一體化失敗之後的（歐洲防務共同體CED，1954年）以及經濟一體化（歐洲經濟共同體EEC，1957年）。歐洲經濟共同體通過一些歐洲國家在1973年、1981年、1986年和1995年連續加入歐盟而擴大組織。

　　柏林圍牆於1989年倒塌，歐洲正在重新統一。德國於1990年10月3日統一。民主延伸到前蘇聯，並於2004年在烏克蘭紮根。

　　自1991年以來，南斯拉夫在暴力中四分五裂：以種族清洗爲標誌的戰爭正面臨著民族獨立和團結的挑戰，這些民族受到前共產黨政治家（如

斯洛博丹・米洛舍維奇）的利用，有時還受到西方國家和俄羅斯不同利益集團的利用。波士尼亞和黑塞哥維那和科索沃也都受到嚴重的影響。

1992 年，《馬斯垂克條約》建立了歐洲聯盟，確立了歐洲公民身份，並決定在千年變革的前景下，在大多數國家引進單一貨幣（歐洲貨幣蛇形制度（Serpent monétaire européen））。（隧道中的蛇是 1970 年代歐洲貨幣合作的首次嘗試，目的是限制不同歐洲貨幣之間的波動）。這是爲歐洲經濟共同體創建一個單一的貨幣區間的嘗試。

歐盟於 1995 年擴大加入了奧地利、瑞典、芬蘭，2004 年和 2007 年又一次擴大，成員國數目幾乎翻了一番。土耳其還於 2004 年開始申請加入歐盟的談判，但 2006 年 12 月被凍結加入歐盟。

同時，歐洲聯盟的改革行程旨在簡化其運作，使其走向更民主的施政管道，但卻遇到了公民對歐洲決策方向的不信任，這些決定被認爲過於政治化（英國、捷克、丹麥的主權主義」）。歐洲憲法草案於 2005 年在法國和荷蘭舉行的公民投票中被否決，而《里斯本條約》雖然不那麼雄心萬丈，但卻遭到捷克的阻撓。

在新千年開始之際，地方主權正在恢復，導致最脆弱國家的緊張局勢：在塞爾維亞，蒙特內哥羅（黑山）於 2006 年脫離，科索沃於 2008 年宣佈獨立。在比利時，佛蘭德政黨激進化，2007 年的選舉引發了嚴重的政治危機；在西班牙、義大利和聯合王國，區域主義政黨（「巴斯克國家」、加泰羅尼亞、帕達尼亞（義大利北部波河平原地區的一個代稱）、蘇格蘭）在選舉中獲得了重要的得分，中央政府作出了讓步。

參考文獻

西文書目

A. A. Vasilliev，《拜占庭帝國史》，1932。

A. Chastel & R. Klein，《人文主義時期》，Paris，1963。

A. Danechot，《現代法國的宗教史》，Paris，1948。

A. fugier，《大革命和帝國》，Paris，1956。

A. Latreille，《第二次世界大戰》，Paris，1966。

Albright, W. F，《石器時代》，New York，1957。

Aldred Cyril，《阿肯那頓法老王》，London，1968。

Aldred Cyril，《埃及史》，London，1984。

Arnold, E. V.，《羅馬史》，New York，1911。

Balsdon, J. P. V. D.，《古羅馬的娛樂生活》，New York，1969。

Blegen, C. W.，《圖拉克皇帝》，New York，1963。

Bloch, Raymond，《東部羅馬》，New York，1960。

Burn, A. R.，《古希臘》，New York，1961。

C. G. Picavet，《路易十四時代的法蘭西之外交》，Paris，1930。

Cl. Cahen，《伊斯蘭的興起》，Paris，1958。

Crawford, M. H.，《羅馬共和》，New York，1978。

D. A. Loyen，《作品集》，Paris，1902。

D. Bagge，《法國的歷史狀況》，Londres，1963。

Daumas，《埃及文化》，Paris，1965。

Deyon，《重商主義》，1969。

Din L. J. Rogier、R. Aubert、M. D. Knavles，《宗教新史》，第 4、5 卷，Seuil 出版，
   1966－1971。

E. Farral，《君士坦丁堡的征服》，Paris，1938～1939。

E. Halévy，《英國人民史》，Londres，1960。

E. Morison & H. S. Commagen，《美利堅合眾國的成長》，Paris，1969。

E. Oxenstierna，《維京人》，Paris，1962。

E. Perroy，《中世紀的戰爭》，Paris，1945。

E. Préclin, V-1., Tapié，《十八世紀》，Paris，1952。

E. Zollner，《奧地利史》，Paris，1966。

E. Zollner，《奧地利的歷史》，1968。

E.Halévy，《十九世紀的英國史》，Londres，1970。

Edward Mcnall Burns 著，周恃天譯，《西洋文化史》（下），黎明文化事業出版社，
　　1987 年。

F. G. Levnard，《新教通史》，P. U. F. 出版，1964。

F. Mosse，《格雷林之北歐傳說》，Paris，1933。

Ferguson, John，《希臘化時期》，New York，1973。

Finley.，《奧德賽的世界》，New York，1978。

Fr. Bluche，《開明專制》，Paris，1969。

Frank, T.，《古羅馬經濟史》，Baltimore，1933～1940。

Frankfort, Henri，《古埃及的宗教》，New York，1948。

G. Castedlan，《1918 年到 1932 年間的威瑪共和時期的德國史》，Paris，1964。

G. Castedlan，《1933 年到 1945 年間的德國》，Paris，1962。

G. Davier，《早期斯圖亞特家族，1603～1660 年》，Paris，1961。

G. Zeller & G. Pagés，《三十年戰爭》，Paris，1939。

G., Bourgin，《第三共和國》，Paris，1979。

Gecrges Lefebvre，《第二帝國》，Paris，C.D.U. 五卷。

Gecrges Lefebvre，《第二帝國內政》，Paris，C. D. U.。

Giovanni Mira，《法西斯時期下的義大利歷史》，Turin，1964。

Giuglielmo Procacci，《義大利史》，Paris，1970。

Gruen, E. S.，《羅馬共和末期政治變遷》，Berkeley，1964。

H. Dubief，《宗教改革運動》，Paris，1965。

H. Fichtenau，《加洛林王朝》，Paris，1958。

H. Focillon，《一千年的世界》，Paris，1952。

H. I. Marrou，《古代教育史》，Paris，1965。

H. Kahler，《羅馬和它的帝國》，Paris，1963。

H. Massé，《伊斯蘭》，Paris，1948。

H. Méthivier，《路易十五的世紀》，Paris，1966。

H. Méthivier，《路易十四的世紀》，Paris，1971。

H. Michel，《第二次世界大戰》，Paris，1968。

H. Schmokel，《蘇美文明史》，Paris，1964。

H. W. Hazard，《伊斯蘭歷史》，Paris，1970。

Hamilton, J. R.，《亞歷山大大帝》，London，1973。

Heaton，《歐洲經濟史》（英譯本），Paris，1950。

Hugh Seton-Watson，《俄羅斯帝國》，Paris，1967。

J. B. Duroselle，《外交史》，Paris，1960。

J. Chastenet，《第三共和國史》（第四卷），Paris，1980。

J. Droz，《德國統一》，Paris，1970。

J. Godechot，《巴士底監獄危機》，Paris，1965。

J. H. Eliott，《西班牙帝國，1469～1716》，Paris，1963。

J. Lestocquoy，《高盧歷史》，Paris，1953。

J. Prawer，《法國中世紀史》，Paris，1924。

J. Richard，《耶路撒冷的拉丁人》，Paris，1953。

J. Thillay，《英法百年戰爭》，Paris，1963。

J. Touchard，《思想史》，Paris，1961。

J. Vidalenc，《第二次世界大戰》，Paris，1970。

J.Droz，《歐洲中部》，Paris，1960。

L. Dermenghem，《穆罕默德的生活》，Paris，1950。

L. Febune，《馬丁路德之命運》，Paris，1927。

L. Musset，《中世紀的斯堪地那維亞歷史》，Paris，1951。

L. Pharaons，《金字塔的歷史》，Paris，1979。

L. Stone，《英格蘭的社會變化與革命，1540～1640 年》，Paris，1965。

Laistner, M. L. W., *The Greater Roman Historians*, Berkeley, 1947.

M. Bloch，《會魔術的國王》，Paris，1967。

M. Devéze，《菲利普四世的西班牙》，Paris，1970。

M. I. Finley，《古希臘青銅時代歷史》，Paris，1973。

M. Meuleau，《世界古代史》，Paris，1965。

M. Pacaut, J. Roussiaud，《羅馬時代》，1969。

M. Perot，《法國宗教戰爭，1559～1598》，Paris，1987。

M. Reinhard，《法國王室的覆滅》，Paris，1969。

M. Rutten，《美索不達米亞的科學》，Paris，1970。

Mapc Ferro，《1917 年的革命》，Paris，1959。

Mauro，《葡萄牙與大西洋，1570～1670》，Paris，1960。

O. Demus, M. Hirmer，羅馬人的壁畫，Paris，1970。

O. Larsen，《希臘城邦史》，Paris，1968。

O. Picard，《早期波斯帝國對希臘的威脅》，Paris，1980。

P. Abraham，《中世紀史》，Paris，1935。

P. Aycobbrry，《德國的統一運動（1800－1871）》，Paris，1968。

P. Chaunu，《改革時期，1250～1550年基督教國家的危機、分裂》，1975。

P. Du Colombier，《沙特爾大教堂》，Paris，1965。

P. Gaxotte，《路易十四的世紀》，Paris，1963。

P. Geyl，《十七世紀的尼德蘭，1609～1648年》，Paris，1961。

P. Geyl，《荷蘭起義，1555～1609》，Paris，1958。

P. Guichonnet，《墨索里尼和法西斯》，Paris，1971。

P. Jeannin，《西北面的歐洲》，Paris，1961。

P. Lemerle，《拜占庭帝國史》，Paris，1943。

P. Léon，《工業革命之前的社會和經濟》，Paris，1970。

P. Reneuuin，《歐洲危機與第一次世界大戰》，Paris，1969。

P. Renouin，《國際關係史》，Paris，1960。

P. Renouvip，《國際關係史》，Paris，1968。

P. Verlet，《凡爾賽宮》，Paris，1961。

P. Zumthor，《禿頭查理》，1957。

P.-C. Timbal，百年戰爭 (1337～1369)，Paris，1961。

Paul Guichonnet，《義大利的統一》，Paris，1970。

Piganiol，《羅馬的征服》，Paris，1968。

R. Folz，《查理曼的加冕禮》，Paris，1967。

R. Grousset，《帝國的興起》，Paris，1949。

R. Taon，《科學史》，Paris，1965。

S C. Easton 著，李邁先譯，《西洋近世史》（一），幼獅文化事業公司，民國63年。

S C. Easton 著，李邁先譯，《西洋近世史》（二），幼獅文化事業公司，民國63年。

S. Charléty, J. Vidalene，《1822～1823年的七月王朝》，Paris，1965。

Syme，《羅馬革命》，Paris，1967。

T. Burckhardt，《義大利的文藝復興文化》，德譯本，1960。

Toynbee，《漢尼拔的故事》，Paris，1971。

V. L. Taple，《君主專制與多瑙河人民》，Paris，1969。

V.-I., Tapié，《三十年戰爭》，Paris，1965。

W. Hazard，《伊斯蘭教史圖集》，Paris，1955。

Woodwrd，《改革年代（1815－1870）》，Londres，1972。

中文書目

王任光編著，《西洋中古史》，國立編譯館，民國 71 年。

王曾才編著，《世界通史》，三民書局，民國 82 年。

王德昭編著，《世界通史》，五南圖書公司，民國 82 年。

幼獅編譯部編譯，《世界文明史之十一：拜占庭伊斯蘭及猶太文明》，幼獅出版社，
　　民國 69 年。

幼獅編譯部編譯，《世界文明史之十二：黑暗時代與十字軍東征》，幼獅出版社，民
　　國 69 年。

孫小魯著、王曾才校定，《現代世界史》（上），五南圖書公司，民國 82 年。

袁傳偉譯，《西洋中古史》，五南圖書公司，民國 78 年。

高亞偉著，《世界通史》（下），自印，民國 68 年。

張學明譯，《西洋中古史》，聯經出版社，民國 75 年。

馮作民編著，《西洋全史（五）中古歐洲（上）》，燕京出版社，民國 64 年。

馮作民編著，《西洋全史（六）中古歐洲（上）》，燕京出版社，民國 64 年。

劉景輝譯，《西洋文化史第三卷》（中古下），學生書局，民國 71 年。

劉增泉編著，《西洋上古史》，五南圖書公司，民國 90 年。

劉增泉編著，《西洋中古史》，五南圖書公司，民國 90 年。

劉增泉譯，《世界現代史》，五南圖書公司，民國 92 年。

劉增泉譯，《簡明西洋中古史》，國立編譯館，民國 84 年。

國家圖書館出版品預行編目資料

西洋文化史／劉增泉編著. －－二版.－－
臺北市：五南圖書出版股份有限公司,
2021.08
面； 公分
ISBN 978-986-522-056-3 (平裝)

1.文化史　2.歐洲

740.3　　　　　　　　109007985

1WB3西洋系列

西洋文化史（第二版）

編　　著 ― 劉增泉

發 行 人 ― 楊榮川

總 經 理 ― 楊士清

總 編 輯 ― 楊秀麗

副總編輯 ― 黃惠娟

責任編輯 ― 江莉瑩

封面設計 ― 王麗娟

校　　對 ― 張耘榕

出 版 者 ― 五南圖書出版股份有限公司

地　　址：106台北市大安區和平東路二段339號4樓

電　　話：(02)2705-5066　　傳　真：(02)2706-6100

網　　址：https://www.wunan.com.tw

電子郵件：wunan@wunan.com.tw

劃撥帳號：01068953

戶　　名：五南圖書出版股份有限公司

法律顧問　林勝安律師事務所 林勝安律師

出版日期　2007年8月初版一刷
　　　　　2021年8月二版一刷

定　　價　新臺幣480元

有‧欲利用本書內容，必須徵求本公司同意※

五南
WU-NAN

全新官方臉書

五南讀書趣

WUNAN
Books since1966

Facebook 按讚

1秒變文青

五南讀書趣 Wunan Books

★ 專業實用有趣
★ 搶先書籍開箱
★ 獨家優惠好康

不定期舉辦抽
贈書活動喔！

經典永恆·名著常在

五十週年的獻禮 —— 經典名著文庫

五南，五十年了，半個世紀，人生旅程的一大半，走過來了。

思索著，邁向百年的未來歷程，能為知識界、文化學術界作些什麼？

在速食文化的生態下，有什麼值得讓人雋永品味的？

歷代經典·當今名著，經過時間的洗禮，千錘百鍊，流傳至今，光芒耀人；

不僅使我們能領悟前人的智慧，同時也增深加廣我們思考的深度與視野。

我們決心投入巨資，有計畫的系統梳選，成立「經典名著文庫」，

希望收入古今中外思想性的、充滿睿智與獨見的經典、名著。

這是一項理想性的、永續性的巨大出版工程。

不在意讀者的眾寡，只考慮它的學術價值，力求完整展現先哲思想的軌跡；

為知識界開啟一片智慧之窗，營造一座百花綻放的世界文明公園，

任君遨遊、取菁吸蜜、嘉惠學子！